손성욱

단국대학교 사학과를 졸업하고, 베이징대학에서 「19세기 조선 사신의 베이징 황도 경험」으로 박사학위를 받았다. 현재 국립창원대학교 사학과 교수로 재직 중이다.
17세기 이래 동아시아 국제관계사, 근현대 중국외교사 등을 연구하고 있다. 저서로 『사신을 따라 청나라에 가다: 조선인들의 북경 체험』『베이징에 온 서양인, 조선과 마주치다』 등이 있고, 역서로 『조선은 청 제국에 무엇이었나: 1616~1911 한중 관계와 조선 모델』 등이 있다.

류준형

고려대학교 동양사학과를 졸업하고, 베이징대학에서 「당대 환관과 황제 권력 운영에 관한 연구」로 박사학위를 받았다. 현재 영남대학교 역사학과 교수로 재직 중이다.
당대의 정치사, 역사지리학, 황제권력 운영 및 환관제도 등을 연구하고 있다. 공저서로 『동아시아 서원의 기원과 제의례의 완성』 등이 있고, 역서로 『북경, 그 역사의 기원과 변천』『황제들의 당제국사』 등이 있다.

김한신

단국대학교 사학과를 졸업하고, 캘리포니아대학교 로스앤젤레스캠퍼스(UCLA)에서 「민간 종교 신앙에 대한 국가와 엘리트의 대응 변화」로 박사학위를 받았다. 현재 경남대학교 역사학과 교수로 재직 중이다.
당·송대의 사회경제사, 종교사, 의학사, 해양사, 생활사 등을 연구하고 있다. 공저서로 『전사들의 황금제국 금나라』 등이 있고, 역서로 『하버드 중국사 당: 열린 세계 제국』 등이 있다.

고명수

고려대학교 동양사학과를 졸업하고, 동 대학원에서 「쿠빌라이 정부의 교통·통상 진흥 정책 연구」로 박사학위를 받았다. 현재 충남대학교 사학과 교수로 재직 중이다.
몽원 시대의 정치사, 민족관계사, 동아시아 국제관계사, 요동지역사 등을 연구하고 있다. 저서로 『몽골-고려 관계 연구』, 공저서로 『관용적인 정복자 대원제국』 등이 있다.

중국사를
꿰뚫는 질문
25

중국사를 꿰뚫는 질문 25

제국의 문화, 열림과 닫힘

조영헌
윤형진
송 진
손성욱
류준형
김한신
고명수

arte

일러두기

1. 국립국어원의 한글맞춤법과 외래어표기법을 따르되, 일부는 현실발음과 관용을 고려하여 표기했다.
2. 중국 인명과 지명은 1911년 신해혁명을 기준으로 이전은 한자어 발음으로, 이후는 중국어 발음으로 표기하는 것을 원칙으로 하되, 필요에 따라 혼용 혹은 병기했다.
3. 책은 겹낫표(『 』), 정기간행물은 겹화살괄호(《 》), 단편집, 논문, 책의 각 편·장·절 등 짧은 글은 홑낫표(「 」), 그림 및 음악 작품, 지도 등은 홑화살괄호(〈 〉)로 묶었다.
4. 각 장의 서두와 말미에 회색 고딕체로 첨가한 메시지는 '꿰뚫는 질문'이라는 핵심 콘셉트를 강조해, 해당 장의 주요 통찰을 현재적 관점에서 편집자가 추가한 것이다.
5. 부록에 집필진 대담을 수록하였다.
6. 참고 문헌은 사료, 국내서, 외서 순으로 정리했다.

차례

머리말 AI 시대, 질문하는 역사 공부   13

1 ─────
중국 최초의 황제 진시황, 희대의 폭군인가 중국 통일의 영웅인가?   19

우리는 진시황을 어떻게 기억하고 있을까? | '아웃라이어' 진시황이 등장할 수 있었던 배경은 무엇일까? | 천하를 통일한 진시황은 이후 무엇을 하였는가? | 진시황은 왜 대규모 토목공사를 시행하였을까? | 진시황은 어떻게 그 넓은 영역을 일원적으로 통치할 수 있었을까? | 진시황은 '폭군'의 대명사인가? | 오늘날 우리에게 진시황은 어떤 의미를 지닐까?

2 ─────
실크로드는 중국 고대 제국과 어떻게 연결되었을까?   42

실크로드란? | 실크로드는 언제 '개통'되었을까? | 실크로드에는 누가 오갔을까? | 실크로드 횡단을 위한 필요충분조건은? | 중국 왕조에 도착한 후 내지에서의 활동은 어떻게 진행되었을까? | 오늘날 우리에게 실크로드는 어떤 의미가 있을까?

3 ─────
진한시대 사람들이 계약서를 작성한 이유는?   57

2000년 전 중국 사람들은 어떻게 살았을까? | 중국 고대사회 계약서 '권서'는 어떤 형태였을까? | 개인 간의 물자 거래 시 매번 계약서를 작성했을까? | 국가권력은 개인의 매매를 어디까지 파악하여 관리했을까? | 옷을 거래할 때조차 계약서를 쓴 이유는? | 계약서 작성의 진짜 목적은? | 오늘날 우리에게 진한시대 생활사가 갖는 의미는?

4 ─────
유일한 여성 황제,   71
무측천을 어떻게 볼 것인가?

우리는 무측천을 왜 알아야 할까? | 무측천은 어떻게 태종의 여인에서 고종의 여인이 되었나? | 당시 사람들은 무측천의 재입궁을 어떻게 봤을까? | 무측천은 어떤 과정을 거쳐 황제가 되었나? | 무측천을 '여성' 황제로 이해하는 것이 맞을까? | '주'의 황제 무측천은 왜 '당'의 부활을 선택했나?

5 ─────
당대 환관, 그들은 역사 속 악인에 불과한가?   93

당대 환관을 통해 무엇을 알 수 있을까? | 중국사에서 당대 환관이 특별한 이유는 무엇인가? | 당대 환관은 노비인가? 관인인가? | 환관은 어떻게 권력에 다가섰는가? | 당대 환관의 활동은 무엇을 남겼는가?

6 ─────
왜 당의 통치 시스템을   111
중국 전통 왕조의 전형이라고 하는가?

당이 만든 전형은 무슨 의미를 갖는가? | 당을 왜 율령제 국가라고 하는가? | 중앙 통치 시스

템은 어떻게 작동하는가? | 지방의 행정구역은 어떻게 편성되는가? | 제도는 살아 있는가? 죽어 있는가?

7
장안은 왜 '기나긴 평안'을 영속하지 못했나?
133

장안의 번영과 쇠퇴는 무엇을 말하는가? | 당대에는 왜 만리장성이 축조되지 않았나? | 장안은 어떠한 도시였는가? | 안사의 난은 무엇을 바꾸어 놓았나? | 천하의 중심은 어디로 가는가?

8
동파육은 어떻게 탄생하였을까?
156

송대 사대부를 알아야 하는 이유는 무엇인가? | 소식은 어떻게 사대부들의 표상이 되었는가? | 송대 사대부 관료들은 왜 의약 지식 보급에 열성적이었는가? | '천하의 풍속을 하나로 한다'라는 말은 왜 송대 사대부들의 구호가 되었나? | 송대 사대부가 조선시대 사대부에 남긴 유산은 무엇일까?

9
문치주의는 송나라를 문약하게 만들었는가?
171

군에 대한 문민통제가 왜 중요한가? | 송대 문치주의에 대한 비판은 어디서 기원하는 것일까? | 군에 대한 문민적 통제는 군사력을 약하게 만들었는가? | 송나라 시기에도 전통적인 중화 제국 질서는 유지되었는가? | 요나라의 군사력은 송나라를 압도하였을까? | 금나라의 기병은 왜 약체화되었을까? | 송은 과연 문약한 나라였는가?

10

송나라 사람들은
왜 바다로 나아갔을까?   190

송나라에서는 왜 해상 교역이 번창했을까? | '미지의 세계'로 나아간 송나라 사람들은 무엇을 경험하였을까? | 무엇이 송대 중국인을 해상 교역으로 이끌었나? | 송대 해상 교역은 어떻게 진행되었나? | 송대 번성한 해상 교역은 우리에게 무엇을 남겼는가?

11

송나라 사람들은
소고기 식용을 왜 꺼렸을까?   211

소고기 식용에 대한 금기는 어디에서 유래되었나? | 법으로 금지된 소 도축에 지식인조차 뛰어든 이유는? | 민간의 응보설화는 어떻게 소고기 금기를 널리 퍼지게 만들었나? | 법률적 금지와 민간의 금기에도 불구하고 소고기는 어떻게 소비될 수 있었을까? | 송대 소고기 금기의 확산은 우리에게 무엇을 알려 주고 있을까?

12

몽골은 왜 한인 사대부를 차별했을까?   231

역대 중국 왕조는 왜 사대부를 우대했나? | 몽골은 한인 사대부를 어떻게 인식했을까? | 과거는 공정하게 시행되었을까? | 사등인제는 종족 차별 제도인가?

13

원대 외래 종교가 왜 흥성했을까?   247

원대 이전 중국에 외래 종교가 전래했을까? | 몽골은 종교를 어떻게 대우했을까? | 티베트불교는 어떻게 몽골의 주류 종교가 되었나? | 이슬람은 어떻게 몽골에 전파되었나? | 몽골에서 번성하던 기독교는 왜 사라졌는가? | 종교 정책으로 본 몽골제국의 정체성은 무엇인가?

14 ─────

유목민족 몽골은 왜   265
해상무역을 진흥했을까?

'팍스 몽골리카'는 무엇인가? | 몽골은 상업과 무역을 어떻게 인식했을까? | 몽골의 동남아시아 정벌은 실패했는가? | 몽골은 어떻게 해상무역을 진흥했을까? | 해상무역의 범위는 어디까지인가? | 해상무역의 번영이 세계사에 어떤 영향을 미쳤을까?

15 ─────

명나라는 왜   285
정화의 원정 기록을 태워 없앴을까?

왜 명은 정화 관련 기록의 파기를 묵인했을까? | 영락제는 정화를 왜 파견했을까? | 정화의 원정은 중국사에서 해양 활동의 절정기였을까? | 대운하와 해금은 무슨 관계일까? | 다시, 정화와 관련된 기록은 왜 불타 없어질 수밖에 없었을까?

16 ─────

명은 왜 대대적으로   305
만리장성을 재건해야 했을까?

지금 중국에서 보는 장성은 언제 만들어진 것일까? | 명 초기 대몽골 전략은 어땠을까? | 그럼 장성은 어쩌다 재건되었을까? | 무엇이 대대적인 장성 건설로 이끌었을까? | 1571년 '융경화의'로 '몽골의 위협'은 완화되었나? | 맹강녀는 왜 장성 앞에서 통곡했을까?

17 ─────

명·청 시대 최고의 상인이 된   332
휘주 상인의 성공 전략은 무엇이었을까?

상인에 대한 부정적 인식은 언제부터 변하기 시작했나? | 대운하는 어떻게 '초연결의 아이콘'

이 되었을까? | 휘주 상인이 발견한 취약점은 무엇일까? | 대운하를 활용한 휘주 상인의 성공 전략은 무엇일까? | 휘주 상인에게 유학은 어떤 의미였을까?

18

17세기 소빙기는 명과 청의 교체에 어떤 영향을 주었을까?   351

1644년 명은 왜 허망하게 무너졌을까? | 17세기 위기론이란 무엇일까? | 소빙기는 명나라 멸망에 어떤 영향을 끼쳤을까? | 소빙기 청의 흥기는 어떻게 보아야 하는가? | 기후 위기 시대에 국가는 어떤 대처를 해야 할까?

19

코끼리는 어떻게 길들여져 천하에 쓰였는가?   367

중국사에서 코끼리는 어떤 존재였을까? | 중원에 살던 코끼리는 어디로 갔을까? | 명대 조선 사신의 눈에 순상은 어떻게 보였을까? | 순상을 둘러싼 조선과 요·금의 차이는 무엇이었을까? | 명나라에서 코끼리를 본 조선 사신은 왜 찬양 일색이었을까? | 청대 조선 사신의 코끼리 감상평은 왜 바뀌게 되었을까? | 청나라 말기 코끼리들은 어떻게 되었을까? | 동물은 어떻게 외교의 상징이 되는가?

20

영국 사절 매카트니는 건륭제에게 정말 두 무릎을 꿇었을까?   387

건륭제는 왜 조선 사신을 열하로 불렀을까? | 왜 영국 사절에게 바닷길을 열어 줬을까? | 매카트니는 조공사신인가, 전권대신인가? | 예법 논쟁 속에서 영국은 무엇을 원했나? | 매카트니에게서 네덜란드 사절은 무엇을 배웠는가? | 매카트니의 '실패'와 티칭의 '성공'은 우리에게 무엇을 남겼나?

21
조선과 베트남은 청의 속국이었나? 405

'속국'이라는 표현은 우리를 화나게 만드는가? | 조선은 어떻게 청의 속국이 되었는가? | 속국은 전쟁을 통해 만들어지는가? | 상국은 속국에 무엇을 원하는가? | 상국은 진심으로 '자소'를 다했는가? | 속국인 '자주'국의 위험에 상국은 어떻게 대처했는가? | 다시 '속국'이란 무엇인가?

22
미국은 정말 중국에 '아름다운 나라'였는가? 427

미·중 관계는 어디로부터 왔는가? | 미국은 독립 후 왜 중국으로 향했는가? | '화기국'은 어떻게 '미국'으로 불리게 되었나? | 벌링게임은 어떻게 청나라 '칙사'가 되었나? | 청나라 최초의 유학생들은 왜 미국으로 떠났나? | 청나라는 왜 조선에 미국을 소개했나? | 늘 아름다운 나라일 수 있을까?

23
중국은 왜 더 이상 아편을 수입하지 않게 되었나? 449

아편은 중국에 어떠한 영향을 미쳤을까? | 중국의 아편 무역은 어떻게 시작되었을까? | 아편 상인은 아편전쟁에서 어떤 역할을 했을까? | 아편 무역은 어떻게 합법이 되었을까? | 아편 무역 합법화 이후 중국에서는 어떤 일이 일어났을까? | 아편 무역의 축소는 서양 상인들에게 어떤 영향을 미쳤을까? | 아편은 중국 무역의 구조에 어떤 영향을 남겼을까?

24
중국은 왜 일당 지배 국가가 되었나? 464

중화인민공화국과 중국공산당은 어떤 관계일까? | 신해혁명 이후 의회제는 어떻게 되었나? |

신해혁명 이후 중국인들은 어떤 정체를 꿈꾸었나? | 중국국민당은 어떤 국가를 만들고자 했나? | 중국공산당은 어떤 국가를 만드는 데 성공했나? | 중국의 당-국가 체제는 유지될 수 있을까?

25

소수민족은 누가 만들었는가? 478

중국의 소수민족 문제에 왜 관심을 가져야 할까? | 중국의 민족 문제는 어디에서 시작되었나? | 민국 시기 소수민족 정책은 어떻게 변화했을까? | 중화인민공화국에서의 민족은 어떻게 '식별'되었나? | 중국의 소수민족 정책은 어떻게 변하고 있을까?

부록　집필진 대담: 시공간과 인구로 꿰뚫는 중국사　491
도판·지도·표 목록　511
참고 문헌　517

═══ 머리말 ═══

AI 시대, 질문하는 역사 공부

질문의 힘!

생성형 AI를 통해 어떤 질문에도 쉽게 답변을 얻을 수 있는 시대가 도래했기에 오히려 '답변의 힘'보다 '질문의 힘'이 더 중요한 시대가 되었다. 바야흐로 정보(혹은 답변)의 대홍수 시대에 정보의 의미를 분별하고 지식을 통찰하는 능력은 답변이 아니라 질문을 통해 길러진다는 것이 전문가들의 공통된 의견이다. AI에 똑똑하게 질문하기 위해 '입력 문장(prompt)'을 효과적으로 설계하는 '프롬프트 엔지니어링(Prompt Engineering)'이 AI 시대 핵심 역량 중 하나로 손꼽히는 이유도 여기에 있을 것이다.

역사라는 오랜 학문에서도 질문은 침묵하고 있는 수많은 사료에 말을 거는 역사가의 중요한 발화점이 된다. 질문하지 않는데 답을 주는 사료는 없기 때문이다. 사료는 묻는 만큼 답변을 주기 마련이고, 판에 박히지 않은 좋은 질문을 던지면 똑같은 사료를 가지고도 새로운 해석과 의미를 찾아낼 수 있다.

그런데 놀랍게도 우리나라의 교육 현장에서 질문을 중요시한 지는 그리 오래되지 않았다. 중고등학교의 역사교육도 그렇지만, 대학에서의 역사 전공이나 교양 강의도 크게 다르지 않았다. 실제 필자가 다니던 중고등학교, 대학교 시절에 질문을 강조하는 수업, 학생에게 계속 질문 던질 기회를 주는 강좌는 찾기 어려웠다. 간혹 질문하더라도 어떤 교수자는 늘 정해진 답변을 가지고 있었다. 학생들은 교수자가 원하는 답을 말하기 위해 답변을 포장하기 마련이었고, 예상외의 답변이 나오면 분위기는 싸늘해지거나 험악해지기 일쑤였다. 물론 질문과 답변이 오가는 의외의 상황조차 매우 드물게 발생했다.

지금 돌이켜 보면 이해되는 바도 있다. 가르치는 자도 배우는 자도 모두 질문하는 법을 배우지 못했던 상황이었고, 자유로운 질문과 토론에 관대한 분위기도 아니었다. 한정된 시간에 가능한 한 많은 사실과 정보를 '오류 없이' 전하고, 이를 '정확하게' 이해하기에 급급했다. 학생뿐만 아니라 교수자도 감당할 수 없는 질문이 부담스럽기는 피차 마찬가지였을 것이다.

2022년 무렵, 필자를 비롯하여 집필자 일곱 명(고대사의 송진, 당대사의 류준형, 송대사의 김한신, 원대사의 고명수, 명대사의 조영헌, 청대사의 손성욱, 현대사의 윤형진)이 모였을 때 '중국사를 꿰뚫는 질문'을 뽑아내기 위해 모두 힘겨워했던 이유도 여기에 있었다. 어느 정도 동양사학계에서 활동 경험이 쌓인 50세 전후의 '소장' 학자들로 집필진을 꾸렸고 나름 자기 분야에서는 일가견을 세운 학자였지만, 정작 '중국사를 꿰뚫는 질문'이라는 명제 앞에서 갑론을박이 꽤 오래 이어졌다. 다행히 파주 출판단지에 있는 북이십일 사옥은 전국에 흩어진 집필진이 모이는 아지트가 되었고, 코로나19 팬데믹으로 대중화된 온라인 회의가 토론을 이어 주었다. 이렇게 1년여간 진행된 공동 작업을 통해 질문 스물다섯 개가 추려졌다. 그리고 이러한 스물다섯 질문에 담지 못한 중국이라는 시공간과 인구에 대한 여담은 집필진의 대담(2024년 8월 27일)을 녹취하여 부록에 추가했다.

일곱 집필진은 그동안 출간된 수많은 개설서를 검토하되 기존의 중국사 개론서와 차별되는 새로운 책을 만들기 위한 몇 가지 원칙을 수립하였다. 첫째, 답변보다 질문이 더 흥미롭고 의미 있는 개론서 만들기, 둘째, 2020년대에 20대 독자, 즉 2000년 전후로 한국에 태어난 '신세대'에게 어필할 수 있는 서술 방식, 셋째, 책이 출간되는 2020년대까지 한국에서 진행된 최신 중국사 연구 성과 반영하기, 넷째, 세계화(globalization)라는 관점에서 중국사 재조망하기가 그것이다. 특히 세계화라는 관점은 21세기를 살아가는 미래세대에게 당면한 과제이자 '중국은 세계의 문명과 오늘날의 인류를 만드는 데 어떤 기여를 해 왔는가?'라는 질문에 대한 답변이기도 했다. 물론 여기서 세계화란 유럽중심주의적 관점에서 파악하는 15세기 무렵부터의 현상이 아니라 유사 이래 진행된 상호 교류의 확산 과정으로 파악했다. 진한 제국의 등장부터 '중국'을 하나의 고정된 실체가 아니라 외부 세계와 끊임없이 교류하고 충돌하면서 만들어지고 변화하는 유동적인 국가이자 제국이자 문명으로 이해하려고 노력했다.

이렇게 수합된 스물다섯 질문에 대한 답변을 일람한 집필자들은 중국사를 꿰뚫는 특성이자 성격으로 '열림과 닫힘'의 반복과 길항(拮抗)을 떠올릴 수 있었다. '열림'과 '닫힘'은 상호 모순적이지만 한쪽이 다른 한쪽을 완전히 압도하지 않고 서로 밀치거나 잡아당기면서 나름의 균형을 맞추어 갔다. 물론 그 절충과 균형의 결과물은 한반도나 일본열도와는 또 다른 형태이기에, 이를 중국이라는 '제국의 문화'라고 부를 수 있겠다.

가령 '열림'에 해당하는 내용으로 실크로드를 통한 서역과의 교류, 유목 문화의 유입으로 인한 여성(황제 포함)의 정치 참여 확대, 송대부터 원대까지 확산하는 자유로운 해양 무역, 외래 종교를 동등하게 존중했던 원의 종교 정책, 초연결의 아이콘으로 기능한 대운하, 청 후기 '아름다운 나라' 미국(美國)과의 외교적 협상 등을 찾을 수 있다. 반면 진시황이 쌓았던 일종의 '국경선'에 해당하는 장성, 다시 명대에 대대적으로 연결되는 만리장성의 재건, 분열을 억제하기 위한 당대 지방 행정구역 분할, 정화의 해양 원정 기록 파기와 은폐, 청 건륭제의 위계적이고 자족적인 대외정책, 중국의 일당 지배구조 등은 '닫힘'에 관련된 내용으로 분류가 가능하다.

흥미로운 점은 통일이 강화된 시점에 '닫힘'이 증가하는 반면, 분열 국면이 되면 오히려 '열림'이 증가하는 패턴을 보인다는 사실이다. 이 책의 일독을 통해 이처럼 '열림과 닫힘'이 반복되면서 축적된 '제국의 문화'가 1949년 성립된 중화인민공화국으로 이어지고 있음을 발견할 수 있을 것이다. 이를 위해 책의 후반부는 시진핑 주석의 집권 이후 미중 패권 경쟁과 갈등이 심화되는 국면에 대한 언급까지 포함했다. 장기 지속하는 '제국의 문화'를 이해할 때, 현대 중국의 일당 지배 시스템, 소수민족 정책, 주변국에 대한 위계적 질서의 강요 등에 대한 역사적 해석도 가능할 것이다.

이 책이 '혐중(嫌中)'과 '친중(親中)'이라는 중국에 대한 흑백논리를 강요하는 시대적 분위기에서, 이를 보다 넓고 유연한 관점에서 해석하는 힘을 배양하고자 하는 이들에게 도움이 되기를 바란다. 본문에서도 언급하듯, 미국에서 '중국인 배척법(Chinese Exclusion Act)'이 제정되던 1882년, 청나라가 조선에게 미국을 첫 서양 수교국으로 연결했다는 점은 시사하는 바가 적지 않다.(22장 「미국은 정말 중국에 '아름다운 나라'였는가?」) 각자의 노림수가 없던 것은 아니지만, 외교적 경쟁과 갈등이 첨예하던 시기에 시작된 한미 관계를 중국 없이 설명할 수 없다는 사실은 작금 미중 패권 경쟁과 갈등의 시대에 이분법을 초월하는 상생과 공존이 가능함을 시사한다.

아울러 냉전의 갈등을 견디어 내고 산업화·민주화를 거쳐 '선진국'에 진입한 대한민국의 관점에서 중국을 새롭게 이해하길 원하는 '신세대'에게도 이 책이 다가가길 소망한다. 또한 세계화된 지구촌의 관점에서 중국의 위상을 설명하고픈 중고등학교 역사 교사들에게도 이 책의 스물다섯 질문과 답변은 분명 더 젊은 미래세대에게 이웃 나라를 이전과 다르게 인식하게 하는 마중물이 될 수 있을 것이다.

마지막으로 이 책의 기획부터 마지막 편집까지 일곱 집필자들과 함께 고생한 북이십일의 장미희, 김지영, 최윤지, 박병익 편집자에게 감사의 말씀을 전한다. 출판사와 이렇게 밀착된 호흡으로 공동 작업이 가능할 수 있다는 경험은 연구자로서 행복한 시간이었다. 비록 중국 역사에 대한 우리들의 질문은 스물다섯 개로 일단 멈추지만, 이 질문이 진부해질 무렵 좀 더 날카롭고 깊은 질문으로 독자들과 재회할 수 있기를 소망한다.

2025년 7월
집필진을 대표하여 조영헌 씀

1

중국 최초의 황제 진시황,
희대의 폭군인가
중국 통일의 영웅인가?

최근 진한시대 문헌 자료가 새롭게 발굴되면서 진시황의 진짜 얼굴이 드러나고 있다. 새로운 시대를 연 진시황이라는 인물을 폭군 혹은 영웅이라는 이분법적인 평가만으로 기억하기에는 그는 너무나 복잡한 인물이다. 당대인의 기록을 통해 진시황이라는 인물을 다층적으로 해석함으로써 현재에도 유효한 시대상을 뽑아낼 수 있지 않을까?

❖ ❖ ❖

우리는 진시황을 어떻게 기억하고 있을까?

"중국은 이미 과거의 중국이 아니다. 인민 역시 우매하지 않다. 진시황의 봉건사회는 한번 사라져 다시 돌아오지 않는다." 이는 1976년 톈안먼 광장에 모인 군중의 외침 중 하나로서, 진시황을 2000년 이상 지속되었던 황제 지배체제의 정점, 곧 전제군주의 대명사로 칭하였다. 진시황은 마오쩌둥과 함께 중국사에서 가장 큰 영향을 미친 역사적 인물 중 한 명이다. 마오쩌둥이 오늘날의 사회주의 중국을 만들었다면, 진시황은 최초로 하나의 통일된 국가로서의 중국을 세웠다. 비단 중국사를 공부하지 않았을지라도 대개 한 번쯤은 진시황에 대해 들어 보았을 것이다.

'진시황'은 어떤 이미지로 사람들의 생각 속에 자리 잡고 있을까? 아마 대부분은 강한 힘을 가진 전제군주의 모습을 떠올리며 만리장성이나 아방궁과 같은 건축물을 연상할 가능성이 높다. 특히 1974년 진시황의 능묘 인근에서 병마용갱(兵馬俑坑)이 발견되면서 세계인의 이목이 진시황에 집중되었다. 1987년 유네스코 세계문화유산으로도 등재된 병마용갱은 지하에 지어진 건축물에 진시황의 사후 세계를 호위하기 위해 만든 가상의 군단을 흙으로 빚어 구워 배치해 놓은 시설이다. 병마용갱에서는 실물 크기의 병사 도용이 약 7000개 이상 발견되었는데, 수천 개에 달하는 도용의 얼굴은 모두 다르며 병사들의 신발 바닥 문양은 물론 올림머리 형태에 이르기까지 소소한 부분까지 세밀하게 표현하였다. 병마용갱의 거대한 규모뿐 아니라 도용 수천 개를 세밀하고 실감 나게 표현한 양식은 보는 이들의 감탄을 자아내기에 충분했다. 아울러 병마용갱은 진시황릉의 부속시설에 불과한데, 병마용갱이 이런 정도로 만들어졌다면 진시황릉의 내부는 얼마나 더 많은 공력을 들여 조영하였을지 가히 짐작할 수조차 없다. 진시황이 건설했다고 전해지는 아방궁의 실물이 남아 있지 않은 상황에서 진시황릉은 진시황이 누렸던 권력을 시각적으로 볼 수 있는 대표적인 유적이다. 진시황 한 사람의 죽음을 위해 일종의 지하 박물관을 조성할 정도로 전국의 인적·물적 자원을 동원했다는 사실은 지금으로부터 약 2200년 전 한 인간이 누렸던 권력의 실체를 짐작할 수 있는 실마리가 된다.

최근에는 진의 행정·사법 문서가 다량으로 발견되면서, 진시황 시기 제국 통치의 실상을 파악할 수 있는 새로운 자료가 생겨났다. 1975년 후베이성(湖北省) 윈멍현(雲夢縣) 수이후디(睡虎地)에서 발견된 진나라 관리의 묘에서 나온 진간(秦簡)을 시작으로, 2002년 4월에는 후난성(湖南省)

도판 1.1. 후난성에서 발견된 진대 행정 문서 이야진간

룽산현(龍山縣) 고성(古城) 유지에서 '이야진간(里耶秦簡)'이라 불리는 진대 문서 3만 7000매 이상이 발견되었다. 이야진간은 21세기 중국의 가장 중요한 고고 발굴 성과로 평가되었으며, 진의 통치 실상을 전하는 중요한 자료이다. 이 밖에도 2000년대 이후 도굴되어 중국 외로 밀반출되었다가 다시 중국 내 여러 기관이 다양한 경위로 입수한 자료도 적지 않은데, 그중 후난성(湖南省) 악록서원(嶽麓書院)에서 소장하고 있는 2176매에 달하는 진간(秦簡)은 전국시대 이래 진의 사법 문서 및 법률 자료를 포함하고 있어 진의 사회상을 밝힐 수 있는 또 하나의 새로운 자료이다. 게다가 베이징대학(北京大學)에서 입수하여 소장하고 있는 죽간 자료 3346매 중에는 진시황을 진의 황제가 아닌 조나라 왕으로 표기*한 책이 포함되어

---

* 진시황의 성씨를 진나라의 왕성(王姓)인 영(嬴) 씨가 아닌 조나라의 왕성인 조(趙) 씨로 표기하여 조나라에서 태어난 진시황이 진나라 왕실의 자손이 아님을 뜻한다. 이는 진시황의 혈통에 흠을 내어 출생과 성장, 왕위 계승, 전국 통일 등 진시황의 모든 것을 깎아내리는 표현이다.

있다. 이 책은 『조정서(趙正書)』라는 책명이 죽간 뒷면에 적혀 있으며, 『사기』보다 먼저 편찬되었으나 『사기』의 내용과 다른 진시황 말년의 행적이 기록되어 있어 학계의 주목을 받았다. 진시황은 지난 수천 년간 동아시아 지식인들의 입에 오르내리며 여러 형태로 논해져 왔다. 20세기 이전의 지식인들이 진시황을 이해할 때는 당연히 모두 『사기』를 중심으로 한 문헌 기록에 기초하였다. 그렇다면 20세기 이래 땅속에서 새롭게 발견한 진시황 병마용갱 및 다량의 진대 행정·사법 문서 등은 진 제국과 진시황에 대해 어떤 다른 정보를 제공할까? 기존의 『사기』에 반영된 진시황과 진 제국의 실상은 모두 역사적 사실일까? 지금까지 진시황은 『사기』 이후 고전에 의해 이미지가 형성되어 왔다. 땅속에서 진나라 문자 기록이 새롭게 발견되면서 오늘날 우리는 적어도 조선시대 문인들에 비해 진시황에 대한 더 많은 자료를 갖게 되었다. 21세기를 사는 우리에게 진시황의 행적은 어떤 형태로 재구성될 수 있을까?

'아웃라이어' 진시황이 등장할 수 있었던 배경은 무엇일까?

말콤 글래드웰(Malcolm Gladwell)은 그의 책 『아웃라이어(Outliers)』에서 뛰어난 업적을 남기거나 괄목할 만한 인생의 성과를 낸 사람들의 성공 요인을 분석하였다. 그의 책에 따르면 소위 성공한 사람들은 그 사람의 재능이나 노력 혹은 삶에 대한 열정 때문이 아니라, 사회가 주는 특별한 기회와 역사·문화적 유산 덕분에 성공할 수 있었다. 곧 성공한 사람 개인의 능력이 뛰어나서 성공했다기보다 그 사람이 누렸던 사회·문화적 토대가 더

진한시대 간독 문서

최근 우리나라에서도 삼국시대 문자가 적힌 목간이 발견되어 문헌 기록이 부족한 고대사 연구에 중요한 자료를 제공하고 있지만, 중국의 경우 20세기 이래 기존의 중국 고대사 이해를 새롭게 할 만큼 여러 종류의 자료가 다량으로 발견되고 있다. 특히 대나무 또는 나무를 길게 잘라서 문서를 만든 간독(簡牘) 자료는 수량이 많을 뿐 아니라 성격에 따라 종류 역시 다양하다. 가령 진한시대 간독 문서의 경우 관청에서 작성한 행정 문서, 법률 및 재판문서, 민간의 계약 문서 또는 서신 등 여러 종류의 문서가 포함되어 있다.

간독 문서는 용도에 따라 크게 공문서와 사문서로 구분된다. 국가에서 반포한 법률 문서나 지방 관청에서 작성한 행정 문서와 같은 공문서는 고대국가의 체제와 운영 원리를 보여 준다는 점에서 중요하다. 그리고 개인이 사사로운 목적에서 작성한 서신, 매매 계약서, 유산 상속문서 등의 사문서는 지금은 사라져 버린 2000년 전 중국 사회의 실상과 당시 사람들의 일상생활을 보여 준다는 점에서 의의를 지닌다.

도판 1.2. 다양한 형태의 간독

중요한 성공의 요인으로 작용했다는 것이다. 이러한 해석은 중국 최초의 황제였던 진시황의 등장 배경을 설명할 때도 그대로 적용된다. 수천 년 이어져 온 중국의 역사 흐름에서 진시황이 최초의 황제로 주목받게 된 요인을 '영정(嬴政)'이라는 인물의 개인적인 역량과 노력만으로는 설명하기 어렵다. 그렇다면 '영정'이 최초의 황제가 되기까지 누릴 수 있었던 '역사·문화적 유산'과 '특별한 기회'는 무엇이었을까?

진시황이 왕으로 즉위하기 전부터 진의 국력은 이미 전국시대 다른 나라에 비해 막강하였다. 진시황이 된 영정이라는 인물은 바로 강한 힘을 가진 진나라의 왕실 일원으로 태어났고, 조상으로부터 물려받은 국력에 의지하여 전국을 통일할 수 있었다. 이것이 바로 '영정'이 누렸던 '역사·문화적 유산'이다. 사실 전국시대 중기까지 진(秦)은 서쪽 변방에 있던 후진국으로서 경제적·문화적으로 낙후된 나라였다고 해도 과언이 아니다. 그러나 효공(孝公) 시기(기원전 362~기원전 338) 상앙(商鞅)이 주도한 두 차례 개혁이 성공하면서 진은 군주 중심의 중앙집권적인 지배체제를 갖추어 국력이 강해지기 시작했다. 전국시대 각국에서는 유능한 인재를 등용하여 개혁을 추진하였는데, 진에서 시행한 상앙의 개혁은 큰 효과를 거두어 전국 통일의 기초가 되었다.

상앙이 시행한 개혁의 핵심은 효과적인 '농전체제(農戰體制)'의 확립에 있었다. 곧 평상시에는 생산에 진력하고, 전쟁이 발발하면 스스로 참전하여 죽음을 무릅쓰며 싸울 수 있는 사람들을 양성하며, 이들을 체계화된 행정조직을 통해 관리할 수 있는 지배체제를 확보하는 데 목표가 있었다. 가령 힘을 다해 농사일과 방직에 종사하여 곡식과 비단을 많이 바치는 자는 요역을 면제하였으며 장사를 하거나 게을러 가난해진 사람은 신분상 불이익을 주었다. 이를 위해 기존 신분 질서를 전쟁에서 세운 공로에 따라 재편하여 부귀영화를 누릴 수 있는 자격을 전공(戰功)에 따라 차등적으로 부여하였다. 결과적으로 군주의 가족인 종실(宗室) 일원일지라도 일정한 전공이 없으면 본래의 신분 특권을 누릴 수 없게 하였다. 국가권력에 의해 재편된 신분 질서는 군공작제(軍功爵制)를 통해 구현되었는데, 1~17등(혹은 20등)까지 구분된 작위에 따라 나라의 모든 구성원의 신분 지위가 차등적으로 규정되었다. 전공(戰功)은 일반 민(民)이 신분 상승할 수 있는 호기였다. 후베이성 윈멍현 수이후디 4호 진묘에서 출토된 목독(木牘) 2매는 기원전 223년 전후에 초(楚)와의 전쟁에 참전한 진의 병사가 본가로 보낸 편지인데, 발신인은 자신이 전공으로 받은 작위가 집으로 통보되었는지 확인하였다. 아마도 진의 병사로 참전 중이었던 흑부(黑夫)라는 인물은 전쟁에서 작위를 받을 만한 공을 세웠던 것으로 보인다. 상앙 변법에 따르면 군공을 세운 사람은 공의 크기에 따라 작위를 받았는데, 상앙 변법 이래 시행된 군공작제는 진의 전국 통일 이후에도 운영되었다. 흔히 진시황의 전제성을 비판할 때 그가 '덕치(德治)' 대신에 엄격하고 가혹한 '법치(法治)'를 행한 점을 든다. 그렇지만 군주를 제외한 모든 사람이 형법 중심의 법의 제재를 받는 통치 방식은 상앙 변법 이후 100년 이상 지속된 일종의 사회 문화였다.

   영정, 곧 나중에 진시황이 되는 인물은 기원전 259년에 조나라 수도 한단(邯鄲)에서 태어났다. 진의 왕실 일원이 타국의 수도에서 태어난 이유는 무엇일까? 『사기』의 기록에 따르면, 당시 영정의 부친인 자초(子楚)는 질자(質子)로서 조나라 한단에 살고 있었다. 춘추전국시대 열국(列國) 사이에서는 잦은 무력 충돌이 발생하였고, 질자 제도는 양국의 군주가 본인의 자제를 상대국에 보내어 상호 신의를 확인하기 위한 수단이었다. 상시 전쟁을 대비해야 하는 분열 시대에 상대국 군주의 자제는 사실상의 볼모였다. 진과의 관계가 경직되면 생명의 위협을 받을 수밖에 없었던 볼모 신세인 자초를 왕위 계승자 지위로 승격하도록 만든 인물이 있었으니, 바로 대상인 여불위(呂不韋)다. 여불위는 농사일에 비해 장사는 열 배 이익을 남길 수 있는 일이라는 사실을 잘 알고 있었던 사람이었다. 그는 당시 타국에 볼모로 와 있는 자초라는 인물이 진기한 인물로서 장래의 큰 이익을 위해 잘 간직할 필요가 있다고 판단하였다. 그리고 본인의 재산을 자초라는 인물에 '집중 투자'하기로 했다. 효문왕에게는 아들이 스무 명이나 있었고 그중 자초는 후계자와는 거리가 멀었다. 효문왕이 태자였던 당시 여불위는 거금을 들고 태자의 총애를 받고 있던 후궁 화양부인(華陽夫人)을 찾아가 자초를 그의 양자로 삼도록 설득하였다. 그리고 화양부인을 통해 훗날 진의 왕위 계승자 자리를 약속받았다. 소양왕(昭陽王)이 죽은 후 태자였던 효문왕이 즉위했지만 3일 후 사망하였다. 결국 여불위가 후원하던 자초가 장양왕(將襄王, 재위 기원전 250~기원전 247)으로 즉위하게 된다. 바로 여불위의 '킹메이커(Kingmaker)' 자질이 빛을 발하는 순간이었다. 장양왕은 자신을 오랫동안 도와준 여불위의 공로를 인정하여 그를 승상(丞相)으로 삼아 나랏일을 맡겼다. 그런데 장양왕도 즉위한 지 3년 만에 사망하였고, 자연히 자초의 아들 영정은 13세의 나이로 왕위에 올랐다. 지난 13년가량 '킹메이커' 여불위의 안목에서 비롯된 정치적 흐름 속에서 영정이라는 인물은 '아웃라이어'가 되는 첫발을 내디딜 수 있었다. 이는 영정이 인생에서 얻은 '특별한 기회'였다.

이후 영정이 진나라 왕으로서 나라를 다스린 지 26년이 되는 기원전 221년, 진나라는 여섯 개 나라를 차례로 멸망시키고 중국을 하나로 통일한다. 진왕 영정이 즉위 후 미성년 시절 행적은 대부분 후견인 역할을 했던 배후의 실력자 여불위의 영향을 받은 결과이지만, 서른 살 이후 진행된

6국에 대한 전승과 외교술은 영정이라는 인물 개인의 지도력과 노력에서 비롯된 성과로 평가할 수 있다. 기원전 221년 '천하'를 다스리는 유일한 군주가 된 영정은 그가 물려받은 역사·문화적 유산이라는 토대 위에 킹메이커 여불위가 마련해 준 특별한 기회를 잡아 능력을 십분 발휘하였고, 그 결과 수천 년 중국 역사 속에서 '아웃라이어'로서 이름을 떨칠 수 있었다.

천하를 통일한 진시황은 이후 무엇을 하였는가?

'천하'를 통일한 진왕 정은 먼저 통일국가의 기초를 다지고 황제권을 강화하는 여러 정책을 시행하였다. 그는 황제 제도를 창시하였고 중앙집권적 행정제도를 확립하였는데 이는 이후 2000년간 이어진 중국의 황제 지배 체제의 원형이 되었다.

첫째, 진시황은 '천하 통일'의 위업을 칭양하며 새로운 개념의 군주상을 창조하였다. '천하 통일'을 이룬 지배자로서 진왕 정은 세상에 오직 유일하게 군림하는 자신의 존재를 드러내고 권위를 확립하기 위해 기존에 사용하던 왕이라는 호칭의 개명을 추진하였다. 그 결과 채택된 것이 신적인 존재를 뜻하는 '제(帝)'가 포함된 '황제(皇帝)'라는 칭호이다. '황제'라는 호칭의 의미는 '황황(皇皇)한 상제(上帝)'로서 휘황찬란하게 빛나는 절대적인 존재를 나타내거나 '황천(皇天)의 상제(上帝)'로서 지상신을 뜻한다. 진왕 정은 일찍이 없던 위업을 이룬 자신을 지상에 출현한 상제에 비견하여 황제라는 칭호를 제정하였다. 그리고 이 칭호는 이후 중국사에서 군주의 칭호로서 계승되었다.

군주를 신격화하여 황제 제도를 시행하기 위해서는 이를 뒷받침할 논리가 필요하다. 진시황은 오덕종시설(五德終始說)*을 채용하여 우주의 순환 원리 속에서 진 제국의 등장을 설명하면서 통일 왕조로서 진의 정통성을 내세웠다. 진은 주나라의 화덕(火德)을 이긴 수덕(水德)을 자칭하면서, 우주의 순환 원리에 따라 통일 왕조인 진이 필연적으로 등장하였다고 표방하였다. 당시 수덕은 색깔로는 검은색, 숫자로는 '6'으로 표현되었기에 진은 관복과 깃발을 검은색 위주로 제작하고, 수레의 너비를 6척(138센티미터)으로 표준화하는 등 수덕을 왕조의 표상으로 삼았다.

통일 왕조의 황제로서 진시황은 천하를 주유(周遊)하면서 태산에서 제사 지내는 봉선(封禪)을 행해 자신의 권위를 과시하였다. 진시황은 통일한 다음 해부터 치세 기간 약 10년 동안 모두 다섯 차례 '천하'를 순행(巡幸)했다. 순행은 군주가 전국을 돌며 지방 정치나 백성의 생활을 시찰하는 일이다. 진시황은 순행 중 '천하'를 평정한 군주가 자신의 업적 완수를 천지(天地) 신에게 보고하는 제사인 봉선을 거행하였다. 그리고 순행 중 동해에 이르러 신선이 사는 산을 찾게 하거나 선인(仙人)과 불사약(不死藥)을 구해 오라 시키기도 하는 등 신격화된 군주로서 영생을 추구하기도 하였다. 진시황의 순행과 봉선은 정복지 백성에게 황제의 위엄을 과시함으로써, 통치 기반을 공고히 하려는 정치적 의도로 행해졌다. 천하 순행과

---

* 오덕종시설(五德終始說)은 전국시대 추연(騶衍)이 처음 주장하였다. 그는 음양오행 사상을 인간 역사 변천에 적용하여 왕조의 교체나 역사의 추이를 오덕(五德)의 순환으로 설명하였다. 오덕은 목(木)·화(火)·토(土)·금(金)·수(水)의 덕(德)을 말하며, 순환 원리는 상극의 순서와 상생의 순서로 구분된다. 상승론(相勝論)은 상극의 관계로 오덕의 순환을 설명하며, 순서는 '토→목→금→화→수'이다. 반면 상생론(相生論)은 상생의 관계로 순서를 설명하는데, 바로 '목→화→토→금→수'이다. 진은 통일 후 수덕설(水德說)을 내세웠으며, 진의 뒤를 이은 한나라는 처음에 토덕설(土德說)을 주장했다가 전한 말 화덕(火德)으로 개정하였다. 이후 중국 각 왕조는 오덕 중 하나에 속한다고 주장하였다. 가령 왕망 정권은 화덕(火德)인 한(漢) 왕조로부터 나온 정통 왕조로서 토덕(土德)을 내세웠다.

태산 봉선은 황제만이 행할 수 있었지만 중국 역대 황제 중 진시황과 같이 여러 차례 순행한 인물은 이민족 출신 황제를 제외하면 거의 없다고 해도 과언이 아니다. 태산 봉선도 한 무제와 광무제, 당 태종과 현종, 북송 진종 등만이 행하였던 황제의 특별 행사 중 하나였다. 곧 진시황이 창시한 황제 제도는 역대 황제에게 계승되었지만 모든 중국 황제가 진시황이 행한 일을 따를 수는 없었다.

둘째, 진시황은 통일 왕조의 중앙집권적 행정제도를 확립하였다. 일반적으로 중국사에서 지방분권적인 통치 형태인 '봉건제(封建制)'와 달리 중앙집권적인 지방 통치 형태를 '군현제(郡縣制)'라 칭하는데, 이를 처음 중국 전역에 시행한 시기는 진이 전국을 통일한 직후이다. 진은 6국을 멸망시켜 해당 영토를 진에 편입하는 과정에서 진의 군현제를 통해 점령지를 통치하였다. 전국을 통일한 이후 광대한 영토를 어떠한 형태로 통치할지는 진 제국 조정의 중요 현안 중 하나였다. 조정 회의에서 대신 다수는 주나라 봉건제를 다시 채용하여 지방분권 통치를 시행하자고 제안하였다. 반면 이사(李斯)는 중앙에서 관리를 파견하여 지방을 중앙에서 직접 다스리는 군현제를 전국적으로 시행해야 한다고 주장하였다. 진시황은 대신들이 아닌 이사의 의견을 받아들였으며, 이후 전국은 군현으로 조직되어 중앙에서 일원적으로 통치하였다. 일원적인 통치 제도를 모든 군현에 시행하기 위해 우선 진의 법령을 전국적으로 반포하여 법을 일원화하였다. 그리고 군현제로 조직된 제국의 행정 시스템을 원활하게 운영하기 위해 문서 작성에 필요한 문자를 진의 문자를 기준으로 통일하였으며 길이, 무게, 부피를 재는 단위인 표준 도량형을 정하여 전국에 반포하였다. 이후 항우가 서초(西楚) 패왕을 자처하고 제후왕 열여덟 명을 세워 봉건제를 다시 시행한 사례나 전한 초기 군현제와 봉건제를 절충한 '군국제

(郡國制)'를 시행한 경우를 제외하면 한 무제 이후 역대 중국 왕조는 사실상 '군현제'를 시행하여 지방을 중앙집권적으로 통치하였다. 진시황이 시행한 중앙집권적인 지방 통치 방식은 황제 지배체제의 기본 틀로서 전통시대 중국 사회에 계승된 것이다.

황제 제도를 창시하고 중앙집권적 행정제도를 확립한 데서 한발 더 나아가 진시황은 황제권을 강화하기 위한 중앙집권화 정책을 시행하였다. 이는 역대 중국 황제 중 강한 권력을 행사했던 인물들에게서 찾아볼 수 있는 통치 형태와 맥을 같이한다. 진시황은 우선 군사력을 국가가 독점하고 반란을 일으킬 가능성이 있는 집단을 통제하기 위해 전국에서 정치·경제적 힘을 가진 12만 호(戶)를 수도인 함양 주변으로 강제로 이주시켰다. 바로 줄기인 수도를 강하게 하고 가지인 지방을 약하게 하는 소위 '강간약지(强幹弱枝)' 정책이었다. 후대 한 고조와 한 무제도 거의 같은 형태로 강제 사민 정책을 시행한 결과 수도 함양과 그 주변인 '중앙'은 '지방'에 비해 "인구는 천하의 3할 정도에 불과하지만 부(富)는 천하의 6할을 차지하게 될" 정도로 발전하게 되었다.

진시황의 중앙집권화 정책은 '분서갱유(焚書坑儒)'로 일컬어지는 사상 통일 작업으로 발전했다. '분서'는 서적을 불태워 버린 일을 말하며, '갱유'란 자신의 통치 이념에 반대하는 학자들을 땅속에 묻어 죽인 사건을 말한다. 진시황 34년, 곧 기원전 213년에 진시황은 의약이나 농업 기술서 및 점복서와 진나라가 기록한 역사서를 제외하고 민간이 소지한 역대 다른 나라에서 기록한 역사서와 시(詩)·서(書)의 경전 및 제자서(諸子書) 등을 몰수하여 30일 내로 소각하도록 명하였다. 그 목적은 민간이 소장한 진과 다른 역사 기록이나 사상 관련 서적을 압수하여 민간의 사사로운 학문 추구를 금하고 학문 풍토를 관학으로 일원화하는 데 있었다. 이듬해인 기원전 212년에는 불사약을 구한다며 진시황을 속인 방사(方士) 노생(盧生)에 대한 화풀이로 유생을 포함한 460여 명을 함양에서 파묻어 죽였다. 이러한 일련의 조치는 전제군주가 학문과 학자를 탄압한 대표적인 사례로서 후세에 진시황제를 '폭군'으로 비난하는 주요 근거가 되었다. 다만 이때 죽은 이들이 반드시 유생만은 아니며 전국적 대학살 역시 아니었다. '분서갱유'라는 표현이 후한 시기 유학이 주류 사상으로 자리 잡은 후에 등장했다는 점을 고려하면 진시황을 '폭군'으로 비난하는 후대의 평가는 한편으로 진 제국의 정통성을 부정했던 한대 유가 지식인들의 과도한 비판에 영향을 받은 것이다.

진시황은 왜 대규모 토목공사를 시행하였을까?

진시황은 생전에 세 가지 대규모 토목공사에 착수하였다. 첫째는 아방궁을 비롯한 화려하고 거대한 궁전 건축이고, 둘째는 만리장성(萬里長城)이라 불리는 북변 방어 시설 확충이며, 셋째는 자신의 사후 공간인 여산릉 조영이다.

우선 진의 수도인 함양에는 대규모 궁전구(宮殿區)가 있었는데 이는 전국시대 효공 때 함양으로 수도를 옮긴 후 전국 통일 이후까지 형성된 일종의 궁전군(宮殿群)이었다. 궁전구의 핵심 건물은 함양궁(咸陽宮)이었는데 진시황은 이를 대규모로 확장하여 정무를 위한 핵심 공간으로 사용하였다. 전국 통일 후 진시황은 함양과 그 일대에 궁전 300채를 지었는데 주요 건물들은 황제의 수레가 다니는 전용 도로로 서로 연결되었다. 진은 제후국을 쳐부술 때마다 함양 북쪽 기슭에 점령한 나라의 궁실을 모방한 건물을 지었는데 진시황은 6국의 군주들로부터 빼앗은 의장이나 미인, 악기 등으로 궁전구를 채웠다. 나아가 진시황은 통일 후 정무를 위한 중심을 위수 남쪽으로 옮기고자 아방궁을 중수(重修)하였다. 기록에 따르면 아방궁의 전전(前殿)은 동서 약 690미터, 남북 약 115미터 규모의 궁으로서 궁전 위에는 1만 명이 앉을 수 있었던 거대한 건물이었다고 한다.

둘째, 북쪽 변경에 만리장성을 수축하였다. '장성(長城)'에 대한 기록은 춘추전국시대 문헌에 처음으로 보인다. 물론 춘추전국시대 이전에도 방어용 성을 건축하였지만 전국시대 초, 위, 연, 조, 진 등 각국이 변경에 성벽을 길게 쌓기 시작하면서 여러 장성이 출현하였다. 전국시대 각국은 목책을 세우거나 호구(壕溝)를 파서 지배 영역의 한계인 국경을 표시하였는데 전국을 통일한 후 진은 연나라와 조나라가 쌓은 장성을 연결하여 임조(臨洮)에서 요동(遼東)까지 1만여 리에 달하는 장성을 쌓았다. 진시황은 몽염 장군에게 명하여 흉노를 공격하게 하였는데 만리장성은 정복한 흉노의 옛 땅을 안정적으로 확보하고 흉노의 침입을 방어하기 위해 쌓은 장성이다. 『사기』「몽염열전」에 따르면, 몽염은 황하를 비롯한 험한 지형을 이용하여 경계로 삼거나 돌로 성을 쌓고 나무를 심어 변새(邊塞)를 만드는 방법으로 장성을 만들었다. 특히 진시황은 만리장성을 쌓아 서북쪽 변경의 한계를 표시하고 동시에 동쪽 바다에 비석을 세워 제국의 동쪽 문을 표시하였다. 이는 진시황이 동쪽 해안선을 일종의 국경으로 여겼음을 의미한다. 즉, 전국 통일 후 진시황은 동해를 제국의 동쪽 경계로 삼고 만리장성을 쌓아 서북쪽 경계를 표시하였다. 이런 점에서 진의 만리장성은 북변을 방어하기 위한 수비 시설이자 자연 지형과 새(塞), 목책 등으로 제국의 지배 범위를 표시한 일종의 '국경선'이었다.

셋째, 진시황 자신의 사후를 위한 공간인 여산릉을 조영하였다. 진시황의 능묘는 높이 약 100미터, 한 변이 500미터인 정방형 묘실로 그 주변에 병마용갱을 비롯한 다양한 시설이 함께 만들어졌다. 능묘에서 약 1.5킬로미터 떨어진 지점에서 발견된 병마용갱은 총면적 2만 제곱킬로미터에 병사 도용(陶俑)이 7000개 이상 확인되었다.

그런데 이러한 대규모 토목공사가 약 10년이라는 단기간에 진행되면서 엄청난 국력이 소모되었다. 기록에 따르면 여산릉과 아방궁 건설에 죄수 70만 명이 동원되었다고 하는데 다른 토목공사까지 합치면 연인원 약 300만 명 정도가 동원되었을 것이라 한다. 그렇다면 진시황은 왜 여산릉이나 아방궁과 같은 대규모 건축공사를 시행하였을까? 이에 답하기 위해서는 먼저 진시황이 영향을 받은 역사·문화적 유산을 생각해 보아야 한다. 중국사에서 전국시대는 중요한 변혁기로서 이전과 달리 조상신의 권위에 의존하지 않는 세속 군주가 등장한 시기이다. 전국시대 군주는 이전까지 정치적 핵심 공간이었던 종묘 대신 조정을 더 중시하기 시작했으며 자신의 권력을 거대한 건축물로써 '시각화'하였다. 그 결과 전국시대 군주의 궁전과 능묘 건축은 화려하고 대규모로 조영되었다. 진시황은 13세에 진왕으로 즉위하면서 자신의 사후를 위한 능묘 건축을 시작한 것으로 보이는데 그 계획을 미성년인 그가 독단적으로 세웠다고 보기는 어렵다. 전국시대 여느 군주들처럼 영정이 진왕으로 즉위하자 으레 그를 위한 능묘도 큰 규모로 건설되기 시작했을 것이다. 함양 궁전구에 있었던 궁전 중 다수가 진시황 이전에 세워졌음을 상기하면 화려하고 거대한 궁전을 조영하는 일은 진시황이 당시 시대 문화 속에서 학습한 바일 것이다. 다만 전국을 통일한 후 진시황은 전국시대 왕과는 다른 차원으로 황제의 권위를 드러내고자 노력했다. 가령 진시황은 위수 남쪽에 건설한 신궁(神宮)을 천상의 북극성을 표상하는 극묘(極廟)로 개칭한 후 자신의 여산릉과 새 길을 내어 연결하였는데 이는 자신이 제사 받을 공간을 세상의 중심으로 정하고 사후에도 그 영광을 누리기 위함이었다. 그 결과 진시황이 건축한 궁전과 능묘는 이전 시대보다 훨씬 큰 규모로 화려하게 지어졌다. 이런 점에서 진시황의 대규모 토목공사는 전국시대 이래 형성된 왕실 문화의 전통에서 비롯되었고, 전국 통일 이후 그 규모와 화려함이 더해졌다고 볼 수 있다.

진시황은 어떻게 그 넓은 영역을 일원적으로 통치할 수 있었을까?

지금으로부터 약 2200년 전인 기원전 3세기 말의 사회적 조건 속에서 진시황은 어떻게 광대한 영토를 일원적으로 통치하며 전국의 인적·물적 자원을 중앙에서 모두 파악하여 관리할 수 있었을까? 진시황이 전 영토를 황제의 권력하에 두고 강한 통치를 유지할 수 있었던 주요 원리로는 철저한 문서 행정 시스템의 운영과 엄격한 법 집행을 들 수 있다.

우선 진 제국의 모든 행정 절차는 문서를 통해 진행되었다. 조정의 명령은 문서로 작성되어 전국의 각 행정 단위로 전달되었고, 지방 군현의 모든 보고 역시 문서로 작성되어 중앙 관서로 전달되었다. 진의 법 조항에는 "요청할 일이 있으면 반드시 문서로써 청하고 구두로 청하거나 다른 사람에 부탁하여 청할 수 없다"라는 규정이 있는데, 이는 당시 문서 행정의 특징을 잘 보여 준다. 『논형』「별통」 편에서는 "(진이 멸망할 때 유방의 참모였던) 소하(蕭何)는 진에 진입한 후 그 문서를 수합하였고 한(漢)이 전국을 다스릴 수 있었던 것은 문서의 힘이었다"라고 하였다. 진 제국은 전국의 인적·물적 자원을 문서 행정을 통해 철저하게 파악하여 관리하였다.

이런 까닭에 전국의 인적·물적 자원을 기록한 장부만 확보하면 손쉽게 진 제국의 자원을 장악할 수 있었다. 유방의 참모였던 소하는 바로 문서의 힘을 정확하게 알고 있었고, 새 왕조를 개창한 한이 비교적 안정적으로 제국 통치를 시작할 수 있었던 배경은 진의 문서 행정제도를 계승한 데 있었다. 이렇게 문서 행정 시스템은 고대 제국이 전국을 일원적으로 통치할 수 있었던 기반이었다.

최근 발견된 진 제국의 행정 문서는 당시 문서 행정이 얼마나 철저하게 운영되었는지를 잘 보여 준다. 앞서 말한 후난성 이야진간 대부분은 진의 전국 통일 직전인 기원전 222년부터 진시황 사후 시기까지 천릉현(遷陵縣)이라는 변경 현정(縣廷)에서 사용한 공문서이다. 한 가지 사례를 살펴보면 다음과 같다.

(진시황) 33년(기원전 214) 4월 8일에 (양릉현의) 담당 관리 등이 보냅니다. "양릉현에 사는 서(徐)가 벌금 2688전을 관에 납부하지 않은 채 동정군의 어느 현으로 방비하러 갔습니다. 지금 증빙 문서를 작성하여 동정군의 관리에게 올리니 서가 복무하는 현에 그 돈을 독촉하여 양릉현의 저에게 보내 주도록 하십시오. …… 이미 그 집에 독촉하였지만 가난하여 납입할 수 없었기에 방비 서려고 간 부서로 문서를 보내니 복무 부서에서 받아 주십시오.
4월 10일 발송

(진시황) 34년(기원전 213) 8월에 양릉현의 담당 관리가 보냅니다. 지금까지 회보가 없으니 다시 요청합니다.

(진시황) 35년(기원전 212) 4월 7일에 동정군의 담당관이 천릉현의 담당 관리에게 보냅니다. 양릉현의 수졸(戍卒)이 천릉현에서 복무하고 있으니 법에 따라 조사하고 보고하십시오.

이는 양릉현의 '서'라는 사람의 벌금 2688전을 수납하기 위한 체납 고지서이다. 내용을 보면 수졸 한 명의 벌금을 받기 위해 3년에 걸쳐 그의 본가와 현재 파견 근무지에 여러 번 문서를 보내 벌금을 독촉하였다. 한 개인의 체납액까지도 수년에 걸쳐 문서로 작성하여 관리하였던 사례는 제국에 속한 인적·물적 자원 관리가 얼마나 철저하게 이루어졌는지 짐작하게 한다.

다음으로 형법 중심의 엄격한 법 시행은 진 제국의 통치를 뒷받침했던 주요 원리 중 하나였다. 전술한 대로 진시황이 시행한 엄격한 법제에 의한 통치는 전국시대 상앙 변법 이래 진나라에 형성된 역사·문화적 전통에서 비롯된 것이다. 그렇지만 진 제국 성립 후 진나라의 법을 전국에 걸쳐 엄격하게 시행하였다.

진나라 법은 여러 단계의 처벌 방법을 규정하였는데 그중 가장 잔혹한 처벌은 신체 일부를 훼손하는 육형(肉刑)이었다. 육형은 중국 고대사회로부터 이어져 온 형벌로서 진에서는 사형[梟首, 棄市, 磔], 얼굴 문신[黥], 수염 제거[耐], 태형[笞], 다리 절단[斬左·右趾], 코 절단[劓], 거세[宮刑] 등 형의 경중에 따라 여러 단계의 육형으로 처벌하였다. 진나라 법이 엄하고 가혹했다는 평가를 받는 이유는 엄형주의에 따라 운영되었기 때문이다. 진의 법은 가벼운 죄도 무겁게 처벌했으며 5인 이상이 벌인 집단 범죄는 가중처벌하였다. 예를 들어 1전(錢)을 훔치면 강제 노역 30일로 처벌하였는데 하루 노임이 8전이었음을 고려하면 240배로 무거운 형벌이었다. 그렇지만 5인이 함께 1전 이상을 훔친 집단 범죄일 경우 왼쪽 다리를 자른 후 이마에 문신을 새기고[黥] 평생 강제 노역형으로 처벌했는데 범죄자뿐 아니라 가족 모두 관노비로 적몰할 정도로 엄중하게 벌하였다.

  범죄자는 엄형주의를 적용한 법에 따른 판결을 받은 후 사람이 많이 모이는 공개된 장소에서 형벌을 받았다. 상앙 변법 이후 사사로운 폭력 행사는 법으로 금지되었으므로, 국가권력만이 폭력을 독점하였다. 육형과 같은 잔혹한 형벌을 공개적으로 집행함으로써 일반 민들은 자연히 국가권력에 대한 두려움과 공포심을 갖게 되었을 것이다. 진 제국은 국경 안에 사는 사람들이 폭력을 독점한 국가권력에 절대복종하는 사회를 조성하였고 이러한 상황은 6국을 멸망시키고 통일 제국을 세울 수 있었던 밑바탕이 되었지만 통일 후 단기간에 전국적으로 엄형주의를 시행하는 무리수를 두다 결국 15년 만에 멸망하게 된 자충수가 되었다.

진시황은 '폭군'의 대명사인가?

진시황은 진 제국이 만세에 이르도록 번영하기를 원했지만 진시황이 죽은 후 진 제국은 멸망의 길로 치닫게 된다. 진시황 사후 2세 황제가 즉위한 해에 발생한 진승(陳勝)의 반란은 초나라를 부흥한다는 명분을 내세워 '장초(張楚)'라는 나라를 세우는 데까지 나아갔고 각지에서 옛 6국 부흥을 위해 왕을 세우고 반란을 일으켰다. 결국 기원전 206년 유방의 군대가 함양을 함락하고 진의 3세 황제가 그에게 항복하면서 진 제국은 종언을 고하였다. 강력한 전제군주의 통치를 내세우던 진 제국이 15년 만에 맥없이 무너지고 말았다. '반진(反秦)' 집단이 세운 한 제국은 실제로는 진의 통치

원리와 제도 대부분을 계승했지만 겉으로는 한의 정통성을 내세우기 위해 진의 통치를 폭정으로 비난하거나 중국 역사의 흐름에서 진 제국을 배제하기도 하였다. 전한 이후 유가가 통치 이념으로 자리 잡으면서 진시황은 '분서갱유'를 자행한 폭군으로 비난받기 시작하였다.

진시황의 이미지는 유학자들에 의해 수천 년간 덧칠되어 폭군의 대명사가 되었다. 조선시대 문인들의 문장에서도 진시황은 '분서갱유'를 행한 폭군으로 언급되는 경우가 대부분이다. 그러나 조선 후기 성대중(成大中), 윤행임(尹行恁) 등의 지식인들은 진시황에 대한 비난을 멈추고 재평가하기도 하였다. 가령 성대중은 "한 고조의 포악함이 진시황보다 심한 것을 모른다"라고 하였다. 특히 정조(正祖) 임금은 "분서의 화가 매서웠다. 그러나 박사관에서 맡고 있었던 것은 애초에 태우지 않았으니 그 목적은 단지 백성을 어리석게 하기 위함이었는가? 일설에는 항우가 궁궐을 3개월 동안 태웠다고 하니 박사관에 소장된 것들이 결국 다 없어졌을 것이다. 그렇다면 항우의 손끝이 진시황보다 심한데 후세의 책망이 오로지 진시황에게만 돌아가는 것은 어째서인가?"라고 반문하며 진시황에 대한 본인의 견해를 펼쳤다. 정조 임금은 기존의 고정관념을 벗어 버리고 『사기』를 찬찬히 읽어 낸 결과 역사적 실체에 가까운 진시황의 모습을 이해할 수 있었다.

여기서 한발 나아가 최근 발견된 진한시대 죽간 자료는 사마천이 『사기』에 기록한 진시황의 생애와 행적에 대한 의구심을 불러일으킨다. 먼저 『사기』 「진시황본기」에 진시황이 순행 중 상산(湘山)에 이르렀는데 태풍이 불어 강을 건너지 못할 뻔하자 크게 노하여 상산의 나무를 모두 베어 민둥산으로 만들어 버렸다는 일화가 전해진다. 이 기록은 진시황의 포학한 이미지 형성에 일조한 일화로 유명하다. 그런데 최근 악록서원 소장 진간의 기록을 보면 진시황은 기원전 221년 4월에 상산의 수목이 우거진 것이 아름다우니 상산의 나무를 베지 못하도록 하는 정반대의 명령을 내렸다. 그렇다면 『사기』에 쓰인 일화는 반진 정서가 강한 옛 초나라 지역에서 형성되어 한 초에 널리 유포된 전승일 가능성이 높다. 그리고 베이징 대학 소장 죽간 자료에 포함된 「조정서」에는 진시황의 죽음과 호해의 2세 황제 즉위 직후의 일이 기록되어 있다. 이 책에서는 진시황의 사망 장소를 사구(沙丘)가 아닌 '감천(甘泉)의 치(置)'로 표기하였고 진시황이 부소(扶蘇)가 아닌 호해의 후계를 직접 승인하였다고 기록하였다. 이 책에서 진시황을 '조정(趙正)'이라고 부르고 황제가 아닌 왕으로만 지칭하고 있다는 점에서 기본적으로 「조정서」에는 반진 정서가 깔려 있음을 보여 준다. 사마천이 『사기』를 집필하기 전에 작성된 「조정서」와 같은 진시황에 대한 다양한 전승 기록은 한대 널리 유통되었을 것이고 사마천은 여러 기록과 전승을 모아 본인의 역사관에 맞게 진시황의 행적을 재구성하였을 것이다. 사마천 역시 반진 정서에 익숙한 사람임을 고려하면 『사기』에 반영된 진시황의 인물상은 재해석이 필요하다. 마치 조선 후기 폭군의 이미지로 굳어진 진시황을 자신의 『사기』 독법으로 재해석한 정조 임금과 같이 오늘날 우리는 『사기』에 가미된 사마천의 이미지 틀마저 걷어 내고 역사적 실체로서 진시황을 새롭게 바라볼 수 있는 독서력이 필요하다.

오늘날 우리에게 진시황은 어떤 의미를 지닐까?

오늘날까지 진시황에 대한 가장 자세한 정보는 『사기』에서 찾을 수 있다. 『사기』는 수천 년간 동아시아 지식인들의 사랑을 받았던 대표적인 고전 중 하나이다. 고전이 갖는 힘은 시공간을 초월하여 사람들의 생각과 마음에 공명을 불러일으킨다는 데 있다. 『사기』가 수천 년간 동아시아 지식인들의 사랑을 받으며 지금까지 대표적인 고전으로서 자리매김할 수 있었던 데는 그 속에 우리가 사는 세상과 우리네 삶의 속성을 비춰 주는 무언가가 있기 때문이다. 역사 속에서 『사기』에 반영된 진시황은 사람들의 입과 생각 속을 오가며 평가되었다. 진시황을 평가했던 많은 이들은 사마천이 재구성한 『사기』의 이미지 너머 역사적 실체로서 자신이 대하고 있는 지도자의 속성을 들여다보았다. 진시황의 전제를 비판하면서 현실의 '군왕'이 갖는 권력의 폭력성을 끊임없이 견제해 왔다.

오늘날 우리에게 진시황은 어떤 의미가 있을까? '진시황'은 이 시대 현실 속에 존재하는 지도자들을 비추어 볼 수 있는 하나의 잣대가 될 수 있다. 예나 지금이나 정치 지도자는 살아 있는 권력이기에 직접적으로 그의 잘못을 비판하기 어렵기 마련이다. 그렇지만 만약 오늘날을 사는 우리가 진시황의 행적을 통해 지금도 여전히 국경 안에서 폭력을 독점하고 있는 국가권력의 속성을 이해할 수 있다면, 그리고 그 속에서 발현될 수 있는 전제성을 간파하여 견제할 수 있는 안목을 키운다면, 고전이 주는 유익을 한껏 누리는 셈이 될 것이다. 오늘날 우리가 눈앞에서 대하고 있는 '진시황'은 유능한 군주인가, 아니면 폭군인가?

◆ ◆ ◆

대한민국에서 대통령은 진시황처럼 모든 권력을 한 손에 틀어쥔 무소불위의 존재처럼 보인다. 하지만 나라의 진짜 주인이자 모든 권력의 원천은 국민이다. 심지어 스스로를 진시황처럼 생각하는 대통령조차 주권자로서의 국민 앞에서는 첫째가는 공복(公僕)에 지나지 않는다. 폭력적인 국가권력은 대통령(혹은 그 주변 누군가)의 것이 아니라 국민이 빌려준 힘이라는 사실을 깨닫는 것이 민주화이다. 더 이상 '진시황'은 정치 지도자 개인일 수 없다. 이제는 모든 국민 하나하나가 '진시황'처럼 권력을 가진 시대가 되었다.

2

실크로드는 중국 고대 제국과
어떻게 연결되었을까?

흔히 중국을 '지대물박(地大物博)'한 나라라고 한다. 스스로 그렇게 생각하기도 하고 다른 나라도 이에 동의하는 경우도 많다. 하지만 아무리 '땅이 넓고 물건이 많'아도 고립된 국가는 썩고 말라 죽기 마련이다. 『주역(周易)』에 나오는 "궁즉변, 변즉통, 통즉구(窮則變, 變則通, 通則久)"의 원리는 개인은 물론 국가에도 통할 것이다. 실크로드 개척이 중국을 바깥세상과 어떻게 연결했고, 그 연결을 통해 중국과 세계가 어떻게 바뀌었는지 살펴본다면 고립을 자초하는 것이 얼마나 어리석은지 알 수 있지 않을까?

• • •

실크로드란?

실크로드는 서로 다른 세계를 연결한 대표적인 교역로이다. '실크로드'라는 용어는 19세기 후반에 독일의 지리학자 리히트호펜(Richthofen)으로부터 시작되었다. 리히트호펜은 19세기 후반 중국의 여러 지역을 답사하고 『중국(China)』(전 5권)이라는 책을 저술하였는데, 제1권에서 중국에서 중앙아시아에 이르는 지대를 비단이 주로 거래되었다는 점에서 실크로드라고 불렀다. 이후 후대 많은 학자들 역시 이 용어를 수용하여 개념을 발전시켰으며, 20세기 후반에는 중국에서 중앙아시아와 서아시아를 거쳐 이스탄불과 로마까지 이르는 길로 연장되었다. 실크로드의 범위 역시 유라시아 대륙의 오아시스를 연결하는 오아시스길에, 북방 초원 지대에 형성된 초원길과 바닷길까지 포함시켜 개념을 확대하였다. 오늘날 실크로드는 유라시아 대륙 북방의 초원길, 그 가운데를 지나는 오아시스길, 남방의 바닷길을 포괄하는 용어이다. 하지만 좁은 의미의 실크로드는 유라시아 대륙을 횡단하기 위해 거쳐야 했던 오아시스길을 가리키며, 동서 간 대부분의 교류는 오아시스 도시를 따라 형성된 오아시스길을 통해 이루어졌다. 이슬람 제국이 등장하여 바닷길이 주요 교역로로 자리 잡기 전까지 동서 세계를 연결하는 길은 육로인 오아시스길이었다.

오늘날과 같이 교통·통신 기술이 발달하고 지리 정보가 축적된 시대에도 타클라마칸사막 남북쪽에 있는 오아시스 도시들을 여행하는 일은 여간 어려운 일이 아니다. 현지 지리 정보에 밝고 행로에 익숙한 가이드의 도움 없이는 여행할 수 없는 지역이다. 그렇다면 그 먼 옛날 실크로드를 지났던 사람들은 어떻게 기술과 정보의 제약에도 불구하고 자연의 한계를 극복할 수 있었을까? 지구촌이라는 말이 어색하지 않을 정도로 오늘날 전 세계 언어·문화적 경계는 점점 허물어지고 있다. 하지만 여전히 국가 간의 이동을 제한하는 장벽은 곳곳에 남아 있다. 고대 실크로드를 연결했던 메커니즘은 오늘날 국제사회의 교류 증진을 위해 어떤 시사점을 줄 수 있을까?

실크로드는 언제 '개통'되었을까?

기원전 138년 한 무제의 명을 받아 중앙아시아로 머나먼 사행을 떠난 한 무리가 있었다. 이들을 이끄는 이의 이름은 장건(張騫)이었으며, 사행의 목적은 대월지(大月氏)를 찾아 흉노 협공을 위한 동맹을 맺는 것이었다. 이들 일행의 가장 큰 어려움은 당시 한 왕조와 대립하고 있던 흉노 땅을 지나가야 한다는 점이었다. 예상대로 흉노는 이들을 억류하였고 장건은 10여 년 동안 흉노 땅에서 처자식까지 둔 채로 지내다 몰래 도망쳐 목적지인 대월지에 도착하였다. 이후 장건은 대하국, 강거국 등을 거쳐 구사일생으로 한으로 귀환하였다. 장건이 출행할 때 그의 일행은 100여 명이었으나 13년 동안의 사행길에서 살아 돌아온 사람은 두 명에 지나지 않았다. 『사기(史記)』 「대완열전(大宛列傳)」에 기록된 이 일은 한 왕조에서 '서역(西域)'에 적극적인 관심을 가지기 시작한 결정적인 계기가 되었다. 특히 기원전 115년 장건의 제4차 사행 후 한과 오손을 비롯한 대완, 강거, 대월지, 대하, 안식 등 중앙아시아 여러 나라들과 공식적인 왕래가 시작되었으며 이로써 소위 한 왕조의 서역 '착공(鑿空)'이 이루어졌다.

한대 서역은 대체로 현재 중국 신장웨이우얼자치구의 타림분지에 해당하지만 『한서(漢書)』 「서역전(西域傳)」에 기재된 서역의 여러 나라 중에는 오늘날 중앙아시아에 속하는 안식*, 대월지**, 강거***, 대완**** 등도 포

---

* 파르티아(Parthia) 왕조를 가르키며, '안식'은 이 왕조를 건립한 아르삭(Arsak)을 음차한 말이다.
** 아무다리아(Amu Darya)강 유역에 위치했던 것으로 보인다.
*** 강거는 장건이 대완을 떠나 대하(大夏)로 가는 길에 경유한 곳으로 보아 시르다리아강과 아무다리아강 사이의 소그디아나(Sogdiana) 지방에 있었던 것으로 추정된다.
**** 일반적으로 파미르고원 바로 서쪽에 있는 페르가나(Ferghana) 지방을 지칭하는 것으로 알려졌으나, 토하라(Tokhara)인이 살던 소그디아나 지방을 가리킨다고 보기도 한다.

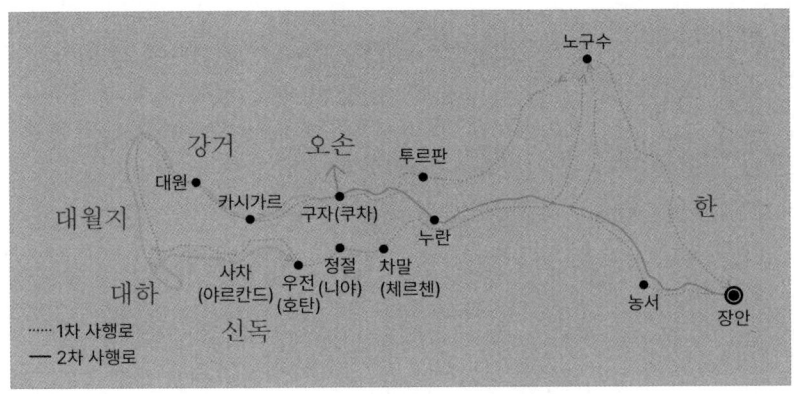

지도 2.1. 장건의 사행 경로

함되어 있다. 『한서』에 따르면 서역에는 "남북으로 큰 산이 있고 중앙에는 강이 있으며 그 범위는 동서로 6000여 리이며 남북이 1000여 리였다". 여기서 "남북의 큰 산"은 타림분지 북쪽의 톈산산맥과 남쪽의 카라코람산맥, 쿤룬산맥, 알타이산맥을 가리키며, "가운데 위치한 강"은 타클라마칸 사막을 가로질러 동쪽으로 흐르는 타림강을 말한다. 그렇다면 서역의 지리적 범위는 톈산산맥과 쿤룬산맥, 그리고 파미르고원과 옥문관(玉門關), 양관(陽關)으로 둘러싸인 지역인 타림분지에 해당한다. 그렇지만 이는 좁은 의미의 서역에 해당하고 넓은 의미의 서역은 파미르 서쪽 지역까지 아우르는 옥문관 서쪽을 포괄하는 개념으로 볼 수 있다. 이런 점에서 장건의 사행 이후 이루어진 서역 개통은 중국 왕조의 서쪽 길인 실크로드 개통을 의미하였다.

서역 개통 이후 한에서는 중앙아시아 여러 나라로 향하는 사신단을 정기적으로 파견하였다. 사신단의 규모도 컸다. 인원이 적을 때는 100여 명이었지만 많을 때는 수백 명이 함께 나갔다. 파견 횟수 역시 비교적 잦아서 한 해에 대여섯 차례 파견하면 오히려 적은 편이었고 많게는 10여 차례

도판 2.1. 장건과 그 사신단
이 서역으로 떠나는 모습

파견하기에 이르렀다. 멀리 나갔을 경우 8~9년이 소요된 사신단 100여 명은 장건의 출사 때와 같이 황제가 보내는 한의 여러 물자를 가지고 나갔고, 실크로드를 거치며 다양한 물자와 정보를 가지고 한으로 돌아왔다. 사절단을 통한 이러한 대외 교류는 일종의 국제무역이었다. 한 무제 시기 명실상부한 실크로드 개통이 이루어진 것이다.

실크로드에는 누가 오갔을까?

이렇게 중국 왕조와 주변국의 사신 왕래 및 물자 교류는 장건의 사행 이후 서역 여러 나라를 중심으로 본격화되었다. 그리고 후한 시기에 이르면 낙양(洛陽, 뤄양)에 상주하는 서역 상인들도 생겨났고, 이후 3~4세기에는 소그드인과 같이 중국 내지에 주요 거점을 확보하고 유통망을 형성하여 활동하는 이들까지 생겨났다. 그러나 중국 왕조와 실크로드를 연결하는 변경 관문이 누구에게나 열려 있는 것은 아니었다.

진한 제국 성립 이후 중국 왕조의 변경을 출입하기 위해서는 시대별 제도상의 차이는 있겠지만 정해진 입국 절차를 통과해야 했다. 우선 중국 고대 제국에 속한 일반 민은 사사로이 국외로 나갈 수 없었다. 진 제국 성립 이후 일반 민의 본적지 무단이탈과 국외로의 사사로운 통행은 도망죄로서 금지되었다. 이 때문에 진한시대 국외로의 통행은 출사(出使)하는 사신이나 출정(出征)하는 장군과 군대 등 관부의 허락을 받은 자에게만 허용되었다. 사적인 대외무역이 금지되자 공식적으로 외국에 나갈 수 있거나 외국인과 접할 수 있었던 관리나 사신 들을 통해 사적으로 외국 물자를 들여오는 경우가 많았다. 예를 들어 『한서』를 편찬한 반고(班固)는 자신의 동생이자 서역도호부를 관할한 서역도호(西域都護)* 반초(班超)를 통해 월지의 물건을 사들였고 시중(侍中)이었던 두헌(竇憲) 역시 서역의 진귀품에 속하는 월지의 말과 고급 모직물을 개인적으로 들여왔다.

  다음으로 중국 왕조에 속하지 않은 외국인의 경우 변관(邊關)에 도착한 후 정해진 입국 허가 절차를 거쳐야 했다. 진한시대 일반 민의 사사로운 국외 출입이 금지되었듯 외국인의 사사로운 입국 역시 허용되지 않았다. 특히 중국 왕조의 황제 지배체제는 이념적으로 주변국과의 동등한 교류를 인정하지 않았다. 대신 타국과의 교류는 '조공'과 '책봉'의 관계로 설명되었다. 즉, 주변국과의 문물 교류는 천하의 중심인 천자에 대해 '번국(藩國)'들이 조공의 예를 갖추면, 이에 대해 천자가 시혜하는 형식으로 이해되었다. 한대 실크로드 개통 이후 서역 상인들이 공납을 명분 삼아 중국과 교류하거나 공식 사신단에 상인들이 속해 있었던 이유는 이런 배경에서 이해할 수 있다. 가령 전한 성제(成帝) 때 계빈국(罽賓國) 사신에 대한 두

---

* 서역도호부(西域都護府)는 서역 지역을 군사적으로 관할하는 기구로서, 기원전 60년 한나라 선제 때 처음 설치하였다. 서역도호(西域都護)는 서역도호부의 최고 책임자로서, 그 지위는 군(郡) 태수에 비견되었다.

흠(杜欽)의 평가를 들어 보면 계빈국 사신들은 신분이 왕의 친속이나 귀인(貴人)이 아니라 대부분 장사하는 미천한 자들일 뿐이며 한나라에 와서 헌물을 바치긴 하지만 장사하려고 할 뿐 헌납은 명분에 지나지 않는다고 하였다. 한대 돈황군(敦煌郡)의 교통·통신을 위한 시설인 현천치(懸泉置)에서 발견된 문서 중 「강거왕사자책(康居王使者冊)」은 그 실상을 잘 보여 준다. 이 문서는 기원전 39년 강거왕(康居王)이 보낸 사신들이 돈황군 관리들의 태도에 불만을 품고 항의한 일을 다루고 있다. 이들이 항의하였던 중요한 이유 중 하나는 자신들에게 숙식을 제공하지 않았다는 것이었다. 상부에서는 이들에게 숙식을 제공하라고 명령하였으나 강거왕이 보낸 이들은 돈황군에서 낙타를 바치고 그 값을 받았으며 이후 다른 군으로 옮겨가 거기서도 낙타를 바치고 값을 받았다. 서역인들이 '헌납'이라는 명분을 내세워 사신 행세를 하지만 실상은 상업적 이익을 위해 온 상인이라는 두 흠의 지적처럼 이들 또한 일종의 '서역 상인'이었다. 이처럼 한대 서역과의 왕래가 빈번해졌더라도 개인의 사사로운 왕래는 금지되었기 때문에 변관의 통행은 황제에게 공헌(貢獻)하기 위해 온 사신에게만 허용되었고 이들 사신 중에는 때로 변경 출입을 위해 공헌을 명분으로 내세워 장사하러 온 자들 역시 포함되었다.

실크로드 횡단을 위한 필요충분조건은?

교통·통신 시설이 고도로 발달한 오늘날에도 인적이 드문 고원이나 사막을 여행하기란 쉬운 일이 아니다. 게다가 100여 명이 수년에 걸친 장거리 여행을 위해서는 제반 준비가 필요하기 마련이다. 그 먼 옛날 실크로드를

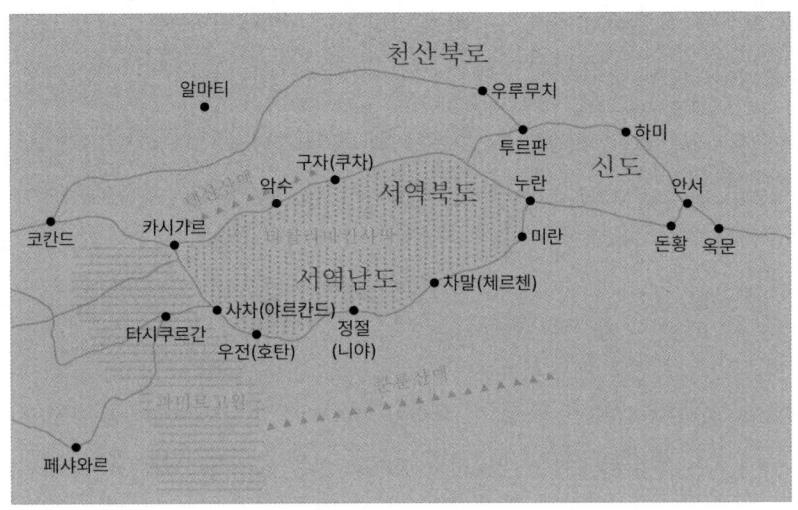

지도 2.2. 고대 중앙아시아의 실크로드 노선도

횡단할 때도 마찬가지였다. 실크로드를 횡단하기 위해서는 험준하고 척박한 지형을 통과하며 생존을 위한 사투에 대비한 만반의 준비가 필요하였다.

고대 실크로드의 주요 노선은 타림분지를 기준으로 북쪽의 북로(北路)와 그 반대편의 남로(南路)로 나누어졌다. 중국 왕조와 서역 제국(諸國)과의 사신 왕래는 물론 서역을 거쳐 중국에 오는 사람들은 모두 이 두 교통로를 이용하였다.

실크로드를 횡단하는 일이 고생스럽다는 것은 굳이 설명이 필요치 않지만 전한 성제 때 계빈국 사절을 그들의 나라까지 호송하지는 말아야 한다고 주장한 두흠은 행로상의 위험과 고생스러움을 매우 구체적으로 전한다. 그의 설명에 따르면 실크로드를 횡단하기 위해서는 우선 밤에도 5개 조로 나뉘어 냄비를 두드리며 보초를 서야 할 정도로 항상 도적의 공격과 약탈에 대비해야 했다. 둘째, 이동하는 과정에서 소비되는 식량과 나귀 및 가축에게 줄 양식은 지나가는 여러 나라로부터 얻어야만 했다. 만약 행로에 있는 나라에서 식량을 제공하지 않으면 10~20일을 버티다 사람은 물론 가축도 죽게 되었다. 셋째, 파미르고원과 같은 험준한 지형을 지날 때는 길도 위험하고 두통이나 구토 등 고산병을 이겨 내야 했다. 따라서 행로상의 위험에 대비하기 위한 현지인 또는 호송인의 안내와 필요한 물자를 얻지 못하면 실크로드를 횡단하여 목적지에 도달한다는 것은 지난한 일이었다. 이런 점에서 안내인과 물자 공급은 실크로드를 횡단하는 여정에 필수 불가결한 요소였다. 대표적인 예로 한 무제 때 장건이 처음으로 대완(大宛)에 이르자 대완에서는 대월지를 향하는 그를 위해 길 안내인과 통역인을 붙여 주었다. 대완에서 강거(康居)에 도착한 장건은 다시금 강거에서 파견한 사람들의 도움으로 대월지에 무사히 도착할 수 있었다. 이런 도움은 장건이 귀환할 때도 마찬가지였다. 장건이 오손(烏孫)에 갔다가 귀환할 때 오손에서는 그에게 길 안내인과 통역인을 제공해 주었다. 장건은 서역 각 나라에서 길 안내인과 통역인을 제공해 준 덕분에 실크로드를 횡단하며 사행 임무를 수행할 수 있었다.

『한서』「서역전」에 따르면 한의 서역 진출 이전 흉노와 지리적으로 인접하였던 서역의 여러 나라에서는 흉노가 월지를 공격할 정도로 군사적으로 강하다는 것을 알고 흉노에서 파견한 사신의 경우 선우가 보냈다는 증명만 있으면 그에게 식량을 주고 이동할 수 있는 편의를 제공하였다고 한다. 반면 한은 멀리 떨어져 있었기에 황제의 명령을 받은 사신이 절(節)을 소지하고 와도 폐물을 주고 식량을 구하거나 가축을 사서 이동 수단을 마련해야 했다. 이는 서역 제국과 우호 관계에 있는 나라의 사신일 경우 왕명에 의해 필요한 물자를 제공하였음을 의미한다. 만약 그렇지 않더라도 여행자들은 비단과 같은 '폐물'을 지불하고 식량과 가축을 구매하는 등 여행의 필요를 충당할 수 있었다. 이렇듯 실크로드의 서역 여러 나라에서는 중국 사신은 물론 중국으로 파견된 사신 및 수행원 들에게 필요한 물자와 길 안내인, 통역인 등의 편의를 제공해 주었다. 한의 서역 경영이 본격화된 후에는 서역도호에 속한 소국들이 왕래하는 사신 및 수행원 들과 그들의 말, 나귀, 낙타에 식량을 제공하느라 많은 물자를 소모해야 했고 심지어 이들 지역에서는 사신들을 영접하며 편의를 제공하느라 물자가 고갈될 정도였다. 또 서역 각국에는 통역을 담당하는 역장(譯長)이 설치되기도 하였는데 기록에 따르면 서역 24개국에 역장 서른여섯 명이 설치되었고 쿠차(龜玆), 언기(焉耆), 사차(莎車) 등에는 서너 명을 두기도 하였다.

특히 20세기 초 타림분지 동쪽 로프노르 호수 인근에 위치한 누란과 니야 등지에서 발견된 다량의 문자 자료는 그 실상을 매우 구체적으로 전한다. 주목할 점은 3~4세기 초 누란 왕국에서 작성한 카로슈티 문서*에 사신을 호송하는 길 안내인과 주요 거점에서 말과 낙타 등의 식량을 제공하는 등의 내용이 확인된다는 사실이다. 카로슈티 문서에 따르면, 첫째, 당시 누란에서 호탄(Khotan)까지 이르는 주요 거점에는 왕명으로 발급된 문서를 소지한 자에게 인접 지역과 상호 연계하여 이동에 필요한 길 안내인과 물자를 제공하는 교통망이 형성되어 있었다. 둘째, 왕명으로 작성된 문서를 소지하고 이동하는 사신에게는 이동에 필요한 탈 것과 길 안내인 및 말·낙타의 식량 등이 행로의 주요 거점에서 제공되었다. 셋째, 자신의 말과 낙타를 가지고 사신에게 길을 안내하는 전문 길 안내인, 곧 여행 가

* 카로슈티 문서는 누란(樓蘭) 왕국에서 인도 서북 지방의 속어인 카로슈티 문자로 작성한 기록이다. 카로슈티 문서의 작성 시기는 학계에 이견이 존재하나 누란 왕국 내에서 쿠샨 왕조로부터 유입된 인도의 문자와 어휘가 공식적으로 사용되기 시작한 이후인 3세기 초~4세기 초에 작성되었을 것으로 추정된다.

유럽의 탐험가와 카로슈티 문서의 발견

20세기 초 이래 오아시스길의 교통 요지였던 로프노르 호수 인근 누란(樓蘭)과 니야(尼雅) 등지에서 간독과 종이 문서가 다량으로 발견되었다. 1901년 영국의 스타인(Aurel Stein)이 니야 유지에서 한문 문서를 발견하고, 같은 해 스웨덴의 스벤 헤딘(Sven Hedin)이 누란 유지를 발견한 것을 시작으로 이 지역에 대한 본격적인 발굴이 시작되었다. 스타인은 3차에 걸쳐 니야 유지를 조사하였는데, 1차 조사 중 한문 간독 40여 매 외에 인도 서북 지방의 속어인 카로슈티(Kharoṣṭhī)어로 작성된 목독(木牘) 524매를 발견하였다. 스벤 헤딘 역시 누란 유지에서 한문 문서 36장과 간독 120여 매를 발견하였으며, 그의 발견 이후 스타인의 체계적인 발굴 조사를 거쳐 누란 유적지는 LA, LB, LQ, LR라는 명칭으로 구분되어 학계에 소개되었다.

이후 다양한 발굴대의 조사를 통해 누란에서는 한문 문서 670건과 카로슈티 문서 48건이 발견되었으며, 니야에서도 한문 문서 58건과 카로슈티 문서 764건이 발견되었다. 이들 문서는 대부분 3~4세기에 작성되었으며, 당시 중국 왕조와 서역 지역과의 관계 양상을 밝힐 수 있는 중요한 자료이다.

이드를 고용하여 도움을 받을 수 있었다. 3~4세기 초 실크로드를 횡단하는 경로에는 주요 거점을 이동할 때 필요한 말, 낙타 등의 이동 수단과 길 안내인은 물론 가축의 식량까지 규정에 따라 지급해 주는 교통망이 형성되어 있었다. 이런 점에서 실크로드 개통 이후 소그디아나와 같은 파미르고원 서쪽 지역에서 중국 왕조까지 안전하게 여행할 수 있었던 배경에는 서역 제국에서 제공한 편의와 주요 교통망이 중요한 여건으로 작용하였다. 다시 말해 서역 각국에 형성된 교통망은 실크로드를 횡단할 수 있었던 필요충분조건이었다.

중국 왕조에 도착한 후 내지에서의 활동은 어떻게 진행되었을까?

실크로드의 험난한 여정을 거쳐 중국 왕조의 변관에 도착한 후에는 공납을 명분 삼아 사신으로 둔갑한 상인 혹은 사신일지라도 모두 정해진 규정을 따라야 했다. 일반적으로 중국 왕조를 방문한 외국 사신의 행로는 변경에 머물며 공물을 바치고 교역을 한 후 돌아가는 경우와 내지로 이동하여 경사(京師) 혹은 황제가 머무는 행재소(行在所)까지 갔다가 귀환하는 경우로 양분되었다.

우선 변경에서 공물을 바치고 귀환하는 경우, 사신이 변경에 도착하여 입공(入貢)을 하면 돈황군과 같이 변경의 관할 기구에서 이를 조정에 보고하였다. 변경의 주(州), 군(郡)에서 사신의 내왕 사실을 중앙에 보고하면, 때로 조정에서 사신들의 내지 진입을 금지하기도 했는데 이 경우 사신들은 변경에서 귀환해야 했다.

변경의 관청에서 내지 통행 허가를 받았을지라도, 일반적으로 사신들은 단독으로 움직이지 않고 관리의 호송을 받아 함께 이동하였다. 자국에서 가져온 여러 물자를 수반한 외국 사신들에게 길을 안내하고 내지 이동 시 필요한 제반 사항을 처리해 줄 호송인의 동행은 필수적이었다. 돈황 현천치 유지에서 발견된 한대 행정 문서 중 서역에서 온 사신을 호송하는 관리들이 사용한 통행 허가서가 다수 발견되었는데, 이는 돈황군에서 행재소까지 관리를 파견하여 실크로드를 통해 온 외국 사신들을 호송하였던 증거이다. 이후 당대에도 공식 사신의 경우 지방과 중앙을 잇는 역전(驛傳) 시스템을 통해 이동에 필요한 교통수단이나 숙박 시설을 사용할 수 있었다. 곧 외국 사신이 변경에 도착하면 변경의 관청에서 그들의 등급에 따라 의관(衣冠)을 지급하였으며, 내지로 이동할 때 제국의 교통수단과 숙박 시설을 이용할 수 있는 편의를 제공하였다는 뜻이다.

한대 장건의 서역 개척 이후 서역으로 출사했던 사신단의 규모가 클 때는 수백 명에 이르렀는데 외국 사신단의 규모가 크면 이들을 호송하는 인원도 대규모였다. 예컨대 5세기 후반 고창국(高昌國)에서 외국사절을 호송한 기록을 보면 오늘날 인도, 파키스탄, 중국의 강남 및 티베트 등지에서 온 사신 및 언기왕(鄢耆王) 등을 호송하는 인력의 규모가 최소 100명에서 최대 260명에 달하였다. 때로 한 달에 두 번이나 사신 호송을 위한 인력을 동원하였는데 부정기적으로 발생하는 사신 호송을 위해 100명 이상의 인원을 차출하는 일은 사실상 지방장관의 명령이 있어야 가능한 일이었다. 이렇게 볼 때 외국 사신이 변경에서 입국 절차를 거치는 과정은 물론 내지 이동을 위한 제반 사항을 마련할 때 변경의 군 태수와 같은 지방장관의 협조는 중요한 요소로 작용하였다.

한대 이래 중국 왕조의 변경 출입 절차상 변경 관리의 입국 허가와 내지 활동을 위한 행정 조치는 원활한 사행을 위해 필수적이었고, 사실상 무역을 위한 상인까지 포함된 사신단의 경우 자국에서부터 함께한 중국 관리와 동행하는 것이 가장 수월한 방법에 속하였다. 실제 한대는 물론 위진 시기 서역이나 '동이(東夷)'에 속한 나라에서는 단독으로 사신을 파견하기보다 각지에 파견된 중국 사신이 귀환할 때 그들과 함께 중국으로 들어오는 경우가 많았다. 그 결과 적게는 5개국, 많게는 29개국이 함께 중국에 와서 동시에 '입공'을 하였다. 이런 점에서 문헌에 보이는 중국행 사신들이 단체로 중국 왕조를 방문했던 현상은 행로상의 어려움을 극복하고 변경에서의 입국 허가와 내지 활동을 위한 행정 조치를 수월하게 받기 위한 현실적 필요 속에 생겨난 결과로 이해할 수 있다.

오늘날 우리에게 실크로드는 어떤 의미가 있을까?

인간은 이주하는 본성을 지닌 존재라는 뜻의 '호모 미그란스(Homo Migrans)'라는 표현에서 보듯이 인류 역사에서 인간은 다양한 이유와 조건 때문에 이주하며 살아왔다. 전쟁이나 기후 변화 등 외부 환경 악화로 인해 불가피하게 이주를 선택하기도 했지만, 때로 교역이나 경작지 확보 등 새로운 기회를 찾아서 자발적으로 이주하기도 했다. 특히 이동성이 생명인 상인들은 이익을 추구하기 위해 위험을 감수하고서라도 여러 지역을 옮겨 다니기 마련이었다. 상인들은 인종·문화적 경계는 물론 정치적 경계까지 넘나들며 활동하였다. 고립·분산된 형태로 발전하고 있던 세계 주요 문명권을 연결했던 주체는 바로 이들 상인이었다.

지금도 실크로드 주요 지점들을 모두 여행하는 일은 쉽지 않으며, 현지인을 가이드로 고용하여 이동하지 않으면 안 된다. 그 먼 옛날에도 실크로드를 오고 갔던 사람들은 자연의 한계를 극복하기 위해 오아시스 도시에 살던 전문 길 안내인의 도움을 받았다. 그리고 중국 왕조의 국경을 통과하는 과정에서 제도적 규제가 이동의 장애로 작용하자, 공물을 바치러 온 사신단으로 둔갑하기도 했다. 실크로드는 국가권력에 의해 조성된 '뻥 뚫린' 교역로가 아니었다. 오히려 여러 시대를 거치며 인문·자연환경으로 인한 현실적 한계를 뚫고 모험을 감수했던 많은 이들의 도전이 만들어 낸 삶의 장(場)이었다. 오늘날 우리가 뚫고 만들어 나가야 할 '실크로드'는 과연 무엇일지 생각해 볼 일이다.

* * *

중국은 춘추전국시대의 혼란을 정리하고 고대 중국을 상징하는 진한시대로 접어든 뒤 실크로드 덕분에 중국 바깥 세계와 연결되면서 더 큰 성장을 이룰 수 있었다. '연결'에서 중요한 것은 시작과 끝이라고 생각하곤 한다. 하지만 연결을 연결일 수 있게 하는 것은 시작과 끝을 잇는 선이다. 실크로드에서 '선'은 오아시스 도시의 상인들이다. 이들은 이득만을 좇는 장사치로 비하되기도 하지만 유라시아 대륙의 동과 서를 이어 변화를 만들고 퍼트려 문명 발전을 이끄는 숨은 공로자였다. 전 세계가 순식간에 '연결'된 지금, 사람과 사람을 잇고 문명과 문명을 잇는 자는 누구고 무엇이 이들을 잇는가? 현대 문명의 핵심은 연결을 장악하는 것에 있을지도 모른다.

3

진한시대 사람들이
계약서를 작성한 이유는?

'내가 먹은 것이 나다'라는 말이 있다. 이 말은 내가 먹은 음식이 나를 말해 준다, 즉 음식으로 나를 증명한다는 말로도 이해할 수 있을 것이다. 그럼 과거인을 알기 위해서는 그들이 무엇을 먹었는지 알아야 할까? 반드시 음식이 아니더라도 과거 사람들의 일상생활을 알 수 있다면 그들을 이해하는 첫 걸음은 디딜 수 있을 것이다. 그간 역사 기록은 지배층을 대상으로 혹은 지배층이 주체가 된 자료가 대다수였다. 하지만 최근 진한시대 사람들이 남긴 간독 자료가 많이 발굴되고 있다. 이제 피지배층이 직접 남긴 자신들의 기록을 통해 그들을 이해해 본다면 우리는 역사를 어떻게 새롭게 인식할 수 있을까?

◆ ◆ ◆

2000년 전 중국 사람들은 어떻게 살았을까?

지금으로부터 약 2000년 전 사람들은 어떻게 살았을까? 여러 역사 문헌에 남아 있는 기록이나 전해 오는 유물과 유적을 통해 당시 사회를 재구성하는 일은 인류 초기 역사를 공부하는 사람들이 풀어야 하는 중요한 과제 중 하나이다. 베수비오 화산 폭발로 화산재 밑으로 사라졌다가 1748년부터 본격적인 발굴에 힘입어 다시 존재를 드러낸 고대도시 폼페이는 약 2000년 전 로마제국의 도시 생활을 생생하게 보여 준다. 화산재 속에 묻혔던 폼페이 유적은 비록 잿더미 속에서 발견되었지만, 당시 사람들의 도시 생활을 재현할 수 있는 중요한 자료를 제공하였다.

비슷한 시기 중국 사람들의 일상생활은 어떠하였을까? 지금까지 중국 고대사회에 대해서는 『사기』, 『한서』를 비롯한 문헌 기록을 중심으로 이해하였다. 전통 시대 문헌 기록은 특성상 지배층에 속하는 사람들의 삶을 중심으로 내용을 구성하여 일반인의 기초적인 생활상을 전체적으로 이해하기에는 한계가 있었다. 최근 대량으로 발견된 진한시대 간독 문서는 기존 문헌 기록에서 지나쳤던 당시 사회의 다양한 모습을 새롭게 전해 주고 있다. 특히 간독 문서는 그 양이 많을 뿐 아니라, 자료의 성격 또한 행정 문서는 물론 개인의 편지까지 포함되어 종래 문헌자료의 공백을 메울 수 있는 중요한 역할을 하고 있다. 특히 최근 출토된 간독 문서에는 진한시대 일반인들의 생활상을 반영하고 있는 계약서가 포함되어 있다. 그중에는 관부에서 작성한 행정 문서 외에도 개인의 물자 거래 후 증서로 사용한 계약서가 다수 보인다. 진한시대 작성된 계약서는 당시 민간의 일상생활에서 이루어진 상거래의 실상을 전한다는 점에서 중요한 의미를 지닌다. 그런데 계약서 대부분은 관청 유지에서 행정 문서에 섞여서 발견되었다. 민간의 물자 유통과 거래 내역을 기록한 계약서가 관청에서 작성한 행정 문서와 함께 발견되었다는 사실은 다소 의아하다. 과연 진한시대 개인 간 사사로운 물자 거래까지 관청에서 일일이 알아야 했을까? 진한시대 국가권력이 사람들의 일상생활까지 문서로 남겼던 이유는 무엇일까?

중국 고대사회 계약서 '권서'는 어떤 형태였을까?

신용은 상거래에서 가장 중요한 요소이다. 그리고 신용의 증표가 되는 계약서는 상거래에서 빠질 수 없는 요소이다. 중국에서 언제부터 '계약서'를 사용하였는지는 분명치 않다. 계약의 의미를 지닌 '계(契)'라는 글자는 칼로 새기는 글자(㓞)에 사람(大) 혹은 나무(木) 모양을 추가하여 만든 형태로, '새기다'라는 일차적 의미와 함께 '약속'을 뜻한다. 기원전 8세기 이전에 제작된 청동기 명문(銘文)에 계약 후 증표를 나누어 가졌다는 표현이 보이는 걸 감안하면, 중국에서는 아주 일찍부터 물자를 거래하거나 중요한 약속을 한 후 증표를 나누어 가졌던 것으로 보인다.

일반적으로 중국 고대사회에서 계약서는 '권서(券書)'라고 칭하였다. 권서는 쌍방이 쪼개어 나눠 가지는 증서의 대명사였다. 다양한 물자 거래와 유통 과정에서 사람들은 나무로 된 증표를 양분 또는 삼분한 뒤 각자 소지함으로써 합의된 사실에 대한 권리를 가질 수 있었고 분할된 권서의 부합 여부에 따라 진위를 확인하였다.

부합 여부를 확인할 때는 문서 옆면에 칼로 새겨 만든 서로 다른 형태의 홈, 곧 각치(刻齒)를 서로 맞추어 보았다. 허신(許愼)은 『설문해자(說文解字)』에서 '권(券)'자는 옆면에 각치를 새긴 계약서라고 설명하였다. 최근 발견된 진한시대 권서에는 실제 문서 옆면에 각치가 새겨져 있는 경우가 많은데, 형태를 분류해 보면 일정한 규칙이 확인된다. 수량을 표기한 각치의 경우 숫자 단위별로 같은 형태로 새겨져 있다. 예컨대 후난성(湖南省)

에서 발견된 진대(秦代) 문서인 이야진간에는 다양한 형태의 각치가 확인된다. 이야진간의 경우 간독 옆면에 새겨진 서로 다른 형태의 홈은 각기 다른 수량을 의미하였다. 이렇게 문서 옆면에 표기된 각치는 권서가 일반 문서와 구별되는 특징 중 하나이다.

후한 시대 살았던 정현(鄭玄)은 『주례(周禮)』를 해석하면서 고대사회에서 매매상 분쟁을 처리할 때 근거로 삼았던 '질제(質劑)'라는 문서가 한대의 권서에 해당한다고 설명하였다. 정현은 질제가 가격을 적은 문서로서 이를 양분하여 거래한 쌍방이 나누어 가지며 이는 반품을 요구할 수 있는 증서라고 하였다. 그리고 노비나 소, 말 등의 거래에는 문서 길이가 긴 '질(質)'을 사용하고, 무기나 진귀한 물건 등의 매매는 길이가 짧은 '제(劑)'를 사용한다고 덧붙였다. 진한시대 법률에는 매매하는 물건에는 반드시 가격을 명시해야 한다거나 관청에서 표준 물가를 정하여 금전 거래 기준으로 삼는다는 규정이 있다. 『주례』에 보이는 질제는 거래 품목의 정가를 표기한 문서를 매매자 쌍방이 나누어 가짐으로써 거래 사실을 증명한 증표이다. 그렇다면 진한시대 일반 물자 거래에서 질제의 기능을 하는 권서가 통용되었을까?

개인 간의 물자 거래 시 매번 계약서를 작성했을까?

오늘날 일상 거래에서 계약서를 작성하는 가장 대표적인 경우로는 부동산, 자동차 매매를 들 수 있다. 부동산과 자동차의 공통점은 상대적으로 큰 금액이 오간다는 점이다. 그리고 이것들은 소유 여부를 국가 행정 시스템에 등록하여 별도의 재산세를 내야 한다는 점에서 다른 물품들과 차이가 있다.

중국 고대사회에서도 우선 고가의 물자를 거래할 때는 계약서를 작성했다. 동아시아 전통 시대 율령(律令)의 전범이었던 당률(唐律) 규정에 따르면 민간에서 노비, 말, 소, 낙타 등을 거래할 때는 반드시 3일 이내 시장 관원의 허가를 받아 계약서를 작성해야 했다. 만약 해당 물자를 거래할 때 규정대로 계약서를 작성하지 않으면 담당 관리도 처벌을 받았다. 비록 당률 규정을 진한시대에 그대로 적용할 수는 없지만 진한시대 시장에도 담당 관리가 상주하였고 유사한 상거래 규정이 있었다.

첫째, 진한시대 노비를 매매할 때는 관리 입회하에 거래를 진행한 후 계약서를 작성하였다. 만약 관청에 노비 매매를 요청한 경우 담당 관리는 노비 가격을 책정한 후 매입하였다. 그리하고는 먼저 노비의 건강 상태를 검사하여 이상 유무와 호적에 기록된 노비의 이름, 신분, 본적 등 신상을 확인하는 절차를 거쳤다. 그리고 소속 행정 단위인 현(縣) 관리 입회하에 거래를 진행한 후 계약서를 작성하였으며 마지막으로 호적 장부에 변동 사항을 기록하였다. 민간에서 노비를 매매할 때도 노비의 신상을 확인하거나 계약서를 작성한 후 노비 소유 사실을 관청에 신고하여 호적에 등재하는 등의 절차가 필요하였다. 노예 매매 계약서에는 거래 날짜, 거래인의 이름과 소속, 거래 조건 및 매매가가 기록되었다. 사들인 노비를 새로운 주인의 호적으로 이적(移籍)하기 위해 소속 관청에 매매 사실을 신고해야 했을 것이다.

둘째, 진한시대 소와 말의 매매 역시 계약서인 권서를 작성한 후 거래하였다. 가령 한 초기 관리가 사용한 판례 모음집에서는 모(毛)라는 사람이 소를 훔치려다가 발각된 사건을 다루고 있다. 이 사건에서 모는 소를 훔친 후 시장에서 소를 팔고자 하였는데 담당 관리가 가격을 평가하는 과정에서 해당 소가 장물임을 의심하게 되었고 결국 모를 심문하여 범죄 사실을 밝혀내었다. 이 문서는 모라는 사람이 시장에서 소를 팔 때 시장 관리의 평가 절차를 거쳐야 했음을 보여 준다. 만약 모의 절도 행위가 발각되지 않았다면 시장 관리가 평가한 가격에 따라 소를 팔고 계약서를 작성하였을 것이다.

한편 한대 말 거래는 국가적으로 엄격하게 관리하였다. 한 초의 율령 규정에 따르면 한 제국의 핵심 권역인 경기* 지역에서 말을 사서 반출할 때는 특별히 관청의 허가가 필요하였다. 이는 기본적으로 당시 수도 강화 정책의 일환으로서 말을 수도 지역인 관중 외부로 반출하는 것을 통제하려는 조치였다. 공무용 말 구매나 반출까지 일일이 통제하였다는 점에서 민간의 매매와 관중 밖으로의 반출은 더욱 엄격하게 제한되었다. 규정에 따르면 개인은 사사로운 용도로 말을 사서 경기 지역 밖으로 가지고 나갈 수 없었다. 특히 말을 거래할 때는 말 등에 표시한 화인(火印)과 나이 및 신장 혹은 이름까지 신상을 비교적 자세히 확인하였다. 그리고 계약서에 기록된 말의 신상은 관청에서 말의 소유권을 문서에 등재할 때 근거 자료가 되었다.

그렇다면 진한시대에도 부동산 거래를 하였을까? 노비나 소, 말 외에 토지 및 가옥 역시 매매 대상이었다. 한대 무덤에서 발견된 부장품 중 매지권(買地券)은 현실의 토지 매매 절차를 그대로 반영하고 있다. 매지권에는 토지를 거래한 날짜, 매매인 이름과 소속, 거래 내역, 대금 지불 관련 약정, 계약 참관인 명단 등이 포함되어 있다. 비록 부장품으로 사용된 매지권은 현실 세계에서의 소유권 양도가 아닌 지하 세계에서의 권한 설정

* 경기(京畿)는 수도를 뜻하는 경(京)과 수도 주변 지역을 뜻하는 기(畿)를 합친 단어로 수도권을 의미한다.

을 증명하는 계약서이지만 이들 매지권 중 다수는 진한시대 토지 매매 계약서의 양식을 그대로 반영하고 있다.

　진한시대에 토지나 주택을 매매한 후에는 변동 사항을 의무적으로 관청에 신고해야 했다. 한대 법률 규정에 따르면 토지와 주택 매매 후 담당 관리는 변동 내역을 장부에 등재해야 했으며 만약 등재 기한을 초과하면 처벌받았다. 이는 개인의 토지 및 주택 소유 여부와 변동 사항을 관청에서 정확하게 파악하여 관리하였음을 시사한다. 그리고 토지 및 주택을 불법적으로 소유하면 처벌받았으며 당사자는 물론 불법을 도와준 사람도 같은 죄로 처벌되었다. 예컨대 공식적으로 등록된 호구가 아닌데 타인 명의로 토지 및 주택을 소유한다거나 타인에게 자신의 명의를 빌려준 사람 모두 처벌받았다. 이처럼 개인은 자신의 토지 및 주택 소유 내역을 관청에 신고해야 했고 관리 역시 거래 내역을 기록한 계약서에 근거하여 변동 사항을 장부에 기재해야 했다.

국가권력은 개인의 매매를 어디까지 파악하여 관리했을까?

진한시대 시장은 크게 수도 함양이나 장안에 설치된 시장과 각 지방의 시장으로 구분되었다. 당시 현성(縣城) 이상에는 시장이 설치되었으며 시장에는 관리가 배치되어 시장의 출입과 상거래 등을 관리하였다. 성내에 설치된 상설시 외에 주요 교통로나 향촌에도 정기시 형태의 시장이 있었으며 정기시에도 관리가 파견되어 시장에서 이루어지는 여러 활동을 관리하였던 것으로 보인다. 향리에 형성된 정기시는 대개 그 지방 농민들이 생산물을 판매하고 필요한 물건을 구매하기 위해 자연 발생한 시장으로 거래 물자는 대부분 농가에서 생산하였다. 반면 현성 이상의 성내에 위치한 상설 시장은 지배층의 필요에 의해 설치된 곳으로 생활 물자나 사치품 등 다양한 물자가 거래되었다.

특히 전국시대 진의 상앙 변법 이래 고대국가는 '중농억상' 정책기조를 유지하였기 때문에 진한시대 상설 시장에 등록된 상인은 일반 민과 달리 무언가 하자가 있는 '적민(謫民)'으로 분류되어 대대로 신분 차별을 받았다. 기원전 199년 한 고조는 상인들은 비단옷을 입거나 수레와 말을 타지 못하며 무기를 소지할 수 없고 이들의 자손은 관리가 되지 못한다는 명령을 내렸다. 물론 이후 조항 대부분은 폐지되었으나 경제 때까지도 등록 상인의 자손은 관리가 될 수 없었다. 왜냐하면 등록 상인들은 3대에 걸쳐 '적민'의 신분이 적용되어 전쟁이나 변방 수비에 우선 동원되는 등 신분 차별을 받았기 때문이다. 무제 때에는 등록 상인뿐만 아니라 그의 가족들 또한 토지를 소유할 수 없었는데 등록 상인에 대한 신분 차별 조치는 이후에도 성격을 달리하여 유지되었다. 그런데 상설 시장에서 활동한 상인 중에는 시장에 점포를 소유한 등록 상인들 외에 일반 호적에 등록된 행상(行商)도 있었다. 비록 후한 초까지도 일반 민은 제도적으로 상업 활동이 금지되었지만 상업에 종사하여 부유해진 경우도 많았다.

진한시대 상거래로 이윤을 얻은 상인들은 세금을 납부해야 했다. 그리고 시세(市稅)는 등록 여부와 상관없이 시장에서 장사하는 모든 이들에게 부과되었다. 시세는 기본적으로 상인이 직접 신고하여 납부하였다. 『이년율령』 관련 규정에 따르면 시장에서 장사하는 사람이 본인의 판매액을 숨기고 세금을 자진 신고하지 않으면 세금을 절도한 죄로 처벌받아 판매액 전부 몰수되고 시장에서의 영업권도 박탈되었다.

진한시대 시세의 세율은 확실하지 않으나 대개 거래액에 과세한 것으로 보인다. 우선 상설 시장에 등록된 상인인 매월 정기적으로 일정액을 세금으로 납부하였다. 그 외 미등록 상인들에게는 시장에 배치된 관리들이 거래 내역을 파악하여 거래 금액에 따라 일정 비율로 시세를 부과하였다. 가령 후난성(湖南省) 창사(長沙)에서 발견된 삼국시대 오(吳)나라의 간독 기록을 보면 시장에서 근무하는 관리는 개인 간의 노예 거래 세 건에 대해 징수한 세금 액수와 상세 내역을 기록한 문서를 상부에 보고하였다. 거래세는 거래 가격의 10퍼센트에 해당하는 금액이었으며 시장 관리가 매매한 당사자들에게 받아 낸 후 내역을 문서로 보고하였다.

  동진(東晉) 이후 남조(南朝)에서는 노비, 말, 소, 토지와 주택 매매에 대해 거래액의 4퍼센트를 '고세(估稅)'로서 징수하였다. 여기서 고세는 거래세로서 판매자와 구매자 모두에게 부과하되 세율은 거래액의 4퍼센트 중 판매자는 3퍼센트, 구매자는 1퍼센트로 차이가 있었다. 이는 거래세를 부과하기 위해 시장의 관리가 모든 노비, 말, 소, 토지와 주택 매매 내역을 파악하여 관리하였음을 시사한다. 특히 관리가 거래세를 부과하는 기준은 계약서[文券]에 기록된 거래액이었다.

옷을 거래할 때조차 계약서를 쓴 이유는?

지금까지 살펴본 거래 대상은 노비나 말, 소 및 전택(田宅)으로서,『주례』의 구분에 따른다면 '질'을 사용하는 매매이다. 정현은『주례』에 보이는 '제'에 대해 무기와 진기한 물자 거래에 사용하는 짧은 증서라고 설명하였다. 현재까지 발견된 진한시대 간독 자료에는 개인 매매에 사용된 권서나 매매 관련 기록이 다수 포함되어 있는데 사실 거래 품목으로는 포백(布

帛)이나 의복이 가장 많다. 다음은 각치가 새겨져 있는 계약서의 앞면과 뒷면의 기록이다.

(문서 앞면) 신작(神爵) 2년 10월 26일 광한현(廣漢縣) 공정리(卄鄭里)에 사는 남자인 절관경(節寬竟)이 포(布)로 만든 포(袍) 한 벌을 능호수장(陵胡隧長)인 장중손(張仲孫)에게 팔았다. 가격은 1300전이고 정월까지 (값을 지불하기로) 약속하였다.

(문서 뒷면) 정월에 빚졌던 돈 □□전을 주었다. 당시 곁에 있었던 사람은 후사(候史) 장자중(長子仲)과 수졸(戍卒) 두충(杜忠)이며 그들이 계약서의 내용을 알고 있다. …… 곁에 있었던 사람들에게 술 4리터를 사 주었다.

이 자료는 기원전 60년 10월 26일에 변경 수비를 맡은 수장(隧長)인 장중손이라는 사람이 포(布)로 만든 겉옷을 외상으로 구입하고 작성한 계약서이다. 계약서의 뒷면에는 장중손(張仲孫)이 약속대로 대금 중 일부를 갚았고 대금을 지불할 때 옆에 있었던 보증인의 이름이 분명하게 적혀 있다. 이 문서처럼 민간에서 의복 매매에 사용한 권서의 사례가 다수 확인된다. 그런데 실제 계약서에 기록된 의복 거래 금액은 수백 전에 달하기도 하지만, 100전 이하 소액도 보인다. 진한시대 의복은 절도의 대상이 될 정도로 고가인 경우가 많았으나 반드시 고가의 의복을 거래했을 때만 계약서를 작성하지는 않았다. 곧 진한시대 민간 거래 시에 작성한 계약서가 모두 거래 규정에 따라 의무적으로 작성한 것은 아니었다.

현대사회에서 중요한 금전 계약이나 약속을 문서로 작성하여 공증을 받는 일차적 목적은 개인 간의 거래에서 채권(債權)을 보호하고 매매 당사자 간의 분쟁을 조정하거나 해결하는 데 있다. 이런 점은 『주례』에서 채무상 분규가 생기거나 매매상 분쟁이 발생하면 계약서에 따라 판결한다는 기본 원칙과 상통한다. 진한시대 민간에서 소액 거래일지라도 관리 입회하에 매매 계약서를 작성한 일차적 목적은 채무 분쟁 시 관청의 중재와 조정을 받는 데 있었다. 특히 외상 거래와 같이 대금을 바로 주지 않으면 차후는 채무 관계가 발생할 수밖에 없었다. 외상 거래를 한 후 대금을 받지 못한 경우에는 관청에 대금을 받아 달라고 요청할 수 있었다. 개인 간 채무일지라도 관청에 해결을 요청할 경우 해당 관청에서는 외상 거래한 내역이나 부채 여부를 파악하여 분쟁을 해결하였다. 실제 한간(漢簡) 기록을 보면 한대 외상으로 거래한 관리의 월봉에서 채무를 변제하는 방식으로 민간 채무 관계를 조정하기도 하였다. 당시 개인 거래에서 금전 문제가 발생하였을 때 거래 내역을 적은 계약서는 채권을 보호할 수 있는 중요한 증빙이었다. 이런 점에서 진한시대 민간 거래 시 채무 관계를 공증하기 위한 목적에서 관청에 매매 내역을 신고하고 계약서를 작성하기도 하였다.

계약서 작성의 진짜 목적은?

권서는 전국시대 물자 거래의 증빙으로 사용되기 시작하여, 이후 당대(唐代)까지 계약서의 대명사로서 거래에 사용되었다. 진한시대 권서는 관부의 물자 유통과 반출입 관리에 사용되었을 뿐 아니라 개인 간 물자 거래의 증빙으로 사용되었다. 민간의 거래 내역을 증명하는 권서는 기본적으로 재화 관련 분쟁이 발생하였을 때 판결의 근거가 되었고, 개인이 보유한 채권을 국가가 보장해 줌으로써 민간의 경제활동을 안정적으로 유지·관리할 때 필요하였다.

진한시대 민간의 경제 활동에서 권서는 다양한 용도로 사용되었다. 예를 들어 최근 공개된 악록서원(嶽麓書院) 소장 진간(秦簡) 자료에 포함된 판례집[奏讞書]에는 더 큰 포상금을 받기 위해 먼저 본인 돈을 상대에게 포상금을 지불하고 증서로 권서를 사용하거나, 장사 밑천을 여러 사람에게 빌려주고 이익을 나누는 계약을 하면서 권서를 증빙으로 삼은 사례 등이 보인다. 또 진한시대 개인 재산을 상속할 때는 관리 입회하에 '선령권서(先令券書)'를 작성하여 유언을 공증하였다. 이처럼 진한시대 권서는 개인 간 금전 거래는 물론 재산권 양도 등 재화의 이동을 증명하는 증빙이었다.

그런데 개인 간 물자 거래 내역이나 증서가 공문서에 포함되어 있다는 사실은 권서의 용도가 단순히 개인 간 분쟁 조정에만 있지 않았음을 시사한다. 진한시대 관청 유지에서 발견된 개인 매매 계약서나 매매 내역을 기록한 장부는 바로 관할기관에서 개인의 상거래 내역을 파악할 때 필요한 자료였다. 특히 진한시대 노비, 소, 말 및 전택(田宅)의 변동 사항은 호적을 비롯한 장부에 반영되어야 했기 때문에 이들 거래에는 제도적으로 계약서 작성이 강제되었다. 만약 계약서를 작성하지 않았을 때는 관리에게 변동 사항을 직접 신고해야 했다. 반면 현재 발견된 진한시대 실물 계약서에 반영된 대다수의 거래 품목은 재산으로 등재되지 않는 옷감이나 의복이다. 만약 소소한 개인 간 거래일지라도 외상거래일 경우 자신의 거래 내역을 관청에 신고하여 채권을 보장받는 일은 오히려 필요한 절차였다. 이렇게 본다면 진한시대 개인의 거래에 사용된 계약서는 기본적으로 거래 내역을 증빙하여 매매자 쌍방의 분쟁을 해결하기 위한 용도로 작성되었지만, 국가권력이 개인의 상거래 내역을 파악하여 거래세 및 재산세 등을 과세하기 위해서도 필요하였다.

오늘날 우리에게 진한시대 생활사가 갖는 의미는?

현재 발견된 한나라 때 민간에서 작성한 계약서 대부분은 지금은 허허벌판으로 변해 버린 중국 서북 변경 지역에서 발견되었다. 당장 지불할 돈이 없어도 몇 달 후에 주겠다고 일단 물건을 구입하는 구매자와 1300전이라는 거금을 받아 내기 위해 보증인까지 세워서 계약서를 꼼꼼하게 작성하여 증서로 삼은 판매자의 모습은 2000년이라는 간격을 설정하지 않아도 쉽게 그려지는 일상적인 상거래 모습이다. 이러한 계약서들은 그 먼 옛날 중국 변방에서 오고 간 상거래 한 건에 관한 내역에 불과하지만, 지금부터 수천 년을 거슬러 올라간 동아시아 사회에서 개인 간 물자 거래에도 계약서를 작성했다는 역사적 실상을 보여 주는 중요한 자료이다. 현행 중·고등학교 세계사 교육 과정은 다양한 지역의 역사를 짧은 기간 안에 모두 배워야 하기에 고대사회의 소소한 일상생활까지 배울 여유는 사실상 없다. 그렇지만 어느 시대건 그 사회의 전체상을 이해한 바탕 위에서 특정 사건이나 제도를 바라볼 때 균형 잡힌 역사적 관점을 지닐 수 있는 법이다. 역사를 제대로 알기 위해서는 역사적 의미를 지니는 주요한 사건과 제도뿐 아니라 그 이면을 뒷받침하고 있는 사회의 다양한 면모까지도 이해할 수 있는 안목을 갖추어야 한다. 고대사회를 이해할 때 개인의 사사로운 유언이나 상거래까지도 문서로 관리하였던 중국 고대 제국의 실상을 전제로 한다면, 고조선 시기를 다룰 때 최소한 '비문명'적인 먼 옛날로만 설명하고 넘어가는 누는 범하지 않을 것이다. 아니, 이 글을 읽은 이들은 최소한

한 무제가 고조선에 파견한 섭하(涉何)가 들고 온 조서(詔書)를 종이라고 설명하지는 않을 것이라 조심스레 자답(自答)해 본다.

◆ ◆ ◆

진한시대 간독 자료를 통해 수천 년 뒤 우리는 과거인의 일상을 엿볼 수 있다. 그렇다면 우리보다 수천 년 뒤 미래인들은 무엇을 통해 우리의 일상을 알게 될 것인가? 지금 우리가 가장 많이 접하는 디지털자료는 쉽게 생성·보관·이동할 수 있지만 정작 보존되어야 할 가치 있는 기록들은 사라지고, 자극적이고 갈등을 불러일으키는 내용들이 더 많이 공유되고 기록되는 특성이 있다. 후손들이 우리를 '잘 기억'하게 만들기 위해서도 우리 자신에 관한 기록을 '잘 보관'하는 방법을 찾아야 한다.

4

유일한 여성 황제,
무측천을 어떻게 볼 것인가?

무측천은 중국 역사상 처음이자 마지막 여성 황제였다. 기나긴 중국 역사 속에서 대체 당대는 어떤 시대였기에 여성 황제라는 전무후무한 존재가 탄생할 수 있었을까? 중국사 유일의 여성 황제 무측천은 어떤 환경에 처했고 어떤 정치력을 가졌기에 황제 자리까지 오를 수 있었을까? 그리고 생의 마지막에는 스스로 이룬 모든 것을 무(無)로 돌리고 기존 질서를 회복한 이유는 무엇일까? 지금 우리에게 이례적으로 보이는 무측천이라는 인물을 합리적으로 이해할 수 있다면 일견 불합리해 보이는 존재에 대해서도 그에 대한 분석을 통해 포용적으로 다가설 계기가 되지 않을까?

❖ ❖ ❖

우리는 무측천을 왜 알아야 할까?

중국 역사에 등장한 황제는 모두 422명이다. 그중 무측천은 왕조를 개창

도판 4.1. 무측천

한 유일한 여성이자 황위에 오른 유일한 여성이다. 주나라 이후로 남성 중심의 종법제가 사회제도의 근간을 이루었음에도 무측천은 어떻게 황제로 즉위할 수 있었을까? 중국사에서 여성 권력자가 자주 출현했음에도 오직 무측천만이 황위에 오를 수 있었던 배경은 무엇일까? 황제 무측천은 재위 기간이 15년이지만, 황후에 책봉돼 정치에 직접적으로 간여했던 기간까지 합하면 50년

이 넘는 기간 동안 정치적 영향력을 발휘했다. 장기간에 걸친 여성 황제 무측천의 천하 통치는 남성 황제의 그것과 실제 달랐을까? 겉으로 드러난 현상과 내부의 본질은 어떻게 구분할 수 있을까? 기존의 질서를 바꾸고 새로운 상황을 조성한다는 것이 무슨 의미이고 그에 따라 생길 수 있는 한계는 어떻게 극복해야 할까? 당연하게 여겼던 관습적 인식이 혹여 지나친 무관심에서 생긴 것은 아니었을까?

무측천은 어떻게 태종의 여인에서 고종의 여인이 되었나?

637년, 태종이 즉위한 지 11년이 지난 즈음 무측천은 14세의 나이로 입궁했다. 이후 그는 '재인(才人)'이라는 5품 칭호를 받으며 나쁘지 않은 지위를 누렸다. 이는 아마도 "이마와 턱이 시원스레 넓어" 아름다운 용모를

종법제

가족과 씨족사회 내 조직 규정을 말한다. 종법제하에서는 가치의 우열이 가정 내 장자(長子), 즉 큰아들인가의 여부에 따라 결정되었다. 이러한 원리는 국가 사회체제와 결합해 권력 분배와 체제 유지를 위한 제도로 적용되었다. 국가권력의 이양과 운영에서 장자가 권력 계승자로 확정되고 방계 세력은 이 권위를 존중하고 그에 따른 행동을 취해야 했다. 이때 여성은 지위와 가치 판단의 고려 대상이 되지 못했고, 오직 남성, 그중에서도 정실 부인에게서 출생한 장자[적장자(嫡長子)]가 권위 계승의 우선권을 가졌다. 종법제는 대체로 주(周) 왕조 시기에 완성되어 후대에 영향을 주었다. 주대의 종법 제도에 따르면, 지위 관계가 대종(大宗)과 소종(小宗)으로 규정된다. 천자는 천하의 대종이고 제후 이하는 소종이 되어 대종을 섬겨야 한다. 한편 제후는 그 아래 경대부 사이에서 대종의 지위를 차지하여 소종에 해당하는 경대부보다 사회경제적 우선권을 갖는다.

갖추었기 때문이겠지만, 아버지 무사확이 당 건국에 공훈이 있다는 것과 어머니 양씨가 수대의 귀족 양달의 딸이라는 점도 한몫했을 것이다.

태종은 무측천에게 무미랑(武媚娘, '예쁜이 무씨' 정도의 의미)이라는 이름을 하사하는 등 얼마간 관심을 보였지만 그저 거기까지였다. 무측천은 입궁한 지 12년이 지나도록 '비'와 '빈'은 말할 것도 없이 '첩여', '미인'으로도 승급되지 못한 채 재인에 머물러 있었다.

태종은 649년에 종남산(終南山, 중난산)의 행궁인 취미궁(翠微宮)에서 52세를 일기로 사망했다. 말년에는 '풍질(風疾)'* 등의 질병에 시달려 2~3년 동안 투병 생활을 했다. 이때 훗날 고종이 되는 태자 이치가 곁에서 극진히 간호했다. 『당회요』는 "태자가 황제의 병을 보살피는 것을 계기로 무측천을 좋아하게 되었다"라고 했다. 아버지의 병간호를 하면서 태자 이치는 아버지의 후궁인 무측천에게 호감을 갖게 된 것이다. 훗날 고종은 무측천을 황후로 책봉하는 조서에서 "부황[태종]께서 무측천을 나에게 내려주셨다"라고 했으니 태종의 병환을 돌보는 일을 계기로 고종과 무측천의 관계가 깊어진 것은 틀림없어 보인다. 그런데 어찌 되었든 고종이 아버지의 여인과 연정의 관계를 맺는 것은 유교적 도덕관념에서 볼 때 적절치 않은 일이었다.

황제가 사망하게 되면, 후궁 중 자녀를 출산하지 못한 여인들은 출궁하여 죽은 황제를 기리는 묘당이나 종교 사원으로 거처를 옮겨야 했다. 무측천도 관례에 따라 출궁하여 감업사(感業寺)의 비구니가 되었다. 당시 고종은 이에 대해 별다른 조치를 취하지 않았다. 격일로 열리던 조회를 매일 시행하며 정사에만 매진할 뿐이었다.

그러던 중 650년 태종의 1주기 기일을 맞아 고종이 감업사를 찾아 명복 의식을 거행하는 일이 있었다. 바로 이때 고종과 무측천의 재회가 성사되고 이들은 서로를 향한 애틋한 마음을 확인했다. 무측천이 지었다고 하는 시, 「여의랑(如意娘)」에 따르면 그는 고종에 대한 그리움에 사무친 나머지 몰골이 형편없어지고 정신마저 혼미해져 색을 구별하기 어려울 지경이었다고 한다. 그러나 이때의 만남 이후 달라진 것은 없었다.

* 사료는 태종의 질병을 풍질로 기록하고 있는데, 두통과 어지럼증이 주된 증상이었다. 또한 머리가 무겁게 느껴져 몸을 가누기 힘들어했고 시력이 급격히 나빠졌다. 현대 의학에서는 뇌혈관 관련 질병으로 파악되는데 고혈압, 뇌색전증, 메니에르병에 걸렸을 가능성이 높다.

내명부

당 왕조에서 작위의 수여 등에 따라 지위를 갖춘 여성을 명부(命婦)로 분류했다. 황제의 여성은 내명부(內命婦)이고 관인의 여성은 외명부(外命婦)가 되었다. 내명부는 품계에 따라 명칭이 구분되었다. 기록에 따라 일부 차이가 있으나 『신당서』에 따르면 다음과 같다.

품계	명칭	정원	별칭
	황후(皇后)	1인	
정1품	귀비(貴妃), 숙비(淑妃), 덕비(德妃), 현비(賢妃)	각 1인	부인(夫人)
정2품	소의(昭儀), 소용(昭容), 소원(昭媛), 수의(脩儀), 수용(脩容), 수원(脩媛), 충의(充儀), 충용(充容), 충원(充媛)	각 1인	구빈(九嬪)
정3품	첩여(婕妤)	각 9인	
정4품	미인(美人)	각 4인	
정5품	재인(才人)	각 5인	
정6품	보림(寶林)	각 27인	
정7품	어녀(御女)	각 27인	
정8품	채녀(采女)	각 27인	

표 4.1. 당 왕조의 내명부

그러는 사이 궁궐 내에서 황후 왕씨와 숙비 소씨 사이의 갈등이 격화되었다. 소 숙비가 고종의 총애를 받게 되자 왕 황후가 자신의 지위를 불안해했다. 왕 황후는 당대 최고의 명문가인 태원 왕씨 출신으로 태종의 추천을 거쳐 태자 시절 고종의 비가 되었지만 고종과의 사이에서 자식이 없었다. 반면 소 숙비는 슬하에 1남 2녀를 두고 있었다. 당시 그는 고종의 비빈 중 가장 많은 수의 자녀를 낳은 후궁이었다. 얼마 후 소 숙비의 아들 이소절(李素節)이 특별한 황자에게만 수여되는 옹왕(雍王)이라는 작위를 받게 되자 왕 황후의 불안은 한층 커졌다.

고종이 황제가 된 지 2년쯤 지난 651년, 왕 황후는 고종에게 무측천의 입궁을 제안했다. 고종의 관심을 소 숙비에서 무측천으로 옮겨 소 숙비의 궁궐 내 입지를 약화시키고자 한 것이었다. 고종은 왕 황후의 제안을 받아들였다. 무측천의 입궁 이후 궁궐 내 상황은 왕 황후의 예상대로 전개되었다. 소 숙비에 대한 고종의 애정은 현저하게 줄었고 무측천과의 관계는 매우 친밀해졌다. 그 결과 무측천은 불과 1년 사이에 품계도 없는 하급의 궁녀에서 '비(妃)'에 다음가는 2품 '소의(昭儀)'로 승격되었다. 652년에는 아들 이홍을 출산하자 후궁 내 지위가 한층 더 공고해졌다.

당시 사람들은 무측천의 재입궁을 어떻게 봤을까?

무측천은 후궁들의 총애 경쟁과 고종의 연정을 배경으로 재입궁할 수 있었다. 그럼에도 이미 결혼한 바 있는 여인이 개가(改嫁)를 하고, 비록 형식적이긴 하나 모자 관계에 있던 네 살 연하 남성과 다시 부부의 연을 맺는 것은 전통 시기 유교적 시각에서 볼 때 일반적이지 않은 일이었다.

이는 당대(唐代) 여성의 지위와 결혼관에 대한 사회적 분위기와 관련이 있다. 중국은 한대(漢代) 이래로 남존여비의 가치관이 확산되고 여성에 대한 유교적 속박이 강화되었다. 한(漢) 선제(宣帝) 시기에 수절하는 여성을 포상하는 일이 처음 시행되었고 이후 정절(貞節)을 강요하는 문화가 부각되었다. 하지만 위진남북조 시기가 되면 남조와 북조가 상반된 경향을 보였다. 남조에서는 한대 이래의 풍조가 더욱 강화되어 유교적 사회 규범이 문화 전반에 깊이 침투했다. 이른바 '열녀'를 현창하는 일이 급증했다. 반면 북조의 분위기는 사뭇 달랐다. 북조에서는 유목문화의 영향으로 가정 내 여성의 지위가 상승했고, 수절보다는 개가하는 일이 확연히 증가했다.

남조와 북조는 수 문제에 의해 통일되었다. 이는 북조가 주도하는 통합이었다. 북조 문화가 주도하는 새로운 시대가 열렸고, 여성의 지위와 결혼관 역시 북조 문화의 영향을 두텁게 받았다. 통일 왕조 수의 통치는 29년 만에 종식되었고 뒤이어 수 말의 혼란을 수습한 당이 들어섰다. 수와 당의 황실은 모두 선비족이 세운 북위의 북방 6진 중 하나인 무천진 출신으로 유목민족의 문화에 훈도된 세력이었다.

이러한 흐름에서 당 초기 여성의 사회적 지위와 결혼관은 북조 문화를

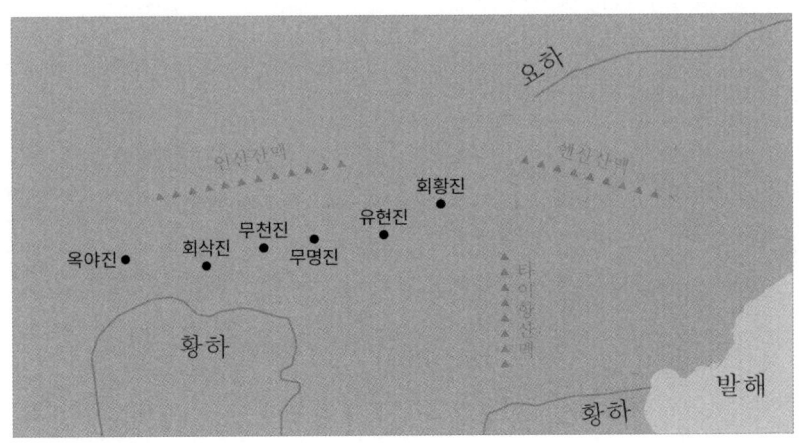

지도 4.1. 북방 6진

도판 4.2. 〈괵국부인유춘도〉

계승하고 더욱 진전된 형태를 보였다. 이는 한, 위진, 남조와는 상이한 양상이었다.

당대에는 여성의 사회적 활동이 상대적으로 자유로웠다. 상관완아(上官婉兒)와 같은 여류 시인의 등장이 그 사례이다. 중종 시기에 그는 당시 최고 수준의 문학적 능력을 갖춘 남성 학사들과 자주 연회를 열며 교류했다. 이전에는 없던 현상이었다. 또한 상관완아는 후궁들과 함께 자주 궁궐을 나가 사인들과 교제하기도 했다. 태평공주나 안락공주와 같은 황실 공주들은 황자들이 왕부를 여는 것과 같은 방식으로 개부(開府)를 하고 속관들을 두었다. 민간 여성들도 사회적 활동을 활발히 했는데, 예를 들어 상춘(賞春) 행위인 답청(踏靑)을 즐겼으며 말을 타고 사냥하거나 격구를 하는 등의 야외 활동에도 참여했다. 당대 화가인 장훤이 그린 〈괵국부인유춘도(虢國夫人游春圖)〉에는 여성이 말을 타고 봄나들이를 가는 장면이 묘사되어 있고, 당대에 제작된 도자들 중에 말을 탄 여성 인형이 다수 출토되는 점도 당시 상황을 짐작케 한다.

또한 당대 여성은 결혼에서도 상당히 자주적인 모습을 보였다. 배우자 선택에서 여성의 의견이 반영되는 경우가 많았다. 『당률(唐律)』 「호혼률(戶婚律)」에 "부모가 혼인 상대를 정했더라도 자녀가 스스로 배우자를 이미 정했다면 혼인은 성사된 것으로 한다"라는 규정이 있다. 이전과 달리 당대에는 부모의 동의 없는 혼인이 성립될 수 있었다. 남성과 여성이 모두 자신이 원하는 배우자를 선택할 수 있었던 것이다.

혼인 관계를 해지할 경우에도 당대 여성은 자기 결정권을 가지고 있었다. 『당률』의 "만약 부부가 서로 편안하고 화목하지 못하여 합의로 이혼하는 것은 벌하지 않는다"라는 조항이 이를 뒷받침해 준다. 부인이 이혼을 요청하고 남편이 동의하면 이혼할 수 있었다. 또한 남편의 동의가 없어도 이혼이 성립되었다. 만약 남편이 상해나 사기 등 죄를 지은 경우라면 부인은 강제로 이혼할 수 있었다. 『구당서』에는 호부상서 배구의 딸이 이덕무와 혼인했다가 1년 만에 이혼을 요구해 헤어진 사례가 기록되어 있다. 그 외에도 분명한 사유가 있으면 이혼이 성립되었는데, 태종 때에는 유적의 부인 하후씨가 친정 일을 처리한다는 이유를 들어 이혼을 제기해 관철시켰다. 무종 때에는 여온의 딸이 소민과 혼인하여 두 아들을 낳고 지냈지만 얼마 후 소민의 성격에 문제가 있다고 주장하며 이혼하기도 했다.

이처럼 당대에는 혼인의 성립과 해지에서 여성의 의사가 비중 있게 반영되었는데 재혼인 경우에도 다르지 않았다. 이러한 배경에서 여성의 재혼은 자연스러운 행위의 하나로 사회적으로 문제가 되지 않았다. 특히 사회적 지위가 높았던 황실의 공주들에서 이런 현상을 쉽게 확인할 수 있다. 당 전반기를 보면, 고조 이연의 공주 네 명, 태종의 공주 여섯 명, 중종의 공주 두 명, 예종의 공주 두 명, 현종의 공주 여덟 명, 숙종의 공주 한 명이 재혼했다. 그중에는 결혼을 세 번 한 공주도 네 명이나 있었다. 『구당서』 「열녀전」에는 예법을 중시하던 귀족인 최회의 부인 노씨가 재혼하기 전에 재혼을 권하는 주변의 제안을 거절한 적이 있었다고 하여 열녀로 불릴 정도로 재혼하지 않는 것이 오히려 특별하게 취급되기도 했다.

당대 여성은 사회 활동이 많았고, 혼인 등에서 유교적 종법 질서에 의한 의례적 속박에서 상대적으로 자유로웠다. 이를 배경으로 전통적 유교 가치관에 배치되는 혼인 풍속이 빈번하게 발생할 수 있었다. 남송의 도학자 주희가 "당의 원류가 이적(夷狄)에서 나왔으니 집안에서 예의에 맞지 않는 일이 일어나도 이상하지 않다"라고 비판한 것은, 옳고 그름을 떠나 당대에 유교적 통념과는 결이 다른 일들이 많았다는 사실을 역설적으로 보여 주는 지적이다. 무측천이 재입궁하는 과정에서 이를 반대하거나 비판하는 일이 당대 사료에서 많지 않은 사실 또한 당시의 분위기를 말해 준다.

무측천은 어떤 과정을 거쳐 황제가 되었나?

무측천은 언제 황제가 될 결심을 했을까? 정확히 알 수는 없지만, 궁궐 내 지위를 강화하는 과정 중 어느 순간이었을 것이다. 재입궁한 무측천에게 지위를 공고히 하는 가장 확실한 방법은 황후로 책봉되는 것이었다. 그런데 좋은 가문 배경과 평판을 가진 왕 황후를 내치고 황후가 되는 것이 쉬운 일은 아니었다. 이는 그가 극복해야 할 첫 번째 난관이었다.

입궁 초기, 무측천은 왕 황후를 매우 공손하게 대했다. 왕 황후는 이를 마음에 들어 했고 고종에게 그를 자주 칭찬했다. 한편 무측천은 왕 황후가 평소 무례하게 대했던 사람들을 살폈다. 왕 황후에게 불만을 가진 자들과 친분을 맺었고, 황제로부터 하사받은 물품이 있으면 그들과 나누며 사이를 돈독히 했다. 이를 통해 무측천은 왕 황후와 소 숙비의 동정을 시시각각 살피며 상대의 약점이 되는 정보를 모았다. 하지만 왕 황후는 교양 있는 여인으로 행동을 조심했기 때문에 평소 큰 잘못을 저지르는 일이 없었다.

무측천은 왕 황후를 제압하는 계기를 직접 만들어야 했다. 이러한 즈음, 태어난 지 얼마 되지 않은 무측천의 딸이 돌연사하는 사건이 발생했다. 무측천은 훗날 안정공주에 추증되는 딸이 사망하기 직전에 왕 황후가 침소에 들렀던 일을 왕 황후에 대한 공격의 기회로 삼았다. 왕 황후가 공주를 낳은 자신을 질투하여 어린 딸을 살해했다고 고종에게 거짓으로 아뢴 것이다. 이를 들은 고종은 왕 황후를 의심했다. 얼마 후 무측천은 다시 고발 사건을 일으켜 왕 황후를 공격했다. 655년에 사람을 시켜 왕 황후가 어머니 위국부인 유씨와 함께 황제의 단명을 비는 '염승(厭勝)'을 했다고 고발하도록 사주한 것이다. 주술적 행위인 염승은 『당률』에 규정된 열 가지 큰 죄악, 즉 '10악'의 하나로 심각한 중대 범죄였다.

무측천은 두 사건을 통해 왕 황후 폐위 명분을 확보했다. 곧이어 왕 황후 폐위에 대한 대신들의 동의를 얻고자 시도했다. 허경종과 이의부 등 폐위를 지지하는 세력이 등장하자 이들과 네트워크를 형성했고, 폐위를 요청하는 상소를 올리게 했다. 그러나 당시 재상이었던 장손무기, 저수량 등 태종 이래의 고명대신들은 폐위에 반대했다. 이들은 태종에 대한 충성심에서 태종이 선택한 왕 황후를 보호하려는 의도도 있었지만, 실제적으로는 기득권 세력의 일원으로 왕 황후와 이익을 함께하고 있기 때문에 폐위에 부정적이었다. 그런데 왕 황후의 폐위에 대한 의견이 비등한 상황에서 재상 이적의 태도 변화는 고종과 무측천에게 큰 도움이 되었다. 이적은 고종에게 황후의 폐위와 책봉은 '황제의 집안일'에 불과하니 대신들의 반대에 신경 쓸 필요가 없다고 우회적으로 지지한 것이다. 마침내 655년 10월 12일, 고종은 조서를 내려 왕 황후와 소 숙비를 서인으로 폐하고 황후의 친정 식구들은 영남으로 유배 보냈다. 이후 엿새 만인 10월 18일에 전격적으로 무측천을 황후에 책봉했다.

황후가 된 무측천이 황위에 오르려면 또 한 번의 난관을 넘어야 했다. 자신의 국정 운영 능력을 인정받아야 했던 것이다. 그런데 이것은 황후의 본분과는 무관한 일이어서 당위성을 갖기 어려웠다. 하지만 예상치 못한 고종의 건강 악화는 무측천에게 돌파구를 제공했다. 고종이 중풍을 앓게 되자, 무측천은 고종에게 수렴청정할 수 있도록 요청했고 고종은 이를 수락했다. 이를 계기로 무측천은 황후의 본분을 넘어 정치에 참여할 수 있게 되었다. 그러나 이는 역사에 등장했던 수렴청정의 여인들과 크게 다를 바 없는 것이었다. 무측천은 차별화를 위해 고종과 자신을 각각 '천황(天皇)'과 '천후(天后)'로 칭하는 역사상 유례없는 존호를 만들기도 했지만 황후라는 한계는 분명했다.

결국 무측천은 실질적인 통치 능력을 보여 주어야 했다. 674년, 그는 고종에게 '건언12사(建言十二事)'라고 불리는 개혁 조치를 제안했다. 이것은 크게 네 부문에 걸쳐 열두 가지 개혁적인 내용을 담고 있다. 농상(農桑)을 권면하고, 문무백관에 대한 예우를 높이고, 언로를 확대하는 등의 개혁 조치를 주장했다. 그중 어머니의 복상(服喪) 기간을 기존의 1년에서 3년으로 늘려 아버지의 상례와 같게 한 것이 어머니의 권위를 높인다는 측면에서 특별하게 평가받기도 한다. 개혁안의 성공적 실시는 무측천으로 하여금 그저 주어진 권력을 누릴 줄만 아는 황후에서 벗어나 천하를 경영하는 정치인으로 변모할 수 있게 했다. 이로써 무측천은 황제로 가는 길의 두 번째 난관을 얼마간 넘어설 수 있었다.

비록 정치적 능력을 인정받았다 하더라도 황후가 황제로 즉위하기 위해서는 기존의 제도적 질서를 변경할 만한 강력한 명분이 필요했다. 이것은 무측천이 맞이한 세 번째 난관이었다.

683년, 고종이 사망하고 태자 이철이 중종으로 즉위했다. 고종은 유조를 남겨 천하의 어려운 일은 천후의 의견을 따르라고 했다. 이는 고종의 사후에도 무측천이 여전히 국정에 관여할 수 있는 여지를 만들어 주었다. 이러한 배경에서 무측천은 선제의 명을 어겼다는 것을 구실로 삼아 중종을 즉위 36일 만에 폐위하고, 막내아들 이단을 예종으로 즉위시켰다. 무측천은 설령 황제를 교체할 만큼 강력한 권력을 가졌으나 스스로가 황위에 오르지는 못했다. 황제가 되기 위해서

도판 4.3. 무측천의 모습을 본떠 만들었다고 전해지는 뤄양 룽먼 석굴 봉선사 대불

는 미래 권력으로서의 압도적인 명분이 필요했다.

  이를 위해 무측천은 천인감응설에 의거하여 다양한 상징들을 자신에게 유리한 형태로 조작했다. 686년 옹주 신풍현에 지진으로 인해 높은 두둑이 생겨나자 이를 경사스러운 산이라는 뜻의 '경산(慶山)'이라고 명명했다. 688년에는 옹주 사람 당동태가 낙수에서 "성모(聖母)가 인간 세상에 나타나 영원히 천하를 번창하게 하리라"라는 구절이 쓰여 있는 돌을 건졌다고 상주하자 이를 하늘이 내린 보귀한 그림이라는 뜻의 '천수보도(天授寶圖)'라고 이름 붙이고 널리 알리게 했다. 또한 스스로가 '성모신황(聖母神皇)'이라 자처하며 자기와의 연관성을 지어냈다.

  그런데 이것만으로는 부족했다. 여성인 자신이 천자가 될 만한 새로운 이론적 뒷받침이 필요했다. 이에 무측천이 이용한 것은 불교였다. 설회의

'무측천'과 '측천무후'의 차이

무측천은 본명이 '무후(武珝)', '무원화(武元華)', '무처(武處)' 등이라고도 하지만 실제 명확하지 않다. 확인할 수 있는 것은 무측천이 '조(曌)'라는 글자를 새로 만들어 이름에 사용한 '무조'라는 이름이 유일하다. 현재 그를 지칭하는 데 사용하는 '무측천', '측천무후' 등의 명칭은 모두 존호와 관련되어 있다. 690년 무측천은 주 왕조를 개창하고 황제로 즉위할 때 '성신황제(聖神皇帝)'라는 존호를 사용했다. 그러나 705년에 장간지 등의 병변으로 퇴위하고 중종에게 황위를 물려준 후에는 중종이 헌상한 '측천대성황제(則天大聖皇帝)'라는 존호를 사용했다. 같은 해에 상양궁에서 사망했는데 이때 남긴 유서에서는 자신의 존호에서 황제의 칭호 대신 황후를 넣어 '측천대성황후'라 하도록 했다. 이후 당 현종 시기에 존호가 '측천황후'로 바뀌었다. 따라서 이치상 '측천황후' 혹은 '무황후'로 칭하는 것이 적절하지만 후대에 존호에서 '측천'이라는 명칭을 따와 성과 함께 붙여 부르는 경우가 많아지면서 '무측천', '측천무후'라는 명칭이 현재에도 통용되고 있다.

로 하여금 불교 경전에서 여성 권력자의 통치를 지지할 만한 명분을 찾도록 했다. 설회의는 승려 법명(法明)과 함께 각고의 노력을 거쳐 『대운경(大雲經)』에 실린 천녀(天女) 정광(淨光)의 관련 기록을 찾아냈다. 곧이어 『대운경』을 쉽게 이해할 수 있도록 설명을 붙인 『대운경소(大雲經疏)』를 만들었다. 내용을 살펴보면, "정광이라는 천녀가 있는데, …… 여자의 몸으로 왕이 되어 전륜왕이 통치하던 사방 중의 하나를 얻게 될 것이다", "정

광 천녀는 중생을 위해 여자의 몸으로 나타날 것이다. …… 신하들은 이 여인을 받들 것이고, 여성이 왕위를 계승하여 천하를 다스릴 것이다"라고 기록되어 있었다. 무측천은 장안을 비롯해 전국에 대운사를 세워 『대운경』을 소장하게 하고 운선(雲宣) 등 승려 아홉 명에게 작위를 내려 주어 『대운경』을 강해하도록 했다.

무측천은 천인감응의 입장에서 자연현상에 상징적 의미를 부여하고 불교의 경전 내용을 교묘하게 활용하여 자신의 정치적 명분을 확보하였다. 이를 통해 황제가 되기 위해 넘어야 하는 세 번째 난관도 극복할 수 있었다. 이를 계기로 여성 황제의 출현을 기대하고 촉구하는 여론이 크게 진작되었다.

무측천을 '여성' 황제로 이해하는 것이 맞을까?

무측천에게 황제 즉위를 상주하는 이들이 늘어났다. 690년에는 한 번에 6만 명이 넘게 나서서 청원을 올렸다. 결국 같은 해 9월, 67세의 무측천은 황위에 올라 국호를 주(周)로 바꾸고 천하에 여성 황제가 탄생했음을 알렸다. 즉위식은 9월 9일에 거행되었다. 양을 뜻하는 홀수, 그것도 가장 큰 수가 겹치는 날, 가장 양기가 강한 날에 음기의 여성이 황제로 즉위했다. 즉위식의 택일만 봐도 무측천은 자신이 여성 황제라는 점을 크게 의식한 것처럼 보인다. 그러면 여성 황제의 즉위로 실제 무엇이 달라졌을까? 여성 황제의 통치가 본질적인 측면에서 남성 황제의 그것과 다를까?

여성 황제의 등장은 여성의 권리 신장이라는 시각에서 이해되곤 한다. 이와 관련해 앞서 언급한 바 있는 「건언12사」의 복상 기간 연장이 그 근거로 자주 거론된다. 요컨대 어머니의 복상 기간을 아버지의 복상 기간과 같이 3년으로 늘렸으니 여권이 신장되었다는 것이다. 그런데 무측천이 상주했다고 하는 「청부재위모종삼년복표(請父在爲母終三年服表)」에 근거해 보면 무측천은 여성의 지위를 높인다기보다는 단지 어머니의 지위를 아버지와 같게 하려는 데 목적이 있었다. 태자의 어머니인 자신의 위상을 태자의 아버지인 고종과 나란히 하려는 개인의 정치적 욕망이 앞선 요청이었다. 그 때문에 여성 황제의 등장으로 여성의 지위가 크게 달라졌다고 하기 어려워 보이고 실제로 무측천의 재위 기간에 여성이 관직에 임명된 사례는 거의 없다.

여성 황제 무측천의 등장으로 전대미문의 일들이 벌어진 것은 사실이다. 예컨대 무측천이 즉위 후 기존의 황제이자 친아들인 예종을 '황사(皇嗣)'로 책봉한 일이 대표적이다. 황사는 황위 계승을 보장받지 못했기 때문에 태자가 아니지만 예제적으로는 태자와 같은 대우를 받았다. 이는 중국사의 유일한 사례이다. 또한 무씨 왕조임에도 황제의 형제나 아들에게 부여되는 친왕과 친왕의 아들에게 해당되는 군왕에 다수의 이성 자제가 책봉되는 이례적인 상황도 발생했다. 그러나 이것들은 개별적으로 희소한 사례에 불과할 뿐, 이를 여성 황제로 인한 본질적 변화라고 보기는 어렵다.

그러면 정치 행태를 통해 여성 황제의 특징을 찾아볼 수도 있을 것이다. 무측천의 정치에 대한 대표적인 특징의 하나로 공포정치가 언급된다. 무측천은 천후의 신분으로 있을 때 어보가(魚保家)가 헌상한 동궤를 활용해 '연은(延恩, 조정에 축하할 일)', '초간(招諫, 조정의 득과 실)', '신원(伸冤, 누명에 관한 일)', '통현(通玄, 천재지변이나 기밀)' 등의 항목으로 투서를 받아 밀고를 장려했다. 밀고자가 있으면 신분 고하를 막론하고 알현을 허용할 정도로 적극적이었다. 밀고를 통해 확보된 정보는 막대한 권한을 가진 혹리(酷吏)가 조사하고 처벌하는 데 활용되었다. 이 과정에서 주흥, 내준신과 같은 악명 높은 혹리가 무측천의 신임을 받았다. 내준신은 범인의 자백을 받아내 죄명을 씌우는 비법을 정리한 『고밀라직경(告密羅織經)』을 저술해 활용하기도 했다. 혹리의 활동을 여성 황제의 편협하고 잔혹한 정치적 면모로 묘사하기도 하지만 사실 이는 반대파를 제거하고 권력의 위세를 높이고자 하는 정치적인 수단이었지 여성 황제이기에 출현한 현상으로 보기는 어렵다. 다른 황제의 시기에도 혹리가 활동했듯 무측천은 여성 황제여서가 아니라 권력을 장악하고 통치를 강화하기 위해 혹리를 활용한 것이다. 혹리의 적극적인 활동이 무측천의 즉위를 반대하는 서경업의 반란 직후 강화되었다는 점이 이를 설명해 준다. 따라서 무측천은 혹리를 기용한 당초의 목적이 다하면 이들을 통제하고 소멸시켰다. 『신당서』와 『구당서』의 「혹리전」에 기록된 혹리 스물일곱 명 모두가 무측천에게 제거되었다.

이 외에 여성 황제의 등장으로 남총(男寵)이 정치적 영향력을 장악하고 궁중 질서를 문란하게 만들었으며 결과적으로 불필요한 정치적 폐해가 야기되었다는 지적도 있다. 무측천은 고종의 딸 천금공주가 뛰어난 용모의 풍소보를 헌상하자 마음에 들어 했고, 백마사의 승려로 위장하고 이름도 설회의로 바꾸어 궁궐에 드나들게 했다. 이후 설회의는 무측천과 사통하며 은밀한 관계를 맺었고, 낙양(洛陽, 뤄양)에 천당을 세우고 『대운경』을 발굴하는 등 무측천의 즉위를 도왔다. 설회의 이후에는 무측천의 딸 태평공주가 장창종을 헌상했고 무측천은 그를 총애했다. 장창종은 수려한 외모뿐 아니라 노래와 악기에도 능해 무측천의 애정을 독차지했다. 얼마 후 장창종은 이복형 장역지를 무측천에게 추천하여 함께 궁중에서 시봉했다. 이들은 3품 고관을 수여받았고, 699년에는 공학부(控鶴府)가 설치되자 공학감을 맡아 전국에서 미소년 40명을 뽑아 무측천의 유흥을 도왔다. 『자치통감』은 무측천이 연로해지면서 점차 정사를 장씨 형제에게 위임했다고 기록했다. 그러나 진인각(陳寅恪)의 언급처럼, 남성 황제가 수십에서 수천 명의 비빈과 후궁을 두는 것과 비교하면 이는 문제 삼기 어렵고 황제의 총애 속에 특정 인물이 권력을 장악한 사례는 역사에서 흔히 보이는 일이다. 황제가 사적으로 총애하는 그룹을 별도로 두는 것이 결코 여성 황제의 특징이라 할 수 없다.

여성 황제라는 점을 들어 무측천을 여타 황제들과 구별하는 특수한 조건으로 간주하는 것은 사실상 봉건적 시각에서 그를 혹독하게 평가하는 구실로 활용될 뿐이다. 예컨대 『구당서』가 암탉이 새벽에 먼저 울어 질서를 어지럽힌다는 뜻의 '빈계사신(牝鷄司晨)'이라는 말로 무측천을 비평하는 것이 대표적이다. 오히려 무측천은 재위 기간에 토지 개발과 농업 장려로 생산성을 높이고, 시장을 추가로 설치하여 상업을 촉진했다. 686년에는 자신의 정치 자문 집단인 북문학사가 헌상한 내용에 자신이 직접 첨삭을 가하여 중국 최고(最古)의 관찬농업서라고 할 수 있는 『조인본업(兆人本業)』을 편찬했다. 여러 정책의 결과로 전국의 편제된 호구가 385만 호(652)에서 615만 호(705)로 크게 증가했다. 또한 돌궐과 토번 등 이민족 문제를 정리했고, 안서의 4진(구차, 언기, 우전, 소륵)을 회복했으며 거란 세력을 통제해 동북 지역의 안정을 일궜다.

'주'의 황제 무측천은 왜 '당'의 부활을 선택했나?

무측천은 즉위 이후 곧바로 후계자 문제에 직면했다. 비록 아들 예종이 태

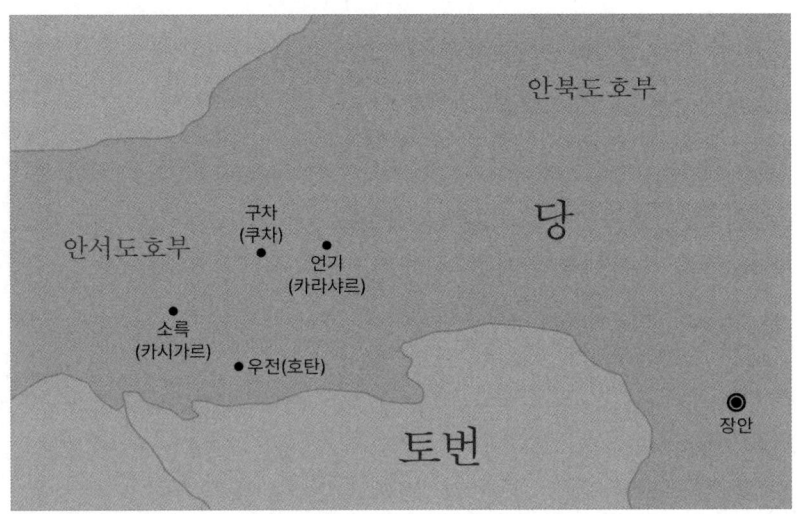

지도 4.2. 안서 4진

자 대우를 받는 '황사'로 있었지만 공식적인 황위 계승자는 아니었기 때문이다. 그런데 예종이 황위를 계승하게 되면 결국 무씨 왕조는 종결되고 이씨의 천하가 재현된다는 점은 무측천을 무척이나 고민스럽게 했다. 황제가 친아들에게 황위를 넘겨줄 수 없는 모순된 구조가 생긴 것이다.

전통적 관념에서 보자면 주 왕조는 무씨가 황위를 계승하는 것이 자연스러워 보인다. 그 때문에 무측천의 조카 무승사는 무측천이 즉위한 이듬해에 낙양 사람 왕경지를 동원하여 황사를 폐치하고 무씨를 후계자로 책봉하도록 요청하는 상소를 올리게 했다. 잠장천 등의 반대로 이는 무산되었지만, 무측천은 초기에 내심 왕경지의 주장에 공감했다. 693년, 무측천은 고대 선현의 예제 기관을 복원한 명당에서 성군의 이미지를 드러내기 위한 제사를 지내면서 삼헌(三獻)의 의례 중 첫 번째 의례인 초헌(初獻)은 자신이 직접 한 후, 두 번째 아헌(亞獻)과 세 번째 종헌(終獻)은 아들이 아니라 조카인 위왕 무승사와 양왕 무삼사에게 맡겼다. 무씨의 천하임을 공식적으로 선포하는 듯했다.

  얼마 후 이소덕은 무측천에게 상소하여 황위 계승은 반드시 혈연적으로 가까운 자에 의해 이루어져야 하는데 조카가 아들보다 가까울 수 없다고 했다. 또한 조카가 황제가 된 후에 고모인 무측천을 위해 제사를 지내 줄 리도 없다고 했다. 이 말에 무측천이 얼마간 설득되자 무승사는 경쟁자인 황사 이단을 모반죄로 몰아 정치적 입지를 축소시키고, 무측천에게 존호를 헌상하며 적극적으로 충성을 보였다.

  무측천이 무씨를 후계자로 낙점하려 하자, 당시 재상들 중 명망이 높았던 적인걸이 나서서 무측천을 설득했다. 그의 설명은 앞선 이소덕의 논리와 비슷했다. 고종과 함께 일군 천하를 이씨 후손에게 물려주어야 한다고 주장했다. 또한 아들보다 혈연관계가 먼 조카가 고모를 위해 제사를 지내 줄 리 없음을 강조했다. 이에 무측천이 후계자 문제는 황제의 집안일이니 재상이 관여할 일이 아니라고 하자, 적인걸은 사해(四海)가 모두 군주의 집안이라 황제의 일이 곧 천하의 일이라고 항변했다.

  결국 무측천은 698년에 자신의 셋째 아들이자 중종에서 서인으로 폐위되어 방주에 유배되어 있던 이철을 불러들였다. 이철이 비밀리에 낙양으로 돌아온 지 반년이 지났을 무렵 무측천은 그를 태자로 책봉하고 넷째 아들 황사 이단을 상왕(相王)으로 낮췄다. 무씨가 아니라 친아들인 이씨를 황위 계승자로 확정한 것이다. 무측천의 이러한 조치는 그가 전통적 종법 관념을 뒤엎고 여성의 신분으로 혁명적인 즉위를 일궈 낸 황제라는 입장을 고려해 보면 매우 의아한 결정이다. 이소덕과 적인걸이 철저하게 전통적 종법 관념에 근거하여 펼친 주장에 설득되었기 때문이다. 중국사상 유일한 여성 황제의 출현이라는 파격을 몸소 실현한 무측천임에도 봉건 질서를 뛰어넘지 못하는 한계를 여실히 드러낸 것처럼도 보인다.

사실 무측천의 결정은 자신의 제사를 받들어 줄 후사를 정한 것이 아니었다. 그는 여성 황제이기에 앞서 천하를 주재하는 황제였다. 그에게 중요한 것은 정치적 안정의 확보와 유지였다. 당시 무측천은 조정의 관리들이 이씨에 의한 황위 계승을 지지하고 있다는 사실을 잘 알고 있었다. 비록 무씨의 자제들이 중앙의 고위 관직을 다수 차지하고는 있었지만, 관인들의 여론은 무측천 사후에 천하가 이씨 황제에게 돌아가기를 기대했다. 무측천의 신임을 두터이 받던 적인걸이 예종에게 황위를 넘겨주도록 요구할 수 있었던 것도 여론의 향배를 감지하고 있었기 때문이다. 이러한 상황에서 무측천은 고집스럽게 무씨를 후계자로 삼는다면 자신이 사망한 이후에 분명 정치적 혼란이 일어날 것이라는 점을 예상했을 것이다. 게다가 조카들 중에서 빼어난 능력을 갖춘 인물을 찾기 어렵다는 점도 그러한 결정을 내리는 데 중요하게 작용했다. 그 외에 무측천이 당시 황사인 넷째 아들 이단이 아니라 서인으로 강등되어 있던 셋째 아들 이철을 불러 태자로 삼은 것 역시 이후의 권력 이양이 순서에 따라 안정적으로 이어지길 바라는 마음에서 비롯된 조치였다. 이철을 태자로 책봉한 이듬해에는 태자를 비롯해 상왕 이단, 태평공주, 무씨 권력자들을 한곳에 모아 서로 화합하며 지낼 것을 맹세하고 명당에서 하늘에 제사를 올리게 한 것도 무측천의 이런 바람이 담겨 있는 행위였다.

705년, 장간지와 이대조 등이 장창종, 장역지 세력을 제거한다는 명분으로 군사 정변을 일으켰다. 이들은 장씨 형제 등을 살해하고 무측천의 처소에 들어가 정변이 일어났음을 알렸다. 당시 무측천은 마주한 반군에 크게 놀라지도 않았으며 격렬히 저항하지도 않았다. 이튿날 무측천은 황위를 태자에게 순순히 넘겨주었다. 정변의 발생과 황위의 이양 과정에서 무측천이 보여 준 절제된 태도는 권력의 안정적인 이양과 천하 통치의 지속을 중요시한 '정치가' 무측천의 의지가 표현된 결과라 하겠다.

  무측천은 왕조의 개창과 황제의 즉위를 통해 개인의 욕망을 여실히 드러냈다. 오랜 관습을 뒤엎는 것에서 나아가 기존에 없던 새로운 현상을 만들었다. 이 과정에서 비판받을 만큼 잔인하거나 비도덕적인 수단을 채택하기도 하고, 독선적인 의사결정도 마다하지 않았다. 그러나 자신과 사회, 천하를 잇는, 즉 전체를 바라보는 시각을 갖추고 있었고, 무엇이 중요한 것인가에 대한 본질적 인식을 망각하지 않았다. 욕망과 본분의 교차 속에서 자신의 위치를 확정할 줄 아는 태도는 현대사회를 사는 우리가 짐짓 숙고해 볼 만한 중요한 삶의 방식 중 하나이다.

◆ ◆ ◆

  무측천은 스스로의 능력으로 황위에 오른 여성이다. 존재 자체만으로 이전에도 없고 이후에도 없을 변화를 스스로 만든 어쩌면 가장 진보적인 정치인이라고 할 수 있다. 반면 무측천은 나라와 사회 안정을 위해 과감하게 자신이 만든 변화를 무화(無化)하고 기존 질서를 복원한 어쩌면 가장 보수적인 정치인이라고도 할 수 있다. 그렇다면 '보수'와 '진보'는 고정된 실체가 아니라 시대의 요구에 부응한 인간의 행위에 붙는 수식어에 지나지 않을 수도 있다. 시대정신에 부응하는 정치인을 알아보는 눈을 기르고 그에게 적합한 자리를 주는 것은 현재를 사는 우리의 책무일지도 모른다.

5

당대 환관, 그들은
역사 속 악인에 불과한가?

환관은 자의로 (혹은 타의로) 거세한 남성으로, 누구보다 권력에 순응하는 동시에 권력을 탐하지만 결코 지존(至尊)의 자리에 오르지 않는 (혹은 오를 수 없는), 역사에서 이해하기 어려운 존재 중 하나이다. 그렇지만 그들은 필요에 의해 탄생하고 유지되었다. 환관이 악행을 저지른 것은 맞지만 어떠한 조건에서 그러한 일이 벌어졌는지를 이해할 필요가 있다. 설령 악인이라 하더라도 그들을 이해하려는 노력은 역사 공부의 목적에 부합할 뿐만 아니라 역사 속 인간의 이해를 통해 현실 속 우리를 파악하는 데에도 도움이 된다. 인간은 다면적이고 사회는 복합적이기 때문이다.

◆ ◆ ◆

당대 환관을 통해 무엇을 알 수 있을까?

환관은 거세되어 권력자를 주변에서 보필했다. 이들은 전통 시기 모든 국가에 있었던 것은 아니지만 꽤나 많은 나라에서 볼 수 있었던 보편적인 존재였다. 우리나라에서는 고려시대부터 등장했던 것에 비하면 중국에서는 매우 일찍부터 활동을 시작했다. 이들은 대체로 비판적으로 평가되었고, 역사의 음영으로 비춰졌다. 그중에서도 당대의 환관은 중국사에서 유일하게 통일 제국의 황제를 시해했고, 장기간 정치를 좌우했다는 이유로 역사가들로부터 유난히도 혹독한 비판을 받았다. 이들은 정말 역사적으로 악영향만을 끼친 존재일까? 그렇다면 당대 환관은 어떤 상황에서 활동했던 것일까? 만약 당대 환관의 활동이 폐해만을 양산했다면, 안사의 난이라는 전국을 휩쓴 전란을 겪은 당 왕조는 어떻게 환관이 활동을 확대하는 가운데서도 무려 150년에 가까운 장기간의 안정을 유지할 수 있었을까? 역사적 사실의 이면에 대한 이해는 어떻게 해야 할까? 당대 환관 문제는 역사를 구성하는 다양한 존재들을 객관적으로 살필 수 있게 한다. 또한 정치 권력의 운영 방식을 확인하여 현재에도 반복되는 권력 운영의 문제를 새롭게 사고하는 기회가 된다.

중국사에서 당대 환관이 특별한 이유는 무엇인가?

중국사에서 환관은 언제 처음 등장했을까? 기록에 따르면 늦어도 상대(商代)에는 등장했으며 인간을 거세한 기록이 갑골문에서 확인된다. 환관에 대한 사서의 명칭은 '사인(寺人)', '엄인(閹人)', '부인(腐人)', '중관(中官)', '태감(太監)' 등으로 다양한데, 거세된 상태의 낮은 신분으로 궁궐에서 일한다는 의미를 담고 있는 '환관(宦官)'이라는 명칭이 가장 보편적으로 사용된다.

환관은 역사의 전개 과정에서 언제나 있었지만 늘 눈에 띄는 존재는 아니다. 중국사에서 한, 당, 명 왕조 시기에 환관의 활동이 두드러지는데, 흥미롭게도 세 왕조는 중국사의 대표적인 한족 왕조라는 공통점을 갖고 있다. 이들 사이의 차이점에 대해서 청대 학자 조익의 지적을 주목할 필요가 있다. 그는 『이십이사차기(二十二史箚記)』라는 책에서 말하길, "한과 명 왕조 시기의 환관들을 큰 재앙이라고 말하지만, 이는 그저 군주의 권력을 잠시 빌려 마음대로 한 것에 불과하다. 당 왕조의 환관은 그들의 권력이 도리어 군주의 위에 있어서 군주를 세우거나 시해하거나 혹은 폐립시키는 것을 마치 어린아이의 놀이처럼 쉽게 했으니 일찍이 없던 변고였다"라고 했다. 당대 환관의 활동 상황을 역사상 가장 심각한 사례로 설명했다.

도판 5.1. 당대(唐代) 환관용(宦官俑)

실제로 환관 진홍지는 황위 계승 다툼에서 헌종을 시해하여 목종의 즉위를 도왔고, 목종 이후에 즉위한 경종은 환관 유극명과 소좌명에게 시해되었다. 무종이 사망한 직후에는 환관 마원지가 나이 어린 태자의 즉위는 적절하지 못하다고 주장하며 태자를 폐위하고 황제의 숙부, 즉 황태숙을 선종으로 즉위하게 해 중국사에서 유례를 찾기 어려운 황태숙에 의한 계위를 성공시켰다. 환관 유계술은 황제가 어리석다고 비난하며 소종을 유폐하기도 했다. 안사의 난 이후 즉위한 황제들 중 대종, 헌종, 목종, 문종, 무종, 선종, 의종, 희종, 소종은 모두 환관에 의해 옹립되었다.

환관의 탄생

환관이라는 명칭은 별자리 중 '천제(天帝)' 자리 주변에 있는 '환자(宦者)' 자리에서 비롯되었다. 환관은 일반적으로 거세된 조건을 갖추고 궁중 내에서 군주를 위해 시봉하는 존재를 말한다. 거세 기록이 갑골문에서 확인되어 상 왕조 시기 이래로 거세된 인간이 존재했을 것으로 추정되는데, 거세 행위는 제례를 거행하는 과정에서 종교적인 목적으로 출현한 것으로 보인다. 이후 권력자의 순수 혈통을 강조하는 정치문화적 배경에서 강화·유지되었다. 춘추시대 제나라의 환관 수조(竪刁)는 거세한 것이 확인되지만, 진 왕조의 환관 조고(趙高)의 거세 여부는 불분명하다. 『후한서』에 환관은 모두 거세된 자들로 기용한다는 기록이 있어 늦어도 후한 시기 이후에는 궁내에서 일반적 의미의 환관이 활동했다고 여겨진다. 위진남북조와 수대를 거치면서 일반 관인이 환관의 관리, 감독자가 되기도 했지만, 당대 이후에는 환관이 자체적인 조직을 통해 운영되었다.

그 때문에 당대 환관에 대한 역사가들의 평가는 자못 박했다. 송대 구양수가 환관 세력을 제압하는 일을 나무에 붙은 벌레를 태워 없애는 것으로 묘사하거나, 사마광이 환관을 옷에 난 흠집에 비유하는 등 환관이라는 존재를 하찮게 여겼다. 당대 최윤은 환관을 작게는 조정의 정치를 어지럽히는 원인으로, 크게는 국운을 쇠락하게 만드는 원인으로 설명하기도 했다.

이러한 배경에서 사마광은 당대 환관의 활동을 시기별로 구분해 설명했는데, 현종 시기가 되면 환관의 활발한 활동이 '시작'되었으며, 숙종과 대종 시기에 '홍성'했고, 덕종 시기에 '완성' 단계를 거쳐, 소종 시기에 '최고조'에 이른다고 했다. 범조우는 이러한 확대 과정에서 환관들이 중앙의 고위 관직과 지방 번진 장수의 임명을 결정짓는 폐단이 생겼다고 설명하고 『구당서』는 환관들이 국가의 많은 일들을 제멋대로 처리했다고 기록했다.

한편 이와는 달리 환관의 실제 역할이라는 측면에서 환관이라는 존재를 객관적으로 보는 시선도 없지 않았다. 당 중기의 문인 황보식은 당대 환관들을 안으로는 황제의 복심이 되어 황제가 의탁하는 바가 되었고 밖으로는 황제의 귀와 눈이 되어 궁궐 안팎을 오가며 활동했다고 설명했다. 당송팔대가 중 한 명인 한유 또한 이들을 황제의 곁에서 시종하며 영예를 누리는 황제의 복심이라고 묘사했다.

당대 환관은 노비인가? 관인인가?

환관은 일반적으로 노비와 같이 신분이 낮은 존재로 인식된다. 실제로 당대 현종은 태자 책봉 문제를 환관 고력사와 상의하면서, "너는 우리 집안의 오래된 노비이니 나의 의중을 잘 알 것이다"라고 운을 떼면서 속내를 털어놓았다. 그럼 당대 환관을 어떻게 봐야 할까?

우선 당대 환관의 규모를 살펴보자. 사실 이는 정확히 알기 어렵다. 구체적인 숫자가 확인되는 것은 무측천과 중종 시기부터이다. 705년 즈음에 환관 3000명이 있었고, 현종 시기에는 환관 4652명이 있었다는 기록이 있다. 마지막 황제인 소종 때는 환관이 8000명으로 추정되는 기록이 전해진다. 그런데 만약 환관이 궁궐 내 허드렛일을 하는 노비와 같은 존재라고만 한다면 당시에 8000명이나 필요했을까?

당 왕조는 행정 조직 및 운영의 내용을 율령으로 규정했다. 특히 관인의 신분과 관직 임명 등에 관한 내용은 분명하고 엄격하게 관리했다. 당대의 법령이 정리된 『당육전』에 따르면, 당대 관인의 관직은 '산관(散官)', '직사관(職事官)', '훈관(勳官)', '작위(爵位)' 네 가지로 구성되었다.

'산관'은 관인의 신분 등급을 나타내는 관직으로 '본품(本品)'이라고 불릴 만큼 관인이라면 누구나 가지는 기본 관직이다. 관인은 1품에서 9품까지의 품계에 해당하는 관직을 받아 관인으로서의 등급을 확정했다.

현재 기록으로 확인되는 가장 이른 시기의 당대 환관 중 장아난(張阿難)이라는 인물이 있다. 그는 태종 이세민이 이연을 옹립하고 수 말의 분열된 전국을 통일하는 데 일조하여 공신으로 인정받았고 사후에는 이세민의 소릉(昭陵)에 배장되기도 했다. 그의 비문에 따르면 장아난은 3품 산관직인 '은청광록대부(銀靑光祿大夫)'를 가지고 있었다. 이는 당 초기부터 환관도 일반 관인과 같이 산관 체계 내의 관직을 수여받았음을 말해 준다. 또한 장아난과 거의 동시대의 환관인 풍사량(馮士良)은 9품 문림랑(文林郎)으로 시작해 8품 급사랑(給事郎)을 거쳐 7품 조산랑(朝散郎)으로 승급되었다가 최종적으로는 5품 중산대부(中散大夫)가 되었다는 사실이 묘지명에 전한다. 개인의 능력에 따라 품계가 승강하는 관인의 산관 시스템이 당 초기 이래로 환관에게도 적용되었던 것이다.

'직사관'은 산관을 가지고 있는 관인이 제수받는 관직이다. 직사관을 수여받으면 곧 담당해야 할 직무가 주어진다. 직사관 역시 1품에서 9품까지 구분되고 일반적으로 관인은 산관의 품계와 같은 등급의 직사관을 수여받는 것이 원칙이었다.

당대 환관들은 내시성에 예속되어 직사관을 부여받고 업무를 처리했

액정국	궁정 내 여공 관리, 궁내 여성 교육 업무 처리
궁위국	궁궐 내 비품 관리, 제사 등의 행사 진행 보조
해관국	궁궐 여성들의 품계 관리, 상장 의례 거행, 의료 조치
내복국	궁중 수레와 마차 관리, 후비들의 궁궐 출입과 관련된 제반 사항 책임
내부국	궁궐 내 창고 관리, 황제 하사품 지급을 위한 물자 조달
내방국	궁내 여인들의 빈객 접대 관련 업무 전담

표 5.1. 내시성 산하에 환관이 속한 관청들

다. 내시성의 조직 체계와 직임은 율령으로 규정되었는데 내시성의 최고 책임자는 '내시(內侍)'로, 내시성을 통할하며 궁궐 내에서 황제와 궁궐 내 여인들을 위해 시봉했다. 그의 직무는 궁궐 안팎을 오가며 명령을 전달하는 것 등이었다. 내시성의 차관으로 내상시(內常侍)가 있었고, 그 아래에는 내급사(內給事), 내알자감(內謁者監), 내시백(內侍伯)이 있어 각각 정해진 업무를 수행했다. 또한 내시성 산하에는 다양한 관청이 설치되었다. 이들 기관의 업무는 예속된 관직(직사관)에 임명된 환관들에 의해 처리되었다. 내시성 전체는 최고 책임자 '내시'에서부터 아래로는 6국(局)에 배치된 영(令), 승(丞), 녹사(錄事), 영사(令史), 전사(典事) 등 말단에 이르기까지 모든 관직에 대한 정원, 품계 및 직무 내용이 율령으로 규정되었다.

다음으로 '훈관'과 '작위'는 특별한 공훈이 있는 관인에게 수여된다. 훈관은 군사 분야에 뛰어난 업적이 있을 경우 수여되고, 작위는 그에 한정되지 않고 공훈이 있거나 뛰어난 명망을 가진 경우 수여된다. 그 때문에 관인들 중에서도 일부만이 훈관과 작위를 가졌다. 당대 환관들 역시 관인들에게 제수되는 것과 동일한 명칭의 훈관과 작위를 받았다. 중종 시기 환관

도판 5.2. 고력사 신도비

왕문예(王文叡)는 훈관 내 최고 등급인 2품 상주국(上柱國)을 수여받았다. 이후 많은 환관들이 훈관을 받았고 이를 자신의 명예를 드러내는 방편으로 삼았다. 작위의 경우는 고력사가 제국공(齊國公)이라는 작위를 받은 바 있으며, 이보국은 박륙군왕(博陸郡王)에 제수되었다. 둘 다 1품에 해당하는 작위로 당시 최고 지위에 해당했다.

　이러한 사실들은 당대 환관이 사적으로 예속된 노비라기보다는 국가의 공식적인 관직 체계 내에서 관리되는 존재였음을 보여 준다. 관직 수여와 직무 이행, 결과에 대한 평가 등 관련 제도 운영에서 사대부 관인과 크게 다르지 않았다.

　그런데 환관이 신체적으로는 일반 관인과 다른 중요한 특징을 가지고 있었다. 이들은 거세된 존재이기 때문에 원칙적으로 혼인을 통해 가정을 이루고 자식을 낳아 후사를 잇는 것이 불가능했다. 그러나 실상은 달랐다. 당대 환관들은 혼인 관계를 맺고 부인을 두었다. 비록 모든 환관이 결혼할 수 있었던 것은 아니지만 상당수의 환관이 결혼하여 가정을 꾸렸다. 현재 확인되는 당대의 환관들 중 약 50퍼센트는 혼인을 했다. 대개 품계가 높은 환관들이 그러했지만 장숙준(張叔遵), 왕수기(王守琦)와 같이 9품의 환관들도 부인을 두었다. 얼마간의 지위가 있는 환관이라면 결혼이 가능했던 것이다. 또한 환관 악보정(樂輔政)이 사망한 후 부인 성씨(成氏)가 수절하여 당시 사람들에게 칭송받은 것처럼 이들의 결혼과 가정은 사회적으로도 인정되었다.

  결혼을 통해 가정을 꾸린 환관들은 여기서 멈추지 않았다. 가문의 명맥을 잇고자 양자를 들였다. 덕종은 791년에 칙서를 반포하여 환관의 양자 입적을 공식적으로 인정해 주었다. 5품 이상 환관들 중 본인과 성씨가 같은 10세 미만 남자아이를 양자로 들일 수 있도록 허락한 것이다. 단, 양자는 한 명으로 한정했다. 그런데 이 칙서를 반포하기 100년 전인 고종 때에 이미 환관들이 양자를 두었던 사례가 묘지명에서 확인된다. 따라서 당 초기부터 환관들은 양자를 입적해 두었다고 이해된다. 게다가 본명이 풍원일(馮元一)이었던 고력사가 환관 고연복의 양자가 된 후에 고력사로 개명한 사례처럼 성씨가 같지 않아도 양자로 삼는 일이 있었다. 실제 사례를 보면, 당대 환관은 남자아이 여러 명을 양자로 들일 수 있었을 뿐만 아니라 여자아이도 양녀로 입양할 수 있었다. 양녀를 두는 것은 정략결혼을 통해 가문의 세력을 키우고 사회적 지위를 높이고자 하는 의도에서 비롯되었다. 당대 환관의 이러한 모습은 당시 사대부 관인들이 문벌을 형성하고자 했던 행태와 본질적으로 동일했다. 형식과 실질이라는 측면에서 당대 환관은 일반 관인과 다르지 않았다.

환관은 어떻게 권력에 다가섰는가?

당대에 환관이 주요하게 영향력을 확대한 분야는 문서 행정이다. 『당육전』 규정처럼 궁중의 환관이 맡은 기본 역할은 황제의 명령을 전달하는 것이었다. 황제의 명령은 구두로 된 것도 있으나 일반적인 경우는 문서로 작성된다. 황명이 담긴 문서가 국가 행정 시스템을 통해 하부 행정 기관으로 전달되기도 했지만, 황제가 직접 궁 밖으로 송출하는 문서도 있었다. 이러한 문서 대부분이 환관들에 의해 전달되었다. 당대 초기에는 산발적으로 이루어지던 것이 황제의 전제권이 강화되면서 환관의 문서 전달이 점차 확대되었다. 이에 황제는 추밀사(樞密使)를 설치하고 환관을 임명해 황제가 직접 내보내는 문서뿐만 아니라 기존 행정 시스템을 통해 발부하는 문서도 모두 환관이 총괄하도록 했다. 아울러 추밀사는 황제에게 상주되는 상향 문서의 궁궐 내 처리 또한 맡았다. 당대 이후 동아시아에서 '추밀' 또는 '중추'라는 명칭의 관직과 기관이 다수 등장하는데 바로 당대 추밀사에서 비롯되었다.

추밀사는 766년에 대종이 환관 동수에게 추밀의 직임을 전담시키면서 시작되었고, 헌종 중기에 유광기와 양수겸이 공식적으로 추밀사에 임명되는 것을 계기로 확립되었다. 설치 초기에는 추밀의 직임을 맡은 환관 한 명이 관련 업무를 처리할 정도로 작은 규모였다. 『문헌통고』가 묘사하듯 추밀사는 "그저 세 칸짜리 건물만 있어서 단지 문서들을 보관하는 정도의 기관"에 불과했다. 그러나 역할이 확대됨에 따라 추밀사의 정원도 늘어나고 부사(副使)도 설치되었다. 추밀사가 업무를 처리하는 관청인 추밀원이 건립되었고 당 말기에는 상원(上院)과 하원(下院)으로 확대 재편되었다.

추밀사에 임명된 환관들은 황제의 신뢰 속에서 추밀사의 정치적 영향력을 확대했다. 황제의 개인 자문에 응대했고, 당 후기의 어전 회의인 연영전 회의에 참석하여 정치에 관여하기도 했다. 황제에게 상주되는 문서를 미리 읽고 문서 뒷면에 노란색의 의견서를 덧붙이는 '첩황(帖黃)'을 통해 영향력 있는 정치 참여자로도 활동했다. 당 후기가 되면 문서 전달자 역할을 넘어 중서문하성에서 재상과 국사를 의논하는 경우가 많았다. 한

당대 환관의 기용 방법

당 고조 이연은 장안에서 칭제한 이후 황제에 걸맞은 의례와 제도를 갖추었다. 이때 궁중 내 환관 조직도 편성하였는데, 당시 환관들을 새롭게 선발할 여유가 되지 않아 수 왕조의 환관들을 상당수 받아들여 당 왕조의 환관으로 기용했다. 고조의 재위 후기가 되면 본격적으로 환관들을 충원하였는데 이때는 지방에서 헌상되는 엄인(閹人)들을 받아들였다. 지방 관원들은 이를 통해 황제의 환심을 사거나 충성심을 드러내기도 했다. 당 초기에는 당시 문화적으로 미개발 지역인 복건(福建, 푸젠)이나 광주(廣州, 광저우) 지역 출신의 환관들이 다수를 차지했지만, 점차 장안 주변 지역 출신 환관들이 주류를 이루었다. 당대 환관의 정치적 영향력이 확대됨에 따라 환관이 되고자 하는 자들도 늘어났다. 당대 환관이 되는 루트는 크게 세 가지인데, 첫 번째 지방관의 헌상을 통해 입궁하는 경우가 있다. 두 번째는 스스로 거세하고 환관의 양자로 들어가 입궁하여 환관으로 활동하는 방법이 있다. 마지막 세 번째는 드물기는 하나 특정한 계기로 일반 가정의 자제가 환관으로 발탁되어 관직 생활을 하는 사례가 있다.

편 추밀사의 권력이 확대되자 뇌물 수수와 권력을 이용한 부정이 발생하기도 했다. 상당수 관인이 추밀사를 통해 재상으로 천거되었고, 당 후기 최고 권력을 누린 이덕유 역시 추밀사 양흠의의 도움을 받아 재상직에 오를 정도였다. 의종 때에는 황제 즉위 직후 재상 두종(杜悰)이 추밀사를 만나서 내신(內臣)인 환관과 외신(外臣)인 재상이 한 몸으로 힘을 합쳐 국정을 운영하자고 다짐할 만큼 정치 담당자로서 환관의 역할이 인정되기도 했다. 추밀사를 핵심으로 한 행정 운영은 환관의 권력 전횡에 이용된 부분도 없지 않지만, 설치 목적이 그러하듯 황제 정치의 시행을 위한 수단 중 하나로 기능했다.

당대 환관이 영향력을 확대한 두 번째 분야는 군사 부분이다. 이는 당대 환관이 다른 왕조의 환관들과 비교해 활동의 질적 차이를 보여 주는 핵심적인 내용이다. 환관이 군대를 동원하여 소요 사태를 진압하거나 변고를 일으키는 일은 중국사에서 종종 발생했으나 정규군, 즉 황제의 금군을 직접 통솔하고 이를 장기간 유지한 경우는 당대가 유일하다.

초기에 환관들은 군사 분야에서 주로 개별적인 활약을 보였다. 환관 양사욱은 현종 재위 초에 마이 툭 로안이 안남 지역(현재의 베트남)에서 일으킨 반란을 10만 군대로 진압했다. 이후 6만 군대로 호남 지역의 반란을 평정하기도 했다. 이보국은 군대를 통솔하여 숙종을 즉위시키고 안사의 난을 진압하는 일을 도왔다. 어조은은 토번의 공격에 쫓겨 장안을 떠나 도망가던 대종을 화주에서 맞이하여 장안까지 군대로 호위했다. 이후 어조은은 관군용선위처치사(觀軍容宣慰處置使)에 임명되어 전국 수십만 군대를 감찰하는 역할도 맡았다.

덕종 시기 신책군호군중위(神策軍護軍中尉)의 설치는 개별적이고 임시적인 환관의 군사 활동을 집단적이고 공식적인 형태로 변화시키는 계기가 되었다. 덕종은 즉위 초기 무관 백지정을 신임하여 그에게 금군인 신책군(神策軍)의 지휘를 맡겼다. 얼마 후인 783년, 처우에 불만을 품은 경주(涇州)와 원주(原州)의 경원 지역(지금의 간쑤성과 닝샤 후이족 자치구 동쪽에 해당)의 병사들이 반란을 일으킨 일이 있었다. 병사들이 장안에 들이닥쳤고 황제는 신변의 위협을 느꼈다. 덕종은 몽진을 결정하고 급히 금군의 책임자 백지정을 호출했다. 그러나 백지정은 도망가 나타나지 않았고 이때 덕종을 구하러 달려온 이가 바로 환관 곽선명과 두문장이었다. 덕종은 이들의 보호를 받으며 봉천으로 피신할 수 있었다. 황제가 도움이 필요할 때 신의를 지킨 이들은 평소 예우해 준 무장이 아니라 환관이었다. 반란이 진압된 후 덕종은 796년에 금군 조직을 개편했는데, 금군의 최고 책임자로 신책군호군중위를 신설하고 여기에 환관 곽선명과 두문장을 임명했다. 이후 환관들이 군사 분야 최고 관직인 신책군호군중위를 전담했고, 군권은 환관에게 귀속되었다.

금군을 배경으로 환관은 국내외 치안을 유지하는 데 중요한 역할을 담당했다. 군권을 장악한 환관은 당 후기에 발발한 몇 차례의 궁정 정변에서 권력의 향배를 좌우했다. 순종 시기 왕숙문, 왕비 등이 환관 세력을 제압하고 정치를 혁신하려 했지만, 신책군호군중위 구문진, 유광기가 이를 진압하고 헌종의 즉위를 도왔다. 문종 사망 이후 무종이 즉위할 때도 신책군호군중위 구사량이 군대를 동원해 영왕(穎王)의 무종 즉위를 가능하게 했다. 황태숙이었던 선종이 황위에 오른 것이나 의종이 선종 사후에 즉위한 것 역시 신책군호군중위의 지지가 있어 가능했다.

세 번째로 당대 환관이 영향력을 확대한 분야는 재정 영역이다. 국가 재정 업무를 처리하기 위해서는 전문적인 지식이 요구될 뿐만 아니라 재정 관료들의 집단의식도 강하여 환관이 외조* 관료를 대신해 공식적인 재정 관직을 맡는 것이 어려웠다. 그 때문에 일부 학자는 당대 재정 분야만큼은

---

* 전통 시기 중앙 권력 기구는 내조(內朝)와 외조(外朝)로 구분될 수 있다. 내조는 중조(中朝)라고도 하는데 황제와 사적으로 연결된 친신 세력이나 빈객을 중심으로 구성되었고, 외조는 국가 정무를 처리하는 공식적인 관인 조직을 말한다. 중국사에서 이러한 구분은 대체로 한 무제 시기에 시작되었다고 이해된다.

환관의 영향력이 전무한 '청정' 영역이라고 주장하기도 한다.

기존에 국가 재정과 황제의 사적 재원 사이의 경계가 모호했던 것과 달리 당대에는 국가 재정 이외에 황제에게 별도 예산이 공식적으로 편성되기 시작했다. 외조의 호부는 매년 일정한 금액을 책정하여 내고(內庫)에 할당하고 황제의 사적 용도로 사용할 수 있게 했다. 이때 환관들이 궁중의 내고를 관리했다. 당 초기 내고의 재화는 미미한 규모였다. 그러던 것이 현종 시기가 되면 황제 개인의 사치 확대와 사적인 하사품 증가로 내고 지출이 급격하게 증가했다. 이에 호부가 매년 이관하는 금액만으로는 수요를 충당할 수 없게 되자 황제는 관인들로부터 진봉(進奉)을 받아 이를 채우고자 했다. 진봉은 기본적으로 관인들이 세수의 잉여분을 황제에게 개별적으로 헌상하는 것을 말한다. 이는 표면적으로는 황제에게 의례를 다하는 예제적 행위였으나 실제로는 황제에게 더 큰 신임을 얻고자 하는 정치적 행위에 가까웠다. 현종 이후 진봉이 크게 확대되었고 이 과정에서 환관들은 황제의 뜻에 부응해 진봉을 폭넓게 받아들였다. 관인들은 개인의 영달을 위해 진봉에 적극적이었다.

내고의 재화는 규모가 커짐에 따라 황제의 사적 활동에 그치지 않고 국가 재정이 쓰여야 하는 부분에서도 사용되었다. 특히 안사의 난 이후 내고의 역할이 커졌는데 내고의 재화가 국가 제사 비용으로 지출되기도 하고, 물가 조절을 위한 재원으로도 활용되었다. 또한 군수 물자를 제공하거나 국가 재정 부족분을 보충하는 데에도 쓰였다. 지방 번진 세력을 통제하거나 토번과 같은 외적을 막는 일에도 내고의 재화가 투입되었다. 내고는 용처가 다양해지면서 점차 국가 재정적인 성격이 강화되었다.

이러한 내고는 내고사(內庫使)를 비롯해 대영고사(大盈庫使), 경림고사(瓊林庫使)와 같은 사직을 맡은 환관이 운영하였다. 환관은 내고를 확장하여 국가 재정 역할을 강화하려는 황제의 의도에 부응했고 황제의 목적을 달성하도록 돕는 조력자의 역할을 했다. 그 때문에 마존량, 마원질, 유준례 등 황제의 두터운 신임을 받는 환관들이 내고의 책임자로 임명되었다. 내고의 사직을 역임한 환관들은 이후 환관 집단 내에서 높은 지위를 차지했다.

당대 환관의 활동은 무엇을 남겼는가?

당대 환관은 관인의 성격을 띠며 사직을 맡아 업무를 처리했고 이를 통해 자신들의 정치적 영향력을 확대했다. 이 과정에서 권력 남용 또는 전횡으로 인한 병폐도 적지 않았다. 그러나 당대 환관의 활동에 대한 평가는 개별 사안보다는 전체 흐름과 그로 인한 결과 측면에서 이해될 필요가 있다.

환관은 황보식이나 한유가 말했던 것처럼 궁궐 내에서 황제가 가까이 두고 신뢰할 수 있는 대상이었다. 원래 환관들의 신체적 결점은 입궁에 필요한 자격 조건이었지만, 도리어 정치적으로는 황제의 권위를 대체할 가능성이 없음을 보증하는 절대 조건이었다. 다시 말해 환관은 권력을 농단할 수 있을지언정 권력을 찬탈하여 새로운 왕조를 열지는 못한다는 것이다. 이는 황제에게 안도감을 주기에 충분했고, 외척이나 외조 관인과 비교해 특별히 견제할 필요도 느끼지 못하게 했다. 환관은 황제에게 그야말로 가깝고 편안한 존재였고, 사마광의 말처럼 지나치게 신경 쓸 필요 없이 그저 죄가 있으면 벌을 주어 엄격하게 다스리는 것만으로 충분한 그런 존재였다.

당대 환관들이 정치적 영향력을 확대하는 계기를 살펴보면 모두 황제의 필요에 의해서 이루어졌다는 공통점이 있다. 앞서 살펴본 추밀사, 신책군호군중위, 내고의 사직이 모두 그러했다. 대종이 동수에게 추밀의 직임을 맡긴 목적은 황제 중심의 행정 효율성을 높이고자 한 것이었다. 이를 통해 황제는 행정 시스템 운영에 적극적으로 가담해 문서 행정을 황제 중심 체계로 정비했다. 신책군호군중위라는 직책이 만들어지고 곽선명과 두문장이 임명되는 과정 역시 철저히 덕종의 필요에 의한 것이었다. 무장을 기용하여 신책군을 운영하는 방식보다 황제가 신뢰하는 환관을 신책군 책임자로 임명하는 것이 황제가 군권을 장악하는 데 더욱 효과적이었다. 내고를 환관이 맡아 운영하는 상황 역시 다르지 않았다. 내고의 재정 확충을 통해 국가 재화 지출에 대한 황제의 직접적인 영향력을 신장하고, 내고 운영에 환관을 활용해 국가 재정에 대한 황제의 장악력을 높였다.

행정, 군사, 재정 등 각 분야에서의 환관 활동은 황제로 하여금 분야별 권력을 자신의 통제하에 두는 데 기여했다. 이는 국가 정무에 대한 황제의 전제성을 강화하는 결과를 낳았다. 황제의 전제성 강화는 당대 정치에 중요한 인과적 현상을 만들었다. 우선 황제의 전제성이 강화된 이후 당대에는 더 이상 외척의 발호가 없었다. 외척이 정치 세력으로 등장하려면 황제를 대신해 권력을 장악하는 공간이 필요하다. 즉, 외조 관인이 담당하는 국가 정무와 황제 사이에 일정한 거리가 있어야 하는 것이다. 황제의 전제성 확대는 환관을 활용해 황제와 국가 정무 간의 거리를 좁히고 황제의 직접적인 정치 활동을 촉진한다. 결국 환관의 활동이 확대된 당 중후기에는 외척 세력의 발호가 이루어질 수 없었다.

환관의 활동으로 인한 황제의 전제성 강화는 황제와 환관 사이의 일체화를 이끌었다. 외조 관인들은 환관을 황제 권력의 연장선으로 인식하고 환관의 활동을 황제 권력의 시행과 동일시했다. 그 때문에 관인들은 황제

권력의 외연을 보여 주는 환관을 매개로 삼아 황제에게 더욱 가까이 다가가 자신의 정치적 지위를 높이고자 하는 데에 많은 관심을 가졌다. 이로 인해 당대에는 관인들이 정체성을 공유하고 집단화를 통해 황권을 견제하는 일이 드물었다. 비록 이덕유와 우승유를 대표로 하는 관인 세력 간의 다툼이 관인들의 자의식에 의한 것으로 평가되기도 하지만, 이른바 '우이당쟁'으로 불리는 현상은 진인각이 설명했듯이 환관 세력 간의 갈등이 외조 관인들을 통해 표출된 '그림자'에 불과했다. 우승유의 '우당'과 이덕유의 '이당' 간 대립은 정치적·이념적으로 불철저했다.

안사의 난 이후 거시적 관점에서 황권은 크게 실추되었다. '반란의 지역[反側之地]'이라고 불리는 지방의 번진들이 할거하자 중앙의 통제 속에서 세금을 납부하는 영역이 급격히 축소되었다. 황명이 실질적으로 미치는 지역은 수도 장안이 있는 중원 지역과 양자강 남쪽인 강남 지역에 불과할 정도였다. 그런데 국가 전체에 대한 황권의 영향력은 약화되었지만, 황제 권력의 전제성이 강화되면서 중앙에서의 황권은 상대적으로 응집된 정치적 영향력을 발휘할 수 있었다. 이는 궁극적으로 강남의 경제력에 의지한 중앙 정부가 지방 번진에 의해 쉽게 전복되지 않는 배경이 되었다. 당 왕조가 번진의 할거 국면에서 균형을 유지할 수 있었기 때문이다.

당 황제들은 환관을 천하 통치에 활용하여 권력 운용의 새로운 방식을 시도했다. 황제 권력과 관인 권력 사이의 관계 맺기를 달리하여 정치적 안정을 적극 도모했고 역사적 사실이 그 결과를 말해 준다. 이는 권력을 집중과 견제의 시각이 아니라 운용의 측면에서 고려할 때 효용성이 확대될 수 있음을 보여 준다. 동시에 소외되거나 주변인으로 인식되는 존재들도 변화된 조건에서 달라진 역할을 수행하는 잠재력을 내재하고 있음을 확인시켜 주기도 한다.

◆ ◆ ◆

환관은 황제의 필요에 의해 권력을 키웠고 황제의 묵인하에 전횡을 저지르기도 했다. 말하자면 환관은 황제의 도구인 셈이다. 그러다 환관이 당대에는 황제를 시해한 경우도 있었는데, 도구가 주인을 해하고 꼬리가 몸통을 흔드는 상황인 것이다. 이러한 주객전도는 지금도 꽤나 흔하다. 대통령을 비롯한 정치인과 군인, 경찰 등은 주권자인 국민의 도구이다. 민주화 이후에도 도구가 주인을 해하려는 시도는 끊이지 않았다. 꼬리가 몸통을 흔들지 못하게 주인은 도구를 항상 감시하고 견제해야 한다. 결국 모든 책임은 자신의 힘을 제어하지 못한 주인에게 있다. 언제나 기억해야 한다. 큰 힘에는 큰 책임이 따른다.

6

왜 당의 통치 시스템을
중국 전통 왕조의 전형이라고 하는가?

당대 율령은 전근대 동아시아 통치 시스템의 전형을 보여 준다. 통치 시스템은 주권자의 의지를 법과 제도를 통해 구체화한 것이다. 전근대 국가의 주인은 군주이다. 그렇다면 당대 율령을 통해 당 황제의 의지가 어떤 식으로 구체화되었는지 살펴보면 현대 국가의 주권자인 국민의 의지가 현실에서 어떻게 법과 제도로 구체화될 수 있는지 파악하는 눈이 생기지 않을까?

◆ ◆ ◆

당이 만든 전형은 무슨 의미를 갖는가?

중국사에서 진시황에 의한 통일 왕조가 등장한 이래 천하를 경영하는 황제의 국가 통치 시스템은 어떠한 모습일까? 2000년이 넘게 지속된 황제의 제국에서 운영된 통치 시스템은 기본 구조가 언제 어떻게 완성되었을까? 당대에 완성된 3성6부 중심의 중앙행정 기구와 도, 주, 현으로 구성된 지방행정 체제는 중국 전통 왕조의 국가 운영 모델로 자리 잡았다. 법률적 정당성을 토대로 권력과 행정이 조직화된 당의 통치 시스템은 이후 왕조들에게 깊은 영향을 끼쳤다. 중국 전통 왕조의 전형을 제시했다고 할 수 있다. 동시대 한반도와 일본열도 등과 교류를 맺으며 동아시아 사회의 형성과 발전에도 기여했다. 법을 통한 질서 확립, 체계적인 관료제 운영, 중앙과 지방의 유기적 연계 등 당대에 확립된 전통 왕조의 구조와 가치는 현대 사회에서 중시하는 '투명한 행정', '공정한 법치주의', '지방자치 강화' 등의 문제와 연결되어 있어 제도적·역사적 관점에서 참고할 만한 지점을 제시해 줄 수 있다.

당을 왜 율령제 국가라고 하는가?

중국에서는 언제부터 국가 통치에 법률이 사용되기 시작했을까? 천자가 등장한 이후 통제 방식으로 '예(禮)'가 등장했고 예에 따른 통치는 중국 초기 역사의 중요한 특징이었다. 이후 점차 천자에 의해 확정된 규정들이 만들어졌고 이르게는 3000년 전의 금문(金文)에 내용들이 새겨지기 시작했다. 이러한 것들이 최초의 성문법으로 완성되는 것은 일부 논쟁이 없지 않으나 전국시대 위나라 이회의 『법경(法經)』으로 알려져 있다.

위나라의 문후는 개혁을 실시하면서 이회에게 여러 제후국들의 형서(刑書)를 정리하도록 하였고, 그 결과 「도법(盜法)」, 「적법(賊法)」, 「수법(囚法)」, 「포법(捕法)」, 「잡법(雜法)」, 「구법(具法)」으로 구성된 『법경』 6편이 완성되었다. 이후 진나라 상앙은 이것을 계승하면서 '법'을 '율(律)'로 바꾸고 새로운 조항들을 추가했다. 통일 왕조 진(秦)이 단명하고 한(漢)

이 들어선 이후, 한의 승상 소하는 『법경』의 기존 6편에 「호율(戶律)」, 「홍률(興律)」, 「구율(廐律)」을 추가하여 『구장률(九章律)』을 편찬했다. 이로써 형법전의 성격을 띤 한대의 '율'이 완성되었다. 이것에는 형벌을 사용해 국가 질서를 유지하려는 당시의 상황이 반영되어 있다.

한대에는 '율' 이외에 '영(令)'도 시작된다. 영은 율에 대한 추가적인 법률 조항 또는 부속법적인 성격을 가진다. 『한서(漢書)』에 있는 안사고(顔師古)의 주석에 따르면 "소하가 진나라 법을 계승하여 만든 것이 율이고 지금의 『율경(律經)』이 그것이다. 천자가 조서를 내려 추가하거나 삭제한 것 중에 율에 포함되지 않은 것을 '영'으로 삼는다"라고 했다. 즉, '영'은 천자에 의해 새롭게 시행되는 내용이 항구적인 형태로 정착되어 다시 분류 및 정리된 것을 의미한다. 그런데 당대에 찬술된 『당육전(唐六典)』은 '율'과 '영'에 대해 "율은 형벌을 정하고 죄를 확정하며, 영은 규범을 설정하고 제도를 확립한다"라고 했다. 다시 말해 율은 형벌 법규에 해당하고 영은 행정 법규 또는 비형벌 법규에 해당됨을 뜻한다. 그러면 한대와 당대 사이에 '영'이 추가적인 법률에서 비형벌의 행정 법규로 변화했음이 짐작된다. 한대 이후 율과 영을 각각 형법과 비형법으로 구분한 『태시율령』이 268년 서진(西晉)의 태시(泰始) 연간에 반포되었기 때문에 진대(晉代)를 전후로 하여 개별적 성격을 갖는 율과 영이 분립·정착되었다고 할 수 있다.

서진 이후 율령은 남조와 북조의 두 갈래로 계승되었다. 남조의 송, 제, 양, 진은 서진의 율령을 대체로 답습했고 일부 수정을 시도한 사례도 있었지만, 남조의 왕조들이 존속 기간이 짧아 두드러지는 성과를 거두지는 못했다. 한편 북조는 북위를 거치면서 율령이 발전했는데 북위 태조부터 세종 시기 사이에 5회에 걸쳐 율령 개정을 시도했다. 이후 564년 북제 무성제(武成帝)의 재위 기간에 『북제율령』이 반포되었고 이는 북조에서 가장 발전한 형태의 율령으로 평가받는다.

북조의 북주를 이어 등장한 수는 북조를 병합하고 남조의 진을 멸망시킨 후 천하를 통일하였지만, 법률은 주로 북조의 『북제율령』에 근거를 두었다. 581년 황위에 오른 수 문제는 『개황율령』 12편을 편찬하였다. 문제를 이은 양제는 607년에 편목을 18편으로 늘려 『대업율령』을 완성했다. 수의 황제들은 재위 기간에 율령을 개정하고 편찬하는 작업을 추진했다. 이러한 분위기는 당 전반기까지 이어졌다. 그런데 당 고조는 건국 초기에 장기간의 통일 전쟁을 수행했기 때문에 이 기간에는 임시 법령만을 산발적으로 제정했다. 624년 전국을 통일하자 『대업율령』을 기본으로 삼아 율 12권, 영 31권으로 구성된 『무덕율령』을 반포했다. 뒤이어 계위한 태종은 637년에 율령을 새롭게 개정하여 『정관율령』을 편찬했다. 이것은 당조가 성립된 이후 본격적으로 법률 체계를 정리한 것으로 평가되는데 이로써 정관 연간에 형사특별법적인 성격을 가진 '격(格)'과 시행 세칙에 해당하는 '식(式)' 또한 공식적인 체계를 갖추게 되었다. 고종은 『무덕율령』과 『정관율령』을 바탕으로 율령에 대한 개정을 시도하여 651년에 『영휘율령』을 반포했다. 고종은 이에 그치지 않고, 653년에 『영휘율소(永徽律疏)』 30권을 간행하여 율법의 해석과 적용에 활용하도록 했다. 이것이 바로 현존하는 『당률소의(唐律疏議)』의 기본으로, 당시에 사법 담당관이 사건을 판결할 때 죄를 결정하고 형량을 확정하는 기준으로 삼았다. 무측천은 685년에 『영휘율령』과 내용적으로 큰 차이는 없지만 『수공율령』을 공포했고, 이후 중종과 예종 또한 이전의 율령을 기본으로 삼아 각각 『신룡율령』과 『태극율령』을 반포했다. 현종은 재위 기간 중 715년, 719년, 737년 총 세 차례에 걸쳐 율령을 개정했다. 그중 737년 개정 작업은 규모가 가장 컸는데 이때 율령의 기본 내용과 구조가 확정되었다. 737년 이후에는 율령에 대한 전반적인 개정이 이루어지지는 않았다. 율령의 세부 내용들이 황제의 '제칙(制勅)'으로 수정될 뿐이었고, 칙의 내용들은 격과 식에 반영되어 통용되었다. 송대 이후에도 이러한 상황이 이어졌다.

당 전반기의 황제들은 모두 재위 기간에 율령을 개정하는 작업에 노력을 기울였고, 이는 율령의 법률 체계가 완성되는 데 결정적인 계기가 되었다. 이때 확정된 율령의 기본 구조는 송·원을 거쳐 명·청 시기의 『명률(明律)』과 『청률(淸律)』로 이어졌다.

『당률』은 12편으로 구성되었고 총 502개 조항을 포함했다. 제1편 「명례율」은 일종의 형법 총칙과 같은데, 형벌의 종류와 형벌의 집행, 용서할 수 없는 열 가지 죄[10악], 형벌의 감면, 죄인의 구분, 죄의 적용 원칙과 용어 정리 등 크게 다섯 가지 내용으로 구성되었다. 나머지 11편은 범죄와 관련된 구체적인 규정을 명시했다. 이것은 해당 내용에 따라 크게 두 가지로 구분되는데, 첫째는 국가적 범죄에 대한 규정이고, 둘째는 사회적 또는 개인적 범죄에 대한 규정이다. 이를 통해 천하의 일에 대한 죄와 형벌을 확정하였다.

『당령』은 현재 법전의 실물이 전하지는 않지만, 관련 문헌을 통해 내용을 추적해 볼 수 있다. 『당육전』은 『당령』이 27편으로 나뉘고 총 1546조로 구성되어 있다고 기록했고, 또한 상당수 『당령』 조문을 채록하고 있어 『당령』의 구체적인 내용을 확인할 수 있게 해 준다. 그 외에 『당령』을 수용하여 편찬한 일본의 『요로령(養老令)』 등에서 『당령』을 추출 및 복원할 수 있다. 이에 따르면, 『당령』은 당의 제도 및 행정과 관련된 거의 모든 내용을 다루고 있음을 알 수 있다. 관인의 설치와 품계, 직무에 대한 「관품령」, 「직원령」 등을 비롯해 작위와 녹봉에 대한 「봉작령」, 「녹령」과 문서 행정에 대한 「공식령」, 토지제도인 균전제에 대한 「전령」, 세금 제도인 조용조

동아시아의 율령제

율령제는 '율'과 '영'으로 구성된 체제로, 형법과 행정법뿐만 재정 및 군사, 윤리 규범에 이르기까지 기본적인 틀을 망라했다. 인치(人治) 중심의 정치 상황에서 발전해 법치(法治)에 따른 중앙집권 국가를 확립하는 데 핵심적으로 작용했다. 중국에서는 전국시대 이래로 법체계의 기본 형태가 형성되었는데 수당 시기에 율령이 기본적인 법률 체계로 완성되었다. 이후의 왕조들은 수당의 율령을 존속·개편하며 시대상에 맞는 형태로 수정하여 계승·발전시켰다. 우리나라는 4세기에 고구려 소수림왕이 율령을 반포한 이래로 5세기에 백제가 율령을 적극 채용하고, 6세기에 신라 법흥왕이 율령을 반포하여 삼국이 순차적으로 중국 율령의 영향을 받아 국가체제를 정비했다. 일본은 7세기 들어 수당의 율령 체계를 수용했고 다이카 개신 이후 『다이호율령(大寶律令)』, 『요로율령(養老律令)』을 마련했다. 이 외에 베트남 등도 율령제를 갖추려는 시도를 하였다. 이러한 배경에서 율령(제)는 동아시아 문화권의 공통 요소로 간주되기도 한다.

에 대한 「부역령」 등이 포함되어 있다. 행정 법규 성격을 갖는 『당령』은 국가와 사회의 질서를 유지하는 제도와 규범 전체를 포괄하고 있다.

당 왕조는 '율'을 통해 황제의 천하 통치에 위협이 되는 요소들을 통제하고, 문제 상황을 처리했으며, '영'으로는 천하를 경영하기 위한 제도의 구축과 실제적인 운영을 담보했다. 이에 덧붙여 황제의 제칙을 기준으로 구성된 행정 및 형사특별법 형태의 '격'과 관인 및 관부(官府)가 사무를 처리할 때 지켜야 하는 규정을 담고 있는 '식'을 활용해 완성도 높은 국가 시스템을 구축했다.

중앙 통치 시스템은 어떻게 작동하는가?

당대 율령에 규정되어 있는 국가 통치 시스템은 황제를 정점으로 한 상하 관계에 기반하여 유기적인 형태로 구축되었다. 우선 황제 바로 아래에 3사(三師)*와 3공(三公)**을 두었다. 이들은 모두 관직 중 최고 등급인 1품에 해당하고 각각 황제를 바른길로 이끄는 역할과 통치의 이치를 논하는 임무를 맡는다고 규정되어 있다. 하지만 이는 원칙적인 설명에 불과하고 실제로는 정해진 실무가 없는 명예직이다. 대체로 황제의 아들들이 임명되거나 사망한 관인의 형식적 지위를 높여 주기 위해 증관(贈官)되는 경우가 많았다. 따라서 관부도 설치되지 않았다.

3사와 3공 아래의 국가기관으로 여섯 개 '성(省)'***, 아홉 개 '시(寺)'****, 한 개 '대(臺)'*****, 다섯 개 '감(監)'****** 그리고 열두 개 '위(衛)'*******가 설치되었다.

그중 중서성, 문하성, 상서성과 함께 상서성에 부속된 여섯 개 '부(部)'를

*   태사(太師), 태부(太傅), 태보(太保).
**   태위(太尉), 사도(司徒), 사공(司空).
***   중서성, 문하성, 상서성, 비서성, 전중성, 내시성.
****   태상시, 광록시, 위위시, 종정시, 태복시, 대리시, 홍려시, 사농시, 태부시.
*****   어사대.
******   국자감, 소부감, 군기감, 장작감, 도수감.
*******   좌·우위, 좌·우효위, 좌·우무위, 좌·우위위, 좌·우영군위, 좌·우금오위.

왜 당의 통치 시스템을 중국 전통 왕조의 전형이라고 하는가?

나란히 일컬어 '3성6부'라고 부른다. 이 기관들이 각각 고유한 직무를 가지며 국가 통치 시스템의 핵심적인 위치를 차지하기 때문이다. 3성6부는 국가 통치의 기본이 되는 행정 문서를 만들고 유통한다. 황제의 의지가 담긴 정치적 명령이 문서로 작성되고 실제 업무를 담당하는 기관에 송부되는 일련의 작업이 3성6부에 의해 독점적으로 이루어진다. 그 때문에 3성6부를 '정령(政令) 기관'이라고 하고 나머지 실무를 담당하는 기관을 '사무(事務) 기관'이라고 구분하기도 한다.

중국 역사에 상서성, 중서성, 문하성은 시간차를 보이며 등장했다. 한대 이후 개별적인 필요에 따라 설치되어 황제 중심의 정치 기관으로 각각 발전했다. 이후 수 양제와 당 태종의 시기를 거치면서 처음으로 3성이 동시에 설치되었다. 3성은 중앙행정 시스템의 핵심적 역할을 했는데, '상호 분업'을 이루면서 '상호 견제'를 실현했다는 점에서 중요한 제도사적 의미를 갖는다.

각각의 기능을 살펴보면, 황제가 명령의 내용을 중서성에 하달하면 중서성은 그에 기반하여 황명으로 반포될 문서를 작성한다. 중서성의 장관인 중서령은 작성된 문서를 황제에게 상주하고 재가를 받으면 그 원본은 중서성에 보관하고 필사본을 만들어 문하성으로 보낸다. 문하성의 장관인 시중은 받은 문서의 내용을 검토하여 이치에 맞는지, 전례에 어긋남이 없는지 등을 살핀다. 만약 문서의 내용에 문제가 있으면 중서성으로 돌려보내는데 이를 '봉환(封還)'이라 한다. 문제가 없으면 다시 황제에게 직접 상주하여 재가를 받는다. 재가를 거친 문서는 문하성에 원본을 보관하고 다시 필사본을 만들어 상서성에 보낸다. 상서성은 문서의 출입을 관장하는 상서도성을 통해 문서의 내용을 확인한 후, 상서성에 설치된 6부(이부, 호부, 예부, 병부, 형부, 공부) 중 해당 업무와 관련된 부에 송부하여 실무를 담당하는 사무 기관으로 하달했다.

이와 동시에 하위 기관에서 상주되는 문서는 6부를 통해 상서성에 도착하는데, 상서도성을 거쳐 다시 문하성으로 송부된다. 문하성에서는 상주된 문서의 내용을 심의하여 문제가 없으면 황제에게 상주하거나 중서성에 보내 처리한다. 만약 문제가 있을 경우에는 의견을 적어 되돌려 보내는데 이를 '박정(駁正)'이라 한다. 문하성은 하행 문서에 대한 '봉환'과 상행 문서에 대한 '박정'을 합한 '봉박'의 기능을 가지고 있어 3성6부제의 초기 운영에서 중요한 역할을 담당했다. 그 때문에 3성의 장관들로 구성된 재상들의 회의 기관, 즉 정사당(政事堂)이 문하성에 설치되었다. 이후 사회가 발전함에 따라 행정 업무가 늘어나면서 문서 작성 기능이 점차 더 중요해졌다. 이에 중서성의 위상이 높아졌고 결국 정사당이 중서문하로 이름을 바꾸고 설치 장소가 문하성에서 중서성으로 옮겨졌다.

당 초기에 완성된 3성6부제는 주로 기능적 측면이 강조되어 중서성은 문서를 작성하고, 문하성은 심의를 하며 상서성은 문서를 송부한다고 언급된다. 그런데 더욱 중요한 것은 이 과정에서 이루어지는 제도 운영의 특징이다. 3성의 기관들이 독립된 지위를 갖고, 분업 체계를 이루며, 분리된 권리를 각자 행사하는 구조를 처음 갖추었다는 것이다.

정령 기관인 3성6부를 거쳐 만들어진 행정 문서들은 구체적인 업무를 담당하는 사무 기관으로 송부된다. 사무 기관으로는 궁중 내 업무와 관련된 비서성, 전중성, 내시성이 있고, 이 외에 국정 업무와 관련해 9시가 있다. 그리고 물품을 생산하거나 기타 업무를 처리하는 5감이 있다. 3성을 거쳐 발부되는 행정 문서는 9시와 5감에 보내져 실무가 처리되었다. 이로써 '3성6부', '9시5감', '3성1대'라는 중앙 시스템이 완성되었다.

군대 훈련과 군사작전의 수행을 위한 업무는 12위가 전달받은 문서를

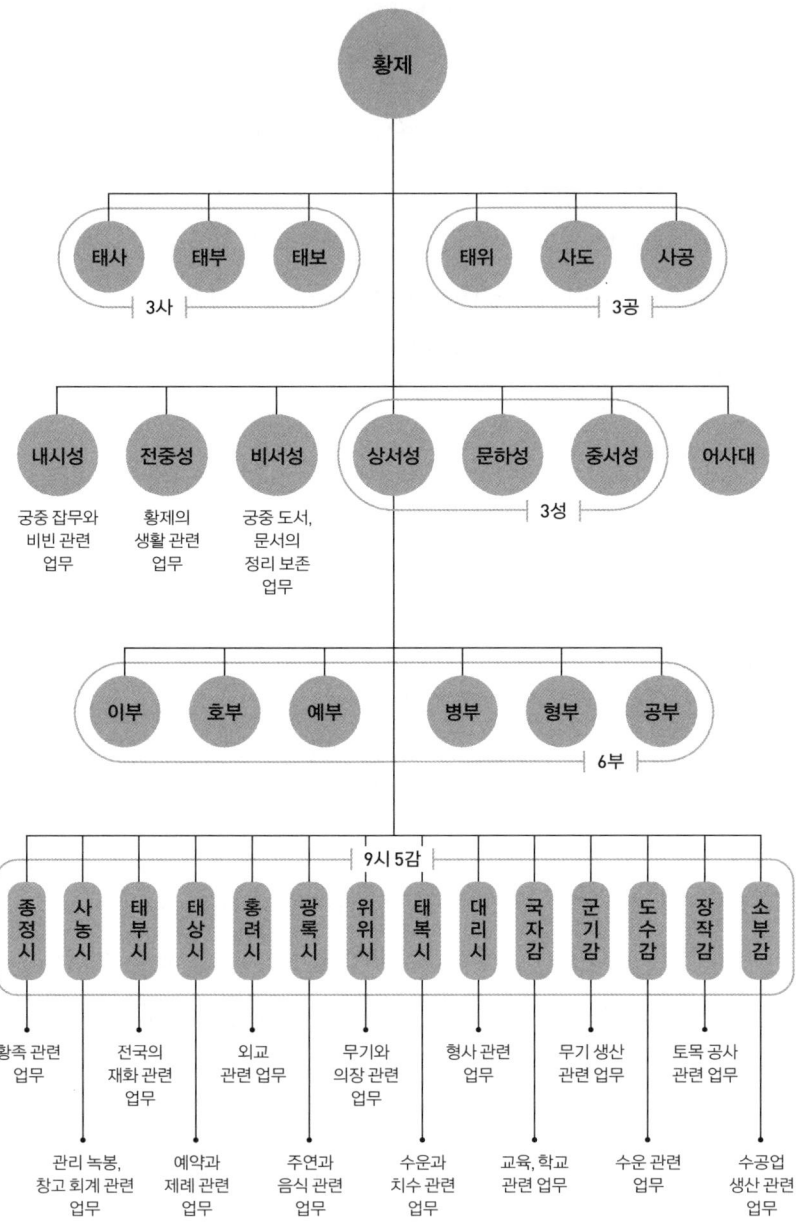

표 6.1. 당나라 국가기관 조직도

120　　　　　　　　　　　　　　　　　　　　　　　　중국사를 꿰뚫는 질문 25

근거로 처리했다. 12위는 지방에 설치한 절충부(折衝府)를 관리하며 이에 소속된 장정들의 훈련과 징발 업무를 맡았다. 이들 기관이 안정적으로 기능하기 위해서는 이를 감시하고 감찰하는 기관이 필요한데, 당은 어사대를 설치하여 황제를 제외한 중앙과 지방의 모든 기관과 관인에 대한 감찰 업무를 맡겼다.

황제를 정점으로 한 통치 시스템을 완성하는 데 있어 관인은 중요한 기반이다. 3성6부 등 기관들의 기능이 율령으로 규정된다고 하더라도 이것의 실제 운영은 관인이 있어야만 가능하기 때문이다.

일반 사인(士人)이 과거(科擧)나 은음(恩蔭)을 통해서 관인의 자격을 갖게 되면 등급을 부여받는다. 등급은 '산관(散官)'이라는 관명을 받아 나타내는데, 산관은 품계를 표시하기 위한 수단이기 때문에 실무가 없는 관명이다. 이후 특정 직무를 맡기 위해서는 '직사관(職事官)'에 임명되어야 한다. 산관과 직사관은 모두 1품에서 9품까지의 품계를 기준으로 30개 등급으로 나뉜다. 각 품계는 등급에 따라 정(正)과 종(從)으로만 구분되거나 상하(上下)로 다시 구분되었다. 따라서 정3품에서 정2품으로 승급을 하면 정3품 → 종2품 → 정2품으로 2단계 상승한 것이 되고, 정5품상에서 정4품상으로 옮긴 경우에는 종5품상 → 종4품하 → 종4품상 → 정4품하 → 정4품상으로 4단계 상승한 것이 된다.

직사관에 임명할 때 관인의 산관 등급과 직사관의 등급이 일치하도록 하는 것이 원칙이지만 서로 다른 경우도 있었다. 이때 산관이 직사관보다 높으면 '행(行)', 낮으면 '수(守)'를 직사관의 명칭 앞에 붙여 그 차이를 표시했다. 품계를 가진 관인 외에 관부에서 업무를 담당하지만 품계를 갖지 못한 낮은 지위의 업무 종사자들도 있었는데 이들을 '서리(胥吏)'라고 했다. 관인과 서리를 구분하여 전자를 '유내관(流內官)', 후자를 '유외관(流外

정 / 종	1품	
정 / 종	2품	
정 / 종	3품	
정	4품	상
		하
종		상
		하
정	5품	상
		하
종		상
		하
정	6품	상
		하
종		상
		하
정	7품	상
		하
종		상
		하
정	8품	상
		하
종		상
		하
정	9품	상
		하
종		상
		하

표 6.2. 품계표

官)'으로 나누었다. 『자치통감』에 따르면, 현종 시기 유내관은 총 1만 7686명이었다.

고유한 업무가 규정되어 있는 기관에 관인이 배치되면 해당 기관은 작동할 수 있는 기본 조건이 갖춰진다. 당은 여기에 책임 소재를 분명히 하고 업무 효율성을 높이기 위해 구조적 업무 분담 원칙을 적용했다. 이는 관직 설치와 업무 처리에 대한 원칙이기도 하다. '4등관제'라고도 하는 이 원칙은 각 기관에 예속된 관인들을 역할과 지위에 따라 4등급으로 나누었다. 즉, 각 기관에서 실무를 직접 담당하는 관인을 주전(主典)이라 했고, 실무 처리 내용을 결정하는 관인을 판관(判官)이라 했다. 주전과 판관의 업무 처리를 관리하는 상위 책임자를 통판관(通判官)이라 했고, 해당 기관의 최고 책임자를 장관(長官)이라 했다. 이러한

장관	기관 대표자
통판관	상위 책임자
판관	실무 결정자
주전	실무 담당자

표 6.3. 4등관제 구조

구조적 원칙은 모든 기관에 적용되었고 이는 국가 제도의 설치와 운영에 있어 당대의 진보된 모습을 보여 준다.

지방의 행정구역은 어떻게 편성되는가?

지방 제도를 갖추는 것은 두 가지 작업을 통해 완성된다. 첫 번째는 행정구역 분할이다. 이것은 황제가 천하의 통치 영역을 어떻게 나누어 구분할 것인가의 문제이다. 지역을 분할할 때는 두 가지 상황을 고려해야 하는데, '얼마큼 크게 나눌 것인가'와 '어떤 모양으로 나눌 것인가'이다. 지나치게 크면 관리의 행정력이 고르게 미치기 어렵고, 너무 작으면 행정력이 낭비된다. 또한 큰 하천이나 산을 가로질러 나누면 교통이 불편해 행정 효율이 저하된다.

만약 적절한 크기와 모양으로 행정구역을 설정했다면, 두 번째 작업은 행정구역을 조직화하는 것이다. 황제가 개별화된 행정구역을 모두 직접 통치하는 것은 불가능하기 때문에 개별 행정구역을 관리하는 상위 행정구역을 설치해야 한다. 이때는 '한 개의 행정구역이 몇 개의 하위 행정구역을 관할할 것인가'와 '행정구역의 등급을 몇 개로 설정할 것인가'가 중요하다. 한 개의 행정구역이 과도하게 많은 행정구역을 관리하면 원활한 행정 집행이 어렵고, 반대 경우는 상위 행정구역을 설정한 의미가 없어진다. 또한 행정구역의 등급이 너무 다층화되면 과다한 비용이 발생하고 효율성이 떨어진다. 두 가지 작업은 '인구'라는 공통 변수를 고려해야 한다. 특정 행정구역에 거주하는 인구의 수가 증가하면 행정구역의 면적이 축소되어야 행정의 효율이 확보된다. 따라서 인구를 감안하여 행정구역의 형태와 등급을 최적으로 설정하는 것은 지방제도를 갖추는 관건이다.

당은 전국의 행정구역을 '도(道)', '주(州)', '현(縣)' 3등급으로 구성했다. 그중 현은 가장 낮은 등급이자 기본이 되는 행정구역으로, 현령이 장관으로 임명되었다. 현령은 현에 예속된 승(丞, 차관에 해당), 주부(主簿, 문서 관리 담당), 위(尉, 치안 담당) 등을 통솔하여 일반 민에 대해 농업을 장려하고 세금을 수취하며 호적을 관리했다. 기층 사회의 행정 전반을 처리하고 일반 민과 가장 밀접한 위치에 있다고 하여 '백성과 가까운 관리[親民之官]'라는 별칭을 가지고 있다. 그 하부에도 '향(鄕)'과 '리(里)'라는 기층 조직이 있었지만, 중앙에서 책임자를 파견하지 않았으며 조직에 규정된 직무도 없었다. 따라서 현의 관리들이 대민 업무의 최일선에 있었다고 할 수 있다. '현'을 관리하는 상위 행정구역으로는 '주'가 설치되었다. '주'의 최고 장관은 자사로 별가(別駕, 차관에 해당), 장사(長史, 보좌관), 사마(司馬, 군정 담당) 등을 지휘하며 예속된 현을 관리했다. 주는 지방행정의 실질적인 중추에 해당했다.

모든 주와 현은 인구수에 따라 등급이 구분되었다. 현의 경우는 상현(上縣), 중현(中縣), 중하현(中下縣), 하현(下縣) 4등급으로 나뉘고, 주는 상주(上州), 중주(中州), 하주(下州) 3등급으로 나뉘었다. 흥미로운 것은 인

등급	장관	기준	구분
주	자사	규모	상주(4만 호 이상)
			중주(3만 호 이상)
			하주(3만 호 미만)
		중요도	보주
			웅주
			망주
			긴주
현	령	규모	상현(6천 호 이상)
			중현(2천 호 이상)
			중하현(1천 호 이상)
			하현(1천 호 미만)
		중요도	경현
			기현

표 6.4. 전국 행정구역 등급

구수와 같이 객관적 지표를 기준으로 구분하는 방법에 더해 지리적 위치와 군사적 중요성에 따라 현과 주를 다시 구분했다는 점이다. 황제가 거주하는 수도와 가깝거나 요충지에 해당하는 행정구역을 별도로 관리한 것이다. 현의 경우는 수도 지역의 현 중에서 도성 내에 설치된 것은 '경현(京縣)'이라 하고 도성 밖에 위치한 것은 '기현(畿縣)'이라 했다. 이들은 모두 일괄적으로 현의 등급이 상현으로 구분되어 높은 지위를 인정받았다. 주도 마찬가지였는데, 수도에 가깝고 군사적으로 중요한 순서에 따라 가장 높은 등급의 '보주(輔州)'부터 '웅주(雄州)', '망주(望州)', '긴주(緊州)'까지 차등 구분되었다. 결과적으로 현은 6등급, 주는 7등급으로 나뉘었다.

주를 관리하는 최상위 등급인 도는 태종 시기에 열 개가 설치되었다가 현종 시기에 열다섯 개로 증설되었다. 도는 처음에 감찰을 위한 단위로 설치되었는데 점차 기능이 강화되면서 지방행정을 총괄하는 최고 등급의 지방 행정구역으로 발전했다. 도가 독립적 행정구역으로 성립되는 과정에서 안찰사(按察使)와 절도사(節度使) 등이 도에 설치되어 해당 지역의 민정과 군정을 총괄했다. 이로써 당 현종 이후가 되면 '도-주-현'으로 이어지는 3급제가 확립되었다.

당대 3급제의 확립은 지방행정 체제의 발전 과정에서 중요한 의미를 갖는다. 중국의 지방행정 등급은 진시황이 군현제를 전국적으로 실시한 것을 계기로 '군-현'의 2급제에서 출발했다. 한 무제 때에 자사부(刺史部)가 설치되었지만 감찰 기능에 편중되어 있어 지방행정의 기본적인 틀은 2급제로 유지되었다. 이후 서진 시기를 거치면서 '주-군-현'의 3급제가 등장했다. 위진남북조 시기를 거치며 변화가 없지 않았으나 기본적으로는 3급제가 유지되었다. 수 문제는 583년에 '군'을 폐지하고 다시 '주-현'의 2급제로 회귀했다. 이를 이어 등장한 당은 '도-주-현' 3급제를 확립했다. 이때 완성된 3급제는 원의 특수한 상황을 제외하면 이후 청이 멸망할 때까지 더 이상의 변화 없이 시종 유지되었다. 당대에 지방행정 등급제가 완성되었다고 할 만하다.

이것과 아울러 당대 3급제 행정구역의 설치 수를 살펴보면 흥미로운 점을 발견할 수 있다. 시기와 기록에 따라 일부 차이가 있지만 특정 기록에 따르면, 당은 중기를 기준으로 1573개 현을 설치했다. 진대 이래로 당에 이르기까지 현의 설치 수가 상당한 부침을 겪었다. 반면 당 이후에는 송대에 일부 축소되기는 했지만 비교적 안정적인 수를 유지하며 특히 마지막 왕조인 청과 당을 비교하면 현의 수가 거의 비슷하다. 현을 통할하는 주와 같은 상위 등급에 해당하는 행정구역의 수를 보면, 당을 기준으로 이전

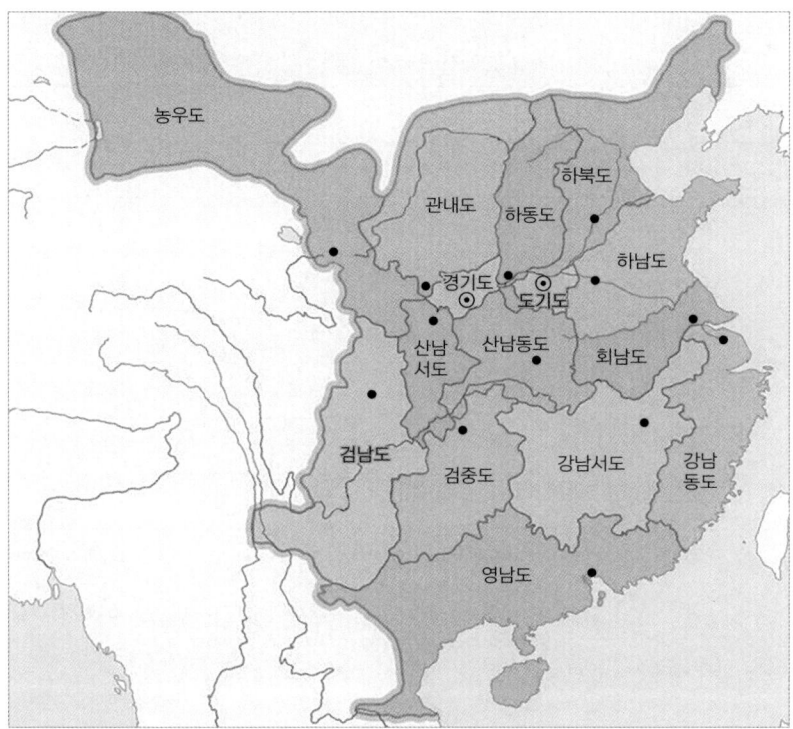

지도 6.1. 당 현종 시기 15도

에는 많게는 두 배 이상 증감한 것과 달리 당대 이후는 명대에 일부 차이가 있긴 하지만 10퍼센트 내외의 변화만을 보이며 안정적으로 유지되었다. 3등급 중 최상위 등급에 해당하는 행정구역의 수를 살펴보면, 역시 초기에 큰 폭의 변화를 보이던 설치 개수가 당대 이후에는 현격한 변화 없이 안정적으로 소폭 변화만을 보였다.

이러한 상황은 무엇을 의미할까? 행정구역의 면적과 수량은 행정 효율성을 기준으로 결정되기 때문에 편리한 교통과 인구 사이의 균형점을 찾을 때 안정적으로 확정된다. 균형점으로 분획된 행정구역들은 편차가 없지 않으나 기본적으로 평균적인 역량을 갖게 된다. 따라서 관할하는 행정

	도 (최상위 등급)	주	현
진		37	약 1000
한		105	1180
서진	19	172	1232
남북조	321	508	1752
수		190	1253
당	15	328	1573
송	23	351	1234
원	11	319	1324
명	15	179	1427
청	18	276	1549

표 6.5. 전국 행정구역 수 변화

구역이 많다는 것은 곧 상대적으로 경제적·군사적 역량이 큰 상위 행정구역이라는 것을 의미한다.

만약 특정 행정구역에 일정 수 이상으로 많은 하위 행정구역이 예속될 경우, 해당 상위 행정구역은 주변의 행정구역뿐만 아니라 중앙에 대항할 수 있는 물질적 기반을 갖게 된다는 것을 의미한다. 이러한 상황은 쉽게 분열 국면을 조장한다. 그 때문에 황제는 중앙이 충분히 억제할 수 있는 규모와 수준으로 행정구역의 등급과 수를 조정하는 것이 무엇보다 중요하다.

동일한 개수로 구성된 상위 행정구역이라고 하더라도 황제의 중앙집권이 미발달해 있을 경우에는 중앙에 큰 위협이 될 수 있다. 황제의 중앙권력이 약해지면 곧 기존의 체제를 유지할 수 없게 되기 쉽다.

당대 이후 3급제가 청대까지 지속적으로 유지되고, 각 등급의 지방 행정구역 개수가 안정적인 추세를 보인다는 것은 당대에 황제 권력이 특정 수준 이상으로 확대되었다는 것을 의미하는 동시에 행정구역을 관할하기 위한 이상적인 균형점을 도출해 냈다는 것을 보여 주는 것이다.

제도는 살아 있는가? 죽어 있는가?

제도가 만들어지려면 특정한 상황이 반복적으로 일어난다는 전제 조건이 필요하다. 예외적인 사건이 한두 번 발생한다고 해서 제도가 폐지되거나 새롭게 고안되지 않는다. 제도에 정해진 규범은 운영의 근간이기 때문에 이를 어기는 것은 강한 저항을 불러일으킨다. 또한 제도는 현 상태를 유지하려는 속성이 커서 경직성을 특징으로 한다. 게다가 특정한 상황을 안정적으로 관리하고 효율성을 높이는 것이 목적이기 때문에 후행적인 성격도 가지고 있다. 늘 마지막에 달라진다. 그러면 한번 만들어진 제도는 항구적으로 유지되는가? 만약 변화한다면 어떠한 조건일 때 바뀌게 될까?

당대의 국가 제도에 관한 규정은 대체로 태종 때 정립되기 시작하여 현종 시기에 완성되었다. 3성6부를 비롯한 중앙 조직의 편제와 군사제도인 부병제, 토지제도인 균전제, 수취제도인 조용조제 등에 대한 최종적 운영 규정이 현종 시기에 가장 완정한 형태를 보였다.

반면 이러한 제도가 반영하고 있는 현실은 부단히 변화했다. 당 초기 이래로 토지 생산성이 높아져 잉여 생산이 증가하였다. 이는 시장 발달을 촉진하고 영역 외 거래를 활발하게 했으며 생활수준 향상에 따른 문화 발전도 이끌었다. 그러나 이와 동시에 발생한 부의 편중은 토지 겸병을 야기했고, 이로 인해 사회 제도의 근간을 이루는 자영 농민이 토지를 잃고 소작농으로 전락하거나 부랑자로 변질되었다. 자영농을 기반으로 설계된 균전제는 위협을 받았고, 균전제에 맞춰 유지되던 조용조 수취제도가 정상적으로 유지되지 못했다. 이와 연동되어 있던 부병제 역시 크게 흔들렸다.

변화된 환경에서 기존의 제도로는 처리할 수 없는 상황이 늘어나자 당 왕조는 별도의 임시 관직을 설치하여 문제를 해결하려 했다. '사직(使職)'이라 불리는 이들 관직은 새롭게 발생한 사무를 처리하기 위해 설치되었다가 처리가 끝나면 폐지되었다. 사직은 기존 율령에 규정된 관직이 아니기 때문에 일부에서는 율령 바깥의 관직이라는 뜻으로 '영외관(令外官)'이라 부르기도 한다. 그런데 사직 대부분은 해당 업무가 끝나면 자연스럽게 소멸되었지만, 일부는 관련 업무가 지속됨에 따라 상설화되는 양상을 보였다.

당 왕조는 군대를 동원할 경우 부병제에 기반하여 행군(行軍)을 조직해 문제를 처리하던 방식에서 전쟁이 빈발하고 군사적 수요가 증가하게 되자 용병제를 도입하고 이들을 상시적으로 관리하는 절도사를 지방의 최고 군사 책임자로 임명했다. 조용조의 수취제도가 운영상 문제를 보이자 세수 확보를 위해서 염철사, 전운사, 호부사, 탁지사 등의 사직을 설치해 운영했다. 문서 행정의 효율성을 높이기 위해 추밀사를 설치했고, 외국과의 교류가 늘어나자 해당 지역에서 이를 전담하는 시박사를 설치했다. 당대에는 다양한 분야에 사직이 등장했는데 최소 350개 이상의 사직이 출몰했다.

이 과정에서 당대에는 기존 국가 제도 내의 관직과 새롭게 설치된 사직이 공존했고 이를 통해 국가 질서가 유지되었다. 이를 두고 두우(杜佑)는 『통전』에서 "관(官)'을 세워서 천하 경영의 씨줄로 삼고, '사(使)'를 설치하여 날줄로 삼는다"라고 하여 양자의 보완 관계를 묘사했다. 그러나 당 중후기 점차 사직의 역할이 커지자 "사직이 중요해지고, 관직은 덜 중시되는" 국면이 형성되었다고 설명했다.

사직이 상설화되면서 기존 제도의 미진함을 보완하기도 했지만 기존 제도가 변화된 환경에서 기능하지 못하면 이를 대체했다. 이 과정에서 특정한 제도는 생명력을 잃게 되고 그와 동시에 새로운 제도가 탄생했다. 제도는 현실 상황을 반영하는 동시에 현실 상태를 유지하려는 특성으로 인해 늘 가장 늦게 변화한다. 이 과정에서 제도는 유기체와 같이 생애 주기를 보이며 역사적 생명을 다했다.

당의 통치 시스템은 중국 왕조의 전형을 제시했다는 점에서 중국 정치, 사회, 문화의 정수를 담보하고 있다. 일개 왕조의 사례가 아니라 중국의 대표적 모델이자 우리 전통 왕조와도 맥이 닿아 있다. 통치 구조가 형성되는 원리와 변형되는 과정은 제도의 구비와 발전이라는 차원에서 중요한 참고 사례가 아닐 수 없다. 현대 한국 사회의 여러 논쟁적 화두들, 즉 중앙 권력의 배분, 중앙과 지방 사이의 권력 균형, 사회적 변화에 대한 적응 등의 문제에 기본적인 준거 모델을 제시하는 동시에 확대된 사고의 계기를 제공한다.

・・・

현대 사회에서 법과 제도는 의회의 입법을 통해 만들어진다. 입법자는 국회의원이지만 그들을 선출하는 건 주권자인 국민이다. 국민의 의지는 국회의원을 통해 법과 제도로 구체화된다. 당은 부단히 변하는 현실에 맞춰 황제의 통치가 제대로 돌아가게 만들기 위해 법과 제도를 유연하게 운용해 나갔다. 지금 대한민국에서도 끊임없이 새로운 법과 제도가 만들어지고 시행되고 있다. 현행 법과 제도에서 우리는 주권자로서 자신의 의지가 반영된 것이라 느끼는가? 법과 제도가 주권자의 의지를 제대로 반영하지 못한다면 잘못 만들어진 것이다. 주권자의 의지와 사회 변화를 제대로 담은 법과 제도가 만들어지도록 국회의원을 감시하고 견제하고 의심하며 압박해야 하는 이유가 여기에 있다.

7

장안은 왜
'기나긴 평안'을 영속하지 못했나?

'평안(平安)'은 평화롭고 안정된 상태를 말한다. 이는 결코 변화 없이 정체된 상태를 말하는 것이 아니다. 평안은 외부의 변화에 유연하게 대처할 수 있는 포용력이 있어야 유지할 수 있다. 대제국 당의 수도 장안은 동시대 비견할 곳이 없을 정도로 흥성한 세계도시였다. 하지만 변화에 대한 유연함과 포용력을 잃은 장안은 과거의 영광만 남긴 채 다시는 중국 왕조의 수도가 되지 못하고 만다. 무엇이 장안을 이렇게 만들었을까?

◆ ◆ ◆

장안의 번영과 쇠퇴는 무엇을 말하는가?

위진남북조 시기를 거치면서 중국은 유목과 농경문화가 결합하는 문화적 대융합을 경험했다. 이질적인 문화가 창조한 새로운 역사적 추진력은 당 왕조라고 하는 전례 없는 제국을 탄생시켰다. 외래문화에 개방적이고 유연한 태도는 중국 내외의 인적·물적 교류를 확대했고 참신한 사회적 기풍을 조성했다. 이러한 상황에서 당의 수도 장안(長安)은 문화 교류의 중심 무대로 기능하며 세계적 도시로 흥성했다. 모든 것이 풍족하고 여유가 넘치던 장안, 다채로운 문화로 찬란하던 장안은 어떻게 그 지위를 잃어버리고 말았을까? 타 문화에 대한 태도의 변화는 한 지역, 한 나라의 명운을 어떻게 바꾸어 놓았을까?

당대에는 왜 만리장성이 축조되지 않았나?

수 왕조 말기, 양제의 성급한 국가 통합 정책과 고구려와의 무리한 전쟁은 '대동란'을 초래했다. 두건덕(竇建德), 이밀(李密), 두복위(杜伏威) 등 지역의 유력자들이 불만 세력을 모아 수에 반기를 들었다. 당시 산서하동위무대사(山西東慰撫大使) 이연은 수 양제의 특명으로 유수(留守)를 맡아 관할하던 태원(太原, 타이위안)에서 기병하여 반란 대열에 동참했다. 당시 이연은 후발 주자에 가까웠고 규모도 작아 영향력이 크지 않았다. 그런데 이연은 황제가 강남으로 떠나 비어 있는 수도 대흥성에 주목했다. 곧 이곳을 점령하여 세력의 근거지로 삼고, 양제의 손자 양유를 공제(恭帝)로 추대하여 군사 활동의 명분으로 활용했다. 이러한 조치는 이연의 세력이 여타 세력보다 지리적·정치적으로 유리한 위치를 점유할 수 있게 했다. 618년 양제가 우문화급에게 살해되자 이연은 공제로부터 선양받아 당을 건국하고 각지의 유력자들을 병합하는 통일 전쟁에 본격적으로 나섰다.

수 양제가 이연을 위무대사에 임명한 것은 돌궐의 남하를 저지하기 위해서였다. 태원은 이 임무를 수행하는 데 있어 핵심적인 지역이었는데, 이

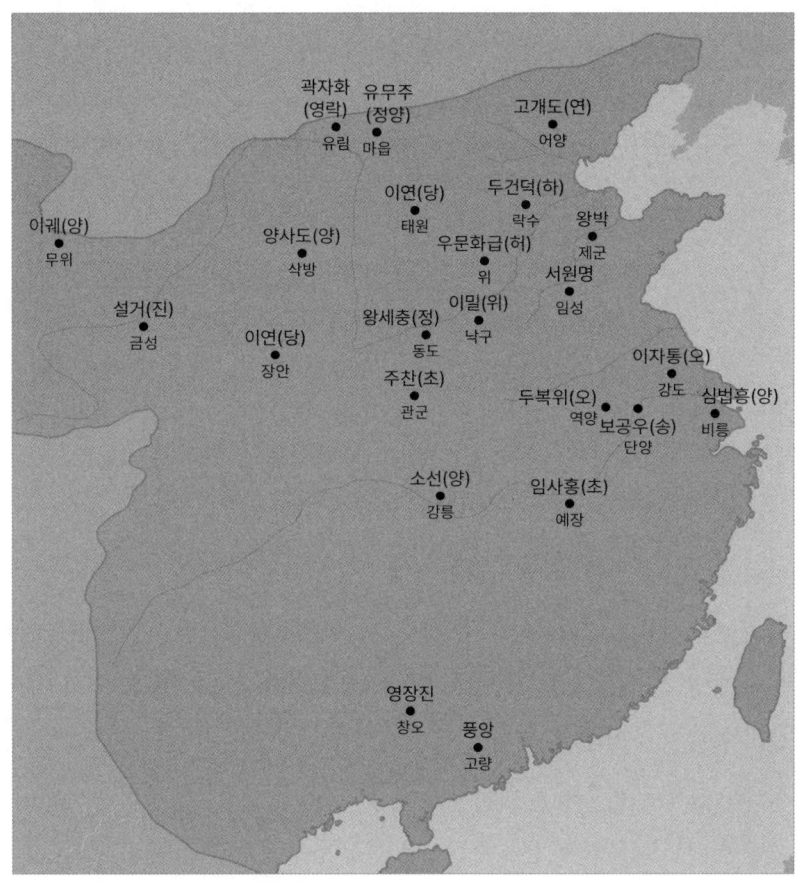

지도 7.1. 수 말기 군웅 각축

연이 바로 태원의 유수를 맡고 있었다. 그런데 이연이 태원을 버리고 근거지를 남쪽의 대흥성으로 옮긴다는 것은 이민족에게 중원 진출의 길을 터주는 것일 뿐만 아니라 자신을 공격할 수 있는 후방을 열어 주는 행위였다. 그럼에도 이연이 이러한 선택을 할 수 있었던 것은 돌궐과의 밀약이 있었기 때문이었다. 이연은 유문정(劉文靜)을 돌궐의 시필가한(始畢可汗)에게 보내 수도 점령을 도와주면 장안에서 얻게 되는 물자를 가한에게 제

장안은 왜 '기나긴 평안'을 영속하지 못했나? 135

공하겠다는 제안을 했다. 시필가한은 이를 받아들였고 기병 2000명을 보내 이연의 군사 활동을 도왔다. 이 일은 훗날 태종 이세민이 토로한 것처럼 이연이 돌궐의 가한에게 신하를 칭해야 할 만큼 저자세로 도움을 요청한 결과였다. 당 왕조 성립과 전국 통일은 북방 이민족의 도움 없이는 성공을 장담하기 어려운 상황에서 진행되었다.

그런데 이연이 북방 민족과 협력할 수 있었던 것은 순전히 전략적인 측면만을 고려한 결과였을까? 이연은 선비족 왕조인 서위(西魏)의 귀족 이호(李虎)의 손자이다. 아버지 이병(李昞)은 서위와 북주에서 고위 관직을 지냈고 선비 귀족 독고신(獨孤信)의 딸과 혼인했다. 이들의 소생이 이연이었다. 이렇듯 이연은 조부와 부친이 모두 이민족이 주도하는 정권에서 고위직을 지낸 집안 출신이었다. 그 때문에 당시 이민족의 주류 문화에 깊게 동질화된 상태였다. 게다가 이연은 어머니가 선비족인 독고씨였기 때문에 북방 민족과 혈연적으로도 긴밀하게 연결되어 있었다. 또한 이연은 선비 귀족인 두의(竇毅)의 딸을 부인으로 맞이했으니 문화적으로나 혈연적으로 모두 선비족과 깊은 유대감을 갖고 있었다. 이러한 배경은 이연이 유연한 태도로 북방 이민족과 관계를 설정할 수 있는 중요한 요인으로 작용했을 것이다.

626년 고조 이연은 통일 전쟁을 종식하고 전국을 세력하에 두는 당 왕조를 완성했다. 이연을 이어 황위에 오른 태종 이세민은 북방 민족과의 관계 개선에 적극적이었다. 즉위 직후 수도 장안까지 내려와 군사적으로 위협하는 돌궐 연합군을 설득하여 돌려보내는 일을 시작으로 북방 지역에 영향력을 확대했다. 630년에 동돌궐을 통제할 수 있었고 얼마 후에는 청해(青海, 칭하이)고원의 토욕혼을 세력 범위에 두었으며 640년에는 타클라마칸사막 동북쪽의 실크로드 주요 도시인 고창국을 당의 판도에 편입

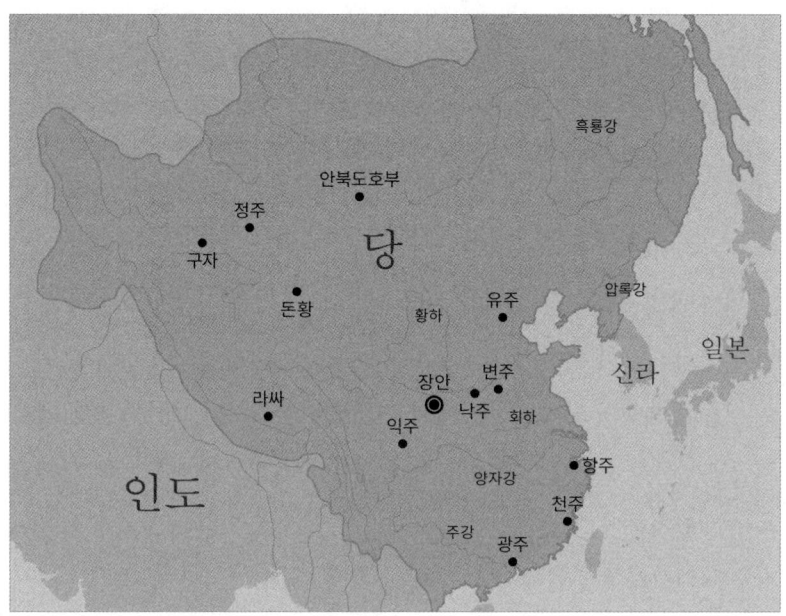

지도 7.2. 당 최대 판도

시켰다. 이어진 안서4진(구차, 언기, 우전, 소륵) 설치는 당의 세력 범위가 서쪽으로 유의미하게 확대되는 중요한 계기가 되었다. 657년 당은 서돌궐 세력을 제압했고 이는 곧 중원 지역과 서역 국가들 간의 무역이 안정적으로 이루어질 수 있는 기반이 되었다.

이 과정에서 당과 주변 민족과의 관계는 양방향으로 형성되었다. 630년에는 북방 민족의 수장들이 장안에 들어가 태종에게 '천가한(天可汗)'이라는 칭호를 헌상했다. 천가한은 태종 이세민에게 당의 황제뿐만 아니라 정주 세계와 유목 세계를 아우르는 새로운 위상을 더해 주었다. 비록 시혜적 태도라는 비판을 피하기는 어렵겠지만, 태종은 이전 중국 황제들이 북방 민족을 적대시했던 것과는 달리 "짐은 중화와 이적(夷狄)을 한결같이 아꼈다"라고 표현했고, 이것은 민족적 구분과 차별이 상대적으로 적었음을 보여 준다. 또한 청 왕조가 천조(天朝)라는 의미를 사용하며 주변 민족에 대한 우월감을 드러낸 것과는 확연하게 다르다.

당 초기에 돌궐, 토욕혼, 토번 등이 북방 지역과 서역에서 흥기하여 당과 군사적으로 대립하기도 했지만, 잦은 전쟁에도 당과 주변 민족과의 교류는 지속되었다. 당의 공주와 주변 민족 수장과의 결혼을 통한 우호 관계도 여러 차례 성립되었다. 토번에 출가한 금성공주와 문성공주는 당과 토번의 정치적 관계뿐만 아니라 문화적 교류 촉진에도 기여했다. 661년에는 이슬람 세력인 압바스 제국에게 공격받아 유랑하던 사산 왕조의 페로즈 3세가 도움을 요청하자 당은 이를 받아들여 질릉성(疾陵城)에 파사도독부를 설치하여 그들의 안정에 도움을 주었으며 고종은 그에게 우무위장군을 하사하며 장안에 정착할 수 있게 했다. 당과 주변 민족과의 관계 설정과 유지는 실크로드를 통한 무역이 성행할 수 있는 결정적인 기반이 되었다.

이와 동시에 동쪽 세력과의 교류도 빈번했다. 당은 624년에 고구려, 백제, 신라의 왕을 책봉하는 등 건국 초기부터 교류 관계를 맺었다. 고구려와 백제는 멸망하기 전까지 각각 25회, 22회에 걸쳐 당에 사신을 파견하였고 신라는 삼국통일 전까지 사신단을 37회 보냈다. 당은 한반도 문제에 적극 개입하여 고구려와 백제 멸망에 결정적인 역할을 했고, 고구려 멸망 이후에는 짧은 기간이지만 안동도호부를 한반도 북부에 직접 설치하기도 했다. 당은 왜와도 장기간 교류 관계를 가졌다. 왜는 16회 견당사 파견에 성공했고 당은 조공에 대한 답례물을 다수 보냈다. 이 과정에서 감진(鑑眞), 구카이(空海)와 같은 승려의 활동은 문화 교류를 확대했다.

당은 주변 지역의 세력들과 관계를 맺는 과정에서 기미부주(羈縻府州)라는 새로운 방식의 지역 정책을 실시했다. 이는 주변 민족이 당 내외의 특정 지역에 거주하는 것을 인정하는 동시에 당과 느슨하게 연결되었음을 확인하는 조치였다. 이민족 세력은 자신의 정통성을 이어 갔고 실질적인 통치권도 직접 장악했다. 동시에 당으로부터 도독이나 자사 관직을 수여받아 명분상의 예속 관계를 받아들였다. 당대에 기미부주가 100여 개 설치되었고 이를 배경으로 접경 지역의 최전선에 대립 관계가 약화된 중간 지대가 형성되었다.

당대에는 동서 양방향으로, 육로와 해로를 통해 정치문화적·사회경제적 교류가 함께 이루어졌고 이는 중국사 전개 과정에서 볼 때 사실상 최초의 시기였다. 이것은 몽골이 동서양을 아우르는 세계제국을 건설하기 전까지의 유일한 상황이기도 했다. 이러한 조건에서 공간을 분할하고 동시에 한쪽을 방어하기 위해 건설하는 배타적 성격의 만리장성은 축조 필요성이 크지 않았다. 당 왕조는 주변 세력과 어우러지는 열린 제국으로 시작했다.

장안은 어떠한 도시였는가?

장안이 수도 황성의 이름이 된 것은 한 왕조 때부터이다. 한 고조 유방은 항우와의 쟁탈에 승리한 이후 누경의 건의를 받아들여 관중 지역*에 정도했다. 소하의 제안으로 축조되던 장안성은 오랜 공사 기간을 거쳐 혜제 시기에 위하(渭河, 웨이허강)의 남쪽에 완성되었다. 이후 삼국과 위진남북조

---

* 관중(關中)은 네 개의 관문 안쪽에 해당하는 지역을 지칭하는 문화지리적 명칭이다. 일반적으로 동쪽의 함곡관 이서, 북쪽의 소관 이남, 서쪽의 산관 이동, 남쪽의 무관 이북을 말하는데 대체로 지금의 서안(西安, 시안), 보계(寶鷄, 바오지), 함양(咸陽, 셴양), 동천(銅川, 통촨)을 포함하는 영역에 해당한다.

의 분열 시기를 지나 수가 건국될 때 문제는 수도를 한의 옛 장안성에 건설하려고 했다. 그러나 낡고 오염이 심한 탓에 수도로 적합하지 않다는 의견이 있자 용수원 남쪽에 새롭게 도시를 건설했다. 이로써 북위의 낙양성과 동위의 업성을 참조하여 건설한 대흥성이 완성되었다. 수가 단명하자 이연은 대흥성을 수도로 삼고 이름을 장안성으로 바꾸었다.

장안성은 통일 왕조의 수도라는 특정한 목적에 맞춰 새롭게 계획된 신도시였다. 남북 8651미터, 동서 9721미터 크기에 남북으로 폭 140미터 내외의 도로가 열한 개, 동서로는 열네 개가 건설되었다. 황제가 거주하는 태극궁은 장안성 북쪽 끝에 있고, 태극궁 남면을 기점으로 폭 150미터가 넘는 주작로가 남쪽을 향해 놓였다. 주작로의 동쪽은 만년현(萬年縣), 서쪽은 장안현(長安縣)이라는 행정구역으로 구분되었다. 도시 내부는 방제(坊制)를 기초로 설계되었다. 방제는 성 내에 장방형의 공간을 바둑판 모양으로 조성하고 각각의 4면에 벽을 둘러 독립된 방을 만들어 기본 단위로 삼았다. 총 108개 방에는 관인과 일반 민이 거주하거나 관부가 세워졌다. 방을 둘러싼 4면 벽에는 각각 문이 하나씩 설치되었고 일몰 이후부터 새벽녘까지는 폐쇄되어 통행이 금지되었다. 이를 어기면 율에 따라 엄하게 처벌되었다. 방제가 시행된 배경에는 북방 민족의 문화적 영향이 언급되기도 하는데 유목민족이 가축을 울타리에 넣어 기르듯이 유목 문화에 영향받은 당 왕조가 이와 유사한 형태로 도시를 구획한 것은 아닌가 하는 설명이 있다.

태극궁의 남면과 닿아 있으면서 동서로 가로지르는 도로의 양쪽 중심지에는 방 두 개를 합한 크기의 방이 하나씩 조성되었는데, 이들은 시장으로 각각 동시(東市)와 서시(西市)라 불렸다. 동시와 서시에는 각각 문이 여덟 개가 있었고, 당 왕조는 시장 관리를 위해 태부시(太府寺)에 예속된

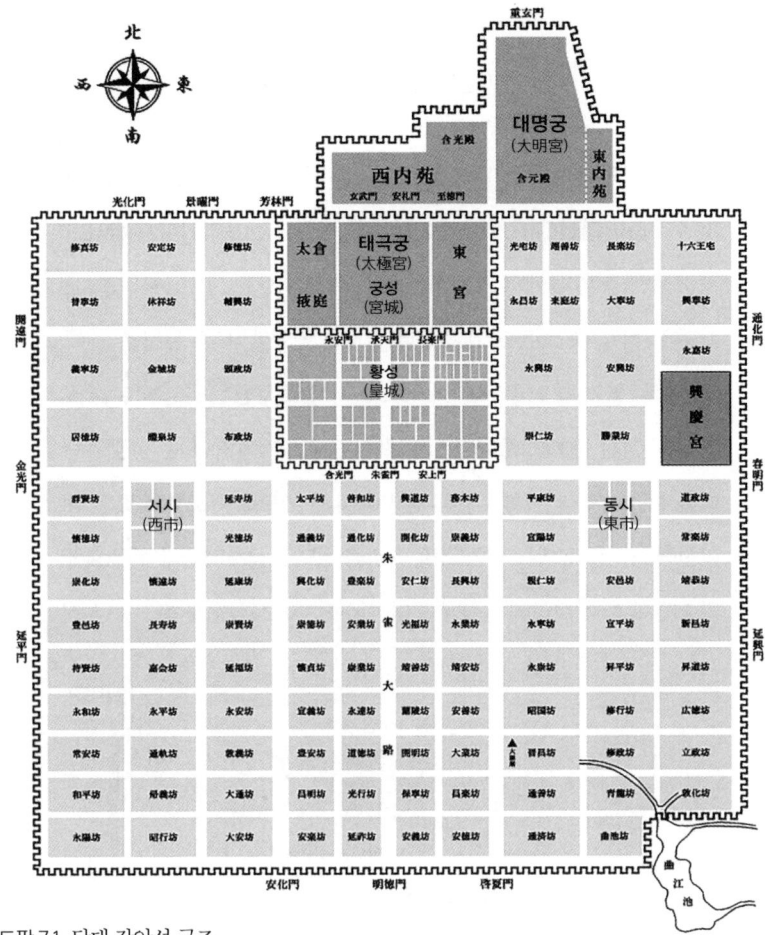

도판 7.1. 당대 장안성 구조

시서(市署)와 평준서(平準書)를 두 곳 모두에 설치했다. 외부 지역과의 활발한 교류가 이루어지면서 다양한 물품들이 시장에서 매매되었고 상거래가 흥성했다. 일부 학자들은 야시장도 열렸을 것이라 추측한다.

    동시와 서시의 특징을 살펴보면, 위치 조건상 서시에서는 서역에서 유입된 물품들이 다수 거래되었고, 동시에서는 중국 상품이 주로 유통되었다. 또한 서시 주변에는 외지인과 서민이 다수 거주했고 동시 주변에는 관

서안의 수도 역사

주 왕조 시기부터 지금의 서안(西安, 시안) 지역에 수도가 설치되었고, 이후 주전충이 개봉(開封, 카이펑)에서 후량 성립을 선포하기까지 1140년 사이 동안 총 열세 개의 크고 작은 왕조(주, 진, 서한, 신, 동한, 서진, 전조, 전진, 후진, 서위, 북주, 수, 당)가 이곳에 수도를 건설했다. 주 문왕은 기(岐) 지역에서 옮겨 와 풍경(酆京)에 정착했고, 이후 무왕은 호경(鎬京)을 세워 당시 정치·문화의 중심지로 일궜다. 전국 시기에 진(秦)은 상앙의 변법을 시행한 이후 위하 주변의 함양(咸陽, 셴양)으로 수도를 옮겼다. 초한전에 승리한 유방은 낙양(洛陽, 뤄양)을 수도로 삼으려다가 누경(婁敬)의 제안에 따라 서안에 장락궁과 미앙궁을 지어 장안성을 축조했다. 진

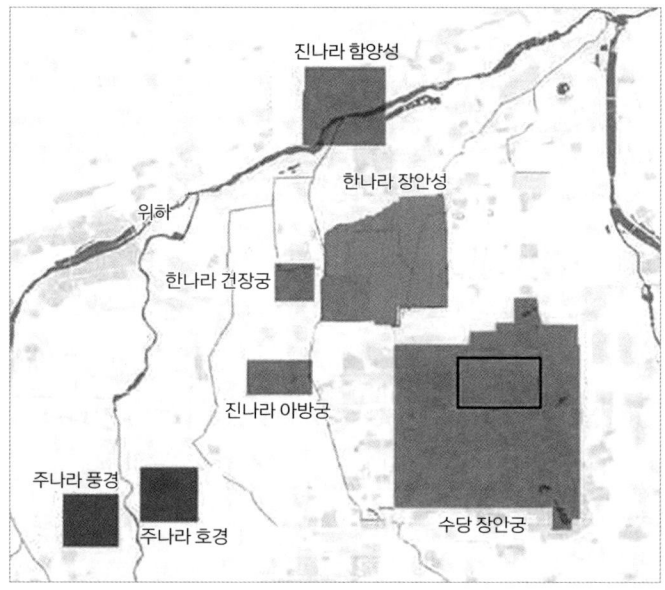

지도 7.3. 서안 지역 역대 도성 위치

> 시황의 동생인 장안군(長安君) 성교(成蟜)가 해당 지역을 봉지로 가지고 있었던 것에서 '장안'이라는 명칭을 사용했다고 알려져 있다. 위진남북조 시대를 통합한 수 문제는 한대의 장안성을 도성으로 하고 수도를 정하려 했는데, 당시 이 지역이 장기간의 혼란으로 폐허가 되고, 특히 수질 오염이 심각한 것을 알고는 기존 장안성의 동남쪽에 우문개를 시켜 대흥성(大興城)을 건설하게 했다. 618년에 당을 건국한 이연은 기존의 대흥성을 장안성으로 바꾸고 궁성, 황성, 경성으로 구성된 도시 계획을 완성해 수도로 조성했다. 서안은 당 왕조 시기에 가장 오랜 기간인 272년 동안 수도로 기능했다. 명대 주원장이 이 지역에 서안부(西安府)를 설치하면서부터 서안이라는 명칭이 시작되었다.

인들의 거주지가 많아 동시에서 사치품이 다수 판매되었다. 시장에는 같은 물품을 파는 상점들이 모여서 행(行)을 이루었고, 그 결과 견행(絹行), 철행(鐵行), 육행(肉行) 등이 만들어졌다. 단일 상품을 취급하는 전문화된 상점이 밀집되어 있다는 것은 당시 물품 수요가 상당했음을 말해 준다.

서시에는 중앙아시아와 한반도, 일본 상인뿐만 아니라 동남아시아 출신 상인도 모여들었다. 이들은 서시와 가깝게 위치한 통화방(通化坊), 예천방(禮泉坊) 등에 밀집하여 거주했는데, 중앙아시아 출신 소그드인을 관리하는 기구인 살보(薩寶)가 서시 근처인 포정방(布政坊)에 설치될 만큼 외지인의 활동이 활발했다. 당시 무역을 주도했던 소그드인의 활동은 문화 교류와 융합에도 영향을 끼쳤다.

장안에는 다양한 외래문화들이 유행했다. 종교도 그중 하나였다. 태종 시기에 현장(玄奘)이 천축국을 다녀와 경전 번역에 매진한 이후 불교가 널리 보급되었고, 현장이 창시한 법상종을 비롯해 정토정, 선종 등 다양한 종파의 불교가 널리 퍼졌다. 특히 선종은 단순한 교리를 배경으로 삼아 현지화된 종파로 크게 환영받았다. 불교뿐만 아니라 '세 가지 외래 종교[삼이교(三夷敎)]'라고 통칭되는 조로아스터교, 마니교, 경교 그리고 다소 늦게 유입된 이슬람교 또한 당시 사람들에게 신봉되었다. 장안 곳곳에 파사호사(波斯胡寺), 현사(祆祠)와 같은 외래 종교의 사원들이 세워졌다.

장안 사람들은 종교 이외에 옷차림이나 오락 활동 등에서도 외래문화를 즐겼다. 원진(元稹)이 〈법곡(法曲)〉에서 "여자들은 이민족 여성의 화장법과 옷차림을 배우고, 음악을 하는 자들은 이민족의 음악을 배운다"라고 노래했던 것처럼, 서역에서 유입된 문화가 장안 사람들에게 폭넓게 받아들여졌다. 실제 장안 여성들은 전신을 가리는 멱리(冪羅)나 머리 일부를 가리는 유모(帷帽)라는 모자를 쓰고 외출했는데 이것은 전통문화에 없던 모습이었다.

여성이 얼굴에 연지를 과장되게 찍고 입술을 작고 붉게 칠하는 화장법도 마찬가지였다. 서역의 강국(康國)에서 전해졌다고 알려진 호선무가 유행하고, 빠르게 회전하는 춤사위가 당시 장안 사람들에게 각광받았다. 이백은 「전유준주행(前有樽酒行)」, 「소년행(少年行)」 등의 시를 지어 장안의 주점에서 이민족 여성이 예능을 뽐내고 손님을 맞이하는 풍경을 여러 차례 묘사했다. 중국이 원산지로 알려진 반려견 퍼그도 이때 서역에서 중국으로 유입되었다. 일반 서민은 즐기기 어려웠지만 장안에 거주하던 관인과 귀족은 페르시아에서 전해졌다고 알려진 마구(馬球)를 즐겼다. 외래문화는 서민, 관인, 귀족에서 나아가 황실에도 영향을 끼쳤다. 황제가 주최하는 연회에 사용되는 연주 음악에 〈서량(西涼)〉 〈구자(龜玆)〉 〈천축(天竺)〉 〈고려(高麗)〉 등 외국 악곡이 포함되어 있었던 것이 한 예가 된다.

도판 7.2. 유모를 착용한 모습   멱리를 들고 있는 모습

    당나라 사람들이 외래문화를 받아들이는 것과 동시에 외지인들도 장안에 정착하고 당 사회에 스며들었다. 장안 서시의 보석상처럼 무역에 종사하는 상인들뿐만 아니라 당에 유학하던 승려와 학생도 장안에 거주했다. 640년에는 장안 국자감에 유학생만 8000명이 넘었다는 기록이 있다. 묘지명에 따르면, 소그드인 사가탐(史訶耽)은 40년간 중서성에서 번역 업무를 맡았다. 또한 중앙에서 지방에 이르기까지 여러 기관에 외지인 번역관이 배치되었다. 최근 연구에 의하면, 당대 지방행정의 핵심 역할을 하는 주의 장관인 자사가 총 751명(연인원) 있었는데 그중 비한족이 76명으로 10퍼센트를 넘었다고 한다. 강겸(康謙)이라는 우즈베크 출신 소그드인은 현종 시기에 안남도호를 맡고 이후에는 홍려경(鴻臚卿)을 역임하는 등 여러 관직을 거쳤다. 한 이민족 집안에서는 3대에 걸쳐 당 조정의 관직을 맡는 일도 있었다. 이민족들은 번장(蕃將)이라는 이름으로 군사 분야에서도

도판 7.3. 당대 마구(馬球) 그림

중요한 역할을 수행했다. 돌궐계인 아사나사이(阿史那社爾), 아사나충(阿史那忠), 아사나사마(阿史那思摩) 등은 군대를 통솔해 전쟁에 나섰다. 현종 시기에는 번장 서른두 명이 한족 장수를 대신하여 중원 방비를 맡기도 했다. 다양한 활동의 결과 이민족이 당 내지에 거주하는 일이 많아지고 당시 장안에만 이민족이 최소 수만 명이 거주했을 것으로 추정된다. 이들의 장안 내 집단 거주지는 번방(蕃坊)으로 따로 분류되어 부분적인 자치권이 부여되기도 했다.

이처럼 당대 장안은 다양한 사람들이 드나드는 국제도시로 번성했다. 당나라 안팎의 사람과 상품이 운집하여 풍요로웠고, 이질적인 요소들이 다층적으로 소통하고 포용하는 교류의 공간으로 존재하며 새로운 문화를 잉태하는 창발적 중심지가 되었다. 중국의 두 번째 장기 통일 왕조의 수도로서, 또한 당시 세계를 구성하는 하나의 중요 클러스터로서 기능했다.

안사의 난은 무엇을 바꾸어 놓았나?

당 왕조는 건국 이후 '성당(盛唐)'이라고 불릴 만큼의 성세를 누렸다. 그러던 중 현종이 재위하던 755년에 안록산이 범양 지역에서 군인 20만 명을 이끌고 반란을 일으키는 일이 발생했다. 이것은 당에 심각한 위기 상황을 불러왔고, 혼란 속에서 장안 또한 큰 피해를 입었다.

안록산에 대해 『구당서』는 다음과 같이 묘사했다. "안록산은 영주(營州) 유성(柳城)의 잡종 호인(胡人)이다. 본래 성씨는 없고 이름은 알락산(軋犖山)이라 불렸다. 어머니 아사덕(阿史德)씨는 돌궐의 무속인이었고 점치는 것을 생업으로 삼았다." 이에 따르면 안록산은 지금의 랴오닝 차오양시 출신으로 아버지를 확인할 수는 없으나 어머니가 돌궐 출신이고 『구당서』가 잡종 호인이라고 설명한 것에 근거해 보면 북방 유목민족 계열의 인물임을 알 수 있다. 안록산은 어려서부터 여러 지역의 사람들과 접촉했던 까닭에 여섯 가지 언어를 이해할 수 있었으며 이를 배경으로 다양한 종족이 만나는 시장에서 흥정하는 일을 중개하며 생계를 유지했다. 다양한 민족이 융화되어 생활하던 당시 사회 분위기에서 안록산도 출세할 기회를 얻을 수 있었다.

유주절도사 장수규는 우연한 기회에 안록산을 알게 되었는데 그가 용맹하고 기지가 있다고 여겨 발탁해서 포로를 잡아들이는 일을 맡겼다. 안록산은 맡은 임무를 성공적으로 처리하며 능력을 보였고 이를 높게 평가한 장수규는 안록산을 양자로 삼을 만큼 신뢰했다. 안록산이 군사 분야에서 두각을 나타내자 장수규는 현종에게 안록산을 추천했다. 당시 조정은 지방 군대의 효율성을 높이고 변경 지역의 안정을 유지하기 위해 이민족 군장을 다수 기용했는데 이러한 배경에서 안록산도 지역 군권을 장악하며 권력을 확대했다. 그는 중앙의 유력자들에게 뇌물을 제공하며 조정에서의 여론을 우호적으로 만들기도 했다. 안록산은 742년에 평로절도사로 임명되었고, 2년 후에는 범양절도사를 겸했다. 751년에는 하동절도사까지 겸직하게 되면서 동북 지역의 최고 권력자로 부상했다.

당시 조정의 권력은 재상 양국충이 독점하고 있었다. 양귀비의 친척으로 알려진 양국충은 '구밀복검(口蜜腹劍)'의 주인공 이임보의 뒤를 이어 중앙 권력을 농단한 재상이었다. 안록산은 황제 주변에 기생하는 간신 양국충 등을 제거한다는 명분으로 거병했다. 같은 고향 출신인 사사명과 함께 반란을 일으킨 안록산은 자신의 친위 부대 예락하(曳落河)를 반란군의 주력으로 삼았다. 이들은 그가 평소 거란, 해(奚), 동라(同羅) 등 북방 이민족 포로를 모아 특별히 관리하던 8000여 명의 특수군이었다.

안록산 군대는 하북(河北, 허베이)을 지나 수도 장안으로 향했다. 상산태수 안고경이나 수양태수 허원 등이 반란군에 격렬하게 저항했지만, 역부족이었고 하북과 산서(山西, 산시) 일대가 전란에 휩싸였다. 『신당서』의 기록에 따르면, 하북 지역의 성 150여 개가 함락되었고 약탈이 이어졌다. 성 안의 건장한 자들은 사로잡혀 전쟁에 동원되었고 허약한 자들은 죽임을 당했다. 안록산은 반란을 일으킨 지 한 달 만에 낙양(洛陽, 뤄양)을 점령하고 스스로 황위에 올랐다. 국호를 연(燕)이라 한 안록산은 계속해서 장안을 향해 서쪽으로 진격했고, 반란을 일으킨 지 반년이 지난 때에 장안을 점령했다. 이에 앞서 현종은 장안을 버리고 사천(四川, 쓰촨)으로 피난을 떠났고 도중에 아들 이형에게 황위를 넘기고 자신은 상황(上皇)이 되었다. 피난 중에 즉위한 숙종 이형은 영무 지역으로 옮겨 가 반란 진압의 책임을 맡았다. 곽자의, 이광필 등이 진압군의 선두에 나섰고 전국에서 수습된 군대를 동원하여 진압 전쟁을 펼쳤다. 반란군은 내부의 권력 다툼이 벌

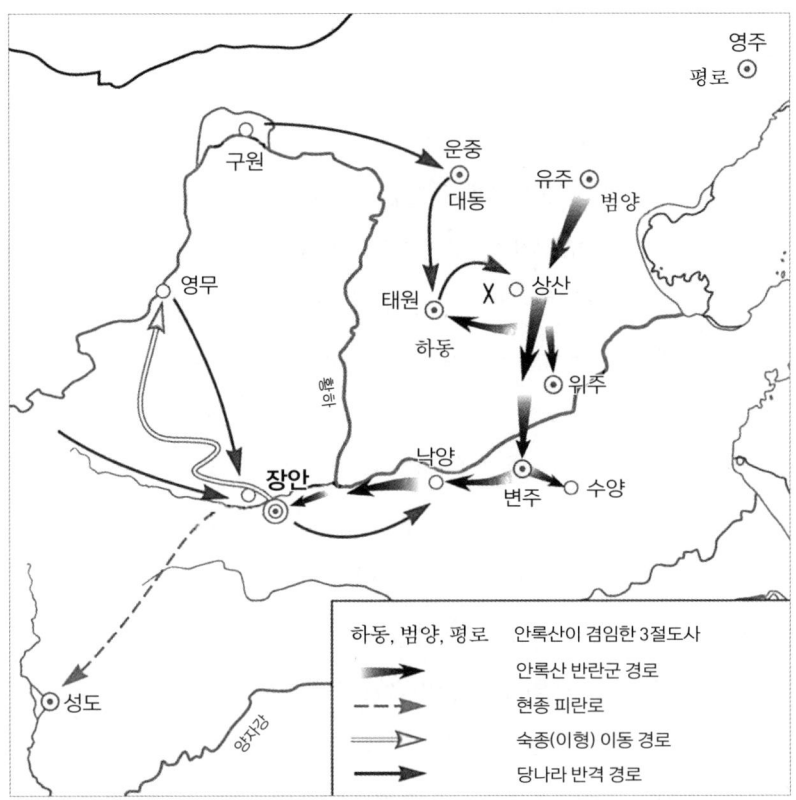

지도 7.4. 안사의 난

어지면서 세력이 약화되었고, 숙종은 피난을 떠난 지 2년 만에 장안을 수복할 수 있었다. 이후 안록산의 잔여 세력을 제거하는 전쟁이 이어졌고 반란은 일어난 지 8년 만인 763년에 최종적으로 진압되었다.

전쟁이 남긴 상처는 깊고도 넓었다. 특히 전쟁 중에 많은 사람이 사망하거나 실종되는 상황은 사회 각 분야에 영향을 주었다. 『구당서』는 반란이 일어나기 전인 754년 인구를 5288만 448명으로 기록하고, 반란 진압이 끝난 764년 인구를 1692만 386명으로 기록했다. 이를 근거로 10년 사이에 인구의 70퍼센트가 사망했다고 이해하는 것은 적절하지 않겠지만 국가가 통제하고 관리하는 인구가 70퍼센트 넘게 줄어들었다는 것은 사실로 보인다. 인구 다수가 전란을 피해 강남으로 이주하거나 집단을 이루어 산속에 들어가 외부 세계와 절연한 정착촌을 조성하기도 했다. 지금 중국 남부의 객가(客家)가 바로 이렇게 출현했다. 편제 인구 축소는 국가 운영 기반을 붕괴시키는 원인이 된다. 호구 편제에 기초한 토지제도, 수취제도, 병역제도 등 국가 운영의 근간이 되는 시스템이 작동하기 어렵기 때문이다.

그런데 무엇보다 중요한 것은 사회 분위기의 변화였다. 반란을 일으킨 자들에 대한 불만과 반발은 적개심으로 드러났다. 반란을 주도했던 안록산, 사사명을 비롯하여 휘하 군대가 이민족 군인들로 주축을 이룬 사실은 반란 진압 과정에서 반란군뿐만 아니라 이민족 출신 일반인도 보복 대상으로 만들었다. 집단적인 공격성이 반란군에 그친 것이 아니라 반란 행위와 무관한 자들에게까지 향한 것이다.

『안록산사적(安祿山事迹)』은 반란의 근거지인 범양이 당나라 군대에 탈환된 후의 상황을 서술하면서 "[장군 고국인(高鞠仁)이] 호인(胡人)을 살해하는 자에게 큰 상을 내리자 갈호(羯胡)가 모두 섬멸되었다. 어린아이를 공중으로 던져서는 창으로 찌르기도 했다. 코가 높아 생김새가 호인과 닮은 사람 중에는 이유 없이 죽임을 당하자는 자가 많았다"라고 전한다. 이민족 혐오가 확대되었다. 당시 성씨 중에 '안(安)', '강(康)', '사(史)', '미(米)' 등은 대부분 이민족이 자기 성씨로 사용했는데 이 성씨를 가진 이들에 대한 공격이나 차별이 빈발했다. 무위(武威, 우웨이) 지역에 거주하던 안흥귀(安興貴)나 안수인(安修仁)은 당 건국 초기에 이연이 양주(凉州)의 이궤(李軌) 세력을 제압할 때 협조하여 전공을 올린 가문 출신으로 당시에 높은 사회적 지위를 가지고 있었다. 이들은 안록산의 난을 진압하는 데에도 참가하여 당에 충성스러운 태도를 보였다. 이러함에도 불구하고 안홍귀와 안수인은 주변의 시선을 피하기 위해 반란이 진압된 이후 당 조정에 새로운 성씨를 하사해 달라고 요청했다. 결국 이씨 성을 하사받아 사용했고 관적(貫籍)도 수도 지역인 경조(京兆)로 옮겨서 북방 이민족 출신이라는 흔적을 지워 버렸다. 전신공(田神功)은 양주에서 무단으로 상인들의 재산을 갈취하면서 이민족 상인 수천 명을 집단적으로 살해하기도 했다.

안사의 난이 발발한 후 당 황실도 이민족에 대한 악감정의 발로로 유례없는 조치를 취했다. 예컨대 숙종은 궁성에 설치된 문의 이름 중 '안(安)'자가 포함된 명칭을 사용하지 못하게 했다. 그 때문에 '안화문(安化門)'은 '달례문(達禮門)'이 되었고, '안산문(安山門)'은 '선천문(先天門)'으로 변경되었다. 그 외에 장안성 내의 '안흥방(安興坊)'도 명패를 '광화방(光化坊)'으로 바꿔 달아야 했다. 덕종은 외국 사절단이 한족의 복장을 입는 것 자체를 금지하여 내국인과 외국인의 문화적 혼용을 막았다. 이처럼 당 왕조에서 반란 진압의 본질과는 상관없는 보복 행위와 분노 표출을 배경으로 한 비이성적 행위들이 벌어졌다.

이러한 상황들은 안사의 난 이후 사회 전반의 보수화 경향으로 이어졌다. 한유를 대표로 하는 일군의 문인들은 복고적 태도를 보였으며, 위진 이래 유행한 변문(騈文) 사용을 반대하고 진한 시기 고문으로 돌아가자는 고문운동 추진은 한 예가 된다. 한유의 경우는 외래문화에 비판적 견해를 가지고 있었으며 불교가 유행하는 당시의 상황을 강한 논조로 비판했다. 헌종이 법문사에 있는 부처 사리를 세상에 보이며 불사를 추진하자 「논불골표(論佛骨表)」를 상주하고 강력하게 간언했다. 불교의 성행에 따른 폐해를 지적하긴 했지만 비판의 기저에는 불교의 정체성이 외국의 교리라는 점이 중요하게 작용했다. 백거이도 궁중 음악인 〈법곡〉을 언급하면서 이민족의 음악이 중화의 음악에 내재된 조화로움을 어지럽혔기 때문에 서로 섞이지 않도록 해야 한다고 강조했다. 이들은 안사의 난 이후 형성된 엘리트 집단의 문화적 배타성과 보수적 태도를 잘 보여 준다. 또한 중당 이후 유행한 소설에서는 이민족의 복장이나 물건을 '요물(妖物)'이라고 표현하여 낮춰 보거나 부정적인 것으로 묘사하는 사례가 자주 확인된다.

사회 전반에 만연한 배타적이고 보수적인 태도는 세계성이 특징인 당 왕조의 번영에 부정적인 영향을 끼쳤다. 개방과 포용을 보이는 태도는 찾아보기 어렵게 되었고 폐쇄와 배척으로 인한 내부로의 수축이 심화했다. 장안 또한 다양성에 기반한 활력을 잃어버렸고 중심지로서의 위상 또한 약화되었다.

천하의 중심은 어디로 가는가?

당 왕조 내의 한족 문화와 이민족 문화의 구분은 더욱 명확해졌다. 종족적 차이에 따른 문화적 이질성은 더 이상 다양함을 드러내는 표상이 되지 못했고 역으로 자신과 상대를 구분하는 기준으로 작동했다. 안사의 난 이후 지방의 절도사는 중앙의 통제에서 벗어나 반독립적 상태를 유지하며 각 지역에 할거하는 번진(藩鎭)*으로 이어졌다. 그중 당 왕조에 가장 위협적

---

* 번진은 '방진(方鎭)'이라고도 하는데 절도사와 그에 예속된 병사의 군사 단위를 일컫는다. 당 왕조는 중종 이후 외적의 방비를 위해 지방에 군사 지역을 설정하여 군진(軍鎭)을 설치하고 절도사로 하여금 통할하게 했다. 이후 절도사의 권한이 확대되었는데, 안사의 난 이후 번진이 중앙 정부에 대항하는 일이 잦았다. 번진의 개별적 활동이 확대됨에 따라 당 후기를 번진 할거의 시기라고 칭하기도 한다.

지도 7.5. 당 말 하북 3진

인 존재는 당 멸망까지 지속한 범양, 성덕, 위박, 즉 하북의 3진이었다.

하북 3진은 이보신, 전승사, 이회선이 당의 북쪽 변경 지역을 장악한 이래로 지속되었는데, 당 후기 중흥의 황제로 평가받는 헌종조차 이들을 천하에서 가장 제압하기 어려운 상대로 지적할 만큼 중앙의 통제에서 벗어나 독자적인 상태를 유지했다. 하북 3진의 최고 권력자는 이민족 장수였고, 해당 지역에서는 이민족 문화가 주류를 이루었다. 예컨대 여성과 아이도 화살을 쏘는 데 익숙할 만큼 상무적 분위기가 팽배했다.『신당서』는 당시 천하의 사람들이 하북 3진을 오랑캐 지역으로 여겼다고 전하기도 한다.

하북 3진을 포함한 지방의 번진들은 당의 멸망을 촉진하는 중요한 원인 중 하나로 작용했다. 당 조정은 이민족 장수가 지배하는 번진을 신뢰하지 못했고, 이들과 협력을 통한 세력 병합을 이루지 못했다. 당 왕조는 경제적으로 강남 일부 지역에 의존한 상태에서 단지 장안을 중심으로 한 전통적 근거지만을 차지한 상태였다. 진인각의 말처럼 외부 지역을 연결하는 중심지 역할을 상실했고, 중원 지역에 국한해 구심점 역할만을 수행할 뿐이었다. 강남에서 운송해 오는 물자에 의존하는 반쪽 천하의 수도로 전락했다.

907년 당 왕조는 변량절도사 주전충에게 멸망하였다. 주전충은 후량을 개창하고 수도를 개봉(開封, 카이펑)에 두었다. 이후 54년 사이 다섯 왕조가 흥망을 이어 하는 5대10국 시대가 전개되었다. 주전충은 개봉에 수도를 두었지만 후당의 이존욱은 수도를 낙양에 두었고, 후진의 석경당은 초기에 낙양을 수도로 했다가 다시 개봉으로 옮겼다. 후진을 이은 후한의 유지원 역시 개봉을 수도로 삼았고, 5대의 마지막 왕조 후주의 곽위도 이를 이었다. 5대 시기를 거치며 왕조의 수도는 장안에서 동쪽으로 옮겨 갔다. 최종적으로 조광윤의 송(북송)이 건국되자 개봉은 새로운 장기 왕조의 수도가 되었고 이후 장안은 더 이상 수도의 지위를 되찾지 못했다.

송 왕조는 거란, 서하, 여진이라는 강력한 북방 민족과 군사적으로 대치했다. 잦은 전쟁을 겪으며 맹약과 화의를 맺는 과정에서 수세적인 상황에 몰렸고, 당이 세력하에 두었던 영역의 상당 부분을 북방 민족에 내줘야 했다. 송은 북방 이민족을 쟁투와 제압의 대상으로 인식했고 세상을 구성하는 일원으로 받아들이지 못했다. 이민족들은 더 이상 포용과 개방의 대상이 되지 못했다. 비록 송의 수도 개봉이 과학기술 발전과 농업 생산성 제고 등으로 비약적인 경제 발전을 이루고 〈청명상하도〉에 묘사된 것과 같은 번화함을 누렸지만, 당대 장안이 보여 준 교류와 소통이 활발한 세계의 중심지 역할을 하지는 못했다. 당과 송을 거치면서 중국 전통 왕조의 수도는 천하의 중심에서 동아시아 지역의 중심으로 바뀌게 되었다.

결국 영원해 보였던 장안의 '기나긴 평안'도 시한부로 끝났다. 개방적인 태도를 배경으로 거두었던 이질적인 문화의 공존과 융합은 더 이상 풍요로운 사회의 역동적 발전을 이어 가지 못했다. 그 한가운데에는 순수성을 지나치게 강조하는 배타적인 태도가 자리했다. 눈앞에 보이는 작은 이익에 집착할수록 공동체의 장구한 안정과 발전은 요원해진다. 변혁의 시대야말로 더욱 유연하고 편견 없는 사고가 필요함은 논쟁의 여지가 없을 듯하다.

◆ ◆ ◆

인간은 본능적으로 낯선 것을 싫어하고 익숙한 것을 좋아한다. 하지만 인간을 인간이게 하는 것 중 하나는 본능을 넘어 낯선 존재와 소통하고 교류하면서 익숙함의 범위를 넓혀 가는 능력이다. 혐오와 배제를 외치면서 나와 타인을 구분 짓고 자신의 것만을 우월하다고 외치는 것은 스스로를 가두는 울타리만을 높게 쌓을 뿐이다. 이질적인 것을 이해하고 받아들이며 함께하는 것이야말로 스스로를 높일 수 있는 건강하고 지속 가능한 방식이다.

8

동파육은 어떻게 탄생하였을까?

중국의 대표적인 돼지고기 요리인 동파육에는 송대 사대부의 지향점이 녹아 있다. "천하 사람들의 근심에 앞서서 근심하고 천하 사람들의 즐거움에 뒤미처 즐거워한다"라는 범중엄의 「악양루기」의 한 구절이 집약적으로 드러내고 있듯이, 그들은 사회와 국가에 대한 투철한 책임 의식을 공유하고 있었다. 특히 소식은 사대부로서의 책임 의식을 현실에서 실천하는 삶을 산 덕분에 송대는 물론 후대에도 사대부의 표상으로 인식되었다. 그럼 소식의 삶을 통해 사회에 공헌하는 엘리트의 속사정을 살펴볼 수 있지 않을까?

❖ ❖ ❖

송대 사대부를 알아야 하는 이유는 무엇인가?

송대는 유교적 가치를 지향하는 사대부들의 시대였다. 그들은 과거시험을 통해 관리가 되어 국가와 백성을 위해 헌신하는 것을 최고의 가치로 여겼다. 그러나 그들이 직면한 정치적 현실은 대단히 험난하였고, 사대부로서의 소신을 올곧이 지키며 살아가는 것은 거의 불가능에 가까웠다. 중국 송대의 대문호이자 정치 사상가로서 큰 영향력을 지녔던 소동파(蘇東坡), 즉 소식(蘇軾, 1037~1101)은 불굴의 의지로 자신의 소신을 지켜 후대 사대부들의 귀감이 되었던 인물이다. 그를 비롯한 당시 사대부들이 추구했던 개혁을 통해 송대 사회의 지향점과 특징을 이해할 수 있을 것이다. 더불어 이 글을 통해 보수적인 유교적 지식인이라는 사대부에게 덧씌워진 그동안의 편향된 인식 대신에, 국가와 백성을 위해 적극적으로 희생하였던 송대 사대부들의 진취적인 모습도 살펴볼 수 있을 것이다.

소식은 어떻게 사대부들의 표상이 되었는가?

돼지고기를 진간장 등의 향신료에 졸여 만든 음식인 동파육은 중국의 다른 유명 요리들과 마찬가지로 흥미로운 역사적 유래를 지니고 있다. 이름에서 알 수 있듯이 동파육은 소식과 관련이 깊은 음식이다. 소식이 동파육을 처음 만들었는지 아니면 기존 요리를 자신만의 방식으로 재창조했는지 또는 향토 요리를 단지 소개만 한 것인지에 대해서는 여러 가지 설이 있지만 그가 후대에 동파육이라고 불리게 되는 돼지고기 요리에 조예가 깊었음은 그가 남긴 시문(詞)을 통해 확인할 수 있다.

솥을 말끔히 씻고, 물은 적게 붓고.
장작불은 연기 없이 은은하게 타오르게 하라.
요리가 익어 가는 것을 조급히 재촉하지 말라.

불이 알맞게 오르면, 맛은 자연히 완성되리라.
황주는 돼지고기로 유명하지만,
그 값이 흙처럼 싸다.
부유한 자는 이를 즐기지 않고,
가난한 자는 제대로 조리하지 못하네.
이른 아침에 일어나 두 그릇을 먹고 나면,
내 배가 부르나니 남이 뭐라든 상관없네.

「저육송(猪肉頌)」, 즉 '돼지고기 찬가'라는 제목의 이 시문에서 소식은 동파육 조리법을 설명하고 있는데, 은은한 불로 오랫동안 조리고 찌는 과정은 오늘날의 다양한 동파육 조리법과 일맥상통한다고 하겠다. 또한 소식은 이 시에서 동파육의 조리법을 소개하는 이유가 돼지고기와 같은 값싼 재료를 활용해서 서민들도 즐길 수 있는 요리를 소개하기 위함임을 명시하고 있다.

얼핏 낭만적으로 읽히는 이 시문과 동파육이라는 감미로운 음식의 이면에는 수없이 생과 사의 문턱을 넘나들면서도 자신의 소신을 지키고자 하였던 소식이라는 인물의 치열했던 삶과 그를 둘러싼 가혹한 정치적 환경이 자리 잡고 있다. 소식은 올곧은 성격과 굽힐 줄 모르는 정치적 소신으로 조정의 집권 세력과 끊임없이 마찰을 빚었다. 이에 따라 중앙 정계의 요직보다는 좌천되어 지방관으로서 혹은 유배당한 죄인으로서 여러 지역을 전전하였다. 왕안석(王安石)의 신법당이 집권하였을 시기에 소식은 신법(新法)이 본래 취지와 달리 백성들의 삶을 피폐하게 만들고 있음을 비판하였고, 그의 비판적인 시문들은 당시 지식인들에게 큰 반향을 일으켜 신법당의 입장에서는 소식을 매우 골치 아픈 존재로 생각하게 되었다. 소식은 신법이 여론을 무시하고 졸속으로 추진되어 많은 폐단을 낳고 있다고 비판하면서 신법 정책을 공식적인 문서나 문학 작품 들을 통하여 직설적으로 또는 풍자적으로 지적하였다. 결국 신법당 인사들은 대중들에게 큰 사랑을 받고 있는 그의 시문들이 신법을 풍자하고, 조정을 우롱하고, 황제를 비판하였다는 구실로 그의 문집을 어사대에서 심사하도록 하고 결국 그를 감옥에 투옥하여 오대시안(烏臺詩案)*이라고 불리는 필화 사건을 일으켰다. 결국 그는 1080년 나이 마흔다섯 되는 해에 자결을 생각할 정도로 모진 고문을 겪고 호북성(湖北省, 후베이성) 황주(黃州, 황저우)로 유배를 가게 되었다. 이후 구법당이 집권하면서 정치적으로 복권하였지만 이번에는 신법당의 정책 중 가치 있다고 생각되는 일부 조항을 계속 채택할 것을 주장하였다. 그뿐만이 아니라 1084년 소식은 49세의 나이로 황주에 있다가 여주단련부사(汝州團練副使)로 전출가던 도중 당시 정계를 은퇴하고 금릉(金陵, 지금의 장쑤성 난징시)에서 은거하고 있었던 64세의 왕안석을 만나 서로 살아온 발자취를 돌아보면서 완전히 화해하는 모습도 발견된다. 이로써 그는 다른 구법당 인사들과는 다른 행보를 보여 주었음을 알 수 있다.

소식의 상식적이고 소신 있는 태도는 당시 신법 이전으로의 완전한 복귀를 주장하는 사마광과 정이(程頤) 등과 마찰을 빚게 되었다. 그는 지방 관직을 자청하였고 1089년 항주(杭州, 항저우) 통판(通判)으로 부임하게 되었다. 그러나 이후 다시 신법당이 집권하게 되자 과거보다 더욱 가혹한 탄압을 받게 되어 광동성(廣東省, 광둥성) 영주(英州, 잉저우)와 혜주(惠州, 후이저우)로 유배되었고 이후 마지막으로 해남도(海南島, 하이난도)의 담주

---

* 오대시안(烏臺詩案)이라는 명칭은 어사대의 별칭인 '오대(烏臺)'와 시가 문제 된 필화 사건이라는 뜻의 '시안(詩案)'을 합해 '오대시안'이라고 부르게 된 것이다.

(儋州, 단저우)로 옮겨 가게 되었다. 당시 광동성과 해남도는 호전적이고 통제되지 않는 이민족의 빈번한 준동과 더불어 장기(瘴氣)라고 통칭되는 미지의 풍토병으로 인해 외지인들에게는 대단히 위험한 지역으로 알려졌다. 특유의 초연한 마음가짐과 태도로 6년여간의 가혹한 유배 생활을 견디어 휘종(徽宗) 즉위에 이르러 그에 대한 모든 정치적 탄압과 족쇄가 풀렸지만 이미 많은 나이와 오랜 유배 생활로 인하여 결국 강소성(江蘇省, 장쑤성) 상주(常州, 창저우)에서 생을 마감하게 되었다.

그가 남긴 여러 시문에서 묘사하고 있듯이 소식은 아무리 열악한 지역에 부임하게 되더라도 그곳에서 의미와 즐거움을 찾았고 항상 지역 주민들의 삶을 개선할 방법을 모색하였다. 그가 자진하여 항주 통판으로 부임하였을 때는 항주 서호(西湖)의 수질 개선을 위해 준설 작업에 착공하였고 퇴적물로 둑을 쌓아 오늘날 서호십경(西湖十景) 중 하나인 '소제춘효(蘇堤春曉)'로 알려진 소제를 건설하였다. 한편 당시 그 지역에는 전염병이 크게 발생하였고 그는 조정의 허락을 받아 승려(僧侶)가 되고자 하는 사람에게 국가에서 내주던 신분증명서인 도승첩(度僧牒)을 판매하고 상평창의 곡식을 이용하여 죽을 만들고 약재를 사들였다. 또한 관청의 여윳돈과 사비를 들여 병자 수용 및 치료를 위한 시설, 병방(病坊)을 설치하여 병자들을 돌보았다. 이 밖에도 당시 그 지역에서 소곡(巢谷)이라는 인물로부터 『성산자방(聖散子方)』이라는 전염병 치료에 효과가 있다고 알려진 의약 처방을 민간에 소개하였다. 비록 그의 기대와는 달리 『성산자방』은 병을 치료하기는커녕 심각한 부작용으로 오히려 많은 사람에게 피해를 주었지만 소식이 추천하였다는 이유로 오랫동안 전염병 치료제로 널리 애용되었다.

동시대인들과 후대인들은 소식을 올바른 사대부의 표상으로 삼았고 그의 고단하지만 소신 있는 삶이 고스란히 투영된 작품들은 중국을 넘어 한

반도에서도 두루 사랑받았다. 『삼국사기』의 저자 김부식(金富軾)의 이름이 소식에서 유래하였음은 널리 알려진 사실이다. 정작 소식은 「논고려매서리해차자(論高麗買書利害箚子)」라는 글에서 고려가 송나라에 해악인 다섯 가지 이유를 강력하게 주장하였던 인물이었음에도, 고려와 조선의 사대부들은 아랑곳하지 않고 그의 삶을 동경하고 문학 작품을 널리 향유하였다. 그런데 많은 사람이 소식의 삶을 동경하였다는 것은 거꾸로 그와

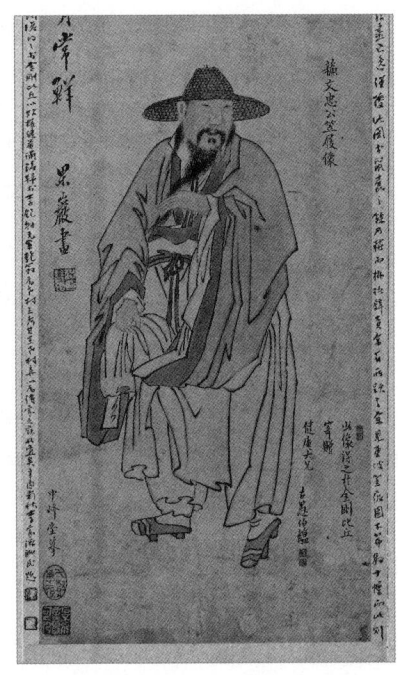

도판 8.1. 〈소동파입극도〉

같이 소신을 지키며 살아간다는 것이 얼마나 어려운 일이었는지를 방증하는 것이기도 하였다. 특히 구양수와 범중엄의 경력신정(慶曆新政)이나 신법당과 구법당의 당쟁을 거치면서 형성된 북송대의 정치 양극화는 당시 사대부들에게 어느 한편에 설 것을 강요하였다. 남송대가 되면 여진족에게 화북(황하 북쪽을 지칭)을 상실하고 강남(江南)으로 내려온 이후에도 북방 이민족에 대한 절대적인 열세를 인정하고 화평을 추구하는 현실론과 유교적 명분론에 기반한 주전론 사이에서 끊이지 않는 정치적 혼란이 전개되었다. 북송과 남송에 걸쳐 지속된 양극화된 정치 지형 속에서 소식과 같이 상식적이고 올바른 신념을 추구하는 인물은 중앙 정계에서 설 자리가 없었다.

당대(唐代)까지 중앙 정계에서 밀려난 인물은 유배지나 새로운 부임지에서 자신의 처지를 비관하면서 중앙 무대로의 권토중래(捲土重來)를 도모하는 것이 일반적인 현상이었고 자진해서 지방으로 간다는 것은 명예롭게 관직 경력을 마무리하고 고향으로 돌아가 안락한 여생을 보내는 것을 의미하였다. 결국 그들의 시선은 언제나 중앙 정계를 향해 있었다. 반면에 지역 백성들에 대한 소식의 따뜻한 시선과 그들의 삶을 개선해 주고자 헌신하는 모습은 오로지 개인의 영달을 위해 당파적 투쟁에만 매달리고 민생을 거들떠보지 않았던 당시 일반적인 관료들의 태도와 극명하게 대비되어 송대와 후대 사대부들이 응당 따라야 하는 새로운 모범이 되었다.

송대 사대부 관료들은 왜 의약 지식 보급에 열성적이었는가?

당대 안록산의 반란 이후 번진의 절도사와 같은 군사 지도자들의 난립으로 초래된 극단적인 혼란을 극복하고 남북을 통일한 송 왕조는 문치주의를 표방하면서 무력에 의한 통치를 종식하고자 하였다. 비록 당대에 비해 통치 영역은 크게 줄어들었지만 거의 모든 지역에 문인 관료를 직접 파견하여 통치하고자 하였던 송나라는 관리를 대폭 증원해야 할 필요에 직면하게 되었다. 따라서 송 초기부터 자격을 갖춘 유능한 관리를 양성해야 할 필요가 있었다. 1033년 다소 늦게 친정을 시작하게 된 젊은 황제 인종(仁宗)은 당면한 문제를 해결할 인물로서 범중엄(范仲淹)을 등용하였다. 그를 통해 인종은 조부나 친척의 관력에 따라 그 자손이 과거 시험 없이 관직에 나아가는 은음(恩蔭) 등을 통해 미적격자들이 관리로 등용되는 현상을 개선하고 교육기관 확대와 과거시험 개혁을 통해 전국의 인재를 조정으로 끌어들이고자 하였다. '경력신정'*으로 알려진 범중엄의 개혁 정책은 관리 선발 개혁을 비롯하여 사회 전반에 걸쳐 시행되었지만 1년이라는 짧은 기간 진행되어 직접적인 효과를 거두지는 못하였다. 그러나 경력신정을 통해 제시된 새로운 인재 양성과 관리 선발 시스템은 이후 새로운 유형의 사대부 관료의 등장에 지대한 영향을 끼쳤다.

아아! 내가 일찍이 옛 성현들의 마음가짐을 추구해 보니, 간혹 이 두 가지 경우의 행위와 다른 것은 어째서인가? 외물(外物) 때문에 기뻐하지도 않고 자기 처지 때문에 슬퍼하지도 않아서 조정의 높은 자리에 있으면 그 백성들을 걱정하였고 강호(江湖)의 먼 곳에 머물면 그 임금을 근심하였으니 이것은 나아가서도 걱정하고 물러나서도 걱정한 것이다. 그렇다면 어느 때에나 즐거워할 수 있었겠는가? 그들은 반드시 말하기를 "천하 사람들의 근심에 앞서서 근심하고 천하 사람들의 즐거움에 뒤미처 즐거워한다"라고 하였으리라. 아! 이런 사람들이 없었더라면 나는 누구와 더불어 돌아가겠는가.

이는 범중엄의 시 「악양루기(岳陽樓記)」의 한 구절로서 범중엄이 자신의 친구 등종량(滕宗諒)이 호남성(湖南省, 후난성)의 동정호(洞庭湖, 둥팅호) 앞에 있는 지역 명소 악양루를 보수한 기념으로 작성한 기문(記文)이다. 등종량은 조정에서 좌천되어 수도에서 멀리 떨어진 당시 파릉군(巴陵郡), 즉 오늘날의 후난성 웨양시(岳陽市)를 다스리게 되었다. 이 시는 전반부에서 유려한 문체로 악양루의 아름다움을 칭송하였고 후반부에 이르러

---

* 당시 연호인 경력(慶曆, 1041~1048)에서 따와 '경력신정'이라고 한다.

도판 8.2. 범중엄

친구가 처한 어려운 처지를 위로하였다. 특히 "천하 사람들의 근심에 앞서서 근심하고 천하 사람들의 즐거움에 뒤미처 즐거워한다(先天下之憂而憂, 後天下之樂而樂)", 즉 '선우후락(先憂後樂)'이라는 표현은 친구인 등종량에게 어려운 처지 속에서도 옛 어진 이들이 몸소 실천하였던 올바른 사대부 관료로서의 소명을 잃지 않을 것을 당부한 것이었다.

범중엄 이후 그를 추종하는 이들은 모두 그 뜻을 받들어 천하 백성의 삶에 대한 무한대의 책임감을 지녀야 했다.

송대 사대부 관료들의 천하 백성들에 대한 책임 의식은 다양한 형태로 표출되었는데, 예를 들어 그들은 백성들의 두려움의 대상이었던 다양한 질병을 치료할 수 있는 의약 지식을 민간에 보급하는 일에 앞장섰다. 송대는 당대 중후반기 이후 양자강 델타 지역인 소위 강남 지역의 개발이 가속화되어 다른 지역으로부터 대규모 이주가 이루어지고 강남 지역 내에서 도시화와 사회 기반 시설 건설로 인구의 유동성과 밀집도가 급증하였다. 이러한 사회 변화는 대규모 전염병 발생을 위한 최적의 환경을 조성해 주었다. 또한 강남 지역에 상존했던 다양한 풍토병에 노출된 이주민들은 여러 세대 동안 많은 희생을 겪고 난 후에야 적응할 수 있었다. 앞서 언급한 항주 통판 재직 시절 소식의 사례를 모범으로 삼아 송대 사대부 관료들은 질병 치료를 위한 의약 지식의 보급에 큰 관심을 보였고 이들은 사대부의사, 즉 '유의(儒醫)'라고 통칭되었다. 유교적 사대부들은 이전까지 전문적 의가(醫家)의 고유한 영역으로 간주되었던 의료 지식을 민간에 보급하는 일에 앞장섰다. 그들은 인종 시기 1057년에 설치된 교정의서국(校正醫書局)에서 집중적으로 출간된 관찬 의방(醫方)을 보급하는 것뿐만 아니라 민간에서 임상적으로 검증된 의방들을 수집하여 이를 널리 보급하는 데 적극적이었다. 송대 대표적인 과학자 겸 관료였던 심괄(沈括, 1031~1095)은 한 걸음 더 나아가 기존의 관찬 의방과 민간의 의방을 실험으로 효능을 비교·분석하여 소개하였다.

한편 의료 분야에서 송대 사대부 관료들의 활약은 지역의 의료 환경을 상당 부분 개선하였을 뿐만 아니라 송의 실질적 지배 영역을 크게 확장하였다. 당대부터 가속화된 강남 지역으로의 대규모 이주와 사회기반시설 확충은 중국인들의 역학적 변경(epidemiological frontier)을 강남을 넘어서 중국 남부 지역인 소위 '영남(嶺南) 지역'*으로 이전시켰다. 비록 진시황 대에 식민화된 이후로 송대에 이르기까지 군사적인 식민화는 지속되었지만 송대에 이르기까지 문화적으로는 여전히 중화 세계에 포함되지 못하고 있었다. 영남 지역을 더 이상 변지(邊地)가 아닌 내지(內地)로 만드는 데 가장 큰 걸림돌은 열악한 환경이었는데, 특히 '장(瘴)' 또는 '장기(瘴氣)'라고 불리는 풍토병은 외지인들에게는 대단히 치명적인 질병이었다. '장'은 의학적으로는 악성 학질 또는 현대 의학에서 말하는 말라리아와 유사한 질병으로 추정되는데, 그 외에 영남 지역에서 발생하는 다양한 풍토병을 포괄하는 지리적·문화적인 개념이었다. 당대까지 이 지역에 파견되는 관리나 군인 들은 살아서 돌아오지 못할 것이라는 두려움에 큰 고

---

* 난링산맥[南嶺山脈, 또는 우링산맥(五嶺山脈)] 이남 지역의 명칭으로서 오늘날의 광둥성, 광시성 그리고 후난성과 장시성 남부 지역에 해당한다.

통을 받았고 당 태종은 파견을 거부하는 관리를 조당(朝堂)에서 참수하는 일까지도 있었다. 막연한 공포로 남아 있던 '장'은 송대에 이르러 사대부 관료들의 적극적인 관찰과 의약 지식 축적 덕분에 점차 치료할 수 있는, 또는 예방할 수 있는 질병으로 인식되기 시작하였다. 남송대 사대부 관료이자 다양한 여행기를 남겼던 범성대(范成大)는 광서성(廣西省, 광시성) 계림(桂林, 구이린)에 부임하여 그 지역의 '장'을 직접 관찰하여 중원의 열성 질환인 상한(傷寒)이나 학질(瘧疾)과는 다른 특성이 있음을 지적하였다. 그 밖에도 계림 통판으로 재직하였던 주거비(周去非, 1135~1189)는 '장'의 증상을 보다 상세하게 묘사하고 증상에 따라 냉장(冷瘴)과 열장(熱瘴)으로 구분하였다. 그들의 선구적인 노력은 명·청대 이후 중원의 상한학파(傷寒學派)에서 분기하여 영남 지역의 질병을 다루는 영남학파(嶺南學派)의 형성에 이바지하였고 그 과정에서 '장'은 더 이상 영남의 내지화를 가로막는 장애물로서 작용하지 않았다.

의료 분야에서 송대 사대부의 활약은 이전에는 찾아보기 힘들었던 새로운 현상이었다. 중앙 정부와 지역에 파견된 지방관들이 전염병이 창궐하였을 때 구휼 차원에서 백성들에게 의약과 식량을 비롯한 구휼품을 제공하는 것은 고대부터 보편적인 현상이었지만 송대 사대부들은 거기에 그치지 않고 직접 효과적인 치료법을 수집하고 연구하여 의서를 편찬하기에 이르렀다. 이전까지 전문적인 의사의 영역이었던 의료 분야에 그것과는 사뭇 어울리지 않는 유교적 사대부들이 적극적으로 참여하였던 것은 '선우후락'의 발로였다. 즉, 그들은 백성들에게 가장 치명적인 피해를 주었던 다양한 질병에 대항하여 의약적 지식을 제공해 줌으로써 천하에 대한 자신의 책임을 완수하고자 하였다.

'천하의 풍속을 하나로 한다'라는 말은 왜 송대 사대부들의 구호가 되었나?

천하에 대한 책임을 다하는 것 외에 송대 사대부의 의약에 관한 관심에는 또 다른 이유가 있었다. 당시 사대부들은 의약 지식 보급을 통해 그동안 의료적 치료보다는 무속적인 치료나 민간신앙에 더욱 크게 의존하고 있었던 백성들의 전통적인 관습을 교정하여 자신들이 검증한 치료법을 백성들이 따르도록 하는 것이었다. 이러한 점에서 송대 사대부들의 의료 지식 보급은 백성들의 뿌리 깊은 인습을 교정하고 민간 풍속을 새롭게 하고자 하였던 것과도 밀접한 관련이 있었다. 북송대 개혁가 왕안석(1021~1086)은 자신의 개혁 의지와 내용을 인종에게 상소한 「상인종황제만언서(上仁宗皇帝萬言書)」 속에서 "천하의 풍속을 하나로 함으로써 치세(治世)를 이룬다"라고 하여 민간 풍속 교정이 안정된 통치를 위한 중요한 요소임을 강조하였다.

왕안석의 신법 개혁은 현실 세계의 개혁에만 국한되지 않았고 영적인 세계, 즉 종교적인 세계에 대한 개혁도 대상에 포함하였다. 조정에서는 지역에서 큰 영향력을 지닌 주요한 민간신앙의 신에게 거듭해서 관직을 내리고 사묘에 사액(賜額)함으로써 국가 제사 시스템인 사전(祀典)에 그들을 포함하였다. 예를 들어 그 신이 지역에서 발생한 다양한 재난으로부터 지역 주민들을 여러 차례 구해 주었다든가 정부가 외적의 침입이나 반란군을 물리치는 데 영적인 도움을 주었다는 식의 서사를 부각하여 기존의 기복신앙적 이미지 위에 공적인 이미지를 덧씌워 조정의 공인을 이끌어 내었다. 더 나아가 중앙 조정에서는 지방에 파견되는 지방관들에게 공인된 민간신앙 사묘(祠廟)에서 개최되는 제사를 주관하도록 하였다. 비록 민간신앙에 대한 국가의 후원은 중국 고대에서부터 발견되지만, 송대에 이르러 비교 불가능한 수준으로 체계화되고 확대되었다.

송대 본격적으로 발행되기 시작하는 지방지(地方志)에는 해당 지역 민간신앙 사묘에 대한 기록이 수록되어 있고 사대부 관료들의 공식적인 상소문이나 개인문집에도 자신이 관찰한 민간신앙의 모습이 생생하게 전해지고 있다. 그들은 민간신앙 사묘의 제사를 주관하면서도 다른 한편으로는 신앙 고유의 민간 행사에서 발견되는 비윤리적이고 때로는 위법한 행위들을 지적하고 이를 교정하고자 노력하였다. 남송 말기 안휘성(安徽省, 안후이성) 광덕군(廣德軍)에 부임한 황진(黃震, 1212~1280)은 그 지역에 위치한 사산장대제(祀山張大帝) 사묘에서 거행되는 제사를 세밀하게 관찰하여 기록하였다. 비록 사산장대제 신앙은 국가 제사 시스템에 등록되어 국가에서 공인한 소위 '정사(正祀)'였지만 황진은 제사를 전후해서 벌어지는 민간의 일탈적인 행위들을 강력하게 비판하였다. 우선 신자들이 신에게 속죄하는 의미에서 기괴한 복장을 입고 거리를 행진하는 모습이나 행사를 준비하면서 민간에 강제로 비용을 징수하는 관습을 비판하였다. 특히 그가 가장 강력하게 반대하였던 것은 사산장대제에 부속된 하위 신격이었으나 점차 주신(主神)의 인기를 능가하게 되었던 전염병의 신인 역신(疫神)에게 희생(犧牲)으로 수백에서 수천 마리에 이르는 경우(耕牛)를 도살하는 관습이었다. 농업용 소인 경우의 도살은 농업 생산성을 저하시키는 것으로서 당시 법에서 엄격하게 금지되어 있었으나 제사의 희생을 명목으로 소를 도살하는 것을 정부에서도 일일이 단속하기 어려웠다. 도살되어 사묘에 바쳐진 소들은 민간에서 암암리에 거래되었고 이는 상업적으로 큰 이익을 낳았다. 황진은 중앙 조정에 이러한 관습을 법적으로 금지해 줄 것을 상소하였지만 남송 말기 조정은 이에 대응할 여력이 없었다. 그러나 황진의 활약은 후대 지방관들의 모범이 되었고, 민간의 풍속 교정에 매진하였던 그의 정신은 후대에 면면히 계승되었다.

요컨대 '천하의 풍속을 하나로 한다'는 구호 아래에서 이루어졌던 송대 대대적인 풍속 교정 사업은 주술적인 영향이 강하였던 의료적 관습과 민간신앙 영역에 상당한 변화를 초래하였다. 이를 통해 송나라 지배층은 기존의 관습적인 질서에 머물러 있었던 기층 민간 사회에 대해 포괄적이고 일원화된 통치를 상당히 널리 확산할 수 있었다. 명·청대 지역에서 활약하게 되는 신사(향신)층은 송대 사대부 지방관들의 선구적인 활동에 깊은 영향을 받았다.

송대 사대부가 조선시대 사대부에 남긴 유산은 무엇일까?

값싸면서도 영양가가 풍부했음에도 불구하고 요리법이 보급되지 않아 제대로 쓰이지 못했던 식재료인 돼지고기를 동파육이라고 하는 풍미 있는 요리로 탈바꿈시켰던 소식의 행동은 선례를 찾아보기 힘들 뿐만 아니라 유교적 사대부이자 지방관이라는 그의 신분을 고려한다면 매우 어울리지 않는 모습이었다. 험난한 정치적 파고를 오로지 올곧은 소신으로 헤쳐 나갔던 소식이 사대부 관료로서 지역민들에 대해 항시 보여 주었던 헌신과 사랑은 중국 사대부들의 표상이 되었다.

소식과 같은 송대 사대부 관료들은 백성들의 관습적인 삶에 깊이 개입하고 공권력을 동원하여 잘못된 풍속을 교정하고자 노력하였다. 조선 중후반기 유교적 사대부들이 향약 보급을 통해 보여 주었던 열광적인 풍속 교정 태도는 그보다 앞서 소식을 비롯한 송대 사대부들의 선례에 깊이 영향받은 것이었다.

◆ ◆ ◆

오늘날과 유사하게 정치적 양극화가 극심했던 시대를 살아갔던 소식은 양측 모두로부터 정치적 탄압을 받으면서도 백성을 위한다는 자신의 소신을 올곧이 지키면서 살아갔기에 후대 동아시아 사대부의 귀감이 되었다. 국민과 국익보다 사익을 앞세우는 정치인들이 목소리를 높이는 이때, 소식처럼 책임을 다하고자 노력하는 정치인을 국민이 선택하는 날이 언제 올 것인가? 혹은 우리 스스로 그런 정치인이 되는 것도 좋은 선택일 수도 있다.

9

문치주의는 송나라를 문약하게 만들었는가?

'붓은 칼보다 강하다'라는 말이 있지만 현실에서는 칼에 잘려 나가는 붓을 자주 볼 수 있다. 서슬 퍼런 칼 앞에 두려움에 떠는 많은 이들을 보호하기 위해 붓이 칼보다 강하다는 인식을 사회에 강고하게 심어 줘야 할 필요가 있다. 문약한 나라의 대표로 자주 거론되는 송나라는 정말 힘이 없었던 걸까? 아니면 누구보다 군사력의 위험을 알기 때문에 군을 강하게 통제한 걸까? 송나라의 속사정을 살펴보면 '군에 대한 문민통제'라는 문제가 얼마나 중요한지 깨달을 수 있지 않을까?

✦ ✦ ✦

군에 대한 문민통제가 왜 중요한가?

고대부터 군대는 국가로부터 물리적인 폭력을 합법적으로 부여받아 평상시 그것을 관리·통제하며 유사시엔 물리적 폭력을 수단으로 하여 전쟁에서 승리하는 것을 목적으로 하는 조직이다. 한편 군에 대한 민간의 통제가 사라지게 된다면 군대가 독점하고 있는 폭력은 사회 안정을 해치는 수단이 될 수도 있었다. 송나라는 과거 왕조에 비해 군에 대한 문민적(文民的, civil) 통제를 가장 강력하게 시도하였던 국가였다. 송은 앞선 당대나 5대 시기 군에 부여된 자율성이 가져온 치명적인 폐해를 잘 알고 있었기에, 군사작전의 낮은 효율성을 감내하면서도 문민적 통제를 통한 사회적 안정을 선택하였다. 송대 문치주의를 비판하는 관점에서는, 대외적으로 호전적인 북방 유목민족 군대에 번번히 패배하여 굴욕적인 조약을 체결하게 되었고 이후 지속된 장기간의 평화 역시 '돈으로 산 불안정한 평화'였을 뿐이라고 폄하되기도 하였다. 그렇다면 이 장에서는 과연 송대 문치주의에 대한 후대의 평가는 정당한 것이었는지를 새로운 관점에서 접근해 보고자 한다.

송대 문치주의에 대한 비판은 어디서 기원하는 것일까?

'문치주의(文治主義)'에서 '문치'란 문교(文敎)와 예악(禮樂)으로 백성을 다스린다는 의미로서 『예기(禮記)』「제법(祭法)」에 이르길 "문왕은 문치로 다스리고 무왕은 무공으로 다스려 백성들의 재앙을 제거해 주니 이는 모두 백성에게 큰 공적을 세운 것이다"라고 하였다. 즉, 역대 왕조에서 난을 평정할 때는 무공으로, 나라를 안정적으로 유지할 때는 문치로 다스려야 한다고 설명하였고, 한대 이후 문치의 주된 사상은 유교의 정치 이념에 바탕을 두었다. 그 과정은 한 무제(漢武帝) 시대에 시작되었는데, 이른바 "무제의 시대에 이르러 유학을 드높이 표창하고 백가(百家)를 배척하니 마땅히 크게 다스려짐이 있었다"라는 것이었다. 문치주의의 정치 이념으로서 유학의 독존적 지위를 공식적으로 인정한 이래, 중국 역대 왕조에서는 대체로 큰 흔들림 없이 유지되었다.

  그런데 오늘날 대부분의 역사서에서는 유독 송대의 문치주의를 비판적으로 묘사하는 서술들이 자주 발견된다. 송나라는 주변의 요나라, 서하, 금나라에게 거듭 군사적으로 열세를 보여 왔다. 많은 영토를 빼앗기고 굴욕적인 조약을 맺고 세폐를 바쳤던 부정적인 모습들은 송나라의 찬란한 문화적 성취와 전대미문의 경제적 성장, 그리고 비약적인 인구 증가라는 긍정적인 모습을 덮어 버렸다. 그리고 송대 군사적 열세의 원인을 문치주의적 국방 정책에서 찾고 있다. 그런데 송대 문치주의적 국방 정책을 소위 '중문경무(重文輕武)', 즉 '문'을 중시하고 '무'를 경시하였다고 보는 관점에 대해서 새로운 해석이 이루어지고 있다. 송대의 문치주의와 그 결과로서 대외적 굴욕을 연결시키는 관점이 형성된 기원을 살펴보면, 20세기 전반기 중국의 계몽주의 학자들이 19세기 이래 서구 열강의 침탈과 스스로를 방어하지 못했던 사실에 대한 반성적 감정을 투영한 역사 서술에서 찾아볼 수 있다. 그들은 유교를 근대화의 걸림돌로 지목하였고 송나라의 문약한 유교적 문민통치가 군사력의 약화를 초래했다고 인식하였다. 그들은 19세기 중국이 가진 문약함의 기원을 외부 세력에 의해 거듭해서 영토를 침탈당했던 송나라의 역사적 선례 속에서 찾아보고자 하였다. 그런데 한 세기 이상이 지난 오늘날에도 그 계몽적인 관점이 여전히 유효할 수 있을까? 그동안 새로운 연구들이 축적되면서 송대 대외관계와 군사정책에 관한 기존의 설명은 재고할 필요성이 크게 대두되고 있다.

군에 대한 문민적 통제는 군사력을 약하게 만들었는가?

도판 9.1. 송 태조 조광윤

송나라가 건국된 바로 다음 해에 송 태조 조광윤은 자신의 심복인 석수신(石守信) 등을 불러 연회를 열었다. 술에 거나하게 취했을 때 태조가 말하길 "나는 그동안 밤새 편히 누워 잠든 적이 없었소. 그대들은 비록 다른 마음이 없다고 하더라도 만일 휘하의 사람이 부귀를 탐해서 일단 황포(黃袍, 황제가 입는 옷)를 그대의 몸에 입힌다면 그대들은 비록 원하지 않더라도 어찌할 수 없을 것이오"라고 하면서 심복들의 의중을 떠보았다. 그의 의도대로 심복들이 장군직에서 물러날 뜻을 밝히자, 이에 태조는 그 장수들에게 보유하고 있던 병권을 내놓고, 자신의 고향으로 돌아가 대대손손 편안하게 지낼 것을 권유하였고 그들은 감히 그 뜻을 거부할 수 없었다. 태조는 술자리의 분위기를 이용하여 공신이었던 장수들의 병권을 빼앗는 데 성공하였다. 이 사건에 대해서 후대 학계에서는 송나라가 이전의 5대 왕조들처럼 잦은 왕조 교체의 혼란을 겪지 않도록 하였다는 점에서 대단히 긍정적으로 평가하기도 하지만 다른 한편으로는 그 결과 군사력 약화를 초래하였다는 점에서 부정적으로 바라보기도 한다.

송나라는 개국 초기부터 당대 후반기 이래 지속된 정치적 혼란의 재현을 두려워하여 지역 군사권을 장악하고 있었던 무인 절도사의 군사권을 제한하고 점차 그 직을 제거하는 대신 중앙에서 파견된 문인 출신 관리들로 하여금 지역을 통치하도록 하였다. 이러한 소위 '문치주의' 정책은 변경에서 북방 유목민족에 대한 군사적 대응력을 약화시켜 송나라의 군사적 약체화를 초래하였다고 설명되고 있다. 또한 송나라 군사력의 약체화를 논하는 경우 대부분 군의 비효율적 운영에 주목한다. 송의 군대는 주로 효과적인 전투력을 희생하면서까지 중앙정부를 위협할 수 없도록 통제되었다고 평가된다. 북송의 군 통수권은 오로지 황제 1인에게만 주어졌다. 군대의 총사령관들은 황제로부터 독립적으로 책임을 부여받았으나 자의적으로 군을 이동하거나 공세를 펼치지 못하고 추밀원(樞密院)의 명령이 있어야 군권을 행사할 수 있었다. 하지만 추밀원은 황실 군대를 통제할 권한이 없는 재상 밑에서 운영되었다. 게다가 3년에 한 차례씩 군대에 정기적인 인사이동을 단행하여 지휘관과 병사와의 관계를 약화시켜 당대 절도사들이 전횡을 저지르는 기반인 군의 사병화(私兵化)를 미연에 방지했다. 황제가 직접 전쟁을 지휘하는 경우는 거의 없었기 때문에 송군은 지휘 계통의 통일성이 부족했다. 남송 초기 금나라의 침공을 효과적으로 저지하였던 악비나 한세충의 경우에서도 보듯이 국가적 전란이라는 위급한 시기에는 독립적인 군사 지휘권을 지닌 군벌들이 예외적으로 등장하기도 하였지만 위급한 시기가 지난 후에는 군사권은 다시금 중앙정부로 귀속되었다.

양송대(兩宋代) 전 시기를 거쳐 문치주의, 즉 군대에 대한 문민통제는 상당히 성공적이었다. 이는 당대나 5대와 같이 군인들이 황권에 도전하는 사건들을 송대에는 찾아볼 수 없었다는 점에서 확인할 수 있다. 반면에 군에 대한 성공적인 문민통제가 송나라의 군사적 실패를 초래한 원인이었다고 보는 인식 역시 확고하게 자리 잡고 있다. 문약한 조정 대신과 황제는 전쟁이 불가피했던 때에도 공격적인 전략보다는 수비적인 입장을 고수했고 호전적인 주변국들과 평화적 합의를 통한 해결을 주로 모색하였다. 그 결과 국가가 멸망할 때까지 송나라 황제들은 북방 유목민족 국가를 상대로 스스로를 신하로 인정한 굴욕적인 조약을 감수할 수밖에 없었다는 것이 비판적 시각의 골자였다.

그러나 비판적 시각과는 달리 사실 송나라는 중국 역대 왕조 중에서도 손꼽히는 군사 대국이었다. 송 조정은 막대한 재정적 부담을 감수하면서도 100만 명을 상회하는 상비군을 중앙과 변경 요충지에 주둔시키고 있었고 당대 이래 비상 상황에서 군사 업무를 담당하던 추밀원을 상설 기구화하였을 뿐만 아니라 조정과 국가 업무 전반을 담당하는 중서성과 대등한 수준의 중요성을 갖추게 하였다. 송대 과학기술 분야의 성취 역시 대부분 군사기술과 밀접한 관련을 지니고 있었다. 우선 전장에서는 세계 최초로 화약을 이용한 무기가 적극적으로 활용되었고 중국 복건(福建, 푸젠)과 강남 지역을 중심으로 하는 조선술 발전으로 남송대 활약한 수군(水軍)은 강력한 북방 유목국가의 침입을 강과 바다에서 장기간 효과적으로 막아내고 수운을 통한 원활한 물자 수송으로 동서 간에 길게 뻗은 국경을 효율적으로 방어할 수 있었다. 그 결과 거듭해서 출현하였던 호전적인 유목민족 국가들의 위협 속에서도 북송과 남송 시기를 합쳐 300여 년이 넘는 기간 동안 중국 전체 또는 중국 남부에 통일된 정치체제를 유지하면서 탁월한 문화적 성취와 전대미문의 경제적 성장을 이룰 수 있었던 것은 군사력의 뒷받침이 없었다면 불가능했을 것이다.

비록 송대는 몇 차례 커다란 군사적 실패로 인하여 전쟁이 빈번하였던 것으로 인식되기도 하지만 전토가 전장이 되는 대규모 전란은 손에 꼽을 정도에 불과하였다. 우선 1004년 요나라의 침입을 마무리 지은 전연의 맹약(澶淵之盟)* 이후 요와는 120여 년간 큰 전쟁이 없었고 1041년과 1081년에 일어난 서하 원정은 군사적으로 송나라에 큰 피해를 주기는 하였지만 전투는 주로 변경 지역에 국한되었다. 그리고 남송은 금나라 군대에게 화북(회하 이북 황하 유역)을 상실하였지만 이후 영웅적 장군들의 활약으로 반격하여 대산관(大散關, 산시성 바오지현 서부)에서 회하에 이르는 국경을 유지하였다. 또한 1142년 금나라와의 전쟁을 끝낸 소흥화의(紹興和議)에서 맹약이 체결된 이후 상당히 오랜 시기 동안 중국 남부 지역은 안정적으로 통치되었다.

따라서 송 조정이 '무'를 경시했다는 인식은 사실과 부합하지 않았다. 오히려 군사 분야에 집중된 국가정책으로 인하여 '무'가 지나치게 중시되고 전장에서 큰 공을 세운 사령관이 독립적인 군벌화하여 막강한 권력을 장악하게 되는 상황을 경계하기 위해서 '무'를 억누르는 정책을 유지하였다고 보는 것이 더욱 적절한 설명일 것이다. 문인 관료들은 금나라와의 전쟁을 통해 부상한 한세충이나 악비와 같은 영웅적인 무인들이 대중적인 지지를 등에 업고 조정의 통제를 따르지 않게 되자 이들을 견제하였다. 그들은 과거 당 말과 5대 시기 절도사들의 자의적인 통치에서 비롯된 정치적 혼란의 재발을 방지하기 위해 '무인의 발호'를 억제하고 군대를 중앙군에 편재하였을 뿐 국방력을 약화하였던 것은 아니었다. 오히려 남송 고종 소흥(紹興) 11년(1141) 자고진(柘皋鎭) 전투에서 보이듯이 전군을 통솔하는 지휘 체계 없이 독립적으로 활동하던 남송 초기 변경 군벌들을 중앙

---

* 1004년에 요(遼)의 성종(聖宗)이 침입하자 이를 막기 위해 북상하였던 송의 진종(眞宗)이 전주(澶州, 현재 허난성 푸양시)에 대진(對陣)하고 체결한 강화조약이다. 그 조약의 주요 내용으로는, 송이 요에 매년 비단 20만 필과 은 10만 냥을 지급하고, 양국 군주는 형제 관계가 되며, 진종이 성종보다 나이가 많으므로 진종이 형이 된다는 것이었다.

에서 황제가 유기적으로 통솔함으로써 상당한 성과를 거두기도 하였다. 실제로 영웅적인 군벌들은 항금(抗金) 전쟁 초기 뛰어난 성과를 거두었지만 점차 그들의 독자적인 행동은 효과적인 전쟁 수행을 저해하는 요소로 변질되었다. 즉, 남송 조정의 정책은 '문'을 중시하고 '무'를 억제한다는 '숭문억무(崇文抑武)'고 표현될 수 있으며 이는 분명 앞서 언급된 '무'를 경시한다는 '중문경무'와는 분명히 다른 정책이었다.

비록 문인 관리들이 중앙과 지방의 주요 관직을 장악하고 '문'의 가치를 더욱 강조하였지만, 앞서 언급한 바와 같이 송 조정의 가장 긴급한 관심사는 언제나 국방 분야 안건들이었다. 또한 최고 결정권자인 황제도 비록 어릴 때부터 문인으로서의 교육을 받았지만 정책 결정상 국가의 존망과 직결되는 '무'에 더욱 큰 비중을 두었다. 오히려 '무'의 가치가 지나치게 중시되던 조정의 분위기 속에서 과거를 통해 관직에 진출한 문인 관료들은 조정뿐만 아니라 국가 전체에 '문'의 가치를 존숭하는 운동을 강하게 추진하였다. 특히 북송 인종(仁宗) 경력 연간(1041~1048)의 경력신정(慶歷新政) 이후 등장한 새로운 사대부들은 이러한 운동의 상징적인 인물들이었다. 그들은 평화를 왕도(王道)로 보았고, 전쟁은 패도(霸道)라고 규탄했다. 그 결과 북방 유목국가들의 굴욕적인 요구 사항을 감내하면서까지 비군사적인 방법으로 국난을 해결하고자 하는 경향이 있었다. 그러나 실제로는 중서성이나 추밀원의 고위 문인 관료들은 주로 군 문제를 최우선적으로 처리하였다. 그리고 군 관련 안건에 대해 문인 관료들은 경우에 따라 전쟁을 불사하는 지극히 주전론(主戰論)적인 결정을 내렸다. 비록 그들의 주전론적 결정은 대체로 실패로 돌아갔지만 유가적 문인들은 당시 그들이 처한 정치적 상황과 목적에 따라 유연하고 실리적인 판단을 내리고 있음을 보여 준다.

송나라 시기에도 전통적인 중화 제국 질서는 유지되었는가?

일반적으로 중화 제국 질서란 책봉과 조공을 매개로 문화적 우월감을 가진 중국과, 실익을 추구하는 동아시아 주변국들 간의 형식적 위계 관계로서 동아시아에서 19세기 중후반까지 유지되었다고 인식되고 있다. 중화 제국 질서의 개념과 성격에 관한 다양한 연구 담론이 축적되면서 점차 중국과 주변국 간의 다양한 측면들이 드러나고 지나치게 단순화되었던 조공-책봉 관계에 대한 새로운 개념이 형성되고 있다. 송나라 시기 주변국과의 조공-책봉 관계는 다른 중화 제국의 경우와는 큰 차이가 있었다. 송의 건국과 중국 남부 통일은 역사서에서 당 제국의 부활과 계승으로 묘사되고 있으나 송은 '당'을 계승한 것이 아니라 앞서의 '5대' 왕조를 계승한 것으로 본질적으로 차이가 있었다. 우선 '연운 16주'라고 하는 장성 이남의 군사적 요충지를 상실한 채로 북방 유목민족 국가와 화북을 분할한 상황에서 건국된 송나라는 과거 당 제국과 같이 북방 민족에게 강력한 영향력을 행사할 수 없었다. 후진(後晉) 석경당(石敬瑭)이 요나라에 할양한 연운 16주의 일부인 영주(瀛州, 오늘날 허베이성 창저우시 허젠시)와 막주(莫州, 오늘날 허베이성 창저우시 런추시), 즉 소위 관남(關南) 지역이라 일컬어지는 이 지역은 5대 말기 후주(後周) 세종(世宗)에 의해 수복되기도 하였으나 이후 북송 태조와 태종의 노력에도 불구하고 더 이상의 고토 회복은 이루어지지 않았다. 게다가 한대(漢代) 이래 중국의 주요한 군마 생산 기지였던 간쑤성 및 하서회랑(河西回廊) 지역이 새롭게 등장한 탕구트족의 서하(西夏)에게 상실되면서 북방 유목민족을 상대할 충분한 기병을 갖추려는 계획에도 차질이 발생하였다. 따라서 서구 학계에서는 중국 역대 통일 제국들과 구별하여 송나라를 완전한 제국이 아닌 약소 제국(lesser empire)

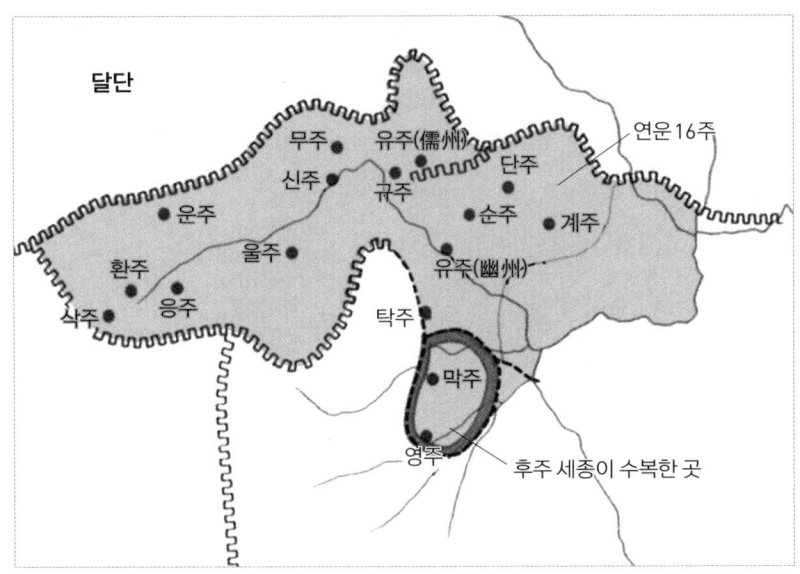

지도 9.1. 연운 16주

으로 지칭하기도 한다. 주변국의 입장에서는 북방의 요와 금, 남방의 송(남송)이라는 복수의 '천자국'이 존재하게 되면서 자신들의 국가적 이익에 따라 두 국가와의 관계를 조율하였다.

북방 유목민족들과의 대립으로 인하여 화북 지역이 전장화되고 결국 상실되었지만, 송나라는 당 말 이래로 화북 지역을 압도하는 경제력과 인구를 지니게 된 강남 지역을 중심으로 거둬들인 세금을 바탕으로 대규모 재정을 운용할 수 있었다. 구체적으로 인구 측면에서 학자에 따라 차이는 있지만, 거란의 요나라 인구는 380만(거란족 75만)에서 최대 900만(거란족 150~250만), 고려 인구는 약 250~300만, 서하 인구는 약 300만 정도로 추정되는 반면, 북송 인구는 그 열 배에서 수십 배가 넘는 9000만 명에서 혹자는 1억 명 이상으로 추정하기도 한다. 압도적인 인구뿐만 아니라 강남 지역을 중심으로 전국적인 네트워크를 통해 고도로 발전한 상업과 크게 확대된 해상 교역을 통해 송나라는 세계에서 가장 부유한 지역으로 알려져 있었다. 연구에 따르면 12세기 송나라의 국민소득은 유럽의 3배에 이를 정도였고 전체 인구 중 수백만 명이 도시에 거주하고 철 생산량은 10만 톤 이상으로 추정되었다.

  송나라는 지정학적으로 대단히 불리한 조건에서 건설된 약소 제국이었지만 인구와 경제력은 한이나 당과 같이 과거 중국 역사에서 등장했던 제국들을 압도하였다. 송나라는 주변 유목국가들을 군사적으로 압도하지는 못하였지만 이미 송나라의 압도적인 경제적 풍요에 크게 의존하고 있었던 주변 국가들은 송나라와 평화조약을 통해 세폐를 받고 정기적인 호시(互市) 개장을 약속받음으로써 정치적 명분보다는 확실한 실리를 챙겼다. 북방 유목민족 국가들 역시 송과의 장기간 단절은 자국 내 절대적 물자 부족 현상을 초래하였고 이는 민심 이반과 정치적 분열을 불러왔기에 큰 부담이 되었다. 서하의 경우 송과의 전쟁으로 내부 통제가 소홀해진 틈을 타 야리족(野利族)의 반란을 겪게 되었고 거란과의 관계도 크게 악화되어 송과의 평화조약을 강력하게 원하게 되었다. 심지어 신병(神兵)이라 불리는 강력한 기병을 이끌고 송나라를 역사 속에서 완전히 소멸시킬 뻔했던 금나라 역시 이후 남송이 축적된 항전 경험과 강남 지역의 풍부한 자원을 기반으로 금의 기병 전술을 효율적으로 방어하게 되면서 전쟁이 장기전으로 전환되자 안정적인 세폐 확보와 강남 지역과의 지속적인 교역이라는 실리를 선택하게 되었다. 요컨대 송의 군사 체제는 요나라, 서하 그리고 금나라와의 전쟁에서 많은 문제점을 노출시켰으나 상대 국가들 역시 송나라에 경제적으로 크게 의존하고 있었거나 송나라에 비해 재정적으로 명확한 한계를 지니고 있었기에 완벽하게 송을 압도하지는 못하였다. 즉, 송나라는 군사적으로는 약소 제국으로서 과거 5대 시기의 중원 왕조와 마찬가지로 동아시아 국제질서 속에서 주변국들과 동등한 위치에 놓여 있었다. 송 태조 이래 끊임없는 실패에도 지속해 온 '오랑캐 척결[攘夷]'이라는 대업과 전통적인 중화 제국 질서를 포기하였지만, 송 제국은 강남 지역을 기반으로 하는 압도적인 경제력을 바탕으로 주변국들을 끌어들여 자신에게 절대적으로 의존하게 만들었던 새로운 유형의 '중화 제국'이었다.

요나라의 군사력은 송나라를 압도하였을까?

투철한 상무정신으로 무장한 기마병을 거느린 북방 유목국가들은 압도적인 군사력을 바탕으로 중원의 농경 국가들을 수월하게 제압하였다. 요나라와 금나라의 기마병 앞에서 보병 위주의 송나라는 손쉽게 무너지기 일쑤였고 도저히 군사적 격차는 메꿔질 수 없을 것 같았다. 그런데 그들도 결국 중국 전체를 장악하지는 못하였고 송과 화친을 맺은 이후에는 중국 전체를 차지하려는 대규모 군사행동은 거의 시도하지 않았다. 예외적으로 중국 전체의 황제가 되고자 하였던 금나라 폐제(廢帝) 해릉왕(海陵王, 재위 1150~1161)이 남송을 침략하기도 하였으나, 양자강에서 남송의 압도적인 수군에 번번이 패퇴당하다가 오히려 내부 반란군에게 시해당하였다. 이후 남송을 공략한다는 것은 무모한 것으로 인식되었다.

요나라와 금나라가 중국 남부에 대한 군사적 행동을 지속하지 못했던 것은 우선 당시 그들을 둘러싼 국제질서의 특징에서도 찾아볼 수 있다. 만주 지역에서 출현한 거란의 요나라와 여진의 금나라는 몽골 초원 지역의 유목민족 세력과 중원의 중국 왕조 간에 이어진 약탈, 조공, 교역 등을 통한 공존이 무너지고 두 세력이 공멸하는 시점에 등장하였으나 곧 초원과 중원의 세력들이 힘을 회복하게 되자 그들에게 둘러싸이게 되었다. 당시 정복왕조 주변에는 남부의 송나라, 서부의 서하, 동부에는 고려가 존재하였다. 그리고 요나라 지배하에 있었던 여진족이나 금나라 지배하의 몽골족 등도 점차 요나라나 금나라를 위협할 정도로 성장하게 되었다. 요나라와 금나라를 둘러싸고 있던 서하, 고려, 여진족, 몽골족은 군사적인 역량에서 요나라나 금나라에 미치지 못하였지만, 송은 이러한 주변국가들과 직접적인 혹은 암묵적인 동맹을 통해서 강력한 북방 유목민족 왕조들을 견제하였다.

 10세기에서 13세기 후반까지 지속된 국제관계의 균형이 요나라와 금나라의 군사적 확장을 억제하였던 주요한 원인이기는 하지만, 그보다 더 중요한 것은 요나라와 금나라의 군사력이 후대의 몽골제국처럼 균형을 완전히 무너뜨릴 만한 역량을 지니지 못하였다는 점이다. 요나라의 실제 군사력을 추정하는 것은 대단히 어려운데 이는 동일한 전쟁에 동원된 거란군의 규모에 관해 다양한 사료가 서로 다른 수치를 제시하고 있기 때문이다. 다만 여러 사료를 토대로 추정해 본다면 10세기 말 거란군 정예 기병은 10만 명 정도로 그중 전쟁에 동원 가능한 숫자는 대략 5만에서 6만 명 정도로 추산된다. 거란은 그들이 다스리던 한인과 발해인을 신뢰하지 않았기에 이들을 차출한 한아(漢兒)라고도 불렸던 향병(鄕兵)은 실제 전쟁에서는 큰 역할을 수행하지 못했고 보조적인 역할만을 담당했다. 거란의 군대는 중원의 왕조가 약화되었던 944년 후진의 석중귀(石重貴)를 토벌하기 위해 중원을 침공하였고 3년간의 전쟁 끝에 개봉을 점령하였다. 그러나 한족의 거센 저항에 거란은 3개월 만에 철수하였고 이후에는 연운 16주 방어에만 역량을 집중하였다. 실제로 중원과 중국 남부를 통일한 송이 등장하게 되면서 거란은 더 이상 중원을 쉽사리 공략할 수 없었다.

반면에 송나라는 건국 초기에는 수도였던 개봉이 요와의 국경에서 가깝다는 이유로 낙양(洛陽, 뤄양) 또는 장안으로의 천도를 고려하기도 하였다. 변경에서 개봉에 이르는 지역에는 황하 이외에는 특별한 자연 장애물이 없었고 그마저도 겨울에 유량이 줄고 결빙되면 거란의 기마병을 막을 수도 없었다. 따라서 송은 초기에 접경지역에 거대한 인공 장애물을 설치하였는데 웅주(雄州), 막주(莫州), 패주(覇州) 등지에 600여 리(약 240킬로미터)에 달하는 둑을 쌓고 물길을 막아 조절하는 두문(斗門)을 설치하였다. 이를 통해 곳곳에 다양한 규모의 수로와 인공 호수를 만들어 거란의 기병을 효율적으로 막을 수 있었다. 그리고 관남 지역의 변경에 느릅나무와 버드나무를 심어 인공 숲을 조성하여 기병의 통행을 방해하고 보병에게는 매복할 수 있는 공간을 제공하였다. 이 밖에도 송은 변경에 대규모 병력을 주둔시켰다. 변경 지역에는 총 20만 명이 넘는 병력을 유지하였고 하북(허베이성 남부 지역)과 하동[대체로 오늘날 산시성(山西省) 남서쪽에 해당]에만 30만 명에 이르는 의용군도 주둔하고 있었다.

거란 기병에 대항한 송의 방어 전략은 얼마 지나지 않아 효용성이 크게 입증되었다. 1004년 요나라는 30만 대군을 이끌고 남벌을 시작하였으나 관남 지역의 요충지인 영주를 함락하지 못하고 막대한 피해를 보았다. 영주를 점령하지 못했음에도 거란군은 결국 전연(澶淵)까지 이르렀지만 예상외로 전쟁이 장기화되면서 보급과 퇴로에 대한 염려가 심해졌고 결국 협상을 모색하게 되었다. 수세적인 자세로 일관하였던 송 역시 협상에 적극적으로 응하여 결국 국경을 명확하게 확정하고 변경에 주둔하는 군대와 군사시설 확충을 제한한다는 조건으로 요나라에 매년 비단 20만 필(匹)과 은 10만 량(兩)의 세폐를 제공하기로 합의하였다. 소위 '전연의 맹약'이라고 불리는 평화 협정은 후대 학자들에게 다양한 평가를 받았지만 이후 장기간 지속된 평화의 대가로서는 가치가 충분하다는 점은 보편적으로 인정하는 바이다. 한편 송이 지급했던 세폐가 요나라 재정에 상당한 도움이 되었으리라 추정하면서 송나라가 돈으로 평화를 샀다는 평가도 있지만 좀 더 자세히 들여다보면 비단과 은으로 이루어진 30만 세폐는 당시 관남 지역에서 매년 거둬지는 세금에 해당되는 양으로서 이는 요나라가 관남 지역을 되찾게 되었을 때 추가로 거두어질 것으로 예상되는 세수에 해당되었다.

금나라의 기병은 왜 약체화되었을까?

여진족의 금나라 역시 뛰어난 기병 전력을 바탕으로 거란을 멸망시키고 더 나아가 중원을 장악하면서 강력한 정복왕조의 면모를 보여 주었다. 같은 유목민족이었던 거란인의 눈에도 금나라 여진 기병의 활약은 마치 신이 보낸 군사처럼 보였다고 전해진다. 그런데 신이 보낸 군사와도 같았던 금나라 기병은 후대로 갈수록 약화되고 결국 몽골군에게 너무나도 손쉽게 무너지고 말았다. 이에 대한 전통적인 시각은 주로 기병의 중추를 이루는 여진 군호들이 중원 지역으로 이주해 온 뒤 한화되어 안일한 생활과 사치 풍조에 빠져 더 이상 과거의 질박한 상무 정신을 유지하지 못했기 때문이라는 것이었다. 그러나 이러한 관점은 중국의 전통적인 역사가들의 도덕주의적 시각에 입각한 것으로서 왕조 쇠퇴 원인을 정신적인 부분에서 찾으려는 시도였다. 또한 몽골군에 의해 멸망하기 전까지 금나라의 여진 기병이 송나라와의 전쟁 중에서 특유의 상무 정신을 상실하고 나약해졌다는 징조는 찾아볼 수는 없었기 때문에 이러한 전통적인 시각은 수정이 필요할 것이다.

한편 금나라가 건국되고 요나라와의 전쟁이 지속되면서 여진인들은 군마를 생산할 겨를이 없었기에 금대 중기에 이르기까지 외부에서 유입된 군마에 의존하기 시작하였다. 게다가 여진인들은 몽골 초원의 유목민들과는 달리 농업을 중시했고 국가 차원에서 농업을 권장한 까닭에 점차 비농경 지역 또는 농목 혼합 지역에 대한 농경지화가 가속화되었다. 따라서 금대 중기에 일시적으로 군마 수량이 회복되었지만 곧 군마 확보에 어려움이 확대되었고 외부 유입 역시 점차 어렵게 되었다. 게다가 칭기즈칸의 등장 이후 몽골 지역에서 부족 간 항쟁이 격화되면서 몽골 초원 지역으로부터의 군마 유입 역시 거의 불가능하게 되었다. 금나라는 필사적으로 군마를 확충하고자 노력하였는데 몽골 초원의 우수한 군마를 확보할 수 없게 되자 대체품으로서 토번의 군마를 확보하고자 노력하였다. 그런데 토번은 주로 송나라와 군마를 거래하고 있었고 풍부한 재정을 갖춘 송나라가 제시한 높은 가격을 금나라는 맞춰 줄 수 없었다. 게다가 엄격하게 금지하고 있었음에도 말 가격이 상대적으로 크게 높았던 송으로 금나라 군마가 밀수출되는 일도 빈번하게 존재하였다. 군마 유입의 어려움은 곧바로 대규모 기병 위주 전술을 추진하는 데 큰 어려움이 있었고 특히 주변 세력에 대한 대규모 군사 원정은 더 이상 감당할 수 없었다.

이 밖에도 금나라는 송나라와 달리 막대한 재정이 소모되는 대규모 상비군을 보유할 수 없었는데, 이는 여진인의 부족 생활의 특징이기도 하였지만 금나라의 재정적 여유가 충분하지 않았기 때문이었다. 따라서 전쟁이 발생하게 되면 군대 동원에 상당한 시간이 소모되었다. 이는 북송 말 심관(沈琯)이 금나라와의 전쟁을 주장하던 이강(李綱)에게 금나라 군대의 허실을 논하는 서신에서도 확인할 수 있다. 심관은 이강에게 말하길 "그들은 병력을 모으는 것을 어려워하니 반년 동안 조발(調發)해야 겨우 이 정도를 얻을 수 있을 뿐이다"라고 하였다. 군마가 충분하다 할지라도 군대 동원에 많은 시간이 걸린다는 점은 갑작스러운 외부의 공격에 취약할 수밖에 없었다. 비록 충분한 시간을 가질 수 있는 외부 원정을 준비하거나 보병이 중심이라 진군 속도가 느린 송군의 공격에는 효과적으로 대응할 수 있었지만 몽골과 같은 기병 위주 군대의 속도전에는 속수무책일 수밖에 없었다.

금나라는 해상의 맹약을 지키지 않은 송나라를 공격하여 휘종과 흠종을 사로잡았고 도망가는 고종을 쫓아 양자강을 넘어 강남 지역에까지 이르렀다. 비록 바다로 달아난 고종을 잡아들이는 데는 실패하였지만 결국 북송을 멸망시키고 화북을 차지하였다. 이러한 결과는 금나라의 압도적인 군사력에 기인한 결과이지만 여러 다양한 요소를 함께 살펴보아야 한다. 당시 금군의 전략은 소위 '장구직입(長驅直入)'이라고 하는 기병의 뛰어난 기동력으로 적진 깊숙이 돌파하여 곧장 황제를 공격하는 모험적인 전술이었는데, 당시 발해 출신 송나라 사령관 곽약사(郭藥師)와 항금(抗金) 전투의 주력이었던 한아(漢兒) 부대가 금으로 투항하게 되면서 금군의 모험은 큰 성공을 거두게 되었다. 그러나 금군의 전략은 공성전에 익숙하지 않았던 유목민족 기병 전술의 전형적인 모습이었고 후방에 함락하지 못한 많은 송군 거점들을 뒤로한 채 곧장 수도 개봉으로 진격하는 것이었다. 따라서 곽약사나 한아 군대의 투항이 없었다면 전쟁의 향방은 알 수 없었을 것이다. 실제로 이후 남송은 무너진 기강을 점차 회복한 후에 강력한 방어선을 구축하고 돌발적으로 장구직입하는 금나라 군대를 후방에서 교란하는 전술로 이후 전쟁의 양상을 완전히 뒤바꿔 놓았다. 그 결과 금군 역시 종전을 검토하게 되었다. 전쟁의 결과로 체결된 소흥화의(1141)는 비록 남송 입장에서 굴욕적인 군신 관계로 규정되었지만 멸망 직전까지 몰렸던 남송이 효과적인 전술을 통해 전세를 뒤바꾼 결과였다.

송은 과연 문약한 나라였는가?

송나라는 결국 몽골의 침입에 의해 1279년 멸망하였다. 세력 간의 견제와 균형이 가능하였던 10~13세기 다원적 국제질서가 몽골이라는 전대미문의 세계 제국에 의해 붕괴되면서 송은 몽골을 견제할 우군을 상실한 채 국제적으로 고립되었고, 이후 뛰어난 공성 능력과 강력한 수군까지 운용하게 된 몽골군이 송나라의 군사적 거점들을 각개격파하자 송나라는 더 이상 버텨 낼 재간이 없었다. 그러나 막강한 몽골 군대를 40여 년간 막아 낼 수 있었다는 사실은 송의 군사력에 대한 고전적인 생각을 재고해야 할 필요성을 더욱 느끼게 한다. 오히려 요나라와 금나라는 세계 최고 수준의 인구와 부를 지닌 송나라와 장기간의 군비 경쟁 속에서 그 한계를 드러내었고 결국 송나라보다 먼저 역사의 무대에서 사라지게 되었다.

　1279년 광동성 애산(崖山)에 벌어진 남송 최후의 전투에서 송나라 문인 관리들은 몽골 군대에 맞서 목숨을 바쳤고 패배가 명확해지자 모두 자결을 선택하였다. 충신 육수부(陸秀夫)는 배 위에서 최후까지 어린 황제 소제(少帝)에게 『대학(大學)』을 강의하다가 적군에 포위당하자 소제를 등에 업고 끈으로 자신과 묶은 후 바다에 뛰어들어 장렬한 최후를 맞이하였다. 비록 몽골에 투항한 문인 관료들도 많았지만 육수부, 문천상(文天祥), 장세걸(張世傑)의 송말 3걸을 비롯하여 과거 어느 왕조의 최후보다도 많은 문인들이 왕조의 멸망을 막기 위해 죽음을 마다하지 않았다. 결국 문을 숭상하는 '문치주의'가 송나라를 문약하게 만들었다는 설명은 재고가 필요하다.

근현대 시기 등장했던 수많은 강대국이 전개한 군사력 경쟁은 최종적으로 군사력의 증강에만 매달린 전체주의적인 국가의 패배로 귀결되었다. 풍요로운 경제력과 우월한 문화적 역량을 지닌 국가들은 종종 일시적으로는 군사적인 나약함을 보이기도 하였지만, 장기적인 관점에서 본다면 결국 열세를 극복하고 전세를 전환시킬 수 있었다. 송나라의 사례 역시 군을 문민적 통제하에 두고 굴욕적이라는 비난을 감내하면서도 평화적인 대응 방식을 고수한 덕분에 국가적 역량을 크게 향상시킬 수 있었고 결과적으로는 군사적으로도 호전적인 주변국들과 대등해질 수 있었음을 증명하였다.

◆ ◆ ◆

돈으로 산 평화는 가치가 없는 걸까? 좋은 의도로 시작한 전쟁이라도 그 끝은 파괴와 폐허만 남을 뿐이다. 그렇다면 아무리 협잡, 사기, 뒷거래 같은 찜찜한 방식으로 이룬 평화가 전쟁보다 나은 게 아닐까? 송나라는 굴욕을 참고 돈을 뜯겨도 군사적 모험주의를 버리고 평화를 선택했다. "나쁜 평화라도 좋은 전쟁보다 낫다"라는 말은 송나라를 통해 증명된 것이다.

10

송나라 사람들은
왜 바다로 나아갔을까?

평화는 발전의 초석이다. 영광스러운 전쟁보다 굴욕적인 평화를 선택한 송나라는 동시대 어느 곳보다 눈부신 경제발전을 이뤄 냈다. 육상 교역이 요, 금, 서하 등 주변 강국으로 막힌 상황에서 송나라 사람들은 바다에서 길을 찾았다. 바다로 나간 송나라 사람들이 얻은 지혜와 경험은 후대에 무엇을 남겼을까?

◆ ◆ ◆

송나라에서는 왜 해상 교역이 번창했을까?

일반적으로 15세기 후반부터 전개된 대항해시대를 통해 유럽 국가들이 전 세계 바다를 석권하였고 이후 서구 중심 세계 질서가 근현대까지 이어져 왔다고 설명되고 있다. 그런데 유럽인들이 중세의 미몽에서 벗어나 대양으로 나아가기 전인 10세기에서 14세기에 동아시아와 동남아시아의 해상(海商)들은 이미 광활한 바다에서 활발하게 교역 활동을 전개하였고, 오늘날 각지에서 발굴되는 다양하고 높은 가치를 지닌 해양 유물은 그 사실을 명확하게 입증하고 있다. 오늘날 세계 교역량의 40퍼센트 이상이 남중국해를 통과하고 있고, 우리나라 역시 에너지 수입이나 공산품 수출 등 물류의 대부분이 그 경로를 통하고 있다. 주요한 해상 네트워크는 이미 송나라 시기 중국이나 동남아시아 해상들에 의해 개척되었고, 훗날 유럽인들 역시 송대에 구축된 네트워크를 따라 동아시아나 동남아시아에 진출하였다. 해상 활동을 통해 성장한 호족 출신 왕건이 건국한 고려는 동아시아 해상 교역에 적극적으로 참여하였고, 당시 고려와 일본은 송나라의 주요한 교역 대상국이었다. 송대 해상 교역이 지닌 역사적인 중요성은 두 가지 측면에서 살펴볼 수 있다. 우선 그동안 전통적인 역사학에서 피상적으로만 다뤄졌던 것과 달리, 해상 교역을 통해 창출된 수익은 송대 경제 전체에 있어서 상당히 중요한 부분을 차지하고 있었고 송나라의 국가 재정 역시 해상 교역 통제를 통해 거둬들이는 세금에 상당 부분 의존하였다. 다음으로 오늘날 전 세계 교역에서 가장 큰 비중을 차지하는 동아시아 및 동남아시아 국가들 간 해상 교역의 본격적인 역사적 시작점은 바로 송대 확대된 해상 교역에서 찾아볼 수 있다. 송대 중국은 오늘날과 같이 교역 구심점 역할을 하고 있었으나, 이후 명대나 청대와는 달리 중국과 타 국가 간의 관계는 상대적으로 자유롭고 대등한 관계를 유지하였다.

'미지의 세계'로 나아간 송나라 사람들은 무엇을 경험하였을까?

전근대 시기 동아시아인들에게 바다는 예측 불가능한 미지의 위험한 곳이었지만 해상 교역이 가져다주는 막대한 이윤은 전근대 사람들에게 위험을 기꺼이 감수하도록 만들었다. 송대에 이르러 해상 교역은 국가에 의한 공적인 통제라는 중국 역대 왕조의 정책적 연장선상에서 이루어졌지만, 과거 당대(唐代)의 해상 교역과는 달리 중국의 민간 상인들이 적극적으로 바다에 나가 활약하기 시작했다는 특징을 지니고 있다. 그 결과 당시 활발하게 바다에 나아간 사람들이 겪은 흥미진진하고 이국적인 경험이 실려 있는 문헌들이 본격적으로 출간되기 시작하였다. 송나라는 주변 유목국가들에게 화북의 일부 혹은 전체를 상실하였지만, 비약적인 인구의 증가와 강남 지역을 중심으로 하는 상품 생산과 거래의 급격한 성장은 중국인들로 하여금 더 큰 이익을 얻기 위한 해상 교역에 눈을 돌리게 하였다. 송 정부에서도 주위의 적대적인 국가들과의 군사적 대치를 위한 대규모 상비군 운영과 급격히 증가한 관료군(官僚群)을 유지하기 위해서 막대한 재정이 필요하였기에 해외무역을 관장하는 시박사(市舶司)를 추가적으로 설치하고 이를 통해 거둬들이는 세수는 송나라 재정 확충에 크게 기여하였다. 따라서 송 조정은 공적인 통제를 유지하면서도 민간의 해상 교역을 적극적으로 후원하였고 이후 그 정책 기조는 원대까지 이어져서 해상 교역으로 성장한 중국 동남부 해안 도시들은 전 세계 어떤 도시들과도 비교할 수 없을 정도로 번영을 구가하였다.

남송대 한림학사(翰林學士)를 역임하였던 홍매(洪邁, 1123~1202)의 유명한 전기(傳奇)소설 작품인 『이견지(夷堅志)』에는 송나라 사람이 이역의 사람과 조우하는 다음과 같은 고사가 실려 있다.

> (바다에 표류하다 섬에 도착한) 왕(王)이 큰 나무 아래에서 쉬고 있는데 어디에 도달했는지 알지 못했다. 갑자기 한 여자가 다가오더니

물었다. "당신은 어느 곳 사람입니까? 어떻게 여기까지 오게 되었습니까?" 왕은 배를 타고 가다가 물에 빠진 일을 이야기했다. 여자가 말했다. "그렇다면 저를 따라오십시오." 여자의 용모는 상당히 아름다웠고 머리카락은 길어 땅에 닿았으며 빗질하지 않았다. 말은 알아들을 수 있었고 온몸에 실오라기 하나 없이 나뭇가지로 몸을 가리고 있었다.

중국 복건성(福建省, 푸젠성) 천주(泉州, 취안저우)의 상인이었던 왕은 상선을 타고 항해하던 중 풍랑을 만나 자신만 살아남아 나무판자로 표류하던 중 어느 섬에 도착하였다. 온화한 날씨와 식생이 모두 중국에서는 볼 수 없는 것들이었는데 한 여인의 도움으로 목숨을 부지하게 되었다. 특이하게도 그는 그 여인과 의사소통이 가능했는데 왕이 그 지역 말을 할 수 있었는지 아니면 그 여인이 중국어를 하였는지는 명확하지 않다. 이후 그 여인과 사이에 아들까지 두며 살다가 풍랑을 피해 정박한 중국 배를 만나 여인의 만류에도 불구하고 아들만 데리고 그곳을 떠나 중국에 돌아왔다. 왕은 오늘날의 동남아시아 지역 중 한 섬에 표류한 것으로 추정되는데 송대에는 풍랑을 만나 표류를 하였다가 구사일생으로 귀환하거나 해외 무역을 위해 외국에 오랫동안 머물다 돌아온 상인들이 전해 주는 다양한 이국적인 이야기들이 『이견지』를 비롯한 다양한 문헌을 통해 전해진다.

역시 『이견지』에 실려 있는 고사로서 바다로 나아간 사람들은 낯선 장소에서 위험한 상황에 처하기도 하였다. 명주(明州), 즉 지금의 절강성(浙江省, 저장성) 영파(寧波, 닝보) 사람들로 구성된 상인들이 바다로 나갔다가 짙은 안개 속에 갇히게 되었는데 갑자기 큰 바람이 불어 배가 어디론가 떠밀려 가게 되었다. 안개가 걷히니 어느 섬에 도달해 있었고 두 선원이 땔

나무를 구하러 섬에 내리게 되었다. 그들은 섬을 둘러보던 중에 사람이 키우는 채소밭을 발견하게 되었고 오랜 항해 중에는 먹을 수 없었던 채소를 보자 정신없이 그것을 따기 시작했다. 그러나 얼마 지나지 않아 손바닥 치는 소리가 크게 들려 돌아보니 키가 10미터 정도 되는 거인이 나타났는데 그 걸음이 마치 날아오는 것 같았다. 도망치던 선원 중 한 명이 조금 느렸고 결국 거인에게 사로잡히게 되었다. 거인은 사로잡힌 선원의 어깨에 손가락으로 구멍을 내고는 나무에 꿰어 달아 놓았고 그를 삶아 먹으려고 하였다. 그 사람은 극심한 고통에도 자신이 가져온 칼로 나무를 끊고 정신없이 도망쳐 배로 돌아갈 수 있었다. 배가 출항하여 해안에서 이미 멀어지고 있었으나 거인이 바다로 뛰어드니 마치 평지를 걷는 듯하였고 물이 가슴 정도밖에 이르지 않았다. 결국 거인이 배에 닿아 후미를 잡게 되자 선원들은 거인의 몸에 활[勁弩]을 여러 발 쏘았지만 물러나지 않았다. 이번에는 사람들이 도끼로 배를 쥐고 있는 손가락 세 개를 베어 내니 그제야 물러났다. 선상에 떨어진 그 거인의 손가락은 굵기가 마치 서까래만큼 두꺼워 선원들은 두려움에 떨어야 했다.

마치 걸리버 여행기에 나오는 거인국 이야기 같은 이 고사에는 많은 과장과 불명확한 기억이 혼재되어 있지만 『이견지』의 저자인 홍매는 이야기들을 정확히 듣고 기록하였다고 설명한다. 홍매는 다른 사람들에게 전해 들은 이야기뿐만 아니라 직접 눈으로 확인한 이야기들도 전하고 있다. 『이견지』「무봉선(無縫船)」고사에서 홍매는 동남 지역에서 복주(福州, 푸저우) 감당항으로 떠내려왔다가 민현(閩縣)으로 옮겨진 이국적인 선박을 직접 관찰하였다. 그는 그 배가 커다란 나무를 파서 만든 것으로 틈새나 이음새가 전혀 없는 것으로서 중국에서는 찾아볼 수 없는 것이었다고 설명하였다. 이와 같이 홍매는 자신이 직접 목격할 수 있는 경우 먼

길을 마다하지 않고 찾아보고자 하였다. 『이견지』에는 「장인국(長人國)」과 유사하게 낯선 섬에서 거인을 만났던 고사가 실려 있다. 「장인도(長人島)」의 고사에서는 「장인국」에서처럼 거인들의 섬에 표류하게 되어 그들의 농작물을 가져가려다가 발각되어 구사일생으로 도망쳤던 내용이 나온다. 선원들은 배를 잡고 출항을 못하게 하던 거인의 팔을 잘랐고 그 팔을 소금에 절여 중국으로 가지고 오니 여러 사람들이 그 크기에 놀랐다고 전한다. 홍매는 자신의 지인이 거인의 팔을 직접 본 사람으로부터 전해 들었다고 하여 이야기의 신빙성을 강조하였다. 거인과 같이 초현실적인 존재를 조우했던 것은 아니지만 바다에서 표류한 송나라 선원은 호전적인 섬 주민에게 사로잡혀 노예처럼 고초를 겪다 구사일생으로 탈출하기도 하였다.

그런데 그 이야기들의 진위를 떠나서 송대 중국 선원들이 미지의 세계에서 조우한 낯선 존재들은 모두 『후한서(後漢書)』「남만전(南蠻傳)」이래 역대 정사류 사서에서 남만(南蠻)이라고 일컬어지는 남쪽 오랑캐에 속했던 사람들과는 근본적으로 다른 이들이었다. 그리고 그 묘사는 고대 『산해경(山海經)』의 상징적이고 추상적인 묘사와는 달리 직접 보고 들은 것처럼 대단히 구체적이고 실감나게 묘사되어 있다. 남만과 같은 이적(夷狄)은 비록 중화(中華)라는 문명의 세계에서 벗어나 있지만 언젠가는 중화로 포섭될 가능성이 있는 사람들이었다. 반면에 여기서 묘사된 사람들은 그 범위에서 완전히 벗어난 이질적인 존재였다. 즉, 『이견지』가 쓰였던 송대에 이르러 중화와 이적을 포괄한 기존의 천하 질서에서 벗어난 미지의 세계와의 접촉이 빈번해지고 그들에 대한 구체적인 묘사가 이뤄지고 있었음을 알 수 있다. 남송 초 광서(廣西, 광시) 지역 계림 통판을 역임하다 귀향한 주거비(周去非)가 저술한 『영외대답(嶺外代答)』에는 광서 등의 변

영국보다 500년 앞선 '미지의 세계' 탐험기

송대 사람들이 항해 중에 표류하여 예기치 않게 미지의 세계를 경험하였던 것과 유사하게 17~18세기 영국인들 역시 전 세계의 바다를 누비면서 다양한 체험을 하게 되었다. 대니얼 디포(Daniel Defoe)의 『로빈슨 크루소(Robinson Crusoe)』는 영국이 아메리카 식민지를 놓고 스페인과 격렬하게 충돌하고 있을 때인 1719년 출간되었다. 그 소설은 1709년 4년여 동안 오늘날 칠레령 무인도에서 생존하였던 스코틀랜드 선원 알렉산더 셀커크(Alexander Selkirk)의 경험담에 영향을 받아 작성되었고 이후 수많은 표류 소설이 출간되었다. 조너선 스위프트(Jonathan Swift)의 『걸리버 여행기(Gulliver's Travels)』 역시 비슷한 시기인 1726년에 출간되었는데 비록 내용은 당시 세상에 대한 풍자적 성격이 강하였지만 다른 표류 소설과 마찬가지로 미지의 세계에 대한 영국인들의 두려움과 동경이 잘 드러나 있다. 17~18세기 영국인이나 10~13세기 송나라 사람들은 시간적·공간적 차이에도 불구하고 유사한 경험을 공유하였고 이는 당시 영국인과 중국인의 활발한 해상 활동이 가져온 결과였다.

경 지역은 「지리문(地理門)」에서 다루고 있었던 반면에 바다 너머의 나라에 대해서는 「외국문(外國門)」을 따로 두어 밝히고 있다. 또한 남송 후반기에 복건로제거시박사(福建路提擧市舶司)를 역임했던 조여괄(趙汝适)이 작성한 『제번지(諸蕃志)』는 바다를 건너 도달할 수 있는 완전한 외경 너머의 나라 57개국에 대한 설명으로만 구성되어 있었다.

송대는 과거 한나라나 당나라와 같이 조공 체제에 입각한 중국 중심의 천하 질서가 무너지고 송나라가 동아시아 열국(列國)의 하나로 존재하는 다원적(多元的) 국제질서가 지배하던 시기였다. 물론 중국에는 천하 질서가 확립된 한나라 이후에도 위진남북조 시대와 같이 천하 질서가 존재할 수 없는 분열의 시기가 존재하였지만 새롭게 중국을 통일한 수·당 제국이 등장하면서 곧바로 그 질서가 부활하였다. 그러나 당 말에서 5대의 정치적 혼란기를 거치는 동안 북방에서 강력한 유목국가들이 성장함에 따라 동아시아의 무게중심은 중원에서 벗어나게 되었고 기존의 육로를 통한 서역과의 직접적인 교역은 중단되었다. 그 결과 5대10국 시기 후주(後周)를 계승한 송은 비록 통일 왕조였음에도 중원의 일부 또는 중원 전체를 상실한 약소 제국(lesser empire)이었고 주변 국가들에게 송과의 조공 책봉 관계를 강요할 수 없었다. 대신 송은 5대10국 시대의 교역 및 외교 방식을 계승하여 바다 건너의 국가들과 적극적인 교류를 이어나갔다.

송대에 들어서면서 홍매나 주거비 그리고 조여괄과 같은 사람들에 의해 바다 건너 국가들에 관한 기록이 확산된 것은 바로 송대인들의 적극적인 해상 활동의 결과였다. 먼 바다에서 그들이 만난 사람들은 '문명화'가 되어 있든 그렇지 않든 간에 중국의 천하 질서에서 완전히 벗어난 이질적인 존재들이었다. 처음으로 바다를 넘어 미지의 세계로 나아가게 된 송대인들은 자신들이 새롭게 발견한 지역과 사람 들에 대해 적극적인 관심을 지니고 관찰하였다. 풍랑으로 인한 조우뿐만 아니라 바람이 바뀌길 기다리거나 물자를 보충하기 위해 정박하는 국가에서 중국인들은 다양한 경험을 하게 되었다. 경우에 따라서 그들은 그 지역에 정착하여 새로운 기회를 포착하기도 하였다. 『이견지』에 실려 있는 왕원무(王元懋)라는 인물은 원래 천주 사람으로 어렸을 때 절에 머물면서 스님으로부터 남방 여러 나라의 글을 배운 뒤 장삿배를 타고 오늘날 베트남 중부에 위치한 점성(占城)에 가게 되었다. 그곳의 왕이 점성의 말을 비롯하여 여러 나라 언어에 능통한 왕원무를 높게 평가하여 자신의 딸과 결혼까지 시키게 되었다. 왕원무는 10년간 머물면서 큰 부를 쌓게 되었고 이후 천주로 돌아와 큰 무역상이 될 수 있었다. 그 밖에도 교역을 위해 외국에 갔거나 혹은 풍랑으로 표류하여 도착한 곳 권력자의 눈에 들어 정착하였다가 중국으로 돌아온 사람들의 기사들이 『이견지』를 비롯하여 『송사』 「외국전」 등에도 풍부하게 실려 있다. 그들은 장사 수완뿐만 아니라 상당한 학식을 지닌 인물들이었고 이를 통해 본다면 단순히 상인들뿐만 아니라 다양한 계층 인물들이 해외 교역에 종사하였음을 추정해 볼 수 있을 것이다. 『영외대답』을 편찬한 주거비가 편찬 동기로서 광서 지역에서의 임기를 마치고 고향으로 돌아온 뒤에 지인들이 그가 경험한 '외국'의 진기한 이야기를 물어 오는 경우가 너무 많아 자신의 기억을 책으로 편찬하여 그것으로써 답을 대신하고자 하였다고 설명한다. 송대 해상 교역의 확대는 다양한 '외국' 경험담을 양산하였고 당시 중국인들은 이국적인 경험담을 활발하게 소비하고 있었다. 그렇다면 송대 중국인들은 목숨을 건 위험을 무릅쓰면서도 도대체 무슨 이유로 바다로 나아가게 되었을까?

무엇이 송대 중국인을 해상 교역으로 이끌었나?

명나라와 청나라 시기 해금정책(海禁政策)이 전면적으로 시행되기 전까지 중국은 세계에서 가장 선진적인 항해술과 선박 건조술을 보유하였다. 특히 송대에는 북방으로부터의 위협에 대항해야 하는 군사적인 목적까지 더해지면서 그 기술들은 비약적으로 발전하였다. 주로 경제적인 목적으로 해상무역에 종사하였던 상인들의 활동 무대는 고려와 일본 그리고 동남아시아 제국(諸國)에 걸쳐 넓게 펼쳐져 있었다. 중국인들의 광범위한 해상 활동은 소위 '실크로드'라고 지칭되는 육상 교역로가 쇠퇴하였던 것과 궤를 같이한다. 751년 탈라스 전투에서 당군이 패배한 이후 소그디아나를 포함한 중앙아시아 지역이 이슬람 세력에게 넘어가게 되고 당과의 자유로운 통행에 제한이 발생하자 당대 서역과의 무역을 담당하였던 소그드인들의 활동에 큰 제약이 발생하였다. 또한 중계무역으로 큰 번영을 누렸던 돈황(敦煌, 둔황)과 같은 오아시스 실크로드 지역도 안사의 난 이후 정치적 혼돈에 빠진 중국과의 교역이 제한되면서 큰 타격을 입었다. 이후 북방 유목민족들이 국가를 형성하여 5대 왕조나 송과 대립하게 되면서 서역과의 직접적인 교역은 완전히 단절되었다. 게다가 이러한 쇠퇴를 더욱 가속화하였던 것은 당시 활성화되기 시작한 중국 남해 지역의 해상무역이었다.

중국 남해 지역의 해상무역은 『한서(漢書)』 「지리지」에 동남아시아 제국과의 교역로와 현황이 상세하게 설명된 것에서도 알 수 있듯이 전한(前漢)대까지 거슬러 올라갈 수 있다. 그러나 송대 이전까지 해상무역에 종사하였던 것은 주로 신라인들이나 아랍 및 동남아시아의 상인들이었다. 『한서』 「지리지」에 실려 있는 외국 기록 역시 중국인들이 직접 방문하여 기록한 것이라기보다는 외국인들로부터 전해 들은 이야기들이 대부분이었다. 특히 동아시아의 경우 장보고(張保皋)의 활약에서 볼 수 있듯이 신라 상인들의 활약이 두드러졌다. 또한 일본과 중국의 교류에서도 신라 상인들의 상선이 자주 활용되었는데 『입당구법순례행기(入唐求法巡禮行記)』를 작성한 구법승 엔닌(圓仁) 역시 장보고 상단의 상선을 타고 당나라로 건너갔고 신라방(新羅坊)에 머물렀다고 기록하고 있다. 엔닌 외에도 일본의 견당사(遣唐使)는 주로 신라 배를 활용하는 것이 일반적이었다. 비록 수·당대에도 바다를 통한 군사 원정이 이루어졌지만 바다를 통해 중국을 위협할 세력도 없었을 뿐만 아니라 국가 차원에서 해상 교역을 지원할 필요성을 크게 느끼지 못하고 있었다. 결국 당나라 시기까지 중국인들은 해양 진출에 소극적이었는데 당시 서역과의 관계에 많은 변화가 있었지만 육상 교역을 통한 서역과의 교역이 가능한 상황에서 해상을 통한 교역의 필요성이 상대적으로 적었던 것으로 추정된다. 또한 당대까지는 강남 지역의 상품 거래가 해상 교역에 영향을 줄 정도로 발전하지 않았고 해상 교역의 상대인 신라나 일본의 경우에도 중국과의 상품 거래보다는 유학생이나 유학승의 파견과 같은 문화 교류에 더욱 큰 비중을 두었다.

그런데 907년 당 제국이 멸망하고 중국이 5대10국의 분열기에 접어들게 되면서 새롭게 해상 교역의 필요성이 대두되었다. 당시 중국 남부에 등장한 지방정권들(번진 할거 세력)은 중원의 5대 왕조 및 이웃 지방 세력들과의 경쟁 속에서 생존하기 위해 자신들의 지역을 적극적으로 개발하게 되었고 바다에 접해 있었던 오(吳), 남당(南唐), 오월(吳越), 민(閩), 남한(南漢) 등은 해상 교역을 통해 부족한 자원과 세수를 확보하고자 하였다. 이들은 거란, 고려, 일본뿐만 아니라 동남아시아와도 활발하게 교역하였다. 우선 중국과 일본의 해상 교역은 중국 상인들을 통한 상업 루트가 본격적으로 개발되는 10세기에 본격적으로 시작되었다. 당시 일본을 비롯해서 동아시아 제국과의 교역이 주로 이루어지던 곳은 명주였는데 수·당대 양주(揚州, 오늘날의 장쑤성 양저우시)는 물론 남해 무역의 중심지인 광주(廣州, 광저우)와 견줄 수 있을 정도로 번성하였다. 주된 교역 품목은 월주요(越州窯)와 같이 명주 인근의 소흥(紹興, 샤오싱) 등지에서 생산된 청자

(靑瓷)였다. 중국 상인들은 도자기 이외에도 중국이 다른 국가들과의 교역을 통해 수입한 불경을 비롯한 다양한 서적과 직물 등을 일본에 수출하였다. 당시 일본에서는 무쓰국(陸奧國) 등지에서 생산되는 금 등을 결제 대금으로 사용하였다.

 동아시아 국가들과의 교역과 달리 10세기 동남아시아와의 교역은 주로 서남아시아 및 동남아시아 상인들에 의해 이루어졌던 것으로 추정된다. 920~960년경 자바해협 북서쪽에서 침몰한 인탄(Intan) 난파선을 통해 광동성(廣東省, 광둥성) 광주를 중심으로 성장한 남한 정권 교역의 성격을 파악할 수 있다. 동남아시아에서 건조된 인탄 난파선에는 중국과 동남아시아의 도자기, 향신료, 구리와 주석 잉곳(ingot, 鑄塊), 남한의 납 동전, 은괴 190킬로그램 정도를 싣고 있었다. 직물류도 실려 있었던 것으로 추정되나 오랜 시간 동안 유실되어 남아 있지 않았다. 은괴에 새겨진 문구를 통해 그것이 남한 정부에서 소금 소비세로 받은 것임을 알 수 있다. 그 선박은 이국적인 물품을 싣고 광주에 입항해서 물품 대금으로 은괴를 받은 것으로 추정된다.

 한편 당시 해상 교역은 서남아시아와 동남아시아 사이의 교역을 통제하고 안전을 담보해 주는 세력이 등장하면서 활성화되었다. 송대에 삼불제(三佛齊)라 불렸던 스리비자야(Srivijaya)와 같은 해상 제국이 8세기에 이르러 말라카(Malacca)와 자바(Java) 지역을 장악하고 해상 중계무역을 담당하게 되면서 과거 돈황이 수행했던 역할을 이어받게 되었다. 9세기 중엽 아랍의 지리학자는 페르시아만의 시라프(Siraf)에서 광주에 이르는 번성한 무역로를 기록한 바 있는데 그는 당시 광주는 중국인보다 외국 상인이 더 많이 거주했다고 기록하였다. 당시 활발했던 해상무역의 실상을 알려 주는 것은 남겨진 문헌뿐만 아니라 항해 중 좌초되어 물속에 잠겨 있

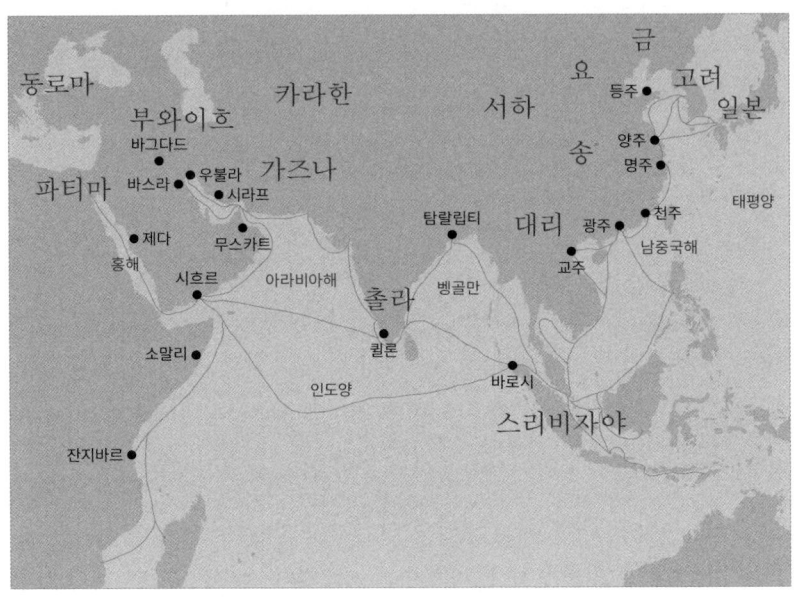

지도 10.1. 송의 해상 교역로

다 발굴된 고고학 자료들을 통해서도 파악할 수 있다. 825~850년경 수마트라 앞바다 벨리퉁(Belitung)섬에서 좌초한 무슬림 상선은 당대 경제의 중심지였던 강소성 양주에서 물건을 싣고 동남아시아 무역 거점을 거쳐 최종적으로는 시라프를 향해 갈 계획이었던 것으로 추정되었다. 배에는 호남성(湖南省, 후난성) 장사(長沙)에서 생산된 자기(瓷器) 6만 점을 비롯하여 다양한 물품들이 실려 있었다.

전근대 중국은 땅은 넓고 산물이 많은 소위 '지대물박(地大物博)'한 곳으로서 외국과의 교역, 특히 해상 교역은 상대적으로 중요성이 간과됐던 것이 사실이다. 교역 규모 역시 전체 산업에서 차지하는 비중이 극히 일부분에 불과하였다고 인식되고 있었다. 그런데 학자들에 따르면 해상 교역은 1100년경 송나라 국내총생산(GDP)의 1.7퍼센트를 차지했다고 추정하기도 하였다. 추정의 정확성에 대해서는 논의가 이루어지고 있지만 18세기 말 유럽 전체의 국내총생산에서 해외 무역이 차지하는 비중이 약 4퍼센트 정도였고 영국이나 네덜란드 혹은 포르투갈처럼 해상 교역에 국가적 명운을 걸었던 나라들도 대체로 10퍼센트 정도였다고 알려져 있다. 따라서 송대 중국의 해상 교역은 결코 작은 비중이 아니었으며 당시 중앙정부에서도 중요성을 결코 간과하지는 않았다. 결국 10세기에 국제질서 변동으로 대두된 해상 교역의 필요성은 그전까지 위험한 바다를 건너 찾아오는 조공 사절이나 외국 상인 들을 상대해 주던 것에서 벗어나 중국인들이 직접 바다로 진출하도록 변화시켰다. 그리고 송대 상업 경제의 급격한 발전은 중국 상인들이 주도하는 해상 교역의 새로운 시대를 열었다.

도판 10.1. 인도네시아 벨리퉁섬에서 좌초한 상선에서 발견된 중국 자기 유물

송대 해상 교역은 어떻게 진행되었나?

10세기 이후 본격화된 중국의 해상 교역은 960년 송나라가 건국되면서 더욱 활성화되었다. 송 조정은 해상 교역을 체계적으로 관리하기 위해 시박사를 설치하였는데, 이는 외국 상인들을 관리하는 해관(海關)과 같은 기구였다. 시박사는 당나라 현종(玄宗) 개원(開元) 2년(714)에 광주에 처음 설치되었고 송대에 이르러서는 북송 초기부터 남송에 이르기까지 주요 대외 무역항에 시박사가 꾸준히 설치되어 해상 교역을 체계적으로 관리하였다. 해상 교역에서 거두어지는 세금은 국방비와 관료제 유지를 위해 재정 압박을 받고 있던 송나라 정부에 큰 도움이 되었다. 한때 전체 세수의 20퍼센트를 해상 교역에 부과된 세수로 충당하기도 하였다. 1160년 송나라는 일본으로의 지나친 동전 유출을 방지하고자 엄격한 규정과 높은 관세를 부과하기 시작하였다. 이는 일견 송나라가 해상 교역을 억제하는 것처럼 보이기도 하지만 다른 한편으로는 송 조정이 개입해야 할 정도로 송과 주변 국가 간에 해상 교역이 활발하게 전개되고 있었음을 보여 주는 것이기도 하다. 이전까지 송 정부는 해상무역 세관에서 매년 세금으로 100만~200만 관(貫)을 거두어들였는데 해상 교역의 번성은 수출품 생산을 촉진하여 송나라 국내 산업 발전을 견인하였다고 평가된다. 이 무렵 중

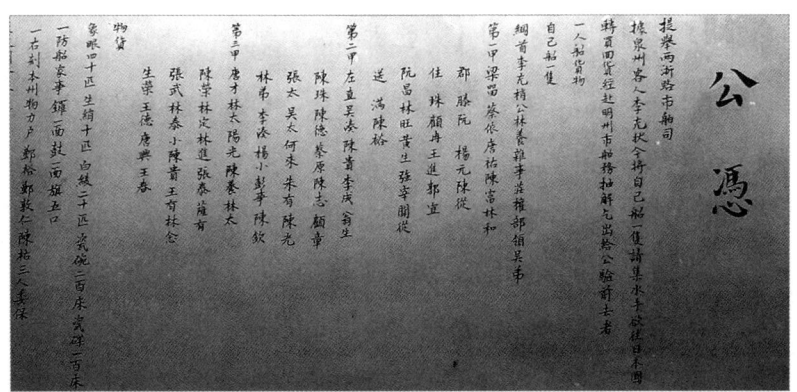

도판 10.2. 시박사에서 상인에게 교부한 공빙(公憑, 국외 교역 허가서)

항해술 발전의 핵심 나침반 발명

송대에는 나침반이 널리 보급되었고, 이는 원양항해술의 획기적인 향상을 가져왔다고 평가된다. 송대 모든 학문 분야를 통섭하는 대학자였던 심괄(沈括, 1031-1095)은 『몽계필담(梦溪笔谈)』에서 지남침(指南針), 즉 나침반에 대해 자세하게 설명하고 있으나 과학적 원리에 대해서는 이해할 수 없다는 점도 아울러 언급하고 있다. "방술가가 바늘 끝을 자석으로 갈면 바늘 끝이 남쪽을 가리키지만 종종 약간 동쪽으로 치우쳐 완전히 남쪽을 가리키지는 않는다. 자성을 띤 바늘을 물 위에 뜨게 하면 흔들거리고 손톱이나 그릇 가장자리에 놓고 시험해 볼 수도 있는데 회전 속도가 더 빠르지만 이런 물건은 단단하고 미끄러워 바늘이 떨어지기 쉬우므로 실로 바늘을 들어 올리는 것이 가장 좋은 방법이다. …… 자석이 남쪽을 가리키는 특성은 편백나무가 서쪽으로 치우쳐 성장하는 것과 같이 아직 그 이치를 추론할 수 없다."

국의 주요 수출 품목으로 도자기가 비단을 처음으로 추월했던 것으로 추정된다.

　기존 중국과 동남아시아 교역에는 서남아시아나 동남아시아 상인과 그들의 배가 활용되었지만 송대 이후 중국의 항해 기술 발전은 중국 상인들이 중국에서 제작된 배를 타고 중국 동남해역으로 진출하게 하였다. 항해할 때 사용되는 나침반, 용골이 깊고 선체 두께가 기존보다 두 배 두꺼운 이른바 복주선(福州船)이 개발됨으로써 보다 안정적인 원양항해가 가능해졌다. 『영외대답』에서 송대 동남아시아 무역에 사용되는 배는 선원 수백 명과 짐을 싣고 1년을 항해할 수 있다고 했고 한 세기 뒤인 원대 중국을 방문한 마르코 폴로는 중국 배가 화물 224~672톤을 실을 수 있다고 기록하였다. 복주선이 널리 사용될 수 있었던 것은 재료가 되는 우수한 목재 확보가 뒷받침되었기 때문이다. 여신호(呂頤浩, 1071~1139)의 『충목집(忠穆集)』에는 복주 지역에서 좋은 선박이 만들어지는 이유로 우수한 목재 확보의 용이함을 지목하고 있다.

> 남쪽 지방의 나무는 물과 잘 어울리는 성질을 지니고 있어서 해상에서 사용하는 배 중에는 복건에서 제작된 배가 가장 우수하다. 광동과 서쪽 지역에서 만든 배는 그다음이고, 온주(溫州)에서 제작된 배는 그보다 한 단계 낮다. 반면 북쪽 지방의 나무는 물과 성질이 맞지 않아 해수(海水)의 짠맛과 쓴 성질이 나무의 본성을 해치기 때문이다. 이로 인해 북쪽에서 만든 배는 바다에 나가면 오래 견디지 못하며 풍랑(風浪)을 막는 데에도 약하다. 따라서 자주 배가 뒤집히거나 침몰하는 위험이 발생한다.

당시 복건 지역 조선업은 이후에도 계속 발전하여 원대에 이르러서는 배 열다섯 척을 만드는 데 50일 정도면 가능하였다고 알려진다. 중국 상인들은 인도양으로 진출하기 전에 주로 수마트라섬과 말레이반도에 걸친 스리비자야 동맹의 항구에 짐을 내려놓고 바람을 기다리기도 하였다. 그들이 동남아시아나 인도양으로부터 수입하는 품목은 주로 의약재로 쓰이는 유향이나 진사(辰砂)와 같은 값비싼 광물을 비롯해서 향료, 상아, 산호, 향나무, 후추 등이었다.

도판 10.3. 송대 무역선 발굴 사진   복원한 송대 무역선

　한편 송대에 이르러 일본과의 무역은 더욱 발전하게 되었다. 송상(宋商)이라 불렸던 중국 상인들은 일본으로부터 금뿐만 아니라 목재나 유황 같은 제품도 방대한 양을 수입했는데 교역을 위해서 엄청나게 많은 동전을 가져갔다. 당시 중국에서는 상업 거래의 대대적인 확대에 따라 종이 화폐나 고액 화폐인 은 사용이 활발해졌고 상대적으로 동전은 사용가치가 줄어들었다. 그러나 동전의 지나친 해외 유출은 다시 동전 부족 현상을 초래하였고 앞서 언급한 1160년의 조치는 이러한 배경에서 발생하였다.

　송대 동아시아나 동남아시아 제국과의 교역이 동시에 활성화되면서 교역 체제의 중심은 기존의 광주에서 이제 두 무역 루트를 중간에서 연결하는 복건성 천주*로 옮겨 가게 되었다. 천주의 경우에는 위진남북조 시기부터 무역항으로 등장하고 있고 북송 철종 원우(元祐) 2년(1087)에 이르러 시박사가 설치되었다. 11세기 후반부터 참파(베트남 중남부), 진랍(眞

*　원대 천주를 방문한 마르코 폴로는 천주를 세상에서 가장 큰 항구라고 소개하면서 자이톤, 자이통 또는 자이툰(Zation / Zayton / Zaitun, 刺桐)이라고 불렸고, 서양에서도 그 명칭으로 불리었다. 이는 그 지역에서 흔히 볼 수 있었던 자동(刺桐)나무에서 기인한 명칭으로 중국 발음인 츠통(cìtóng)을 서양에서 발음한 명칭이었다. 자동나무는 인도네시아나 말레이시아가 원산지로서 그 역시 외국과의 해상 교역의 산물이었다.

도판 10.4. 자동나무 꽃을 형상화한 장식품으로 꾸며진 취안저우(천주) 거리

臘, 캄보디아) 등 동남아시아 상인과 조공 사절단은 광주를 우회하여 천주에 도착하기 시작하였고 천주는 스리비자야와도 긴밀한 무역 관계를 발전시켜 많은 스리비자야 상인들이 천주에 거주했다. 이를 통해 천주는 광주를 능가하는 항구로 성장하기 시작하였다. 1095년에 기록된 비문(碑文)에 의하면, 남양에서 사절이 매년 두 번 각각 배 스무 척을 이끌고 천주로 들어왔다. 1206년에 천주를 방문한 상인 명단에는 아라비아, 스리비자야, 진랍, 브루나이, 자바, 참파, 파간(pagan), 고려, 필리핀의 여러 부족이 기록되어 있다. 또한 『제번지』에 따르면 57개 국가 및 지역과 이국 산물 47개 항목을 교역하였다고 기록되어 있었다. 그러나 전근대 무역항은 국내외 환경 변화에 대단히 민감하게 반응하여 흥망을 거듭하였다. 얼마 지나지 않은 1220년대에 이르러 천주에서 이루어지는 해외 교역은 급격하게 쇠퇴하였다. 이에 대해서는 다양한 분석들이 이루어졌는데 우선 그 시기에 발생한 해외시장의 혼란과도 밀접한 관련이 있었다. 천주와 밀접한 관련이 있었던 진랍의 참파 정복이나 스리비자야 연합 몰락 등이 발생

하였고, 몽골 침략을 받은 고려 역시 해상 교역에서 철수하였다. 해외시장의 변화와 더불어 지나친 동전 유출 역시 천주의 쇠퇴 원인으로 지목되는데 동전 유출로 지역 경제의 취약성이 노출되었고 이를 방지하기 위한 정부의 대책이 천주 교역을 침체시켰다는 것이었다. 그러나 이러한 설명은 동시기 영파나 광주의 지속적인 번영을 설명할 수 없다는 한계가 있었기에 일본과의 교역 확대에 주목하여 주요 항구가 지리적 이점을 지닌 영파로 고정되면서 천주는 점차 쇠퇴하였다고 설명되기도 한다.

송대 번성한 해상 교역은 우리에게 무엇을 남겼는가?

송대부터 크게 확대된 중국의 해상 교역은 원대에 이르러 중국을 세계 최대의 해상 세력(sea power)으로 군림하도록 만들었다. 송대인들의 '미지의 세계'와의 활발한 접촉의 결과 원대 왕대연이 직접 방문하고 쓴 『도이지략(島夷志略)』에 등장하는 99개국은 더 이상 송대인들이 바라보았던 것과 같은 낯선 '미지의 세계'가 아니었다. 이제 왕대연과 같은 원대 해상들은 방문하는 곳에서 비교적 안전하게 상업 활동을 수행하고 그 지역과 주민의 풍습을 세심하게 관찰할 수 있게 되었다. 10~14세기 동아시아인과 동남아시아인들은 바다라는 공간에서 자유롭고 대등하게 물건을 교역하였다. 그동안 전통적인 역사학에서 간과되었던 송대 해상 교역의 모습은 오늘날 동아시아나 동남아시아 곳곳의 해저에서 침몰한 무역선과 그 안의 유물들이 속속 발견되면서 보다 선명하게 드러나고 있다. 향후 새로운 발굴과 진전된 연구 들을 통해 드러날 송대 해상 교역의 모습은 우리가 상상하는 것 이상일 가능성이 높고, 10~14세기 중국과 고려 및 일본 그리고 동남아시아의 역사는 새롭게 쓰일 것이다. 오늘날 세계에서 가장 중요한 바다로 떠오른 동아시아와 동남아시아 일대는 과거 송대에도 세계에서 가장 활발하고 번영한 바다였음이 분명하다.

· · ·

주변국을 압도하는 군사력으로 일극체제를 지향했던 전통 중국 왕조와 달리 송나라는 다극체제 속에서 발전을 모색했다. 그 덕분에 바다라는 새로운 활로를 뚫을 수 있었고 미지의 세계와 접촉해 송나라의 세계관을 넓힐 수 있었다. 다양한 나라와 대등한 관계를 맺으며 평화를 지향한 송나라는 주변 강대국에 둘러싸여 발전을 이뤄야 하는 우리에게 좋은 모델이 될 수도 있다.

11

송나라 사람들은
소고기 식용을 왜 꺼렸을까?

　소는 살아서는 논밭에서 인간을 위해 일하고, 죽어서는 인간에게 가죽, 힘줄, 뼈, 고기 등 자신의 모든 것을 내어 준다. 그러다 보니 인간은 소를 단순히 가축 이상으로 생각하게 되었고, 그 결과 소고기 식용을 터부시하는 사회적 통념이 형성되었다. 하지만 억압된 욕망은 다른 방식으로 해소되기 마련이다. 소고기 식용 금기가 송나라 사람들에게 어떻게 수용되고 해소되었는지 살펴보면 금기시된 욕망에 대항하는 인간의 내면을 이해할 수 있지 않을까?

∴

소고기 식용에 대한 금기는 어디에서 유래되었나?

　소를 도축하고 소고기를 판매하고 그것을 섭취하는 모든 행동은 전근대 시기 중국인들에게 보편적으로 금기시되는 행위였다. 반면에 돼지나 개와 같은 동물이나 어류나 조류의 도살이나 섭취에 대해서는 그 사람이 속한 지역적 혹은 종교적 집단에 따라 다양한 입장이 존재하였다. 전근대 중국인들은 소고기를 즐겨 먹는 편은 아니었다. 그래서 육(肉)하면 보통 돼지고기를 지칭하며 소고기는 우육(牛肉), 닭고기는 계육(鷄肉) 등으로 따로 지칭한다. 물론 지역과 시기에 따라 소고기와 양고기를 많이 섭취하는 시대와 지역도 존재하였지만, 전반적으로 소고기의 식용은 사회적으로 주목받는 일이었다.

그렇다면 왜 유독 소가 문제였을까? 한 가지 가능성 있는 대답으로서, 소는 중국 전 지역에서 여러 품종으로 존재하지만 공통적으로 농업과 물자 수송에 가장 큰 도움을 주었다. 다른 동물 중에서 소와 유사한 역할을 하는 것은 말이었지만 중국 중부나 남부 지역에서 말은 군사적인 용도 이외에는 사용할 수 없는 값비싼 가축이었다. 소는 살아서는 인간의 생업을 돕고 죽어서는 고기와 가죽을 남기는 가장 유용한 가축이었다. 그러나 소고기 식용에 대한 금기는 단순히 실용적인 이유만으로는 설명하기 어려운 측면이 있었다. '금기(禁忌)'라는 것은 사회적인 관습이나 미신적인 관념에 의거하여 특정 행위를 엄격히 금하는 것이다. 사람들이 금기된 행동을 꺼리는 것은 일상생활 속에 살아 있는 문화적인 현상이며, 심층적인 심리를 이루는 바탕이 된다. 따라서 송대 사회의 다양한 지층에서 공통적으로 등장하는 소고기 식용 금기는 당시 대중사회의 문화적 특성을 알려 주고 대중들의 심층적인 심리를 파악할 수 있도록 해 준다.

근현대 서양인들에 의해 농사를 위한 경우(耕牛)와 식용을 위한 육우(肉牛)를 구분하는 개념이 중국에 도입되기 이전 중국에서 양자의 구분은 존재하지 않았다. 국가는 농업 생산과 직결되는 경우 도살을 엄격하게 금지하였지만 병들어 죽은 소의 식육에 대해서는 법적인 제재를 하지 않았

도판 11.1. 〈오우도(五牛圖)〉(부분 발췌)

다. 또한 기근이나 군사적 용도 그리고 국가에서 공인한 제사의 희생을 위한 도축에 대해서는 대체로 관대한 입장이었다. 반면에 소를 도축하거나 섭취하는 모든 행동을 규제하도록 권장하는 민간의 윤리적인 규제를 '우계(牛戒)'라고 지칭하는데, 우계를 지지하는 사람들은 병들어 죽은 소에 대해서도 장례를 치러 줄 것을 주장하였다. 따라서 전근대 중국인들이 소와 관련해서 지키는 금기들은 농업 장려를 위한 국가적 정책만으로는 설명되기 어렵다.

그렇다면 상식적으로 소와 관련된 금기 형성의 원인으로서 생각하게 되는 것은 불교의 불살생(不殺生, Ahimsa, 아힘사) 교리의 영향일 것이다. 그러나 불살생 교리는 소에만 한정된 것이 아니라 살아 움직이는 모든 생명체를 대상으로 한 것이었으며 재가 신자들에게는 엄격하게 강요한 것도 아니었다. 오히려 도교 교리나 민간 윤리서에 비해 불교는 소의 도살이나 섭취에 가장 관대한 편이었다. 따라서 소에 대한 금기가 형성된 것은

음식 금기

음식 금기(food taboo)는 거의 모든 인간 사회에서 발견되며, 대부분의 종교는 특정 음식을 인간이 섭취하기에 적합한 것으로, 또 다른 음식은 부적합한 것으로 규정한다. 음식 섭취와 관련된 규칙과 규제(dietary rules and regulations)는 인간 생애주기의 특정 단계에 적용되거나 생리 기간, 임신, 출산, 수유와 같은 특별한 사건, 그리고 전통사회에서는 사냥, 전투, 결혼, 장례식 준비 등과 연관되기도 한다.

많은 음식 금기는 전혀 이해가 되지 않을 수도 있는데, 한 집단에서 부적합하다고 여겨지는 음식이 다른 집단에서는 완전히 허용될 수 있기 때문이다. 예를 들어 유대교와 이슬람교의 신도들은 돼지고기를 먹지 않는데, 이는 경전에 명기되어 있기 때문이다. 특히 이들 경전에는 음식에 관한 금기가 대단히 자세하게 설명되어 있다. 반면에 인도와 네팔 등 힌두교 문화에서는 소고기를 먹는 것을 금지하는데, 이는 소를 신성시하는 종교적인 문화와 엄격한 카스트제도에 기인한다. 음식 금기는 오랜 역사를 가지고 있으며, 특정 문화에서 특정 식이 관습이 존재하고 지속되는 데에는 타당한 설명이 있을 것이라 기대할 수 있다. 다만 이는 매우 논쟁적인 관점이며, 사람들이 특별한 음식 금기를 적용하는 이유를 설명할 수 있는 단일한 이론은 없다.

국가정책이나 특정 종교의 영향이라기보다는 사회 변화에 따른 민간의 자발적인 대응에서 원인을 찾는 것이 옳을 것이다. 게다가 소에 대한 금기가 중국 고대부터 오늘날에 이르기까지 항상 일정한 형태를 유지된 것도 아니었다. 많은 학자가 공통되게 주장하듯이 소에 대한 금기와 관련된 기록이 본격적으로 등장하고 민간에서 보편적으로 받아들여지기 시작한 것은 당대에서 송대로 전환되는 시기였다.

오히려 소에 대한 금기가 활발하게 등장했던 것은 당시 여러 제약에도 불구하고 소의 도축이나 판매, 그리고 섭취가 일상적으로 빈번하게 발생하였음을 방증하는 것이기도 했다. 송대 많은 자료가 지적하는 바와 같이 비록 공급 경로는 파악되지 않지만 소고기의 상업적 유통은 크게 확대되었고 일상적으로 접하게 되는 소의 도축 및 상업적 유통에 관여한 자들에 대한 차별적 인식 또한 더욱 강화되었다. 소고기에 대한 수요 및 유통의 증가와 동시에 소에 대한 금기 강화라는 다소 모순된 현상은 이 시기의 특징이라고 할 것이다.

법으로 금지된 소 도축에 지식인조차 뛰어든 이유는?

앞서 언급한 바와 같이 경우는 농업 생산력과 직결된 것이기 때문에 전근대 중국 정부는 경우의 도살을 금지하는 법령을 지속해서 반포하였다. 특히 송대는 민간에 대한 법률적 지배가 확대되고 치밀하게 정비되는 시기였기에 경우 도살과 판매에 관한 엄격한 법령이 제정되었다. 당시에 편찬된 법률 판례집인 『명공서판청명집(名公書判清明集)』에는 소에 관해 "소라는 동물은 경작과 농사에 필요한 존재로, 온 세상 사람들이 배불리 먹고 왼손으로는 밥을 먹고 오른손으로는 물건을 사고팔며 위로는 부모를 섬기고 아래로는 아내와 자식을 키울 수 있는 것도 모두 그 힘 덕분이다"라고 명시하면서 경우 도축을 금지하였다. 경우는 고기 외에도 소뿔, 소가

죽, 쇠심줄과 같이 부가가치가 큰 제품을 얻을 수 있었기에 수요가 지속적으로 증가하였다. 특히 송대는 상품유통이 극도로 발전하는 시기였던 만큼 이익을 얻으려는 자들이 저지르는 불법 내지는 편법적인 경우 도축과 유통이 급증하였다.

한편 소비자 입장에서 법률적인 금지에도 불구하고 소고기를 구매하거나 직접 도축해야 할 때도 있는데, 지역 사묘(祀廟)에서 거행되는 제사에 희생으로 바치기 위함이었다. 본디 소를 희생으로 바치는 것은 국가 제사만의 독점적인 특권으로서 태뢰(太牢)라고 지칭되었다. 그러나 자신들이 숭배하는 신에게 최고의 희생을 바치고 기복(祈福)하고자 하는 사람들은 가장 귀중한 제물인 소를 바치고자 하는 열망이 컸다. 송대 지방관들은 이를 금지하고자 여러 조치를 취하고 계몽하고자 노력하였으나, 지역민들의 열광적인 숭배를 억압하여 그들의 반발을 초래할 수 있었기에 관행적으로 눈감아 줄 수밖에 없었다. 다음으로 기근이 발생하였을 시에 굶주린 백성들이 소를 도살하기도 하였다. 원칙적으로 경우를 도살한 자들을 처벌하여야 하지만 기근의 경우에는 예외적으로 죄를 면해 주는 경우가 많이 발견된다.

국가에서 엄격하게 금지하였던 것은 이익을 위해 불법적으로 소를 도살하는 행위였다. 경우를 도살하여 판매하면 살아 있는 소를 판매하는 것에 비해 몇 배의 이익을 낼 수 있었다. 북송 휘종 대관 4년(1110) 신료들이 보고하길 "대체로 소 한 마리 값이 5000에서 7000전 정도에 불과한데 소 한 마리의 고기는 200에서 300근 이하로 고기 한 근 값이 100전을 넘으니 사람들이 이익을 탐내어 엄한 형벌을 개의치 않습니다. …… 지금 이익을 탐하는 백성들이 위아래로 짜고 병든 소가 쓰러져 죽었다고 거짓말하여 관청에 보고합니다. 이로 인해 도축하는 자들이 관리를 두려워하지 않고 고기를 쌓아 시장 판매대 위에 가득하게 진열되어 있습니다"라고 하였다. 불법을 감수한다면 큰 이득을 얻을 수 있었기에 불법 행위는 근절되지 않았다. 또한 법률상으로 늙거나 병든 소는 관청에 신고한 뒤 도축하는 경우에는 법적인 처벌을 면하였는데 이는 소를 도살하여 판매함으로써 농사에 필요한 새로운 소를 사들일 수 있었기 때문이었다. 그러나 여기서 무뢰한 자들은 이러한 제도상의 허점(loophole)을 교묘하게 이용하여 이익을 편취하였다.

도판 11.2. 송 휘종

경우의 불법 도축 금지는 북송 초기부터 명백하게 법령에 등장하고 있다. 북송 초기의 형법전인『송형통(宋刑統)』에는 "고의로 관청이나 개인의 말이나 소를 죽인 자는 노역형인 도형(徒刑) 1년 6개월에 처한다"라고 하였고, 또한 "주인이 스스로 (자신의) 말이나 소를 죽인 자는 도형 1년에 처한다"라고 하였다. 이 밖에도 소고기를 판매하다 발각된 자는 죄인과 가속을 경사(수도)로 보내 조사하고 처벌할 정도로 엄격하게 다스렸지만 판매자와 도축을 모의하여 구매한 경우가 아니라면 구매자에게는 처벌이 엄격하게 적용되지는 않았다.

도살에 종사하는 자들에 대한 사회적 비난과 낙인찍기(stigmatization)로 인하여 어느 정도 사회적 계층이 높은 자들은 이에 종사하기를 꺼렸지만, 송대에 이르러 큰 이익을 얻을 수 있는 경우 도살과 소고기 판매에는 유가적 지식인조차도 관여하기 시작하였다. 다음은 송대 해시(解試)에 합격하여 해인(解人)의 직위를 지닌 유당(劉棠)이라는 인물의 처벌 사례인데, 『명공서판청명집』에는 "유당은 부끄럽게도 향서(鄕書)에 이름을 올렸으나 도살업을 생업으로 삼고 있습니다. 소를 도살하는 소송이 있을 때마다 항상 이름이 거론됨에도 법령을 두려워하지 않습니다"라고 하였다. 송대 과거시험 단계 중 첫 번째로서 지역의 주(州)에서 시행하는 해시(명·청대의 향시)에 합격한 해인은 다음 단계인 중앙에서 시행하는 성시(省試)를 준비하는 준비생으로서 사법적으로도 여러 특별한 혜택을 받는 지위를 지니고 있었기에 해인 유당은 처벌을 두려워하지 않았다. 또한 송대 성시 응시생들이 지속적으로 증가하면서 계속된 낙방으로 형편이 넉넉하지 않았던 해인들은 도살업조차도 마다할 처지가 아니었을 것으로 추정된다. 그러나 그동안 지은 죄가 너무 컸기에 결국 유당은 장형(杖刑) 100대에 처해지고 그의 술집과 정육점은 모두 몰수당하게 되었다. 이 기사는 사회적 낙인 효과에도 불구하고 지배층조차도 개입할 정도로 도축된 소의 유통이 큰 이익을 가져다주었다는 점을 보여 주고 있다. 다른 한편으로는 지위 고하를 막론하고 그 죄를 저지른 자를 엄중하게 처벌하고자 하였던 송 조정의 강력한 의지 또한 보여 주고 있다.

경우를 불법적으로 도살한 자들에게 중형이 선고되었기 때문에 무고(誣告)하려는 자 중에는 이익을 얻거나 원한을 갚기 위해 상대방이 불법적으로 경우를 도살하였다고 고발하기도 하였다. "조항과 법령을 보면 소를 도살하는 것을 금지하며 고발하거나 체포할 때 모두 허위로 할 수 없도록 되어 있습니다. 지금 정무(鄭茂)란 자가 냉언철(冷彥哲)이란 자를 불법 도축으로 고소하였으나 단지 구두로만 진술하고 전혀 물증이 없습니다.

하물며 작년 정월에 처음 사건이 접수되었을 때도 이러한 정황은 없었으며 냉언철을 소환하여 심문한 후 다시 소를 죽여 일꾼을 위로했다는 말을 꺼낸 것이니 그 말이 과연 믿을 만한 것입니까?"『명공서판청명집』에 실려 있는 위의 사례는 당시 일반 대중들이 불법적인 경우 도살에 대하여 엄중하게 처벌한다는 것을 이미 보편적으로 인식하고 있었음을 알려 준다. 그럼에도 불구하고 소의 불법적인 도축이나 유통과 관련된 처벌 사례가 지속적으로 등장하는 것은 그것을 통해 얻어지는 큰 이익이 강력한 법률적 제재에 대한 두려움을 무릅쓰게 만들었음을 알려 주고 있다.

민간의 응보설화는 어떻게 소고기 금기를 널리 퍼지게 만들었나?

경우의 도축과 유통에 대한 법률적 제재의 한계는 민간의 자율적인 통제에 의해 보완될 수 있었다. 우선 불교나 도교에서 주장하는 불살생의 교리에 영향을 받아 민간에서 자율적으로 형성된 윤리적인 계율 속에는 경우를 비롯한 여러 동물의 생명을 빼앗는 것을 금지하는 조항이 보편적으로 존재하였다. 민간의 자율적인 계율은 그 자체만으로는 대중들에 대한 강제적 구속력이 없었지만 영적인 세계와의 조우나 계시를 통해 그 계율을 어겼을 시에 받게 되는 처벌을 구체적으로 보여 주는 응보설화(應報說話)가 민간에 전승됨에 따라 대중에게 상당한 심리적 구속력을 지니게 되었다. 송대에 이르러서 법률적 제재가 더 구체화하고 엄격해졌던 것과 유사하게 민간의 윤리적 인식 역시 점차 강경해지는 경향이 발견된다. 도살 및 육식과 관련된 민간의 응보설화에서는 다양한 동물에 대한 금기가 등장하는데, 우선 동물을 죽이는 사냥에 대한 인식이 급격하게 부정적으로 변모하였다. 송대 지괴소설인 홍매(洪邁)의 『이견지(夷堅志)』의 한 기사에는 살생을 저질러 받게 된 영적인 처벌에 관해서 설명한다.

> 여의 한 친족은 사냥을 즐겨 했고 사냥에 대한 흥미가 일어나면 추운 날씨에도 사냥을 멈추지 않았다. 말년에 병에 걸려 등이 세 곳에서 아프기 시작했고 며칠 후 머리와 발이 달린 돌기 세 개가 생겼다. 시간이 지나자 그 돌기들이 움직이기 시작했다. 누군가 물고기로 유혹하면 그 돌기가 마치 먹으려는 것처럼 반응했다. 조금 지나 좌우로 (살을) 물어뜯게 되자 결국 그는 극심한 고통에 시달리다 한 달 정도 지나 사망했다. 사망한 지 5일 후 그의 영혼이 아들 악(岳)의 아내에게 나타나 "나는 평소에 사냥을 좋아하여 생전에 고통스러운 처벌을 받았고 오늘날까지도 아직 끝나지 않았다. 저승에서는 이제 막 나의 사냥 도구를 증거로 삼으려 하고 있으니 그들이 오기 전에 그 사냥 도구들을 급히 불태워 나의 죄를 덜어 달라"라고 하였다. 그의 아들은 그가 지시한 대로 (그 사냥 도구를) 모두 제거하였다. 이는 소흥 7년의 일이다.

이 응보설화는 고통스러운 질병에 걸리고 저승에서 처벌받게 된 것이 모두 생전에 행한 사냥 때문이었다고 설명하고 있다. 응보설화는 당시 대중들의 보편적인 인식을 기반으로 작성되는 것으로 『이견지』의 응보설화 기사는 송대에 육식이나 사냥과 같은 유희를 위한 동물 살해에 대한 금기가 강조되었음을 방증하고 있다. 게다가 군사훈련으로서의 사냥이나 사냥한 동물을 종묘에 바치는 의례가 송대에 이르러 점차 쇠퇴하였던 것도 사냥에 대한 부정적인 인식 강화와 궤를 같이한다고 할 것이다.

그런데 동물 도살이나 육식 금기를 다루는 응보설화 중에는 당대나 송대 모두 다른 동물에 비해 소에 대한 내용이 가장 큰 비중을 차지하고 있었다. 또한 당대에 비해 송대에 이르러 응보설화 속 소에 대한 금기의 비중이 더욱 증가하였음도 확인된다. 이러한 현상에 대해 뱅상 구사르(Vincent Goossaert)는 당대에서 송대로 전환되는 시기의 사회경제적·종교적 변화라는 관점에서 설명한다. 본디 불교나 도교를 비롯한 다양한 종교 종파들이 채식주의 계율을 공통적으로 주장하였으나, 이는 당시 채식주의에 대한 대중들의 부정적인 인식과 충돌하였다. 당시 사회에서 악령 숭배를 특징으로 하는 음란한 비밀 종교 종파들에 대한 정형화된(stereotyping) 특징으로서 채식주의를 결부시키는 경향이 있었기에, 채식주의에 대한 대중들의 부정적인 인식이 강하게 자리 잡고 있었다. 이러한 사회적 분위기는 재가 신도(在家信徒)로 하여금 채식의 계율을 온전히 수행하는 것에 대한 사회적 편견을 부담스럽게 여기도록 만들었다. 종교 교단이나 민간 종교 종파들은 온전한 채식주의 대안으로서 동물을 직접 살해하는 것을 금지하는 대신 육식 섭취를 일부 허용하는 것으로 완화하거나 한 해 중 특정한 기간 육식을 하지 않는 단식일(fasting)을 준수하는 것으로 대응하였다. 더 나아가 이러한 종교적 변화는 모든 육류 중에서 인간에게 봉사하는 가장 강한 유대 관계를 지닌 존재인 소의 도축과 소고기 섭취를 금지하는 것으로 모든 육식 금기를 대신하는 방향으로 나아갔다. 충직한 재가 신자들은 가장 신성한 것을 존중함으로써 동물 살생에 대한 죄책감에서 벗어날 수 있었고, 이를 통해 의식의 순수성을 유지하면서 동시에 종교적 희생과 미식을 위해 육류, 특히 돼지고기를 계속 소비할 수 있었다.

소를 도축하는 자는 송대 응보설화에서 가장 강력하게 응징하는 대상이었음을 『이견지』에 실려 있는 소 도축업자에 대한 기사가 보여 주고 있다.

> 동백액(董白額)이라는 자는 소를 도살하는 일을 업으로 삼아 그가 죽인 소는 이루 헤아릴 수 없었다. 소흥 23년 가을 병을 얻어 발작할 때마다 사람들은 그의 목과 손발을 기둥 사이에 묶고 막대기로 심하게 때려야만 비로소 병의 고통을 잠시나마 잊을 수 있었다. 이렇게 버티다가 일주일 후 사망하였다. 동백액이 고통을 잊기 위해 행한 방법은 그가 소를 도살할 때 사용한 방법 그대로였다고 전해진다.

이 응보설화는 소 도축업자의 비참한 최후를 통해 소의 생명을 앗아 가는 행위에 대한 강력한 영적인 처벌을 강조하고 있다. 이는 당시 일반 대중이 소 도축에 대해 강한 혐오감을 지니고 있음을 방증하는 것이기도 하다. 비록 어부의 경우에도 물고기의 생명을 앗아 가는 일을 하고 있었기에 그보다 앞선 당대(唐代)의 응보설화 속에서는 영적인 처벌의 대상이 되기도 하였지만 송대에 이르러서는 그 비중이 현저하게 줄어들고 처벌 역시도 소 도축업자와는 비교할 수 없을 정도로 약했다.

소를 도축하는 것 외에도 소고기를 탐닉하는 것 역시 영적인 처벌의 대상이었다. 다만 소 도축과 달리 영적인 세계의 경고를 받고 스스로 우계를 지킨다면 처벌에서 벗어날 수도 있었다는 점에서 훨씬 완화된 형태의 처벌이었다고 볼 수 있다.

> 주계라는 자는 질병을 이유로 귀향하였는데, 어느 날 관부로 잡혀가는 꿈을 꾸었다. 그가 끌려간 관부에는 붉은 도포를 입은 사람이 책상을 앞에 두고 죄인을 심문하고 있었다. 또 홍록색 옷을 입은 사람

수십 명이 귀빈 대접을 받으며 관청에 둘러앉았다. 한 관리가 주계를 끌어내어 물으며 "어찌하여 소고기를 탐닉하는가?"라고 꾸짖으며 채찍으로 등을 때리라 명했다. 주계는 목숨을 구걸하며 "오늘 이후로는 소고기를 먹지 않을 뿐만 아니라 집안 모두에게 금지하도록 하겠습니다"라고 말했다. 앉아 있던 손님들이 모두 일어나 죄를 용서해 달라고 빌자 붉은 도포를 입은 판관이 그를 풀어 주어 돌아갈 수 있었다. 꿈에서 깨니 온몸에 땀이 흘렀고 병이 곧 나았다. 지금까지 이 금기를 엄격히 지키며 때때로 사람들에게 이를 이야기한다.

『이견지』에 실려 있는 이 고사에서, 주계는 평소 소고기를 탐닉하여 금기를 어겼지만 꿈을 통해 영적인 경고를 받았고 그 후 금기를 철저하게 지키게 되자 영적인 처벌을 면할 수 있었다. 이 기사는 대중들의 인식 속에 소의 생명을 앗아 가는 도축과 단순히 소고기를 먹는 것에는 분명한 경중의 차이가 있었고, 특히 후자의 경우 잘못을 깨닫고 개선함으로써 속죄할 수 있다고 여겨졌음을 보여 주고 있다.

『이견지』와 같은 지괴소설에 실려 있는 이러한 응보설화의 이야기는 직접 그 글을 읽었던 식자층들뿐만 아니라 민간의 이야기꾼들에 의해 강담(講談)이나 연극의 형태로 각색되어 글을 읽지 못하는 대중들에게도 널리 알려지게 되었다. 평소 우계를 지키지 않는 사람이라 할지라도 응보설화가 주는 준엄한 교훈에 심리적인 영향을 받게 되었고, 소고기에 대한 금기를 지키는 것은 그렇지 않은 것에 비해서 윤리적으로 더욱 우월한 보편적 가치를 지니게 되었다.

법률적 금지와 민간의 금기에도 불구하고
소고기는 어떻게 소비될 수 있었을까?

송대에 이르러 국가의 법령이나 민간의 우계를 통해 소에 대한 금기가 사회에 보편적 인식으로 자리 잡게 되었으나 다른 한편으로 극도로 발전한 상업 유통 시스템을 통한 소고기 유통은 더욱 활성화되었다. 위에서 언급한 방식들 외에 도축된 소를 확보하는 방법은 제사의 희생을 명분으로 도축된 소를 은밀히 판매하는 것으로 이는 불법과 합법의 회색 지대(gray zone)에 존재하는 방식이었다. 소를 제사의 희생으로 바치는 것은 고대 이래로 국가 제사에서 태뢰를 바치는 것에서 찾아볼 수 있다. 또한 유가에서는 공자(孔子)에 대한 제사에 반드시 소고기를 희생으로 바치는 것으로 알려져 있다. 유교적 지식인 중에서 소고기 금기를 실천하고 있는 사람들조차도 공자 제사에 소고기를 희생으로 바치고 그것을 나눠 먹는 것은 예외로 여겼다. 그럼에도 이러한 유가적 관례는 많은 저항에 직면하기도 하였고, 그 갈등 관계는 후대인 청대(淸代)의 저작인 『지상초당필기(池上草堂筆記)』에서 더욱 선명하게 찾아볼 수 있다.

> 우리 집안은 대대로 소고기를 먹지 않은 지 200여 년이 되었다. 우리 아버지는 공무를 마치고 남쪽에서 돌아오는 길에 절강에서 학질에 걸려 도중에 병을 앓으며 돌아왔다. 가을에서 겨울까지 매일 학질이 발작하여 100여 번이나 되니 몸이 쇠약해져 형용할 수 없는 지경에 이르렀다. 조부께서는 아버지가 음식을 거의 먹지 못하는 것을 가엾게 여기시고 가끔 맛있는 음식을 먹여 보양시키셨다. 어느 날 친한 친구인 광문 선생(廣文先生)이 공자에 대한 제사[정제(丁祭)]

후 남은 소고기로 대접하였다. 의사는 허약한 학질에는 소고기가 가장 좋으며 비장(脾臟)을 크게 도와준다고 말했다. 조부께서 정성스럽게 요리하시며 아버지께 "이것은 공자에 대한 제사 후 남은 음식이니 먹을 수 있고 병을 치료하기 위해서이니 더욱 문제가 없다"라고 하셨다. 아버지는 원래 먹고 싶지 않았으나 엄한 명령을 거스를 수 없어 겨우 한 젓가락을 드셨다. 곧바로 크게 토하면서 묵은 가래가 한꺼번에 쏟아져 나왔고 그날 학질이 멈추었다. 사실 소고기는 목구멍에 넘어가지도 않았다.

 이 기록은 비록 소에 대한 금기가 더욱 확산되고 강화된 청대의 사례이기는 하지만 그들이 대면했던 딜레마를 잘 보여 주고 있다. 질병으로 인해 목숨이 위태로운 급박한 상황 속에서도 소고기 금기는 어길 수 없는 강력한 구속력을 보여 주고 있다. 그런데 흥미로운 것은 이 기사에서는 소고기 금기에 대한 위반이 가져올 영적인 처벌을 모면할 수 있는 예외적인 경우로서 제사에 사용된 소고기의 섭취를 언급하고 있다. 송대에 있어서도 제사의 희생으로 도축된 소고기의 경우에는 관청에서 예외적으로 눈감아 주는 것이 일종의 관례였기에 민간에서 소고기를 확보하면서도 법망을 빠져나갈 수 있는 구멍이 되었다.

 그런데 유교 제사에 사용된 소고기는 수량이 제한적이었고 제사에 참석한 자들이 거의 대부분 나눠 먹는 정도에 불과하였다. 반면에 민간 사묘에서 거행되는 제사를 위해 도축된 소는 수량을 헤아릴 수 없을 만큼 대규모였다. 가장 대표적인 사례가 안휘성(安徽省, 안후이성) 광덕현(廣德縣)에 위치한 사산장대제(祠山張大帝)와 부속 신들의 사묘에서 거행되는 제사로서, 그 제사에 희생으로 바치기 위해 도축되는 소는 대략 매년 수백에서

도판 11.3. 황진이 관할 지역민을 교화하는 모습

수천 마리에 이를 정도였다고 알려진다. 사산장대제 신앙은 본디 기원이 한나라 시기로 거슬러 올라가는 광덕현의 토착 신앙으로서 송대 이후 구체적인 모습이 기록되기 시작하였다. 그 신앙은 당 말 이후 점차 주변 지역을 시작으로 강남 지역 전체로 전파되기 시작하였다.

그런데 남송 말기에 이르러 사산장대제 신앙은 내부적으로 점차 변화하기 시작하였는데, 본디 부속된 신이었던 상신(傷神)의 인기가 주신이었던 장대제를 능가하기 시작한 것이다. 상신이란 소위 '패군사장(敗軍死將)' 또는 '상신(殤神)'이라 불리는 상서롭지 않은 존재로서 원치 않는 죽음을 맞이했던 원한을 지닌 악령이었다. 그들은 흔히 민간에서 '여귀(厲鬼)'라고 일컬어지는 악령의 일종으로서 속세에 출몰하여 전염병이나 자연재해를 일으켜 사람들에게 상해를 입히는 존재였다. 지역 무당들은 이러한 악령을 이용하여 주술을 부릴 수 있다고 생각했고 신자들은 악령이 일으키는 피해를 모면하기 위해서 그들을 모시는 제사에 열광적으로 참여하였다. 남송 말기 지방관으로 광덕현에 부임했던 황진(黃震, 1213~1281)은 그 신앙의 폐해를 강력하게 비난하였는데, 특히 소를 희생으로 바치는 것을 지적하였다.

그 (제사의 여러 폐해 중에서) 첫째는 매장이라 하는 것으로서 태뢰로 제사를 지내는 것입니다. 무릇 태뢰는 천자가 하늘에 제사 지낼 때 사용하는 것인데 어찌 신하된 자가 신(神)을 제사 지낼 때 적합한 것이겠습니까? 생각건대 이 사산묘(祠山廟)의 묘회(廟會)는 감히 불법을 행하고 마침내 민간 풍습으로서 많은 소를 도살하고 방(坊)에 앉아서 고기를 판매하면서도 꺼림을 알지 못하는 것은 아마도 습관이 되어 익숙해진 결과일 것입니다.

황진의 설명은 사묘의 제사에서 소를 희생으로 바치는 것이 불법임에도 불구하고 오래된 관습으로 허용되고 있었음을 알려 준다. 본디 사산장대제 신앙의 제사에는 희생으로 도축된 소가 사용되었는데 사묘인 사산묘(祠山廟)에는 소 한 마리가 바쳐졌다. 그런데 그 부속 신앙이었던 상신들의 인기가 급증하면서 그들에게도 동일하게 소가 희생으로 사용되었고 황진에 따르면 광덕현 일대에서만 한 해에 720마리가 도축되었다고 하였다. 사산장대제 신앙이 전국적으로 전파되면서 이들 제사에 사용되는 소는 수천 마리를 헤아릴 정도였다.

그런데 대규모 소 도축은 단순히 신앙 측면에서만 설명하기 어려운 것이었다. 사실 제사로 인해 발생하는 막대한 이익은 신앙이 번성했던 중요한 요인이기도 하였다. 사산장대제 신앙의 제사는 다른 말로 '매장회(埋藏會)'라고도 불리는데 매년 5월에 희생으로 바쳐진 도축된 소는 제사가 끝난 뒤에 땅에 묻고 지역 관리가 봉인하였다. 그런데 그다음 날 가서 확인해 보면 매장된 소와 제기는 언제나 모두 사라졌는데 신자들은 그들이 숭배한 신들이 모두 가져갔다고 여겼다. 이렇게 사라진 도축된 소는 상업적으로 유통되었을 것으로 추정된다. 실제로 사묘 근처에는 수십에서 수백 호의 도축업자[屠戶]들이 거주하고 있었고 이들은 사묘의 참배객들이 사묘에 희생으로 봉헌한 용도로 가져온 소를 도살하고 제사 이후에는 유통하는 것을 업으로 삼아 생활하였다고 알려진다.

황진과 같이 광덕현에 부임하였던 여러 지방관을 비롯하여 지역의 지식인들은 지역사회의 안정을 해치고 상업으로 변질된 매장회를 금지할 것을 요청하는 상소를 조정에 지속적으로 올렸다. 그러나 정부는 열광적인 숭배자들의 강력한 반발을 우려하여 강압적으로 통제하지 못했다. 다만 현실적인 대안으로서 제사를 위해 도축되는 소들에 세금을 매기거나 수량을 통제함으로써 과도한 도살을 억제하는 것에 만족하였다. 그리고 그 과정에서 거두어진 세금은 다시 사묘 관리를 위해 사용되었다. 결국 국가 법령과 민간 금기에 제약되었던 소 도축은 제약을 우회할 수 있는 회색지대를 찾아내었고 그 하나가 바로 민간신앙 제사를 위해 대규모로 도축된 소를 유통하는 것이었다.

송대 소고기 및 소가죽, 소뿔, 쇠심줄 등에 대한 상업적 유통과 소비가 확대되는 상황 속에서 소고기 식용에 대한 법률적 금지와 민간의 금기는 현실적 요구와의 접점을 찾아 나가야 했다. 이 글에서 언급한 사묘 제사를 통한 소고기 유통은 사회적 금기의 제도적 질서를 무너뜨리지 않는 범위 내에서 상업적 수요를 충족시키는 절묘한 절충의 결과였다. 요컨대 송대 중국 사회에서 소고기를 둘러싼 사회적 욕망과 금기의 충돌 속에서 민간신앙은 양자가 절충될 수 있는 공간을 제공하였다. 비록 여기서 민간신앙의 역할은 일반적으로 생각하는 종교의 역할과는 거리가 있었지만 사회적 갈등을 완화시키고 신자들의 욕구를 해소한다는 점에서도 대중들의 지지를 받을 수 있었다.

송대 소고기 금기의 확산은 우리에게 무엇을 알려 주고 있을까?

이 글을 통해 송대 소고기 식용에 대한 금기가 확산된 것이 제도적 금지와 민간의 금기가 강화된 결과였음을 알 수 있다. 반면에 송대에는 소 도축을 통해 얻어지는 소고기와 소 부산물들에 대한 상업적 유통이 활발해졌기에 도축으로 인해 야기되는 법적 혹은 영적 처벌을 회피할 수 있는 회색지대로서 민간 사묘 제사가 활용되었다.

  송대 민간 사회에 대한 인상은 주로 경제적 번영과 인구의 증가, 그리고 유교적 통제의 확산 등의 개설적이고 피상적인 이미지가 지배적이었다. 일반 대중들이 어떠한 생활을 하였고 어떠한 사고 체계를 지니고 있었는지에 관해서는 자료적 한계로 일일이 파악할 수는 없지만, 소고기 금기와 관련한 풍부한 자료들은 그들의 생활과 사고에 대한 단면을 보여 준다고 할 것이다. 그들의 일상적인 삶과 사고 체계는 제도적 금지뿐만 아니라 민간의 금기에 상당히 크게 영향을 받고 있었고, 특히 민간의 금기를 위배할 시에 가해질 수 있는 저승, 즉 명계(冥界)로부터의 영적인 처벌에 대한 두려움을 공유하고 있었다.

  한편 소고기 금기와 같이 민간 사회의 심층을 이해할 수 있는 자료는 송대부터 풍부하게 등장한다. 이는 당시에 민간의 관습적인 질서를 교정하고자 하였던 황진과 같은 지방관들과 그들의 삶을 기록하고자 하였던 홍매와 같은 유교적 사대부들의 관심과 기록이 증가하였기 때문이었다. 명대나 청대에 보다 본격화되는 민간 사회에서 유교적 지식인들의 활약의 단초를 바로 송대 황진과 홍매의 활약에서 살펴볼 수 있는 것이다.

◆ ◆ ◆

제도적 금지와 민간의 금기 속에서도 욕망을 충족하려는 인간의 노력은 문명 발전의 동력일지도 모른다. 그리고 억압 속에서 어떡해서든 빈틈을 찾으려는 시도에서 새로운 사상과 문화가 탄생했을지도 모른다. 이런 모든 해석들은 과거를 기록한 자료가 있기 때문이다. 기록은 과거를 돌아보며 자신의 시원을 찾는 증거가 되고 앞으로의 가능성을 상상할 단서가 된다. 특히 백성의 삶을 기록한 자료는 과거를 재현해 인간을 깊이 이해하려는 역사학에 큰 도움이 된다. 우리의 기록 역시 몇천 년 뒤 후세인이 재구성할 역사상의 한 조각이 될지도 모른다.

12

몽골은 왜 한인 사대부를 차별했을까?

몽골제국이 중국을 점령한 뒤 사대부는 찬밥 신세가 되었다. 과거는 거의 없다시피 했고 관직에 올라도 유학적 능력보다는 실무능력을 중시하는 몽골 지배자의 성향 때문에 사대부는 한직을 전전하는 수밖에 없었다. 몽골제국 이전 1000년 넘게 관료제 독점, 문화 주도권, 토지 소유, 신분적 특권 등 각 분야에서 대우받는 데 익숙했던 사대부의 현실 인식과 활로 모색을 보며, 내가 가진 권리가 어쩌면 그간 남들이 못 누린 특혜가 아니었는지 돌아보는 계기가 되지 않을까?

❖ ❖ ❖

역대 중국 왕조는 왜 사대부를 우대했나?

역대 중국 왕조는 유학을 깊이 탐구한 한인 사대부를 우대하고 과거(科擧)를 통해 선발된 엘리트를 관료로 등용하여 그들에게 높은 정치적 위상과 권한, 여러 특권을 부여했다. 따라서 한인 사대부는 자연스럽게 학문에 정진하여 과거에 합격함으로써 입신양명(立身揚名)하고 부귀영화(富貴榮華)를 누리는 것을 인생의 목표로 삼았다. 한인 왕조뿐 아니라 5호(五胡), 북위(北魏), 요(遼), 금(金), 청(淸) 같은 이민족 왕조도 한인 백성과 지역을 다스리는 데 사대부의 협력이 필요했으므로 그들에게 상당한 지위와 권한을 보장했다. 그러나 몽골은 150여 년간 중국을 다스리면서 한인 사대부를 우대하지 않고 관직에도 제한적으로 등용했으며 그들에게 고위직을 허용하지 않았다. 이는 이민족 왕조를 포함한 역대 중국 왕조와 뚜렷이 구별되는 특징이다. 그들이 한인 사대부를 중용하지 않은 까닭은 무엇인가? 몽골이 세운 소위 원조(元朝)가 한화(漢化)되었다면 역대 중국 왕조와 다른 한인 사대부에 대한 차별을 이해하기 어렵다. 따라서 이 정책은 몽골의 한화, 정체성 보전, 이민족 왕조의 성격 문제와 밀접하게 연관되어 있다.

몽골은 한인 사대부를 어떻게 인식했을까?

1206년 칭기즈칸이 몽골을 건설한 직후 금을 공략하여 순식간에 황하 이북 농경지대를 점령했다. 당시 몽골은 광대한 화북 농경지대를 다스릴 만한 역량을 갖추지 못했거니와 오로지 약탈·수탈의 대상으로 인식했으므로 체계적인 통치 체제 구축 필요성을 느끼지 않았다. 이에 금의 항장(降將), 토착 세후(世侯), 다루가치(감독관)에게 관할권을 위임하여 간접통치를 하는 방식을 택했다. 그러한 현실에서 한인 사대부는 곤경에 처할 수밖에 없었다. 몽골은 그들을 등용하기는커녕 보호하지 않고 화북을 침략하는 과정에서 백성과 함께 무자비하게 약탈하고 살해했다. 이에 많은 사대부가 거주지를 잃고 유망하거나 사로잡혀 노예로 거래되는 등 극심한 시련을 겪었다.

1229년 즉위한 우구데이는 다음 해 야율초재(耶律楚材)의 건의에 따라 화북 점령지에 세금 징수 기관인 십로징수과세소(十路徵收課稅所)를 설치하고 여러 한인 사대부를 과세사(課稅使)로 파견했다. 이는 몽골이 한인 사대부를 대거 관리로 등용한 첫 사례다.

도판 12.1. 우구데이

그들은 과세 임무를 충실하게 수행하여 정부의 재정을 확충하는 데 크게 기여했다. 그러나 1240년 회회인(回回人) 압둘라흐만이 과세소를 총괄하고 점차 지방화가 진전되어 각지의 제왕(諸王), 세후가 직접 관할하는 형태로 바뀌면서 본연의 기능을 상실했다. 이에 따라 한인 사대부 출신 과세사의 지위와 권한이 크게 축소되었다. 따라서 우구데이 시기 한인 사대부에 대한 처우는 전대에 비해 다소 진전된 측면이 있으나 기본적으로 유사하다. 구육과 뭉케 시기에도 그러한 상황은 개선되지 않았다.

1260년 즉위한 쿠빌라이는 신정부를 구성하면서 한인 사대부를 대거 발탁하여 요직에 배치했다. 그러나 1262년 발생한 이단(李璮)의 반란에 한인 관료 집단의 수뇌 왕문통(王文統)이 연루되어 처형되면서 그들의 입지가 대폭 축소되었다. 이후 그들의 지위는 대체로 중·하급에 머물고 직무 범위도 문화, 교육, 의례 방면에 국한되어 군국대사(軍國大事)에 참여하지 못했다. 쿠빌라이 정부는 한인 사대부를 유호(儒戶)로 편성하여 정부의 관리 대상으로 삼았다. 이는 직업, 종족, 종교에 따라 백성을 구분하고 신분과 직무를 세습하도록 규정한 제색호계(諸色戶計) 제도에 따른 것이다. 그리고 각종 차역을 면제하고 우수한 인재를 선발하여 학교의 교관이나 관청의 실무 관리로 채용했다. 그러나 품계가 대부분 8~9품을 넘지 못했고 봉록도 적었으며 승진도 거의 이루어지지 않았다. 또한 불교·도교 성직자나 장인(匠人), 공인(工人) 등 여타 종교·직업군에 비해 우월한 지위를 누리지 못했다. 후계 정권도 줄곧 그러한 관리 등용 방침을 견지했다.

몽골이 역대 중국 왕조와 달리 한인 사대부를 중용하지 않은 까닭은 무엇일까? 우선 학문적 기반인 유학을 제대로 이해하지 못하고 실무적 지식과 재능만을 중시하는 성향을 들 수 있다. 몽골 통치자 중 가장 크게 유학을 존숭하고 한인 사대부를 우대했다고 알려진 쿠빌라이에게서도 그러한 모습이 엿보인다. 그는 번왕(藩王) 시절부터 유학적 소양을 고려하지 않고 오직 자신의 세력 확대와 제국 통치에 도움 되는 실무 역량을 갖춘 인재를 막료로 선발했다. 따라서 그의 휘하에 한인 사대부뿐 아니라 몽골·서역 출신 무장, 위구르·회회(回回) 출신 상인, 티베트 출신 승려 등 다양한 인사가 포진했다. 대칸 즉위 후에도 그러한 실무적 인재 등용 방침은 변하지 않았다.

일찍이 쿠빌라이는 한인 사대부와 교류하면서 중국의 전통 학문과 문화를 왕성하게 습득했다. 그중 유학은 중요한 일부였으나 결코 전부는 아니었다. 그는 유학뿐 아니라 각종 제도, 과학기술, 종교와 접하고 실용적 기능을 현실 정치에 적용하기 위해 노력했다. 그를 측근에서 보좌한 한인 사대부도 유학적 소양과 더불어 법제(法制), 산술(算術), 역법(曆法), 문장(文章), 외국어(外國語), 재무(財務) 등 각종 실용 분야에 정통한 전문가였다. 쿠빌라이가 그들을 발탁한 것은 그러한 실무 능력을 높이 평가했기 때

> ### 제색호계
>
> 제색호계는 몽골 정부가 직업, 종족, 종교에 따라 백성을 여러 호(戶)로 지정하고 신분과 직무를 세습하게 하는 제도다. 대다수는 농업에 종사하는 민호(民戶)로 편성되고 군호(軍戶, 군사), 장호(匠戶, 기술자), 상호(商戶, 상인), 참호(站戶, 역참 관리자)와 같은 특수 직무 담당자, 몽골호(蒙古戶), 위구르호(畏吾兒戶), 거란호(契丹戶), 여진호(女眞戶)와 같은 종족 집단, 유호(儒戶), 승호(僧戶), 도호(道戶), 답실만호(答失蠻戶, 이슬람 성직자), 야리가온호(也里可溫戶, 기독교 성직자)와 같은 종교 집단으로 분류되었다. 주·현관의 관할 범위는 민호에 국한되었고 각 특수 호계는 별도로 설치된 전담 기구의 관할을 받았다. 제색호계는 광대한 지역과 수많은 종족을 다스리게 된 몽골이 백성들로부터 효과적으로 부세를 거두고 노동력을 동원하기 위해 고안한 제도다. 백성들은 임의로 호계를 변경할 수 없고 직무, 신분, 부담이 모두 달랐으므로 몽골 정부로부터 차등적으로 대우받았다. 따라서 이를 일종의 신분제로 간주해도 무방하다.

문이다.

한인 사대부의 유학 이념은 쿠빌라이의 정치적 지향에 부합하지 않는 경우가 많았다. 합법적 과정을 거치지 않고 내전을 통해 즉위한 쿠빌라이는 부족한 정통성을 보완하기 위해 남송(南宋)을 정복하고 바다로 진출하여 일본과 남해제국(南海諸國, 동남아시아-인도양 해역의 여러 나라)을 복속할 필요가 있었다. 그러나 그가 대외 정벌에 착수할 때마다 여러 한인 관료가 왕도(王道), 덕치(德治), 인정(仁政)과 같은 유학 이념을 내세우며 강하게 반대했다. 이 같은 태도는 과업을 반드시 완수해야 하는 쿠빌라이의 불만을 야기할 수밖에 없었다.

쿠빌라이와 한인 관료는 경제정책을 논의할 때도 종종 갈등을 빚었다. 그는 대외 정벌을 수행하고 서북제왕(西北諸王, 몽골의 서방에서 쿠빌라이에게 반기를 든 황족)의 준동에 대처하며, 제왕, 귀족, 관리에게 세사(歲賜)와 봉록을 넉넉히 지급하기 위해 막대한 재원을 필요로 했다. 이에 왕문통, 아흐마드, 노세영(盧世榮), 셍게 등 유능한 경제관료를 잇달아 등용해 재무를 총괄하게 했다. 그러나 한인 관료는 유학적 중농억상(重農抑商) 이념에 사로잡혀 경제관료의 중상주의(重商主義) 정책이 농업 발전을 저해하고 백성을 피폐하게 만든다고 강하게 비판했다. 일례로 남송 병합 후 쿠빌라이가 화북-강남 간 경제교류를 촉진하기 위해 두 지역 화폐를 중통초(中統鈔)로 통일하려 했을 때 한인 관료가 강남 경제를 혼란케 한다는 이유로 반대한 사실을 들 수 있다. 이 같은 현실에서 쿠빌라이가 한인 관료의 정책 노선과 실무 능력을 신뢰하지 않았음은 물론이다.

몽골이 한인 사대부를 중용하지 않은 두 번째 이유는 저항과 한화에 대한 경계심이다. 몽골이 중국을 정복하는 과정에서 한인의 저항운동이 빈번히 발생했다. 또한 쿠빌라이 즉위 직후 일어난 이단의 반란과 여기에 왕문통이 연루된 사건은 몽골에 투신한 한인 무장·관료가 언제라도 배반할 수 있음을 명백히 보여 주었다. 이에 몽골은 통치의 안정을 위해 항시 그들을 감시하고 경계할 필요가 있었다.

또한 일부 몽골 지배층은 정부가 조상의 법도를 수호하지 않고 한법(漢法), 한인을 채용하여 통치에 활용하는 데 강한 불만을 표출했다. 이는 고유한 유목적 정체성을 포기하고 한화되는 현상에 대한 경계심에서 우러나온 것이다. 쿠빌라이 시기 서북제왕이 조정에 사신을 보내 "우리 옛 제도, 풍속은 한법과 다른데 [대칸께서] 지금 한지(漢地)에 머무르며 도읍, 성곽을 건설하고 의례, 제도를 만드는 데 한법을 준용하니 그 까닭이 무엇입니까?"라고 항의한 일화에서 한법 시행에 대한 그들의 반감이 드러난다. 몽골 정부가 그러한 지배층의 의견을 외면하지 못했으므로 한법·한인 채용을 제한적으로 추진할 수밖에 없었다.

몽골은 이 같은 한인·한화에 대한 경계심에 의거해 몽골인, 색목인(色目人)을 우대하고 한인, 남인(南人)을 차별하는 신분제도를 시행했다. 이에 따라 한인, 남인을 의도적으로 관직에서 배제했다. 그러한 현실에서 한인 사대부는 관청의 말단 서리 혹은 학교의 교관이 되거나 초야에 은거하며 학문·교육에 종사하는 길을 택할 수밖에 없었다.

이 같은 한인 사대부의 열악한 처지는 원대 강남 사대부가 남긴 문헌에 생생하게 서술되어 있다. 사방득(謝枋得)은 "우리 대원(大元)의 제도에서 사람이 10등급으로 분류된다. 첫째 관료(官), 둘째 서리(吏)는 앞자리에 있어 귀하다. 귀하다는 것은 나라에 도움이 된다는 뜻이다. …… 일곱째 장인(匠), 여덟째 창부(娼), 아홉째 유사(儒), 열 번째 거지(丐)는 뒷자리에 있어 천하다. 천하다는 것은 나라에 도움이 되지 않는다는 말이다"라고 했다. 또한 정사초(鄭思肖)는 "몽골의 법에 따르면, 첫째 관료(官), 둘째 서리(吏), 셋째 승려(僧), 넷째 도사(道), 다섯째 의사(醫), 여섯째 공인(工), 일곱째 사냥꾼(獵), 여덟째 농민(民), 아홉째 유사(儒), 열째 거지(丐)며, 각각 관청을 두어 관리한다"라는 비슷한 기록을 남겼다. 왕원량(汪元量)도 "석씨(釋氏, 불교)는 관부에서 기세가 등등하고 도가(道家)는 세상에 순응하여 공명을 이루며 속자(俗子)는 채찍만 잡아도 귀한데 서생(書生)은 쓸모없음이 분명하다"라고 하여 낮은 지위와 차별 대우에 대한 사대부의 체념 섞인 감정을 여과 없이 드러냈다. 물론 위 기록에 망국의 치욕을 겪은

색목인

색목인은 몽골에서 몽골인, 한인, 남인을 제외한 모든 사람을 가리킨다. 대체로 중앙아시아, 서아시아, 러시아, 유럽 등 중국의 서방 출신이므로 서역인(西域人)과 동일한 의미로 사용되었다. 흔히 색목인이 '눈에 색깔 있는 사람'으로 알려져 있는데, 이는 의미가 와전된 것이다. 색목(色目)은 '각색각목(各色各目)'의 준말로 '종류가 많다'라는 뜻이다. 따라서 색목인은 '여러 종류의 사람들'을 의미한다. 그들은 건국 초기 몽골이 서방을 정복할 때 가장 먼저 귀부하여 뒤늦게 귀부한 한인, 남인보다 모든 방면에서 우대받았다. 또한 여러 인물이 군사, 행정, 재무 분야에서 뛰어난 능력을 발휘하여 최고위 관직에 올랐다. 몽골은 항시 무력으로 굴복시킨 한인, 남인의 저항과 반란을 경계할 필요가 있었다. 그러나 인구 대부분을 차지하는 그들에 비해 몽골인 수는 턱없이 적었다. 이에 한인, 남인과 전혀 다른 언어와 문화적 배경을 가진 색목인을 몽골인과 동등한 수준으로 중용하여 그들에게 통치 임무를 맡겼다. 그 결과 색목인은 원 일대에 걸쳐 몽골인과 함께 중국을 다스리는 지배계층으로 존재했다.

강남 사대부의 격한 반몽골 정서가 반영되었음을 감안할 때 다소 과장되었다고 볼 수 있지만, 그 시기 한인 사대부의 지위가 전대에 비해 현저히 낮아졌음은 분명하다. 실로 원대는 중국 역사상 한인 사대부의 정치적 지위와 권한이 가장 미약한 시대였다.

과거는 공정하게 시행되었을까?

역대 중국 왕조는 과거를 시행하여 학문이 뛰어난 사대부를 관료로 선발했다. 한인 왕조뿐 아니라 요, 금, 청과 같은 정복왕조도 농경지대를 다스리는 데 한법에 정통한 인재가 필요했으므로 중국 점령 직후 공히 과거를 시행했다. 그러나 몽골은 화북 지배 후 100여 년간 과거를 시행하지 않았다. 이에 따라 한인 사대부의 관직 진출 기회가 장기간 차단되었다.

몽골에서 시험을 통해 인재를 선발하는 시도가 없었던 것은 아니다. 1237년 야율초재가 우구데이에게 나라를 제대로 다스리기 위해 반드시 유사를 등용해야 한다고 건의했다. 이에 다음 해 우구데이가 화북에서 유사 선발 시험인 무술선시(戊戌選試)를 시행했다. 그때 몽골의 귀족, 무장, 한인 세후에게 포획되어 노예로 전락한 사대부도 시험 대상에 포함되었다. 무술선시는 체제가 송·금 시대 과거와 유사하고 합격자 중 일부가 관리로 등용되었으므로 대다수 한인 사대부에게 과거로 인식되었다. 그러나 실제로 합격자 중 소수만 관리로 기용되고 그것도 중앙정부가 아니라 지방관청의 하급 관직이나 몽골인, 한인 유력자의 막하에 사적으로 고용되는 경우가 대부분이었다. 그러므로 이는 조정에서 정식으로 관리를 등용하는 전통적 과거와 엄연히 다르다.

우구데이는 화북 점령 후 제색호계 제도에 따라 한인 유사를 불교, 도교 성직자와 같은 범주인 유호로 분류하여 차역을 면제하는 혜택을 부여했다. 무술선시는 그러한 유호 계층을 설정하기 위한 자격시험이었다. 비록 합격자 대부분이 관리로 등용되지 않았으나 무술선시로 인해 많은 한인 사대부가 노예 신분에서 해방되고 생활 여건이 개선되었으며 사회적 지위가 향상되었다. 그러나 이는 한인을 경계하는 몽골 지배층의 반대로 인

도판 12.2. 쿠빌라이

해 항구적 제도로 정착하지 못하고 얼마 후 폐지되었다.

번왕 시절부터 쿠빌라이는 실무 능력이 뛰어난 한인 사대부를 막료로 선발하여 측근에서 정치를 보좌하게 했다. 그들은 실무 지식인이자 유학을 깊이 탐구한 유사였으므로 항시 과거 시행의 필요성을 역설했다. 그때마다 쿠빌라이는 이를 가납하지 않고 반세기에 걸친 화북 총독~대칸 치세 내내 과거를 시행하지 않았다. 그러한 태도는 유학, 유사를 불신하는 그의 성향과 관련이 있다. 상술했듯이 그는 일찍이 한인 유사로부터 유학을 배웠으나 실무에 도움 되는 경세치용(經世致用) 기능과 그러한 지식, 재능을 갖춘 실무적 인재만 중요시했다. 그러므로 대외 정벌이나 경제정책을 논의할 때 유학 이념에 경도된 한인 관료와 사사건건 충돌했다.

공자(孔子) 후손에 대한 냉담한 처우도 유학을 경시하는 그의 인식과 무관하지 않다. 역대 중국 왕조는 모두 유가를 존숭하여 창시자 공자의 직계 후손에게 작위를 내리고 각종 특권을 부여함으로써 그들을 우대했다. 그러한 전통은 이민족이 화북을 통치한 금대와 원대 초기에도 유지되었다. 1251년 뭉케가 공자 후손 공정(孔湞)을 연성공(衍聖公)으로 봉했는데 다음 해 친족들이 그가 적통이 아니고 행실이 바르지 못하다는 이유로 자격을 문제 삼자 당시 화북 총독 쿠빌라이가 그의 작위를 박탈했다. 그리고 한인 관료의 거듭된 요청에도 불구하고 치세 내내 누구도 봉작하지 않았다.

이는 그가 남송 병합 후 강남 도교 정일파(正一派)의 영수 장종인(張宗演)을 진인(眞人)으로 봉하고 그가 사망하자 즉시 아들에게 자리를 잇게 한 조처와 뚜렷이 대조된다. 또한 역대 중국 왕조는 공자묘에 백성 100호를 지급해 노역시키고 그들의 세금·차역을 일체 면제했는데 쿠빌라이 정부가 그들을 일반 백성과 동일하게 과세 대상으로 삼기도 했다. 이 같은 냉담한 처우로 인해 공자의 가문, 묘지, 사당은 쇠락할 수밖에 없었다.

송·금 시대 과거에서는 과거 평가 요건으로 경전의 의미를 파악하는 능력보다 사부(詞賦)를 짓는 문학적 재능이 더욱 중시되었다. 쿠빌라이는 과거 응시자가 답안지에 표현하는 화려한 수사와 공허한 논의가 실제 정치에 무익하다고 보았다. 또한 송·금 시대 학풍을 따르지 않고 실학(實學)을 중시하는 일부 한인 사대부도 그러한 인식에 공감하여 과거 시행을 반대했다. 이에 쿠빌라이는 과거 시행에 대해 어떠한 중요성, 필요성도 느끼지 않았다.

14세기 초 대칸 아유르바르와다와 측근 한인 관료가 처음 과거를 시행했다. 그러나 이는 정작 학문 수준이 높은 한인, 남인 응시자에게 매우 불리하게 작용했다. 몽골 정부는 몽골인, 색목인, 한인, 남인의 합격자 수를 동등하게 정했는데 한인, 남인 응시자 수가 몽골인, 색목인보다 수십 배 많았으므로 사실상 불평등한 조처였다. 또한 몽골인, 색목인과 한인, 남인의 시험을 분리하여 전자를 쉽게, 후자를 어렵게 출제하고 전자가 후자의 시험을 치러 합격하면 위계를 1품 높이도록 규정했다.

몽골은 1315년부터 1366년까지 51년간 16회 회시(會試)를 시행하여 합격자 총 1000여 명을 배출했다. 한 번 시험을 치를 때 합격자 수가 60~70명이고, 그중 한인, 남인은 절반에 불과했다. 송대 한 차례 회시에서 300~400명 합격자를 선발한 사실과 비교하면 한인 사대부의 합격자 수가 1/10 수준으로 감소한 것이다. 더구나 합격자는 몽골인, 색목인이 장악한 고위 관직에 진출하지 못하고 지위와 권한이 말단 서리에도 미치지 못했다. 그러므로 원대 과거는 한인 사대부의 중용과 정치 참여에 거의 도움 되지 못했다.

사등인제는 종족 차별 제도인가?

몽골은 제국 내 모든 종족을 몽골인, 색목인, 한인, 남인 4등급으로 나누어 여러 방면에서 차별적으로 대우하는 사등인제(四等人制)를 시행했다. 그런데 최근 몇몇 연구자가 종족 차별성을 부정하는 견해를 제출했다. 즉, 사등인제는 차별이 아니라 각 종족에게 본속법(本俗法)을 적용하기 위한 구분에 불과하다는 것이다. 기실 원대 종족의 4등급 구분과 차별 대우를 제도적으로 명시한 문헌 기록은 발견되지 않는다. 그렇다고 해서 그것이 존재하지 않았다고 볼 필요는 없다. 실재했으나 후대 우여곡절을 거치면서 해당 문헌이 소실되었을 가능성도 적지 않다. 설령 그러한 제도가 존재하지 않았더라도 원대 신분 정책의 종족 차별성을 부정하기 어렵다. 몽골이 의도적으로 각 종족을 차별했음을 보여 주는 문헌 기록이 다수 전해지기 때문이다.

"세조께서 정하기를, 한인은 재상이 될 수 없고 재상이 되는 자는 모두 국족(國族)이다(『초구문집(椒邱文集)』)." "천하가 태평할 때 어사대(御史臺), 중서성(中書省)의 주요 관직은 북인(北人)이 차지하고 한인, 남인은 1만 명에 한둘도 없었다(『초목자(草木子)』)"라는 기록과 같이 원대 재상급 고위 관직에 오직 몽골인을 등용하는 원칙이 존재했다. 또한 『원사(元史)』 「조세연

전(趙世延傳)』에 14세기 초 중서성 신료가 옹구트족 출신 조세연(趙世延)을 관료로 추천하자 아유르바르와다가 그가 색목인이므로 지위가 더 높아야 한다고 말했다는 기록도 있다. 이는 관리 등용에서 색목인을 한인보다 우대하는 방침이 존재했음을 나타낸다.

   1276년 몽골이 남송을 정복해 강남을 차지한 후 남인을 관료로 등용하지 않았다. 1287년 비로소 쿠빌라이가 중앙정부에 남인을 등용하라는 명을 내리고 실제로 몇몇 유능한 남인을 요직에 임명했다. 그러나 이는 매우 특별한 사례로서 대다수 강남 사대부에게 그러한 관운이 허락되지 않았다. 그때 명목상 남인에게 관직 진출의 길이 열렸으나 신료들의 반대로 인해 실제 등용되는 경우가 드물었고, 등용되어도 지위와 권한이 매우 미약했다. 이 같은 상황은 14세기 중엽까지 70여 년간 지속되었다. 1352년 대칸 토곤 테무르가 다시금 중앙정부에 남인을 등용하라고 명했다. 그러나 명령이 제대로 준수되었는지 확인되지 않고 16년 후 몽골은 명(明)의 공격을 받아 중원을 상실하고 북방으로 퇴각했다. 그러므로 몽골이 남인을 등용하지 않는 정책은 강남 지배 기간 내내 유지되었다.

   통상 몽골 정부가 제국 내 모든 종족을 4종으로 구분하고 차별 대우했다고 알려져 있다. 그러나 남인을 한인 범주에 포함하여 3계급으로 보거나, 몽골인-색목인, 한인-남인을 동일 범주로 묶어 2계급으로 파악하는 견해도 존재한다. 원대 신분제도는 몇 등급으로 구분되었을까?

   우선 몽골인-색목인 간 차별 문제를 살펴보자. 양자 간 등급의 차이를 명확하게 보여 주는 문헌 기록은 거의 없다. 오히려 여러 기록에 최상위 계층으로서 양자가 함께 명기되어 있다. 그러나 양자 간 신분 격차를 나타내는 기록도 전해진다. 『원사』「토토합전(土土哈傳)」에 쿠빌라이가 큰 전공을 세운 색목인 투드카(土土哈)를 포상하려 하자 그가 마땅히 몽골 장수를 먼저 포상해야 한다면서 사양했다고 기록되어 있다. 이는 당시 몽골인을 색목인보다 먼저 포상하는 관례가 존재했음을 나타낸다. 그때 쿠빌라이가 몽골인이 투드카의 오른쪽에 있다고 했는데, 이는 좌측보다 우측을 상위에 두는 몽골의 전통을 가리킨다. 또한 『원사』「인종본기(仁宗本紀)」에 아유르바르와다가 총애하는 색목인 카산을 승상에 등용하려 하자 그가 그 자리에 반드시 몽골인을 임명해야 한다면서 사양하니 대칸이 수긍했다는 일화도 기재되어 있다. 아울러 『원사』「태평전(太平傳)」에 토곤 테무르가 한인 태평을 어사대부(御史大夫)에 임명하려 하자 태평이 그 자리는 국성(國姓)이 아니면 받을 수 없다면서 사양하여 대칸이 특별히 성명(姓名)을 내려 몽골인으로 대우했다는 기록도 전해진다.

다음 한인-남인 간 차별 문제를 살펴보자. 양자의 지위와 권한의 차이를 보여 주는 문헌 기록은 찾기 어렵다. 오히려 하위계층으로서 양자가 함께 명기된 기록이 훨씬 많다. 그러나 비록 작지만 양자 사이에 신분 차이는 존재했다. 『원사』「원명선전(元明善傳)」에 한인 관료 동사선(董士選)이 원명선(元明善), 우집(虞集)과 대화하면서 전자는 한인이라 벼슬길이 순탄하겠으나, 후자는 남인이라 좌절할 수 있다고 언급한 대목이 이를 뒷받침한다. 또한 『사산유문(師山遺文)』에 한 과거 시험관이 왕백순(王伯恂)의 답안이 가장 훌륭하므로 1등으로 삼아야 한다고 주장했으나 동료 시험관이 그는 남인이므로 1등이 될 수 없다고 하여 결국 낙방했다는 일화도 전해진다. 전술했듯이 몽골은 중요 관직에서 의도적으로 남인을 배제했다. 반면 중서성의 재상급 고위직에 몇몇 한인을 기용한 사례가 있다. 이는 몽골이 관리 등용에서 한인을 남인보다 우대했음을 보여 준다.

일반적으로 사등인제는 종족 차별 정책으로 인식된다. 그러나 일부 연구자는 한인 지주가 몽골 지배층과 결탁하여 세력·지위를 보전하고 일부

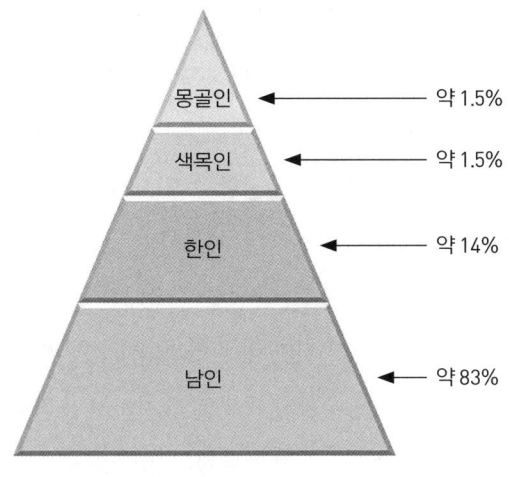

표 12.1. 원대 사등인제

한인이 고위 관직에 등용되었으며 몽골인, 색목인도 하층민이 존재했음을 들어 그 본질이 계급 차별이라고 주장했다. 실제로 몽골은 건국 초부터 제국의 창업과 발전에 기여한 공신 가문, 즉 근각(根脚) 출신 인사를 대거 고위직에 발탁했다. 근각에는 한인 가문이 포함되었고 몽골인, 색목인 못지않게 후하게 대우받았다. 한편 몽골인, 색목인 출신 하층민도 존재했다. 그들은 한인 백성과 마찬가지로 지배층의 수탈과 노역으로 인해 크게 고통받았다.

　이 같은 한인 출신 고위층과 몽골인, 색목인 출신 하층민의 존재는 원대 신분 질서에서 종족 차별보다 계급 차별 성격이 우선한다는 견해에 부합하는 측면이 있다. 그러나 근각 출신 고위층이라도 몽골인, 색목인과 한인 사이에는 분명한 차별이 존재했다. 원 일대에 걸쳐 우승상, 좌승상, 평장정사(平章政事)와 같은 중서성 최고위 관원이 대부분 몽골인, 색목인이고 한인이 거의 없다는 점이 이를 뒷받침한다. 또한 오직 몽골인 대신이 중요한 국사를 보고받고 결정했음을 나타내는 기록도 전해진다. 이처럼 근각 출신 한인은 비록 몽골의 지배층에 포함되어도 국가대사(國家大事)를 결정하고 정치를 주도하는 최고위직에서 배제되었다. 더욱이 남인으로서 근각으로 대우받거나 최고위직에 오른 인물은 존재하지 않는다. 그러므로 일부 계급 차별적 요소를 부정할 수 없으나 몽골의 신분 정책은 기본적으로 종족 차별 성격이 농후하다. 따라서 사등인제는 몽골 정부가 의도적으로 몽골인, 색목인을 한인, 남인보다 우대한 종족 차별 정책이다. 몽골은 사등인제를 중국 통치 기간 내내 일관되게 시행했다. 이는 그들이 한화를 경계하고 몽골인의 우월적 지위를 유지하려 노력했음을 나타낸다. 이를 통해 원조에 내재한 유목적 정체성의 일면을 엿볼 수 있다.

◆ ◆ ◆

사대부에게 몽골이 지배한 원대는 견딜 수 없이 치욕스럽고 서러운 시대였을 것이다. 자신이 누리던 권리가 당연하지 않은 특권이라는 것을 깨닫는 것은 스스로의 한계를 깨닫는 것이기 때문이다. 사대부에게 남은 선택은 지조를 지키며 관직을 멀리하거나 실무능력을 키우거나 몽골에 대항하는 것이었을 것이다. 각자의 선택은 달랐겠지만 이후 이민족을 향한 적개심과 원한을 드러낸 역사를 보면 아마 많은 한족 사대부가 가슴에 한을 품고 복수를 꿈꿨던 것 같다. 특권이 특권임을 알지 못한 채 현실에 적응하지 못하게 되면 자신을 돌아보는 것이 아니라 혐오와 배제의 감정을 품고 타자에 대한 공격성을 키우는 것은 역사의 아이러니인 듯하다.

13

원대 외래 종교가 왜 흥성했을까?

역사상 종교 때문에 전쟁이 일어난 경우를 많이 볼 수 있다. 지금도 세계 곳곳에서 종교가 다르다는 이유로 테러와 학살, 탄압이 일어나고 있다. 대한민국에서도 이슬람에 대한 혐오 정서가 표출된 적이 여러 번이었다. 그런데 거대한 제국 안에 다양한 종교가 각자의 영역을 지키며 평화롭게 지낸 시기가 있었으니 바로 몽골제국이 유라시아 대륙을 점령하던 때였다. 몽골제국, 특히 원에서 다양한 종교가 공존할 수 있었던 이유를 살펴보면 타 종교와 싸우지 않고 지낼 수 있는 방법을 알 수 있지 않을까?

❖ ❖ ❖

원대 이전 중국에 외래 종교가 전래했을까?

중국에서 문명의 형성·발전과 함께 유교, 도교, 민간신앙 등 토착 종교와 토착화 과정을 밟은 불교가 꾸준히 성장했다. 역대 중국 왕조는 대체로 고유한 화이관(華夷觀)을 바탕으로 폐쇄적 대외정책을 시행하여 외래 종교의 전래를 용인하지 않았다. 설사 전래하더라도 중국적 전통에 익숙한 백성들이 이질성 짙은 외래 종교를 쉽게 수용하지 않았다. 이례적으로 유목민족 성격이 강한 초기 당(唐) 왕조가 대외 개방정책을 시행하여 이슬람, 네스토리우스교, 조로아스터교, 마니교 같은 외래 종교의 도입을 허용했다. 그러나 그들은 조정으로부터 포교만 허가받았을 뿐 후원을 받지 못해 한인 사회에 깊이 뿌리내리지 못하고 제한적으로 전파되었다. 그리고 당 후기 혹독한 종교탄압과 농민반란으로 인해 거의 소멸했다. 이와 달리 몽골은 제국 내 모든 종교를 허용하고 후하게 지원하는 관용 정책을 일관되게 시행했다. 그 결과 역사상 유례없이 여러 외래 종교가 중국 전역으로 전파되고 크게 흥성했다. 몽골이 역대 중국 왕조와 달리 외래 종교를 관대하게 처우한 까닭은 무엇인가? 이에 관한 탐구는 원조의 유목적 성격을 파악하는 데 유의미한 시사점을 제공할 수 있다.

몽골은 종교를 어떻게 대우했을까?

몽골은 제국 내 모든 종교를 동등하게 우대하는 정책을 시행했다. 그 요인으로 예부터 초원 유목 지대가 유라시아 동서를 연결하는 교통로상에 놓여 다양한 문화와 종교가 교차하고 공존하는 공간이었다는 점을 들 수 있다. 따라서 토착 유목민은 각자 여러 종교를 신봉했다. 그 결과 유목 사회에서 서로 다른 종교 간 분쟁을 피하기 위해 그들을 동등하게 존중하는 포용 정책이 오래도록 유지되었다. 몽골의 관용적 종교 정책이 그러한 전통으로부터 영향받았음은 물론이다. 또한 거기에는 광대한 정복 지역 안에 거주하는 모든 종교인과 사이좋게 지내면 그들의 적개심과 반란을 줄일 수 있다는 전략적 판단도 함께 작용했다.

불교, 기독교, 이슬람 같은 세계종교가 '발전 단계가 낮은' 토착 종교와 접촉하면 토착 종교의 신도들은 대체로 선택이나 강요에 의해 개종하기 마련이다. 그러나 몽골은 전통적 샤머니즘에 근거하여 텡게리(하늘)를 숭배하는 텡게리즘을 굳건히 고수했다. 건국 시기부터 몽골은 텡게리가 칭기즈칸과 그 후손에게 세상을 지배하라는 명을 내렸으므로 이를 충실하게 이행해야 한다고 믿었다. 그러므로 어떤 종교라도 온 세상에 대한 영적 우월성을 관철하려는 시도를 용납하지 않았다. 몽골이 천명을 받아 세상을 지배한다는 믿음과 충돌하기 때문이다. 따라서 그들은 제국과 대칸에게 철저히 복속하고 권위에 도전하지 않는 선에서 종교 활동의 자유를 허용했다.

13세기 초 로마교황 인노켄티우스 4세는 몽골의 유럽 정벌을 목도하고 그 가공할 위력을 실감했다. 이에 이슬람의 위협에 맞서기 위해 몽골과 동맹을 맺고자 했다. 우선 그들을 기독교로 개종시켜 우호 세력으로 만들 필요가 있었다. 마침내 1245년 수도사 카르피니(John of Plano Carpini)를 파견해 대칸 구육에게 보편 종교로서 기독교의 교리와 위엄을 내보이고 개종을 권유했다. 그러나 구육은 답신에서 "그대의 신이 누구에게 은총을 내리는

도판 13.1. 교황 인노켄티우스 4세가 몽골제국에 수도사를 보내는 모습

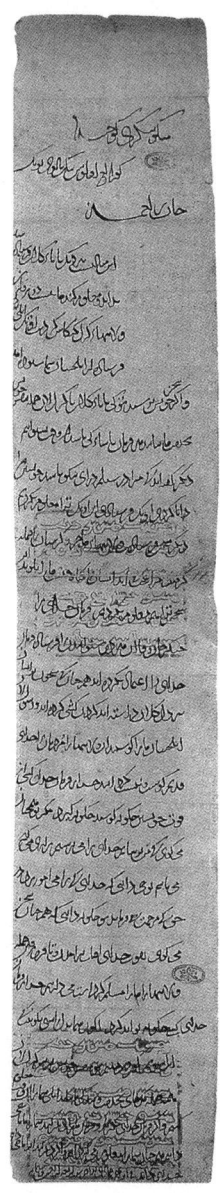

도판 13.2. 대칸 구육이 교황 인노켄티우스 4세에게 보내는 편지

지 어찌 알겠는가?"라고 반문하며 제안을 거부했다. 허약한 서방의 기독교가 세계 제국 건설을 가능케 한 텡게리의 권위를 능가한다고 보지 않았기 때문이다.

몽골은 어떤 종교라도 제국과 대칸에 위협이 되거나 대칸의 위상을 손상하면 탄압을 서슴지 않았다. 대표적 사례로 칭기즈칸이 샤먼(무당) 텝 텡게리를 처형한 사건을 들 수 있다. 텝 텡게리는 제국 내 샤먼의 수장으로 모든 몽골인에게 존숭받는 인물이었다. 칭기즈칸에게 불만을 품은 사람들이 주변으로 모이자 그는 정치권력을 추구하기 시작했다. 그의 영향력이 대칸의 권위를 위협할 수준에 이르자 칭기즈칸은 신속하게 그를 처형하고 자신에게 순종하는 새로운 인물로 대체했다. 또한 그의 손자 훌레구는 서아시아 압바스 왕조를 멸한 직후 칼리프(이슬람 세계의 군주)를 처형했다. 그가 생존하면 여전히 이슬람 세계에서 세속적·종교적 권위를 발휘할 수 있기 때문이다. 아울러 쿠빌라이가 자신이 베푼 연회에서 무슬림 상인이 이슬람 방식으로 도축(할랄)하지 않은 고기 먹기를 거부하자 제국 전체에서 이슬람 방식의 양 도살을 금지한 사건도 대칸의 권위에 도전하는 행위를 용납하지 않겠다는 의지의 표현으로 이해된다.

몽골은 텡게리의 초월적 힘을 믿었듯이 다른 종교의 영적인 힘의 존재와 위력도 신뢰했다. 그러므로 각자의 종교 활동이 모두 제국의 발전에 도움이 된다고 보았다. 이에 모든 종교인에게 제국과 대칸의 영광을 위해 기도하라 명하고 보답으로 세금과 차역 면제를 비롯해 각종 정치적·경제적 혜택을 베풀었다. 이로써 모든 종교는 제국과 대칸을 위해 봉사한다는 조건 아래 정부의 넉넉한 후원을 받으며 성장했다.

몽골은 불교의 선정원(宣政院), 도교의 집현원(集賢院), 기독교의 숭복사(崇福司) 등 각 종교를 전담하는 기구를 설립해 체계적으로 관리했다. 무슬림이 색목인의 다수를 차지했다는 점에서 이슬람 담당 기구가 설치되지 않은 것은 다소 의외다. 다만 문헌 기록에 회회합적사(回回合的司), 회회장교합적소(回回掌教哈的所)라는 기구가 눈에 띈다. 합적(合的, 哈的)은 무슬림 법관 '카디'의 음역으로 이슬람 율법에 따라 무슬림의 송사를 처리하는 기관이다. 적어도 무슬림을 관리하는 사법기구는 존재했던 셈이다.

몽골이 종교인에게 부여한 대표적 혜택은 사법적 자치권이다. 몽골은 모든 종교의 법적 관습을 존중하여 각 종교 집단에서 쟁송이 발생했을 때 정부가 개입하지 않고 스스로 전통 규율에 따라 처결하는 권한을 보장했다. 그리고 민간인과 종교인 또는 서로 다른 종교인 사이에 분쟁이 발생하면 해당 종교 대표와 정부 관리가 약회(約會)라고 불리는 공동 법정을 열어 합의에 따라 처리했다. 당·송 시대 그러한 사건이 오직 국가 법률에 따라 처리되었음에 비춰 볼 때 원대 종교인에게 사법적으로 큰 혜택이 부여되었음을 알 수 있다. 이 같은 관용 정책으로 인해 원대 중국에서 토착 종교뿐 아니라 티베트불교, 이슬람, 기독교, 유대교, 마니교 등 여러 외래 종교가 흥성했다.

중국사에서의 종교탄압, 삼무일종법난

불교는 후한대 중국에 전래한 후 토착화 과정에서 적잖은 도전과 시련을 겪었다. 대표적인 불교 탄압 사건이 삼무일종법난(三武一宗法難)이다. 북위(北魏) 태무제(太武帝), 북주(北周) 무제(武帝), 당(唐) 무종(武宗), 후주(後周) 세종(世宗)이 일으켰다는 데에서 명칭이 유래했다. 탄압의 원인으로 토착 종교인 유교와 도교가 불교를 공격하고, 불교 교세가 지나치게 팽창하여 국가권력을 위협하고, 많은 인구가 세금과 노역을 피하기 위해 출가하여 재정수입을 감소시키고, 불교 교단의 타락과 부패가 극에 달한 점을 들 수 있다. 기록에 따르면 북주 시기 사찰 수가 3만이 넘었고 승려 수가 200만에 달했다고 한다. 탄압은 구체적으로 사원 파괴, 재산 몰수, 승려 환속 형태로 전개되었다. 북위 태무제 시기 많은 승려가 살해되고, 당 무종 시기 4600여 사찰이 폐쇄되고 26만 승려가 환속했으며 네스토리우스교, 조로아스터교, 마니교 등 외래 종교가 함께 탄압받아 중국에서 자취를 감추었다. 탄압의 결과 교종(敎宗) 계열의 북방 불교가 쇠퇴하고 선종(禪宗) 계열의 남방 불교가 중국 불교의 주류로 자리 잡았다.

그러나 외래 종교는 전통 한인의 사상, 문화, 생활양식이 반영된 중국적 토양에 강고하게 정착하지 못했다. 그들이 중국에서 확보한 신자가 대부분 유목민족이나 서역인이었고 한인은 거의 없다. 교리와 외양에서 보이는 특유의 이질성이 중국 전통에 익숙한 한인의 거부감을 불러일으켰기 때문이다. 그러므로 14세기 말 몽골이 쇠퇴하고 동서 교류가 단절되어 중국에서 외지인이 감소하자 외래 종교도 소멸하는 운명을 맞았다. 이제 원대 중국에서 흥성한 각 외래 종교의 존재 양태를 살펴보자.

티베트불교는 어떻게 몽골의 주류 종교가 되었나?

티베트불교는 7세기 인도에서 전래한 불교가 티베트의 토착 신앙과 결합해 형성된 종교다. 흔히 '라마교'라고도 불리는데 라마는 티베트에서 종교 지도자를 가리킨다. 티베트불교가 라마를 숭배하는 종교가 아니므로 라마교는 잘못된 표현이다.

몽골은 제국 내 모든 종교 중 티베트불교를 가장 귀중하게 대우했다. 그 요인으로 두 가지를 들 수 있다. 첫째, 티베트불교에 유목적 샤머니즘 요소가 대거 포함되었다는 점이다. 티베트는 유목 지역이므로 토착 신앙도 샤머니즘에 바탕을 두었다. 따라서 이와 결합한 티베트불교 역시 샤머니즘의 성격을 강하게 띠었다. 이는 몽골 지배층이 거부감 없이 티베트불교를 수용하고 아낌없이 지원하는 배경이 되었다. 14세기 중엽 황태자 아유시리다라가 티베트 승려를 만난 자리에서 "이호문(李好文) 선생이 나에게 유서(儒書)를 여러 해 가르쳤는데 그 뜻을 깨닫지 못했다. 지금 불법(佛法)을 들으니 하룻밤에 환히 알 수 있었다"라고 한 발언은 티베트불교가 몽골 지배층에게 친숙하고 용이하게 수용되었음을 잘 보여 준다. 둘째, 티베트는 전통적으로 정교합일(政敎合一) 사회로서 종교 지도자가 세속적 통치권을 행사했다는 점이다. 따라서 몽골이 티베트불교 지도자를 우대하여 포섭하면 그들을 통해 티베트를 확고히 장악할 수 있었다.

13세기 초 대칸 우구데이는 아들 쿠텐에게 감숙(甘肅, 간쑤), 청해(靑

海, 칭하이) 지역을 분봉했다. 1240년 쿠텐은 영지에 인접한 티베트 공략에 착수했다. 당시 티베트에 여러 종파가 난립했는데 쿠텐은 그중 사캬파(1073년 세워진 사캬 사원을 중심으로 형성된 티베트불교의 종파)의 고승으로 명성이 높은 사캬 판디타를 자신의 근거지 양주(涼州, 량저우)로 초빙해 접견했다. 그때 쿠텐이 그에게 몽골에 대한 귀부를 종용하자 그는 티베트 각지의 종교 지도자에게 서신을 보내 귀부하도록 설득하여 동의를 얻어 냈다. 이로써 몽골은 별다른 저항 없이 티베트를 제국의 판도에 편입시키고 사캬파에게 티베트불교 전체를 영도할 권한을 부여했다.

쿠빌라이 시기 몽골과 티베트의 결속이 한층 긴밀해졌다. 1253년 쿠빌라이는 대칸 뭉케의 명을 받아 대리(大理, 따리, 오늘날 윈난성)를 정벌하고 북상하던 중 양주에 이르러 사캬 판디타를 초빙했다. 그때 이미 그가 사망하고 자리를 대신한 조카 팍파가 쿠빌라이와 회견했다. 쿠빌라이는 18세 약관에 불과한 팍파의 도인다운 풍모와 해박한 지식에 흡족하여 그를 막료로 삼고 측근에서 자신을 보좌하게 했다. 그때 팍파는 쿠빌라이에게 티베트불교에 대한 호감을 심어 주고 차비 카툰(황후)과 여러 몽골의 유력 인사를 티베트불교에 귀의시켰다. 1258년 개평[開平, 1263년 상도(上都)로 개칭]에서 열린 불교와 도교의 논쟁에서 주재자 쿠빌라이가 불교의 손을 들어 준 것도 팍파에 대한 두터운 신뢰와 무관하지 않다.

1260년 대칸 즉위 직후 쿠빌라이는 팍파를 국사(國師)로 임명하고 제국 내 모든 불교를 지도할 권한을 부여했다. 이어 1264년 총제원(總制院)을 설립하고 그를 수장에 임명하여 불교와 티베트를 관할하게 했다. 아울러 1270년 그의 신분을 제사(帝師)로 격상하고 대보법왕(大寶法王)이라는 영예로운 칭호를 하사했다. 이로써 불교계에서 티베트불교와 사캬파의 우월적 권위가 확립되었다. 이에 대한 보답으로 팍파는 쿠빌라이를 지

불도논쟁(佛道論爭)

1250년대 화북에서 정치적·종교적 권력을 둘러싸고 불교와 도교가 극렬하게 대립했다. 대칸 뭉케는 한지(漢地) 총독 쿠빌라이에게 두 종교 간 논쟁을 주재하여 갈등을 봉합하라고 명했다. 이에 1258년 쿠빌라이가 근거지 개평에서 종교회의를 개최했다. 당시 그는 티베트불교 지도자 팍파를 막료로 삼고 그로부터 종교적 가르침을 받았으므로 이미 불교에 경도되어 있었다. 논쟁에 참여한 팍파가 도교에서 신봉하는 경전이 위작이라 주장했는데 도교 성직자는 제대로 반박하지 못했다. 또한 쿠빌라이가 도교에서 주장하는 주술과 초자연적 묘기를 선보이라고 요구했으나 그들은 어떠한 능력도 증명하지 못했다. 결국 그는 도교가 논쟁에서 패배했다고 선언하고 성직자를 처벌했다. 그러나 도교를 철저하게 배척하지 않았다. 당시 많은 중국인이 도교를 신봉했으므로 그들을 적으로 돌릴 수 없었기 때문이다. 성직자를 가볍게 처벌하는 것만으로도 불교에 대한 공격을 멈추게 할 수 있었다. 이로써 장기간 격렬하게 전개된 두 종교 간 대립이 비로소 진정되었다.

혜를 상징하는 문수보살(文殊菩薩)의 현신이자 불교 세계를 지배하는 위대한 군주 전륜성왕(轉輪聖王)으로 묘사했다.

 1288년 쿠빌라이는 총제원을 선정원으로 승격하고 제사로 하여금 총괄하게 했다. 선정원의 품계가 종1품이고, 집현원과 숭복사가 종2품이었다는 점에서 불교의 지위가 여타 종교보다 우월했음을 알 수 있다. 그중 사카파 출신 제사가 줄곧 선정원 수장을 맡았으므로 티베트불교의 위상은 단연 으뜸이었다. 당시 중국에 선종(禪宗)을 비롯해 여러 토착 불교 종파가 있었으나 모두 티베트불교의 지도 아래 놓였다. 남송 멸망 후 강남에도 행선정원(行宣政院)이 설립되어 남방의 불교를 관리하고 티베트불교를 전파했다.

몽골은 제국 내 종교 중 티베트불교를 가장 후하게 지원했다. 승려에게 세금과 차역 면제 혜택과 높은 정치적·사회적 지위를 부여했다. 또한 사찰에 넓은 토지와 거액의 자금을 하사하고 장인과 노비를 공급했으며 장기간 종교의식을 치르도록 각종 편의를 제공했다. 이로써 전국 각지의 불교 사찰이 경제적으로 번영하여 그곳을 중심으로 도시가 형성되었다. 그러나 티베트불교에 대한 몽골의 막대한 지출은 심각한 재정 파탄을 초래했다. 더욱이 승려는 높은 지위와 권한을 남용해 돈을 받아 관직을 수여하고 중죄인을 석방하는 등 온갖 부정을 저질렀다. 이 같은 티베트불교의 타락과 부패는 14세기 몽골이 급속히 쇠퇴하는 주요인으로 작용했다.

이슬람은 어떻게 몽골에 전파되었나?

당·송대 동서 해상무역이 번성하자 아랍·페르시아 출신 무슬림 상인이 광주(廣州, 광저우), 천주(泉州, 취안저우), 명주(明州, 밍저우) 등 동남해안 항구도시에 진출해 교역에 종사했다. 한인은 그들을 회회인(回回人)이라 불렀다. 그들은 그곳에서도 고유 신앙을 유지했으므로 자연스럽게 이슬람이 중국에 전래했다. 그러나 신도 수와 지역 범위가 제한적이었으므로 교세가 널리 확대되지 못했다.

13세기 몽골이 이슬람 세계 대부분을 정복함에 따라 중앙아시아와 서아시아 출신 회회인이 육로를 통해 대거 중국에 도래했다. 그중 행정, 재무, 군사, 상업 등 실무에 뛰어난 인재들이 중앙과 지방정부의 요직에 등용되었다. 몽골 조정에서 막강한 영향력을 행사한 자파르 호자, 마흐무드 얄라바치, 압둘 라흐만, 아흐마드, 사이드 아잘, 다울라트 샤 등 고위 관료

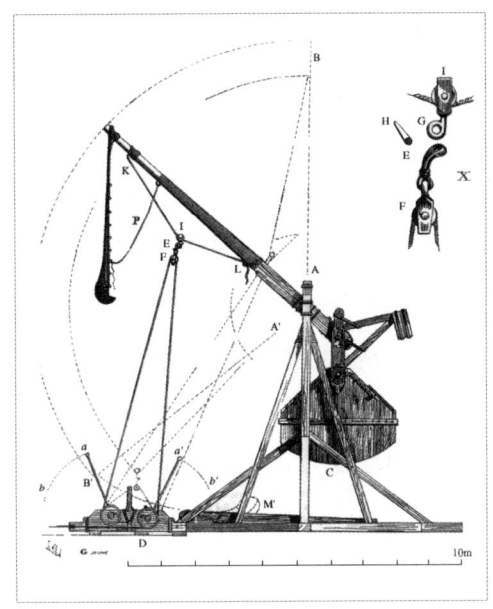

도판 13.3. 회회포

가 모두 회회인이다. 또한 수리(水利), 천문학, 언어학, 의학 등 실용 학문과 과학기술에 정통한 회회인이 장인, 기술자로서 정부에 봉사했다. 몽골은 회회사천대(回回司天臺), 회회국자학(回回國子學), 회회약물원(回回藥物院)과 같은 기관을 설립해 그들의 재능을 통치에 적극 활용했다. 쿠빌라이 시기 서아시아 일칸국에서 파견된 무슬림 장인이 회회포(回回砲)라고 불리는 거대한 투석기를 만들어 몽골이 남송을 공략하는 데 공헌했다. 아울러 전투에 능한 중앙아시아의 유목민도 이슬람을 신봉했다. 몽골은 회회인으로 구성된 여러 군대를 조직하여 군사 활동에 활용했다.

남송 시대 이미 동남해안에 회회인이 분포했으나 남송 멸망 후 몽골의 색목인(色目人) 우대 정책으로 인해 더 많은 회회인이 강남으로 진출했다. 14세기 초 편찬된 진강(鎭江, 전장)의 지방지『지순진강지(至順鎭江志)』에

그곳에 거주하는 색목인의 수가 위구르(畏吾兒) 93명, 회회(回回) 374명, 야리가온(也里可溫, 기독교인) 106명, 하서(河西, 탕구트인) 35명 총 608명이라고 기록되어 있다. 여기에서 위구르와 회회가 구분되었으나 당시 위구르인 대부분이 이슬람을 신봉했다. 따라서 진강의 색목인 중 무슬림이 차지하는 비중은 70퍼센트를 상회한다. 주지하듯이 몽골은 종족에 따라 신분을 차별하는 사등인제(四等人制)를 시행하고 몽골인 아래 색목인을 두어 한인, 남인을 다스리는 지배계층으로 삼았다. 대다수 색목인이 무슬림이다.

몽골 건국 후 꾸준히 성장한 회회인 세력은 쿠빌라이 시기 아흐마드가 집권하면서 더욱 강화되었다. 이에 쿠빌라이는 아흐마드를 위시한 회회인 관료 집단을 견제할 필요가 있었다. 마침 그가 조공을 바친 무슬림 상인에게 연회를 베풀었는데, 그들이 이슬람 방식으로 도살하지 않은 고기 먹기를 거부하는 사건이 발생했다. 이에 분노한 쿠빌라이는 제국 전체에 이슬람식 양 도살을 금지하는 명을 내렸다. 이어 회회인의 권익을 제한하는 여러 조칙을 반포했다. 여기에는 쿠빌라이뿐 아니라 아흐마드와 회회인을 경계하는 황태자 진김(眞金), 한인 유사(儒士), 기독교인 관료의 의지도 반영되었다. 그러나 회회인 견제 정책은 오래 지속되지 못했다. 유능한 회회인 실무 관료, 기술자가 정부에 협조하지 않고 유라시아 동서를 오가며 국제무역을 주도하던 무슬림 상인의 수가 크게 줄었기 때문이다. 결국 쿠빌라이는 반포 7년 후 금지령을 해제했다.

회회인이 정부, 민간의 여러 분야에 진출함에 따라 자연스럽게 이슬람이 중국으로 전파되었다. 그들은 몽골 정부의 허가를 받아 전국 각지에 이슬람 자치 공동체를 설립했다. 그리고 그 안에서 스스로 지도자를 선출하고 이슬람 율법에 따라 종교 활동과 일상생활을 영위했다. 상술했듯이 몽골은 이슬람을 전담하는 관리기구를 두지 않았으나 회회합적사, 회회장교합적소를 세우고 이슬람 법관 카디를 수장에 임명하여 회회인의 송사를 처리하게 했다. 이 같은 회회인 우대, 종교 관용 정책으로 인해 이슬람이 제국 전체로 확산했다. 이슬람의 종교 활동 장소는 모스크다. 한인은 이를 청진사(淸眞寺)라고 불렀다. 오늘날 북경

도판 13.4. 청진사

(北京, 베이징), 개봉(開封, 카이펑), 항주(杭州, 항저우), 천주 등 화북과 강남의 대도시와 상도가 위치했던 내몽골 초원에서 원대 청진사 유적이 다수 발견되었다.

원대 이슬람이 중국에 널리 전파되었으나 신자가 대부분 서역인이고 몽골인이나 한인에게는 거의 전파되지 않았다. 다만 쿠빌라이 손자 아난다가 이슬람을 신봉하여 휘하 15만 몽골군을 개종시켰다는 기록이 있다. 14세기 후반 몽골이 북방 초원으로 퇴각하고 중국을 왕래하던 서역인의 발길이 끊기면서 자연스럽게 이슬람도 쇠퇴했다. 그러나 중국에서 무슬림이 완전히 사라진 것은 아니었다. 몽골을 타도하고 중원을 차지한 명(明)은 한인 왕조로서 한 문화 부흥에 힘썼으나 이슬람을 탄압하지 않았다. 이에 회회인이 장기간 한인과 융합을 거쳐 오늘날 회족(回族)으로 발전했다. 그들은 중국 각지에 분포하며 여전히 이슬람 신앙과 생활방식을 유지하고 있다.

몽골에서 번성하던 기독교는 왜 사라졌는가?

원대 처음 중국에 전래한 기독교 종파는 '경교(景教)' 또는 '아시리아 동방교회'라고 불리는 네스토리우스교다. 이는 5세기 초 동로마에서 콘스탄티노폴리스 대주교 네스토리우스가 이단으로 몰려 파문된 후 그의 교리를 따르는 신도가 바그다드 인근 크테시폰에서 건립한 교단이다. 이후 동방으로 교세를 확대하여 서아시아, 중앙아시아를 거쳐 7세기 초 당에 전파되었다. 9세기 말 당이 쇠퇴함에 따라 중국에서 소멸했으나 몽골 초원 유목민에게 여전히 신봉되었다.

13세기 초 몽골이 세계 제국 건설에 착수했을 때 지배층에 네스토리우스교도가 다수 포함되어 있었다. 칭기즈칸의 막내아들 툴루이의 부인이자 뭉케, 쿠빌라이의 모친 소르칵타니 베키, 뭉케의 후비(後妃) 오굴 카이미시, 일칸국의 창립자 훌레구의 정비(正妃) 도쿠즈 카툰은 독실한 네스토리우스교도였다. 또한 몽골 황실은 네스토리우스교를 신봉하는 옹구트 부족과 대대로 혼인 관계를 맺었다. 아울러 일찍이 칭기즈칸을 도와 제국을 건립하는 데 기여하고 건국 후 고위직을 역임한 친카이, 구육·뭉케·쿠빌라이 시기 각각 대칸의 측근에서 막강한 영향력을 행사한 카닥, 불가이, 이사도 네스토리우스교도였다. 이처럼 여러 황실 여인과 고위 관료가 네스토리우스교를 신봉한 사실은 몽골이 이를 우호적으로 대하고 아낌없이 지원하는 배경이 되었다.

몽골이 중국을 점령하면서 네스토리우스교가 화북에 전파되었다. 13세기 중엽 몽골을 방문한 프랑스 수도사 루브룩(William of Rubruck)은 화북 열다섯 개 도시에 네스토리우스교도가 있고 주교좌가 대동(大同, 다퉁)에 있다고 증언했다. 또한 1330년경 페르시아의 가톨릭 주교 코라(John of Cora)는 몽골 수도 대도(大都, 오늘날 베이징)를 비롯한 화북 곳곳에 많은 네스토리우스교도가 있고 막대한 재산과 여러 관부를 소유하고 대칸으로부터 큰 특권을 받았다고 기록했다. 아울러 1305년 대도의 가톨릭 주교 몬테코르비노(John of Monte Corvino)도 로마교황에게 보낸 서신에서 네스토리우스교도가 강한 권세를 지니고 있다고 보고했다. 오늘날 북경을 비롯해 화북 곳곳에서 발견된 여러 묘석, 비문, 문헌은 그러한 기록이 과장이 아니었음을 뒷받침한다.

몽골의 남송 정복 후 네스토리우스 교세가 강남으로 확대했다. 앞서 제시한 『지순진강지』에 진강에 거주하는 색목인 608명 중 약 17퍼센트인 106명이 야리가온(也里可溫)이라고 기재되어 있다. 이는 기독교인을 가리키는 에르케운(Erke'ün)의 한자식 표기다. 여기에 가톨릭 신자도 포함되지만 교세가 미약했으므로 대부분은 네스토리우스교도였다. 또한 그곳에서 부다루가치를 역임한 세르기스(薛里吉思)라는 신자가 하늘의 계시를 받아 진강과 항주에 교회 일곱 개를 건립한 일화도 기록되어 있다. 원대 네스토리우스교의 흔적은 진강뿐 아니라 항주, 천주, 양주(揚州, 양저우) 등 강남 각지에서 확인된다. 그곳에서 십자가가 새겨진 묘석, 종교인과 신도의 행적이 한문, 파스파, 위구르, 시리아, 라틴 등 다양한 문자로 새겨진 여러 비석이 발견되었다.

1289년 몽골은 숭복사를 설립해 기독교인을 체계적으로 관리했다. 그 대상에 가톨릭과 마니교 신자가 포함되었으나 대다수는 네스토리우스교도였다. 『원사(元史)』「백관지(百官志)」에 "전국의 에르케운 장교사(掌敎司) 72개소를 통합해 사무를 모두 숭복사로 귀속시켰다"라고 기재되어 있다. 기독교도 관리 기관인 장교사가 전국에 72개나 설치되었다는 점은 네스토리우스교도가 제국 전체에 광범위하게 분포했음을 알려 준다.

도판 13.5. 천주(취안저우)에서 발견된 원대 기독교 묘석

원대에는 네스토리우스교뿐 아니라 가톨릭도 중국에 전래했다. 1245년 로마교황이 카르피니를 파견해 구육의 개종을 꾀했으나 좌절했음은 앞서 언급했다. 이후 1253년 프랑스 국왕 루이 9세가 수도사 루브룩을 파견해 뭉케에게 개종을 권했으나 역시 거절당했다. 이처럼 13세기 중엽 시도된 두 차례 가톨릭 포교는 실패로 끝났다. 그러나 이후 동서 교류가 번영하면서 몽골을 방문한 유럽인에 의해 동방에 많은 기독교(네스토리우스교) 신도가 존재한다는 사실이 밝혀졌다. 이에 1289년 교황 니콜라우스 4세가 몬테코르비노를 몽골에 파견했다. 1294년 그는 대도에 이르러 대칸 테무르를 만나 교황의 친서를 전달하고 포교를 허락받았다. 이로써 가톨릭이 몽골 정부의 후원을 받아 역사상 처음으로 중국에 전파되었다.

그 후 가톨릭의 전파 상황은 몬테코르비노가 1305년과 1306년 교황에게 보낸 두 통의 서한을 통해 알 수 있다. 그는 첫 번째 편지에서 포교를 시작하고 10여 년간 대도에 교회를 세우고 6000여 명에게 세례를 주었다고 보고했다. 이어 두 번째 편지에서 루칼랑고 출신 피터가 몽골 황궁 인근에 또 다른 교회를 짓고 있다고 알렸다. 이에 교황은 공을 인정하여 1307년 대도에 정식으로 가톨릭 교구를 설치하고 몬테코르비노를 초대 대주교에 임명했다. 아울러 몽골제국 전 영역의 기독교도를 관할하는 '동방 총주교'라는 영예로운 직함도 부여했다. 몬테코르비노는 해상무역의 중심 천주에도 교구를 설치하고 주교를 임명하여 강남에 대한 포교에 착수했다. 1322년 강남을 방문한 수도사 오도릭은 프란체스코회 선교사들이 항주, 양주에서 활발하게 전도하는 장면을 목격했다.

1328년 몬테코르비노가 대도에서 사망하자 1338년 교황 베네딕투스 12세가 마리뇰리(John of Marignolli)를 위시한 사절단 네 명을 몽골에 파견했다. 1342년 그들은 상도에 도착해 대칸 토곤 테무르를 알현하고 4년간 대도에 머무르며 신앙과 포교에 전념했다. 그러나 몽골의 정치, 사회 상황이 날로 악화하자 장차 대란이 일어나리라 예측하고 1346년 귀환길에 올랐다. 그 후 교황청은 더 이상 몽골에 선교사를 파견하지 않았다. 이로써 가톨릭은 네스토리우스교와 함께 원·명 교체 혼란기를 겪으며 급속히 쇠퇴하여 마침내 중국에서 자취를 감추었다.

종교 정책으로 본 몽골제국의 정체성은 무엇인가?

이처럼 몽골은 역대 중국 왕조와 달리 외래 종교의 전파를 허용하는 관대한 정책을 시행했다. 그리고 그 종교들을 효과적으로 관리, 지원하기 위해 다양한 방법을 구사했다. 그 결과 중국에서 전례 없이 여러 토착·외래 종교가 공존·번영했다. 그들 사이에 갈등이 없지 않았으나 심각한 충돌은 발생하지 않았다. 그러한 현상은 모든 종교를 동등하게 존중함으로써 정치적 안정을 도모하는 유목민의 독특한 실용적 관념에서 비롯된 것이다. 이를 통해 중국의 종교 정책과 구별되는 원조의 유목적 성격을 확인할 수 있다.

❖ ❖ ❖

원나라 안에서 분명하게 우대받는 종교는 티베트불교였다. 쿠빌라이를 비롯한 원 황실은 티베트불교에 기운 모습을 보여 줬지만, 그렇다고 이슬람이나 기독교가 탄압을 받지는 않았다. 지도자는 사회가 잘 굴러가게 하기 위해선 자신의 성향이 어떻든 다른 종교를 티 나게 차별해서는 안 된다. 종교뿐만 아니라 다른 어떤 분야에서도 타인 혹은 타 공동체에 존중과 인정을 보여야 한다. 그것이 나와 내 주변, 나아가 사회와 국가의 안정과 발전에 도움이 되는 가장 실용적인 방식이다.

14

유목민족 몽골은 왜 해상무역을 진흥했을까?

콜럼버스가 아메리카 대륙으로 항해를 시작한 때인 15세기 즈음을 지금 우리가 살고 있는 세계화 시대의 시작이라고 생각하는 이들이 많은 듯하다. 하지만 콜럼버스가 자신 있게 대서양을 건널 수 있었던 배경에는 마르코 폴로의 『동방견문록』이 있었다. 마르코 폴로의 『동방견문록』은 몽골제국이 대륙과 해상에 거미줄처럼 촘촘하게 건설한 교통망 덕분에 탄생할 수 있었다. 그렇다면 세계화 시대의 근본인 몽골제국을 알게 된다면 지금 우리 시대의 심층을 이해할 수 있는 단서를 얻을 수 있지 않을까?

◆ ◆ ◆

'팍스 몽골리카'는 무엇인가?

1276년 몽골은 남송(南宋)을 정복해 강남을 차지하고 바다로 진출하는 발판을 마련했다. 그 후 남해제국(南海諸國, 동남아시아-인도양 해역의 여러

나라)을 복속해 해상 세계를 통합하고 해상무역 진흥 정책을 강하게 추진했다. 그 결과 약 1세기에 걸쳐 유라시아 동서 해상무역이 공전의 번영을 구가했다. 교역 규모와 통교 범위가 크게 확대하고 조선술과 항해술이 비약적으로 발전하며 해양 세계에 관한 지식이 대거 축적되었다. 오늘날 여러 학자들이 그 시대 이루어진 해상교통과 교역의 번영을 팍스 몽골리카(Pax-Mongolica) 즉 '몽골의 평화'라고 일컫는다. 초원 유목민 출신으로 바다를 접하지 못한 몽골이 인류 역사상 가장 눈부시게 해상무역을 진흥한 사실은 매우 흥미롭다. 그러한 점을 어떻게 이해해야 할까? 원대 해상무역의 번영을 제대로 이해하기 위해서는 실제상을 다방면으로 조망해야 한다. 이를 통해 원조의 유목적 성격을 밝히고 역사상이 후대 세계사에 미친 영향을 파악하는 데 중요한 실마리를 얻을 수 있다.

몽골은 상업과 무역을 어떻게 인식했을까?

몽골은 유목민족이다. 전통적으로 유목민족은 개방적이고 상업과 무역을 중시하는 성향을 가졌다. 이는 삶의 터전인 초원 건조지대가 매우 척박하여 그들 스스로 필요한 식량과 물자를 충분히 생산할 수 없기 때문이다. 따라서 그들은 생존을 위해 반드시 부유하고 생산력 높은 중국과 같은 농경 국가와 교류할 필요가 있었다. 이에 따라 필연적으로 개방성을 띠고 상업과 무역을 중시하고 상인을 우대했다.

이 같은 성향은 중국과 상당히 대조적이다. 중국인의 삶의 터전은 비옥한 농경 지역이다. 따라서 많은 인구가 집중되어 스스로 식량과 물자를 충분히 생산하고 우수한 문화를 창달했다. 반면 주변을 둘러보면 유목민족을 포함한 '미개하고 빈곤한 이적(夷狄)'이 중국의 '풍부한 재부와 문물을 탈취'하기 위해 호시탐탐 기회를 노렸다. 따라서 중국은 외부 세력과 교역하지 않고 그들의 침입으로부터 국토를 방어할 필요가 있었다. 그러므로 자신에게 형식적으로 복속하는 일부 나라와 종족에게만 조공무역을 제한적으로 허용하는 자세를 취했다. 이에 따라 자연스럽게 상업과 무역을 천시하고 상인을 홀대하는 폐쇄성을 띠었다. 중국의 전통적 신분 질서인 사농공상(士農工商), 경제정책인 중농억상(重農抑商)은 모두 그러한 폐쇄성이 반영되어 만들어진 산물이다.

몽골은 유목민족으로서 일찍부터 상업과 무역을 중시하고 상인을 우대했다. 따라서 건국 후 국내외 상업과 무역을 적극 진흥하고, 아흐마드, 노세영(盧世榮)과 같은 상인 출신 관료를 중용하여 국가 재무를 총괄하게 했다. 그리고 유목국가 역사상 처음 강남을 점령하여 바다로 나아가는 교두보를 확보했다. 따라서 유목민족의 개방적 성향에 비춰 볼 때 몽골이 동남아시아-인도양으로 진출하여 해상무역에 참여하는 것은 자연스러운 행보였다.

몽골의 동남아시아 정벌은 실패했는가?

몽골이 바다로 진출해 순조롭게 해상무역을 진흥하기 위해서는 우선 교역 대상인 남해제국과 외교관계를 맺을 필요가 있었다. 이에 따라 1276년 남송 정복 후 남해제국에 사신을 파견해 복속을 요구했다. 그 결과 여러 나라가 사신을 보내와 조공했다. 몽골이 그들과 수립한 외교관계는 통상 중국이 주변국과 맺은 책봉-조공 관계를 답습했다고 이해되기 쉽다. 전통적 책봉-조공 관계는 주변국의 조공(朝貢)과 중국 황제의 책봉(冊封), 회사(回賜)가 평화적으로 교환됨으로써 유지되고, 조공국이 중국 황제의 명목적 종주권을 인정하는 대신 정치적 독자성을 보장받는다는 특징이 있다. 그러므로 중국 황제가 조공국 군주나 자제에게 실제적 복속을 의미하는 친조(親朝)를 요구하는 일은 매우 드물었다. 더욱이 경제교류 성격이 짙은 중국-남해제국 간 책봉-조공 관계에서 중국 황제가 조공국 군주에게 친조를 요구하거나 그들이 자발적으로 친조를 행한 사례는 거의 없다.

그러나 몽골은 남해제국과 교섭하면서 시종 국왕이나 자제의 친조를 강하게 요구했다. 이는 몽골의 고유한 대외정책을 답습한 것이다. 건국 초부터 몽골은 영토를 확대하는 과정에서 주변국 군주의 친조를 빈번히 요구했다. 1209년 위구르 군주 바르축 아르테긴이 몽골에 복속 의사를 표명하자 칭기즈칸은 그에게 친조를 명했다. 또한 1219년 고려와 처음 접촉했을 때도 국왕 고종(高宗)에게 친조를 요구했다. 구육도 수차례 로마 교황에게 서한을 보내 서유럽 군주들과 함께 친조하라 명하고, 1267년 쿠빌라이가 안남(安南, 베트남 북부)에 조서를 보내 요구한 여섯 가지 책무(六事)의 첫 조항에도 국왕 친조가 명시되어 있다.

몽골이 주변국 군주에게 친조를 요구한 것은 그들을 철저히 복속하려 했음을 의미한다. 이에 몽골의 위세를 감지한 여러 나라가 그 요구를 수용했다. 그러나 중국적 책봉-조공 관계에 익숙한 몇몇 나라가 이를 거부하여 몽골과 무력 충돌을 빚었다. 1267년부터 몽골은 안남 국왕에게 친조를 요구했는데 그가 이행하지 않자 1285년, 1287년 두 차례 안남을 침공했다. 또한 1279년, 1280년 점성(占城, 베트남 남부)에 사신을 보내 국왕이나 자제의 친조를 요구했다. 1281년 점성 국왕이 복속의 뜻을 표명하자 몽골은 즉시 점성에 행성(行省)을 설치했다. 몽골의 군정(軍政) 기관인 행

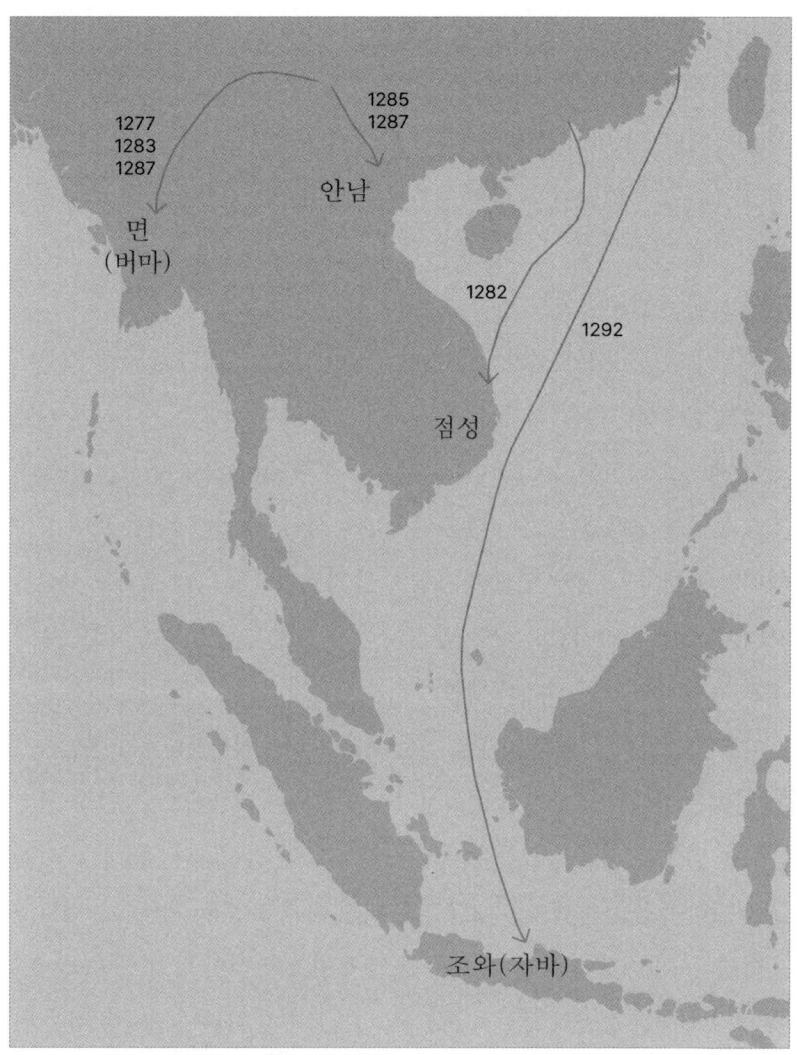

지도 14.1. 몽골제국의 동남아시아 침공

성의 설치는 그곳을 직접 지배하거나 적어도 내정에 깊이 관여하는 것이므로 지배층의 강한 반발을 일으켰다. 결국 점성 왕자가 인도로 가는 몽골 사신을 억류하여 저항 의지를 내보이자 몽골은 즉시 점성을 침공했다.

몽골은 1271년부터 면(緬, 버마)에도 수차례 사신을 보내 국왕이나 자제의 친조를 요구했는데 거절당하자 1277년, 1283년, 1287년 세 차례 면을 침공했다. 아울러 1279년부터 조와(爪哇, 자바)에도 여러 번 사신을 보내 친조를 요구했는데, 조와가 이를 거부하고 1289년 몽골 사신의 얼굴에 글자를 새겨 저항 의지를 내보이자 1292년 군사 2만, 배 1000척을 동원해 조와를 침공했다.

몽골이 동남아시아 정벌에 파견한 군대는 모두 토착민의 강한 저항에 부딪혀 철수했다. 따라서 통상 몽골의 동남아시아 정벌은 참혹하게 실패한 정책으로 평가된다. 그러나 전쟁 종료 후 몽골은 조속히 그 나라들과 조공 관계를 수립했다. 전쟁 직후 안남과 점성이 몽골에 사신을 보내 복속 의지를 밝히고 1297년 면도 왕자를 보내 입조했으며 그해 조와도 사신을 보내 내조했다. 이처럼 침략을 받은 나라가 정벌군을 격퇴했음에도 종전 후 모두 몽골과 조공 관계를 맺었다.

이처럼 그들이 유화적 자세를 취한 까닭은 무엇일까? 몽골의 동남아시아 정벌은 상대국을 완전히 굴복시키지 못했으나 그들에게 큰 인적·물적 손실을 입혔다. 따라서 그들은 전쟁을 겪는 동안 침략군의 막강한 군사력을 실감하여 몽골을 계속 적대할 경우 다시 대규모 침공을 받을 수 있다고 우려했다. 이 때문에 종전 후 모두 몽골에 입조한 것이다. 또한 동남아시아 각지에 대한 몽골의 군사적 시위는 이미 복속한 나라에 잠재된 저항 의지를 불식하고 미처 복속하지 못한 나라의 자발적 투항을 유도하는 데에도 큰 영향을 미쳤다.

이처럼 몽골은 성공적인 교섭과 정벌을 통해 남해제국 대부분을 복속하였다. 그러한 국제질서의 재편은 몽골이 동남아시아-인도-서아시아에 이르는 해상 항로를 확고히 장악하고 각 지역 간 해상 통교의 장벽을 대폭

몽골-안남 전쟁

몽골은 대칸 뭉케의 명을 받은 쿠빌라이가 1253년 오늘날 운남(雲南, 윈난)에 위치한 대리(大理, 따리)를 정복하면서 안남과 국경을 접했다. 1257년 대리에 주둔하던 몽골군이 안남을 침공해 항복을 요구했으나 관철하지 못했다. 1260년 쿠빌라이가 즉위한 후 안남에 여러 번 사신을 보내 군주의 친조를 통한 완전한 복속을 요구했다. 그러나 안남은 형식적 책봉-조공 관계를 맺으려 했으므로 그 요구를 수용하지 않았다. 이에 몽골은 1285년, 1287년 두 차례 안남을 침공했다. 그러나 혹독한 자연조건과 안남군의 결사 항전으로 인해 큰 피해를 입고 철수했다. 그 후에도 군주의 친조를 둘러싼 양국 간 외교 갈등이 지속되었다. 쿠빌라이는 재차 정벌을 준비했으나 1294년 사망하여 40여 년간 지속된 양국 간 군사적 긴장 관계가 종료되었다. 이후 안남은 몽골에 형식적으로 복속하고 화평 관계를 맺었다. 안남이 세 차례나 몽골의 침공을 격퇴한 것은 몽골의 정복 전쟁에서 유례를 찾기 어려운 일로 그들의 막강한 저항력과 의지를 보여 준다.

낮추는 결과를 가져왔다. 이를 배경으로 몽골은 국내 상인의 해상 교역 활동을 지원하고, 외국 상인을 유치하는 정책을 적극 추진했다. 그 결과 동서 해상무역이 공전의 번영을 구가했다.

몽골은 어떻게 해상무역을 진흥했을까?

몽골은 해양으로 진출하면서 해상무역 진흥을 위한 제도 정비에 착수했다. 우선 당·송대 흥성한 시박 무역 운영 방식을 채택하여 동남해안 곳곳에 시박사(市舶司)를 설치했다. 강남이 완전히 평정되지 않은 상황에서 신속하게 시박사를 설치한 것은 그들이 일찍부터 남해무역에 특별히 관심을 기울였음을 나타낸다. 이에 따라 강남-남해제국 간 해상 교역은 전란의 영향을 받지 않고 보호되었다.

시박사의 주 업무는 거래 상품에서 추분(抽分, 관세)을 징수하는 일이다. 처음 시박사가 설치되었을 때 관련 법규가 없어 각 시박사가 임의로 추분을 징수했다. 그러한 혼란이 가중되자 1283년 몽골은 시박추분례(市舶抽分例)를 제정해 상품 중 정자(精者, 품질 좋은 것) 판매가의 1/10, 조자(粗者, 품질 나쁜 것) 판매가의 1/15을 추분으로 징수했다. 이후 1292년 추분지수

도판 14.1. 천주(취안저우) 시박사 건물 유적

급루세지법(抽分之數及漏稅之法)을 제정해 이미 추분을 징수한 물품 중 시박사 소재지에서 판매하는 상품에 대해 정자 판매가에서 1/25, 조자 판매가에서 1/30을 취하고 운반세를 면제하며 시박사가 구입한 물품에 대해 판매처에서만 세금을 거두고 추분을 다시 징수하지 않았다. 이어 다음 해 시박칙법(市舶則法)을 제정하여 시박사에서 추분을 징수한 후 다시 1/30의 박세전(舶稅錢)을 거두는 것으로 추분 징수 법규를 최종 확정했다.

송대에는 시박사가 판매가의 1/15~1/5 정도를 추분으로 한두 번 거두는 것이 상례였다. 그러나 추분 징수 후 각 관부가 귀중품을 지나치게 싼 가격으로 강제 매입하는 화매(和買)를 시행하여 해상무역 발전을 제약했다. 몽골은 화매 제도를 도입하지 않음으로써 송대에 비해 더욱 자유롭고 활발한 해상무역 활동을 보장했다.

성립 초기 시박사는 남송의 제도를 따라 상품을 토화(土貨, 국산)와 번화(番貨, 외국산)로 구분하지 않고 동등하게 두 번 추분을 징수했다. 그러나 주로 토화를 거래하는 근해(近海) 무역과 번화를 거래하는 원양(遠洋) 무역은 이윤 규모에서 큰 차이를 보였다. 몽골 고위층이 선호하는 귀중품을 취급하는 원양 무역은 큰 이익을 거두었으나, 백성을 상대로 식량이나 일용품을 판매하는 근해 무역의 이윤은 턱없이 작았다. 그러므로 양자에 동등하게 추분을 징수하는 정책은 필연적으로 근해 무역을 위축시키는 결과를 가져왔다. 이에 1280년 몽골은 번화에 두 번, 토화에 한 번 추분을 징수하는 정책을 채택하여 강남의 근해 무역을 보호했다.

몽골은 제왕, 귀족, 부호와 민간 상인에게 자유로운 해상무역을 보장했을 뿐 아니라 종교인에게도 해상무역 참여를 허용했다. 일찍이 몽골은 모든 종교를 우대하는 관용 정책을 채택하여 각 종교 집단에 여러 정치적·경제적 특권을 부여했다. 이에 따라 각 종교 집단은 대토지를 소유하고 다양한 영리활동을 행하여 많은 이윤을 획득했다. 따라서 종교 집단이 큰 수익을 창출하는 해상무역에 참여하는 것은 자연스러운 일이다. 시박칙법 다섯 번째 조항에 추분 면제를 허가하는 집파성지(執把聖旨)가 없는 경우 불교, 도교, 기독교, 이슬람 등 각 종교인의 무역 활동에 대해 추분을 징수한다는 규정이 있다. 이는 당시 여러 종교인이 해상무역에 참여하고 정치적·경제적 특권을 이용해 추분 납부를 면제받는 사례가 빈번했음을 짐작케 한다. 이처럼 종교인의 해상무역 참여가 제도적으로 명문화된 것은 시박 무역 역사상 유례없는 일로 몽골의 해상무역 진흥과 관용적인 종교 정책에서 비롯된 특수한 현상이다.

몽골 정부는 '관본선(官本船) 무역'을 시행하여 해상무역에 직접 참여했다. 그 방식은 정부가 해상무역에 필요한 선박과 자본을 상인에게 출자하고 그들로 하여금 해외로 나아가 교역하게 한 후 그 수익을 정부와 상인이 7 대 3으로 배분하는 것이다. 당·송대 중앙정부가 시박사를 통해 민간 상인의 무역 활동을 관리하면서 관세수입만 거두었던 점에 비춰 볼 때 정부가 직접 해상무역에 참여하는 관본선 무역은 전례 없는 특수한 무역 방식이다. 몽골은 전체 조세 수입의 1/9에 달하는 거금을 관본선 무역에 투자했다. 또한 담당 관청인 행천부사(行泉府司)에 선박 1만 5000척을 마련하여 관본선 무역에 활용했다. 그러므로 규모와 자본의 측면에서 관본선 무역이 민간 상인의 무역 활동을 압도하고 해상무역을 주도했다. 그 결과 몽골은 관본선 무역을 통해 막대한 수익을 거두었다.

원대 해상무역이 급속히 성장함에 따라 여러 폐단이 발생했다. 특히 해상무역을 관리하는 담당 관료가 직권을 남용하고 사사로이 이익을 탐하는 행태가 크게 문제시되었다. 1291년 연공남(燕公楠)은 장기간 시박 업무를 총괄한 망구타이와 샤브앗딘이 군대를 이용해 부당하게 고율의 추분을 징수하여 상인의 왕래가 감소한다고 지적했다. 또한 다음 해 사이드 낭기야다이와 유몽염(留夢炎)이 상소를 올려 남송 병합 후 권세가들이 시박 업무를 어지럽혀 무역 수익 중 관청으로 들어오는 것이 매우 적다고 보고했다. 이에 해상무역 관리 방식을 총체적·세부적으로 규정하는 법령의 제정이 강하게 요구되었다.

1293년 마침내 시박칙법이 반포되었다. 법령에 규정된 추분 징수 방법, 출입 선박의 수속 절차, 수출입 금지 물품 종류, 시박사의 직무 범위, 외국 상선 관리 방식 등은 대체로 송대 시박 제도를 답습한 것이다. 여기에 제왕, 귀족, 부호, 중소상인은 물론 종교인, 사신에게까지 해상무역 활동을 허용하고 그들로부터 엄격히 추분을 징수하는 규정과 같은 새로운 조항이 부가되었다. 시박칙법의 제정은 관료의 부패 행위를 방지하고 정부의 안정된 추분 징수와 다양한 계층의 무역 활동을 제도적으로 보장했다는 점에서 원대 해상무역 관리 제도의 완성으로 평가된다.

해상무역의 범위는 어디까지인가?

몽골의 해상무역 진흥 정책이 성공적으로 추진되어 동남아시아-인도양 해역을 무대로 국제무역이 크게 번성했다. 이에 따라 정부와 민간 상인의 해상 통교 범위가 비약적으로 확대하고 해양 지리에 관한 지식이 대거 축적되었다. 남송대 해양 세계에 관한 대표적 지리서『제번지(諸蕃志)』에 58개 나라의 명칭이 수록되어 있다. 그에 비해 14세기 초 간행된 광주(廣州, 광저우)의 지방지『대덕남해지(大德南海志)』에 기재된 교역 대상 국가와 지역 수는 140여 개에 달한다. 또한 14세기 중엽 간행된『도이지략(島

夷誌略)』에 해상 국가 100여 개와 지역에 관한 정보가 상세히 수록되었는데 그중 상당수가 원대 이전 문헌에서 발견되지 않는다. 저자 왕대연(汪大淵)은 서문에서 "모두 직접 유람하고 눈으로 본 것만 기록했고 전해 들은 것은 기록하지 않았다"라고 하여 책에 담긴 모든 정보가 자신의 직접 체험에서 왔음을 밝혔다.

원대 해상 통교와 교역이 번성하면서 천주(泉州, 취안저우)가 남해무역 최대 중심지로 발전했다. 1276년 토착 세력 포수경(蒲壽庚)이 투항한 후 몽골은 천주에 시박사를 비롯한 여러 관청을 세워 해상무역 관리의 거점으로 삼았다. 마르코 폴로의 『동방견문록』에 13세기 후반 천주에 해외 각지에서 다양한 상품이 유입되고 강남 전역으로 유통되는 모습이 다음과 같이 묘사되어 있다.

> 이 도시에는 값비싼 보석과 크고 좋은 진주를 비롯해 비싸고 멋진 물건을 잔뜩 싣고 인도에서 오는 배들이 정박하는 항구가 있다. 만지(강남)의 상인은 이 항구에서 주변의 모든 지역으로 간다. 수많은 상품과 보석이 이 항구로 들어오고 나가는 모습은 보기에도 놀라울 정도인데, 그것들은 이 항구도시에서 만지 지방 전역으로 퍼져 나간다. 여러분에게 말해 두지만 기독교도 지방으로 팔려 나갈 후추를 실은 배 한 척이 알렉산드리아나 다른 항구에 들어간다면, 이 차이톤(천주) 항구에는 그런 것이 100척이나 들어온다. 이곳은 세계에서 상품이 가장 많이 들어오는 두 항구 중 하나라는 사실을 여러분은 알아야 할 것이다.

또한 14세기 중엽 천주를 방문한 이븐 바투타의 기행문 중 "그 항구는

이븐 바투타의 여행

이븐 바투타는 1304년 북아프리카 모로코에서 태어나 전통적인 이슬람 교육을 받으면서 독실한 무슬림으로 성장했다. 1325년 21세에 메카를 순례하기 위해 길을 떠난 후 1354년까지 30년간 아프리카, 아시아, 유럽 3대륙을 종횡무진 누비며 인류 역사상 유례없는 대여행을 수행했다. 귀환 후 고향에서 법관으로 근무하고 1368년 타계했다. 통상 동시대 여행가로 마르코 폴로가 유명한데 그의 여행도 이븐 바투타에 비하면 초라한 수준이다. 마르코 폴로는 23년의 여정 중 17년을 중국에 체류했으나 이븐 바투타는 30년간 여행을 거의 쉬지 않았다. 또한 마르코 폴로의 이동 거리가 2만 5000여 킬로미터인 데 비해, 이븐 바투타는 그 4배가 넘는 12만 킬로미터를 이동했다. 그는 세계 각지를 방문하면서 보고 듣고 겪은 바를 상세히 기록한 여행기를 남겼다. 이는 14세기 번영한 이슬람 세계와 팍스 몽골리카의 실상을 선명하게 보여 주는 귀중한 역사 문헌으로 평가된다. 국내에서 문명 교류사의 권위자 정수일이 프랑스어, 영어에 이어 세 번째로 아랍어 원본을 완역하여 『이븐 바투타 여행기』로 출간했다.

세계 대항(大港) 중 하나, 아니 어찌 보면 가장 큰 항구라고 할 수 있다. 나는 거기에서 약 100척의 대형 정크(junk)를 봤으며 소형 정크는 이루 다 헤아릴 수 없었다"라는 기록도 그 시대 천주의 거대한 규모와 변화상을 보여 준다.

몽골은 수도 대도[大都, 오늘날 북경(北京, 베이징)]를 기점으로 동아시아 전역과 서역으로 통하는 역참 교통 체계를 구축하고, 원거리 상인의 내륙 무역 활동을 보호·지원하여 유라시아 대륙의 육상 무역을 발전시켰다. 따라서 천주에 유입된 해외 각지의 진귀한 상품은 국내 상인에 의해 대도를 비롯한 화북 대도시로 운반된 후 다시 서역 상인을 통해 유라시아 곳곳으로 유통되었다. 이처럼 천주는 유라시아 내륙과 해상 교역권을 연결하는 창구로 기능했다.

도판 14.2. 19세기 프랑스에서 그린 이븐 바투타, 이집트에서 안내자(좌측)와 함께 있는 모습

원대 해상무역 범위는 강남에서 동남아시아-인도양-서아시아-아프리카 동안에 이르는 광대한 해역을 포괄했다. 몽골은 바다로 진출하면서 가장 먼저 인도 남부에 위치한 마아바르, 쿨람과 교섭했다. 동남아시아보다 먼 거리에 있는 두 나라와 먼저 접촉한 것은 그곳이 남해제국의 서쪽 경계에 위치하여 서아시아 일칸국과 직결되는 지정학적 중요성을 지녔기 때문이다. 그때부터 몽골은 두 나라와 긴밀한 정치적·경제적 우호 관계를 유지했다. 이에 따라 강남-인도 남부 간 교역이 촉진되고 인도 남부에서 강남 상인이 토착인뿐 아니라 서아시아, 지중해, 북아프리카에서 온 상인과도 활발히 교역했다. 그 결과 강남 상품이 인도 남부를 거쳐 아라비아와 이집트까지 유통되고 그곳 상품도 대양을 가로질러 강남의 무역항으로 유입되었다. 강남에서 인도 남부를 지나 서아시아와 북아프리카에 이르

는 무역로의 존재는 "[천주, 광동(廣東, 광둥)에서 생산되는] 도기는 인도나 기타 지역, 심지어 마그레브(아프리카 북서부)의 우리 나라에까지 수출된다"라는 이븐 바투타의 기록을 통해 확인된다.

몽골은 강남에서 동남아시아-인도 남부를 지나 서아시아에 이르는 바닷길을 개통했다. 이는 1289년 서북제왕(西北諸王, 몽골의 서방에서 쿠빌라이에 대해 반기를 든 황족)이 실크

도판 14.3. 몽골제국 지폐, 지원통행보초의 원판

로드 주요 길목을 장악하여 동서 육로 교통이 차단된 후 강남과 서아시아를 잇는 유일한 교통로로서 요긴하게 활용되었다. 1290년 마르코 폴로가 귀환할 때 육로를 포기하고 천주를 출발해 동남아시아-인도 남부를 지나 페르시아만 입구에 위치한 호르무즈에 도달하는 항로를 선택한 것도 그러한 정황을 반영한다. 이후 이탈리아 선교사 오도릭, 이븐 바투타 등도 그 길을 따라 대양을 횡단하여 강남을 방문했다.

강남-서아시아 간 해상 교역은 송대에도 활발하게 이루어졌다. 그러나 이는 무슬림 상인이 강남에 와서 교역하거나 인도 남부 또는 동남아시아에 이르러 토착 중개인을 통해 강남 상인과 거래하는 경우가 대부분이고 강남 상인이 직접 서아시아로 나아가 교역한 사례는 찾기 어렵다. 그러나 몽골이 강남에서 서아시아에 이르는 항로를 장악하고 해상무역을 적극

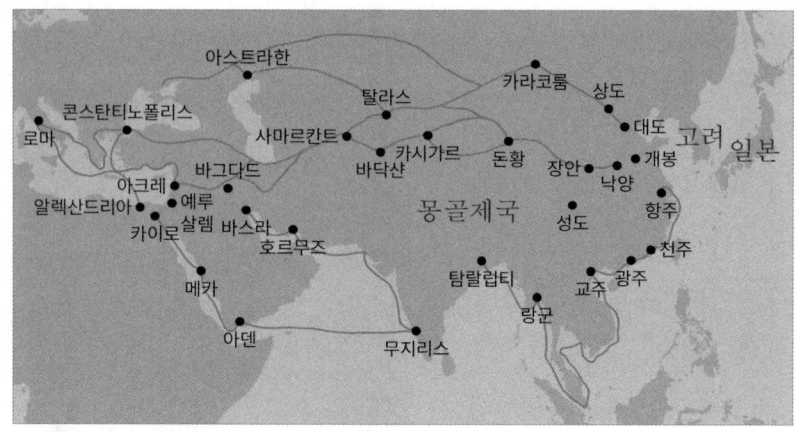

지도 14.2. 원대 교역로

육성한 결과 비로소 강남 상인이 서아시아에 진출해 교역할 수 있게 되었다. 더욱이 몽골의 해상 통교 범위는 서아시아를 지나 아프리카 동안까지 이르렀다. 『동방견문록』에 몽골이 소말리아 모가디슈에 사신을 파견했다는 기록이 있고, 『경세대전(經世大典)』「참적(站赤)」에도 14세기 초 몽골 사신이 그곳에 다녀왔다고 기록되어 있다.

몽골의 주도 아래 동서 해상무역이 번영한 결과 몽골의 지폐가 동남아시아와 인도 각지에서 통용되었다. 『도이지략』에 따르면 14세기 중엽 이미 몽골 지폐와 본지 화폐 사이에 고정된 태환 비율이 존재했다. 안남의 민간에서 동전 67전(錢)을 중통초 1량(兩)과 교환했고 관청에서는 70전을 교환 비율로 삼았다. 또한 라보(羅斛, 태국)에서 파자(貝子) 1만을 중통초 24량과 교환할 수 있었고, 인도 서부에 위치한 우다(烏爹)에서도 무게 2전 8분(分)의 은전(銀錢)을 중통초 10량이나 파자 1만 1520과 교환해 사용했다. 이처럼 몽골의 지폐가 동남아시아와 인도 서부까지 통용된 점에서 원대 해상무역 번영의 일면을 엿볼 수 있다.

해상무역의 번영이 세계사에 어떤 영향을 미쳤을까?

원대 해상무역의 번영은 명 초기 정화(鄭和)의 남해 원정에 주요 기반을 제공했다. 그는 1405년부터 1433년까지 28년간 일곱 차례 대규모 선단을 이끌고 인도양을 횡단했다. 한 번 출항에 2만 7000여 명이 대형 함선 60여 척에 승선했다. 함선은 길이가 약 150미터, 폭 60미터, 적재량이 약 3000톤으로 당시 세계 최고의 조선술로 건조되었다. 또한 항해 범위는 동남아시아, 인도를 지나 아라비아, 아프리카 동안의 모가디슈와 마다가스카르까지 이르렀다. 콜럼버스와 바스코 다가마가 유럽의 대항해시대를 개막한 것은 그로부터 한 세기 후의 일이다. 더욱이 선단의 규모도 선원 60여 명과 소형 선박 여섯 척에 불과했다.

정화의 대원정은 원대 해상무역의 번영이 있었기에 가능했다. 건국 초기 명은 원대 축적된 상세한 해양 지식, 실제에 근접한 세계지도, 고도로 발달한 조선술과 항해술을 물려받았다. 정화가 종횡무진 누볐던 해양로도 원대 상인, 사신, 종교인, 여행가 들이 이미 활발하게 개척하고 활용했던 길이다. 무엇보다 쿠빌라이를 롤모델로 삼고 몽골의 성세를 재현하려 했던 영락제(永樂帝)의 강한 의지가 장기간 해상 원정을 추진한 핵심 동력으로 작용했다. 그는 청년기 북평(北平), 즉 대도에서 20여 년간 주둔하면서 몽골의 웅대하고 개방적인 기질과 세계관을 체득했다. 또한 정변을 일으켜 제위를 찬탈했다는 정통성의 결함을 극복하기 위해 바다를 제패한 몽골의 영광을 재현할 필요가 있었다. 정화의 남해 원정은 그러한 영락제의 염원이 반영된 국가사업이었다. 그러므로 이는 몽골의 해양 진출과 해상무역의 번영이 남긴 대표적 유산으로 볼 수 있다.

원대 해상무역을 위시한 동서 교류 번영의 결과 세계 각지 수많은 사

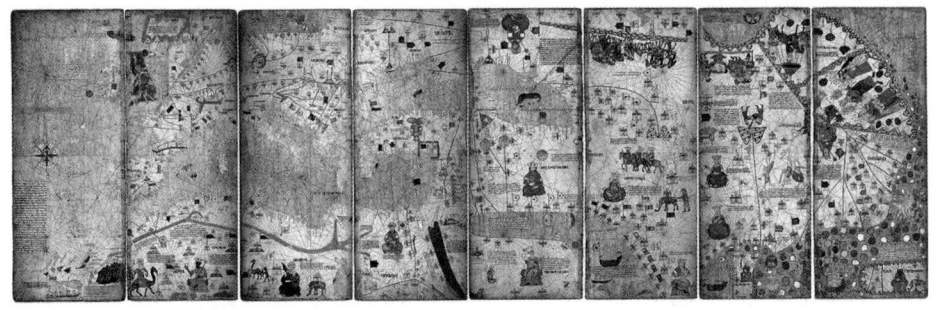

도판 14.4. 카탈루니아 지도

람·물자·문물이 이동했다. 그 과정에서 지리 지식도 활발하게 교환되었다. 이에 유라시아와 아프리카를 포괄하는 세계지도가 등장했다. 쿠빌라이 시기 몽골 조정이 세계지도를 만들었다는 기록이 있으나 오늘날 전해지지 않는다. 그러나 15세기 초 조선에서 제작된 〈혼일강리역대국도지도(混一疆理歷代國都地圖)〉를 통해 그 일면을 엿볼 수 있다. 이는 원대 제작된 세계지도를 모방해 만들어졌다고 알려져 있다. 여기에는 유라시아뿐 아니라 아프리카 대륙 전체가 실제에 가깝게 그려져 있고 유럽과 아프리카의 많은 고유 지명이 비교적 정확하게 표기되어 있다. 이는 원대 동서 교류의 번영이 남긴 대표적 유산으로 세계의 모습을 온전하게 담은 현존 최초의 지도라는 점에서 역사적 가치가 높다. 원대 축적된 지리 지식과 지도 제작 기술은 유럽에도 전파되어 〈카탈루니아 지도〉, 〈프라마우로 지도〉 등 우수한 세계지도가 만들어지는 데 큰 영향을 미쳤다.

 몽골의 지배 아래 장기간 정치적 안정과 동서 교류의 번영이 이루어짐에 따라 역사상 처음으로 유라시아 양극단인 중국과 유럽을 오가는 장거리 여행이 가능해졌다. 마르코 폴로, 몬테코르비노, 오도릭 등 유럽의 여러 상인, 종교인이 중국을 방문하고, 몽골인 랍반 사우마와 서역인 이사 켈레메치도 중국에서 출발해 유럽에 사신으로 다녀왔다. 더욱이 모로코 출신 여행가 이븐 바투타는 아시아, 아프리카, 유럽 3대륙 12만 킬로미터를 누비며 역사상 유례없는 대여행을 완수했다.

원대 이전 중국의 서역 인식이 중앙아시아에 머무르고, 유럽의 동방 인식도 아랍 세계를 넘지 못했다. 그러나 몽골의 세계 정복 후 중국과 유럽이 직접 교류하게 되면서 비로소 서로를 인지하고 지식을 축적하기 시작했다. 특히 중국을 방문한 유럽인은 귀향 후 자신의 체험을 상세하게 서술한 견문록을 남겼다. 그것이 종래 유럽의 지리 지식을 대폭 확대하여 동아시아와 아프리카를 포괄하는 새로운 세계관을 낳았다. 이는 15~16세기 대항해시대의 토대를 제공했다.

그 선구적 인물인 콜럼버스는 마르코 폴로의 『동방견문록』을 읽고 영감을 받아 항해를 결심했다. 그가 목표로 삼았던 곳은 대칸의 나라 '인디아(인도)'였다. 이에 대칸에게 보내는 스페인 국왕의 친서를 휴대하고 출항했다. 당시 유럽에서 아시아를 '인디아'라고 불렀다. 그가 처음 도착한 섬에 '서인도제도(카리브해와 대서양 연안)'라는 이름을 붙인 것도 그곳이 인디아라고 믿었기 때문이다. 그는 오늘날 북미 대륙을 대칸이 다스리는 본토, 쿠바를 마르코 폴로가 언급한 황금의 나라 지팡구(일본)로 인식했다. 콜럼버스의 항해는 몽골 시대 크게 확대된 유럽인의 세계관을 바탕으로 이루어졌다. 이처럼 원대 동서 교류의 번영이 훗날 대항해시대의 동력으로 작용하고 그것이 근세 유럽의 비약적 발전을 추동했다는 점에서 그 세계사적 의의를 살필 수 있다.

◆ ◆ ◆

몽골제국은 개방성, 친상업정책, 주변국과의 안정적인 외교관계를 통한 상업 활동 보호 등 세계화된 지금의 모습과 크게 다르지 않다. 특히 우리는 몽골제국이 유목 제국이라는 점을 주목해야 한다. 외부인을 혐오하고 배제하기보다 자기편으로 끌어들이려 하고, 외부인의 장점을 취해 자신의 약점을 보완하며, 국가조차 정체된 상태로 머물려 하지 않고 상황에 따라 끊임없이 변하려는 몽골제국을 보자. 자신과 다른 정체성을 가진 이들을 혐오하고 배제하며 자신의 약점을 인정하지 않아 결코 변하려 하지 않는 사람들이 사는 지금의 대한민국은 700여 년 전 몽골제국보다 나아졌다고 할 수 있을까? 혐오를 혐오하고 배제를 배제하며 끊임없는 변화를 통한 성장만이 급변하는 이 시대에서 살아남을 수 있는 요인이다. 그리고 역사는 벼랑 끝에서 살아남았던 과거인들이 후세인에게 전하는 간절한 메시지다.

15

명나라는 왜
정화의 원정 기록을 태워 없앴을까?

정화의 원정은 전근대 동서양을 막론하고 유례없이 거대하고 성공적인 프로젝트였다. 하지만 원정의 기획자이자 후원자인 영락제가 죽고 항해를 이끈 정화마저 죽은 뒤 원정 관련 기록은 모두 파기되었다. 그래서 어느 누구도 '정화의 원정'의 자세한 내용을 알지 못한다. 정화의 업적이 파기되고 단절되는 과정을 살펴보면 강대국의 몰락과 변방의 흥기라는 역사의 분기점을 알아볼 통찰력을 얻을 수 있지 않을까?

• • •

왜 명은 정화 관련 기록의 파기를 묵인했을까?

정화의 해양 원정은 1405년부터 1433년까지 모두 일곱 차례 이루어졌다. 명의 세 번째 황제였던 영락제가 집권한 지 3년째부터 시작되어 네 번째 황제였던 선덕제의 치세 8년에 끝난 명의 웅장한 해양 프로젝트였다.

도판 15.1. 말레이시아 말라카시에 있는 정화 석상

오랫동안 콜럼버스의 영광에 가려 잘 알려지지 않았던 정화에 대한 재조명이 세계적인 차원에서 이루어졌다. 콜럼버스가 전장 약 25미터인 산타마리아호를 타고 에스파냐를 떠나 아메리카 대륙에 도착했던 1492년보다 80여 년 전에 이미 중국에서 전장 100미터가 넘는 선박 수십 척에 탑승한 2만 명이 넘는 대규모 인원이 상해(上海, 상하이) 인근의 유가항(劉家港, 류자강)을 출발해 1년이 넘는 여정을 통해 인도양을 거쳐 아프리카 동부 연안까지 도달한 후 귀항했기 때문이다. 15세기 전반기에 발생한 놀라운 해양 원정이었다.

하지만 이보다 더 놀라운 일이 이후 중국에서 발생했다. 정화의 해양 원정 관련 기록이 약 50년 뒤에 소각된 것이다. 정화 원정단의 결말과 이후의 비연속성이 정화의 원정 규모와 이를 가능케 했던 중국의 힘에 매혹된 우리를 당황스럽게 만든다. 1433년 정화의 사망 이후 선원들은 모두 해산되었고 선박들은 아무렇게나 방치되어 썩어 갔다. 정화는 후계자가 없었고 더 이상의 해상 원정단은 기획조차 되지 않았다.

심지어 병부(兵部)에 보관되어 있던 항해도와 항해 관련 문서가 성화(成化) 연간(1465~1487) 당시 병부낭중(兵部郞中)이었던 유대하(劉大夏, 1436~1516)의 주도로 소각되었다. 『수역주자록(殊域周咨錄)』에 따르면, 성화제(成化帝, 재위 1465~1487)의 뜻에 영합한 환관이 정화의 '하서양(下

西洋, 서양으로의 출항)' 이야기를 황제에게 알렸고, 이에 황제가 1477년(성화 13) 정화의 항해 경로를 찾아보라는 유지(諭旨)를 내렸다. 당시 병부상서였던 항충(項忠)이 하속 관리에게 옛 문건을 찾아보라고 했으나 이미 유대하가 이를 숨긴 상태였기에 찾을 수가 없었다. 관리 소홀을 문책하는 항충에게 유대하는 "삼보[三保, 정화의 자(字)]의 하서양은 수십만 냥을 써 버리고 거의 1만 명에 달하는 군인과 백성의 죽음을 가져왔으니 설령 진귀한 것을 가져왔다 한들 국가에 어떤 이익이 있겠습니까? 이는 단지 폐정(弊政)일 뿐으로 대신(大臣)들이 직언으로 간언하는 바입니다. 옛 문서가 비록 남아 있다고 해도 마땅히 훼손하여 그 근원을 뽑아 버려야 하거늘 어찌하여 이미 없는 것을 찾으십니까?"라고 반문했다. 당시 권력을 쥐고 있던 환관 왕직(汪直)과 대치하고 있던 병부상서 항충 역시 머쓱해하면서 유대하의 단호함에 굴복했다.

 이는 단순한 해프닝이 아니었다. 그랬다면 명 조정은 유대하를 문책하거나 관련 기록을 찾으려고 시도했을 것이다. 하지만 이것이 정화 원정 기록에 대한 마지막 언급이다. 명은 더 이상 해양으로의 진출 자체를 시도조차 하지 않았을 뿐 아니라 외부로부터의 진입에 대해서도 '해금'을 명분으로 금지하였다. 황제들은 해외에 나가는 중국인들을 중형에 처했다. 항해죄(航海罪)에 연루되는 것을 두려워한 조선공(造船工)들은 깊숙이 숨어 버렸다. 1525년이 되면 돛대가 두 개 이상인 정크선을 만들어도 큰 죄가 되었다. 한 세대 만에 중국인들은 보선과 같은 큰 선박을 건조하는 기술을 잃었고 민간 선박들도 믈라카 해협 너머로 진출하는 것을 중단했다. 요컨대 유대하의 정화 관련 기록 소각은 한 개인의 우발적인 행위가 아니라 조정의 묵인 혹은 문인 관료들의 집단적인 지향 속에서 이루어진 거대한 은폐의 한 흐름이었다. 경쟁적으로 해양으로 진출했던 유럽인들에게 15세기 중국의 해양 정책에 대해서 "대후퇴(Great Withdrawal)"보다 더 적절할 묘사는 없을 것이다. 왜 중국은 정화 원정단의 규모와 경험을 지속·발전시키지 못했을 뿐 아니라 오히려 위험한 것으로 여기고 숨기려 했는가? 이는 중국 역사의 필연이었을까, 아니면 기막힌 우연일 뿐인가? 반면 당시 유럽인들은 목숨을 무릅쓴 항해와 탐험 그리고 정복의 서사를 시작했다. 이 과정에서 중국이 유럽에 문명사적 대역전을 당했다면, 이 시기 중국 명나라의 해양 인식과 정책이 왜 급변했는지 이해하는 것은 매우 중요하다. 극적 변화의 핵심에 바로 정화의 원정을 둘러싼 명나라의 내부 사정이 숨어 있었다.

영락제는 정화를 왜 파견했을까?

정화 관련 기록의 소각과 묵인 문제에 대하여 아직 명확한 이유는 규명되지 않았다. 오랜 시간이 지난 후에 이 사건에 대한 사후적인 해석이 다양하게 이루어질 뿐이었다. 중국사의 대표적 미제(未濟) 사건 중 하나이다. 따라서 좀 더 확실한 사료가 나오기 전까지는 우회적인 방법을 통해 이 문제에 접근해 볼 수밖에 없다. 그중 하나는 다시 처음으로 돌아가서 왜 영락제는 정화를 파견했는지를 재검토하는 것이다. 100년도 안 되어 이 사안이 폐기되고 관련 기록이 소각되는 결과를 염두에 둔다면 기존에 지나쳤던 여러 장면에서 해석의 실마리를 찾을 수 있을지도 모른다. 정화의 해양 원정은 주도자가 정화가 아니라 황제인 영락제였다. 따라서 정화가 아니라 영락제의 의도부터 살펴보는 것이 순리일 것이다.

영락제는 1403년 명의 세 번째 황제로 남경(南京, 난징)에서 등극했다.

하지만 영락제의 등극은 순조롭게 이루어지지 않았다. 본명이 주체(朱棣)인 영락제는 명을 개창한 홍무제 주원장(朱元璋)의 네 번째 아들로 홍무제가 사망할 때까지 황태자로 선정된 아들이 아니었다. 주원장은 자신이 무너뜨린 원의 적임자 계승 방식에 대한 저항 의식이 강했던 듯, 넷째 아들에 대한 신임에도 불구하고 철저하게 적장자 계승제를 고수했다. 심지어 황태자인 첫째 아들

도판 15.2. 영락제

주표(朱標)가 조선이 개국했던 1392년에 서른여덟 살 나이로 갑자기 사망하자 새로운 황위 계승자를 다른 아들로 넘기지 않고 주표의 아들이자 아직 열여섯 살밖에 안 된 주윤문(朱允炆)으로 선포했다. 주윤문은 주표의 차남이었지만 형이 일찍 죽었기에 사실상 장남이었다. 홍무제가 일시나마 넷째 아들 주체에 대한 황위 계승을 고려했음을 암시하는 자료가 있지만 이는 영락제에 의하여 조작되었을 가능성이 높다. 주표의 사망 이후 5개월 동안 홍무제가 고민했음은 분명하지만 손자인 주윤문으로 최종 결정한 이는 홍무제였다.

　대신 홍무제는 북쪽으로부터 몽골의 위협을 방어하기 위해 둘째 아들부터 여러 아들을 북변의 왕으로 나누어 봉하고 군대 통수권까지 부여했다. 이것이 명나라 초기 정치적 혼란을 불러일으킨 제왕분봉(諸王分封) 정책이었다. 사실 아들에 대한 제왕분봉 방식은 원에서 몽골 지배층이 애용하던 방식이었으니 홍무제 역시 원의 유산으로부터 완전히 탈피하지 못

한 셈이다. 홍무제의 재위 기간 제왕분봉 제도는 크게 문제없이 유지되었다. 제왕들에게 요청된 과제는 몽골을 잘 막는 일이었다. 이 경쟁에서 홍무제의 마음에 가장 들었던 아들이 바로 현재의 북경(北京, 베이징) 지역을 중심으로 연왕(燕王)에 봉해진 주체였다. 1390년(홍무 23) 첫 출진(出陣)에서 책략을 구사해 몽골 포로 수만 명을 획득한 연왕의 승전보를 접한 홍무제는 "사막을 청소한 이는 연왕이다. (이에) 짐에게 북쪽의 걱정은 없다"라고 말할 정도로 주체의 능력에 대한 주원장의 신임이 컸다. 따라서 연왕 주체가 형의 죽음 이후에 다음 황태자 자리에 내심 기대가 없을 수는 없었을 것이다. 그랬기에 조카 주윤문이 두 번째 황제(건문제)에 오르고 유력한 제왕들에 대한 신분 박탈을 시도하자 선제적으로 '정난(靖難)의 변', 즉 '어지러움을 평정한다'는 명분의 쿠데타를 일으켰다. 주체의 군대는 남경성을 점령했지만 사망자 가운데 건문제를 찾을 수는 없었다.

개전 초기 누구도 쉽게 예상하기 힘들었던 3년 전쟁에서 결국 주체가 승리하고 1405년 세 번째 황제가 되었다. 영락제는 집권과 동시에 두 가지 정책을 추진했다. 하나는 '정난의 변'으로 황위를 강탈했던 불미스러운 경력을 지우고 통치의 정당성을 보완하기 위해 집권 초기부터 책봉국 수를 늘리고 조공 사절단을 조속히 받아들이는 외교 성과에 집착한 것이다. 이것이 영락제의 집권 초기부터 말기까지 일관된 '조공국 증가 프로젝트'이다. 다른 하나는 수도 남경을 유지하는 동시에 새로운 수도로 자신의 본거지였던 북경을 개발하는 '북경 천도 프로젝트'였다. 쿠데타로 남경에서 황위에 오른 주체를 바라보는 남경 조정 대신들의 태도는 우호적이지 않았고 영락제 역시 이들과 계속 충돌했다. 이에 대한 돌파구로 영락제는 남경에서 정통성 회복을 꾀하는 상식적인 방법을 고수하지 않고 자신의 정치적 본거지인 북경으로 천도함으로써 명의 새로운 정통성을 세우는 비상식적

사라진 건문제를 찾아 떠난 정화?

주체의 쿠데타 군대가 방어력에 뛰어나다고 알려진 남경성을 점령할 때 건문제의 시체를 발견할 수 없었다. 『명사(明史)』에 따르면 "궁전에 불이 나서 황제의 최후를 알지 못한다. …… 혹은 전하기를 황제는 지하도[地道]로 탈출했다"라고 했다. 새로운 집권층은 불이 난 황성에서 건문제가 불에 타 죽었다는 '분사설(焚死說)'을 주장했으나, 백성들은 믿지 않았다. 이후 야사 기록에 따르면, 건문제는 함락 직전 홍무제가 임종 때 남겨 두었다는 상자를 열어 보고 남경에서 도망쳤다고 한다. 상자 안에는 도첩(度牒, 승려의 신분증)과 가사, 짚신, 승모, 약간의 은자가 들어 있었다. 머리를 자른 건문제는 승려로 위장하고 도사의 안내에 따라 몰래 떠났다는 이야기다. 당시 건문제가 승려로 변장해 해외로 도주했다는 소문이 팽배했고, 영락제는 도망친 건문제를 찾아 체포하기 위해 불교의 종주국 인도로 정화를 파견했다는 해석이 존재한다. 실제 정화의 원정 경로는 보면 1차에서 3차까지 최종 목적지는 인도 서부의 캘리컷(Calicut)이었다. 아마도 사라진 건문제를 찾으려는 의도가 정화를 처음 파견했던 여러 이유 가운데 하나였을 것이다.

인 선택을 했다.

정화의 해양 원정은 '조공국 증가 프로젝트'의 일환으로 이해할 수 있다. 먼저 영락제는 황위에 오르자마자 조선, 몽골 초원의 여러 오이라트 부족, 안남(安南, 현재 베트남), 섬라(暹羅. 현재 태국) 등에 먼저 사신을 파견하여 즉위 사실을 공포했다. 그리고 정난의 변으로 내전 중이던 1401년에 명과의 관계 개선을 위해 사절을 파견했던 일본 무로마치(室町) 막부의 아시카가 요시미쓰(足利義滿)를 1403년 황제 즉위와 동시에 '일본왕(日本王)'으로 책봉했다. 이는 838년에 마지막 공식 사절단인 견당사(遣唐使)를 중국에 파견한 이래 수백 년 동안 끊어졌던 중국과 일본 사이의 공식적인 외교관계의 회복이었다.* 그리고 환관 윤경(尹慶)을 영락 원년(1403)과 영락 3년(1405)에 동남쪽 바다로 파견하여 만랄가(滿剌加, 말라카), 조와(爪哇, 자바) 등지로부터 조공을 유도했다. 그리고 바로 이어 환관 정화에게 보선(寶船)을 제작시키고 영락 3년(1405)부터 '서양(西洋)' 지역으로 선단을 파견하여 기존에 포섭되지 않던 동남아시아와 인도양의 조공국을 20여 개국 증가시켰다. 명 시기에 '서양(西洋)'은 인도네시아 자바섬 서쪽에 있는 바다, 즉 인도양을 지칭한다. 유럽을 서양으로 여기게 된 것은 16세기 후반 예수회 선교사들이 중국에 찾아온 뒤의 일이다.

  영락제의 치세 24년 동안 정화는 모두 여섯 차례 서양을 왕래했다. 마지막 7차 원정은 선덕제 치세 기간에 이루어졌기에 사실상 정화의 원정은 영락제의 작품이나 다름없다. 1차에서 3차까지는 인도양과 인도 서부의 캘리컷(Calicut)까지 왕복하지만 4차 이후 원정대는 분견대를 파견해서 호르무즈 해협과 아프리카 동부의 모가디슈(Mogadishu)까지 왕래했다. 출항 시기를 정리한 표를 보면 알 수 있듯 영락제의 치세 기간 정화는 1년이 넘는 긴 원양항해에서 돌아오자마자 제대로 된 휴식도 없이 끊임

---

* 일본 무로마치 막부 시기에 회복된 중국과 일본 사이의 조공-책봉 관계로 1403년에서 1547년까지 유지되었다. 당시 일본의 쇼군이었던 아시카가 요시미쓰는 중국과의 교역이 비록 조공이라는 형식으로 진행된다고 하더라도 일본에 이익이 될 것이고, 중국이 쇼군을 '일본국왕'으로 인정해 주면 쇼군의 지위도 강화될 것이라고 판단했다. 다만 이러한 관계는 일본의 지도자들이 중국과 종속 관계를 포기해도 될 만큼 자국이 강해졌다고 느끼기 전까지 1세기 이상 계속되다가 16세기 중엽 중단되었다.

	출발	도착
1차	1405년(영락3) 겨울	1405년 9월
2차	1407년(영락5) 겨울	1409년 늦여름
3차	1409년(영락7) 9월	1411년 6월
4차	1413년(영락11) 겨울	1415년 7월
5차	1417년(영락15) 겨울	1419년 7월
6차	1421년(영락19) 봄	1422년 8월
7차	1430년(선덕5) 12월	1433년 7월

표 15.1. 정화의 원정 항해 일정

없이 항해를 떠나야 했다. 이를 배후에서 지시했던 이는 영락제였는데 정화가 원정에서 가져온 물품과 이에 대한 영락제의 반응을 보면 그 의도를 어렵지 않게 이해할 수 있다.

영락제가 정화 원정대를 극적으로 환대하는 경험은 정화의 4차 항해에 발생했다. 인도 캘리컷 서쪽 아프리카로 처음 진출한 정화는 1415년 7월 유가항으로 귀항할 때 아프리카 동부의 마림국(麻林國, Malindi, 오늘날의 케냐)에서 보내온 기린을 데리고 왔다. 당시 수도인 남경을 떠나 새로운 수도로 염두에 두던 북경에 체류하던 영락제는 정화와 이들이 가져온 동물을 북경까지 운송하게 했다. 그리고 1415년 11월 북경의 임시 행궁에서 직접 아프리카로부터의 긴 항해를 통해 중국까지 도달한 마림국의 기린을 비롯해 천마(天馬, 얼룩말), 신록(神鹿) 등 외국의 영물을 맞이하였다. 이에 한림학사(翰林學士) 김유자(金幼孜, 1368~1432)는 〈서응기린부(瑞應麒麟賦)〉를 써서 마림국이 바친 기린이라는 조공품이야말로 "군주가 지극한 덕을 갖추고 있으면 반드시 지극한 성세(盛世)의 다스림이 있고, 지극한

도판 15.3. 인도 방갈라국에서 정화를 통해 보낸 기린 선물

성세의 다스림이 있으면 반드시 지극히 큰 징조"가 있다는 증거라고 칭송했다. 정화 원정대가 가져오는 해양 세계의 각종 조공품과 기린 등의 동물이 서상(瑞祥)의 출현으로 해석되면서 영락제는 집권 후반까지 정화 원정대를 반복적으로 출항시킨 것이었다. 정화가 가져오는 '보물' 조공품이 쌓여 가면서 집권 초기 쿠데타로 인한 영락제의 부정적인 이미지는 불식되기 마련이었고 그럴수록 영락제는 더 정화 원정대에 집착하게 되었다.

영락제에게는 기막히게 긍정적인 신호로, 영락제의 통치 시기에 곡물 가격은 낮은 수준으로 유지되었다. 낮은 곡물 가격은 풍요를 의미했고 하늘의 은혜를 상징했다. 이는 황위 찬탈자인 영락제가 민감하게 여겼던 정통성 문제로 연결되었다. 농업 번영은 영락제가 대운하를 재건하고, 수도를 북경으로 천도하고, 인도양으로 외교 목적의 함대를 여러 번 보내는 등 많은 비용이 드는 프로젝트를 수행할 수 있는 배경이 되었다.

요컨대 영락제가 정화를 파견한 의도는 외교적으로 조공국 확대를 통한 정치적인 입지 강화에 있었다. 이는 무역과 이윤 추구가 압도적인 목표를 차지했던 콜럼버스의 항해와 현저한 차이가 나는 대목이다. 콜럼버스의 후견인은 포르투갈과의 경쟁에서 우위를 점하고 싶었을 뿐 아니라 일확천금을 노리는 에스파냐의 이사벨라 여왕이었다. 정화의 후견인이었던 영락제에게 경제적 야망은 보이지 않았다. 따라서 외교적이고 정치적인

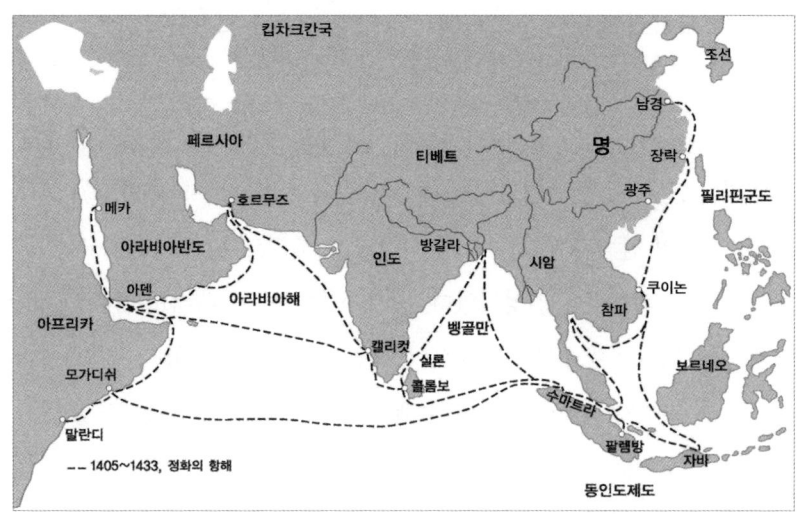

지도 15.1. 정화의 원정

목표가 달성된다면 정화와 같은 원정대를 해양으로 파견할 이유는 더 이상 없어지는 셈이다. 영락제 사후에 단 한 차례 원정이 이루어졌으나 이미 반대 여론이 더 들끓는 상황이었고, 원정에서 돌아오던 정화는 선상에서 사망했다. 이제 먼 바다로 원정대를 이끌 수 있는 지도자도 없어졌다. 무엇보다 해양 원정단을 후견해 줄 권력자가 더 이상 명에 등장하지 않았다. 쿠데타는 없었고 비교적 안정적인 계승으로 권좌에 오른 황제들은 해양으로 모험을 걸어야 할 만큼의 정치적·외교적 동력도 찾기 어려웠을 것이다. 환관을 의지하는 몇몇 황제가 등장하기는 했지만 환관 세력은 정체된 반면 이를 경계하는 문신 관료들의 힘은 점차 강해지기 시작했다. 환관 세력의 전횡에 대한 사회적 반감도 증가했다. 정화가 환관을 중용했던 영락제의 최측근 환관이었다는 사실이 해양 원정에 대한 부정적인 인식을 가중시켰다. 이러한 와중에 확실한 동기 부여 없이 막대한 재정이 투입되어야 할 해양 원정은 이어지기 어려운 법이다.

정화의 원정은 중국사에서 해양 활동의 절정기였을까?

정화의 함대와 원정의 규모는 후대의 시각으로 볼 때도 분명 놀라운 수준이었다. 그렇지만 중국 역사에서 해양 활동의 절정기는 명나라 때가 아니라 그 이전인 남송과 원(몽골제국) 시기였다. 세기로는 11~14세기까지의 300여 년이 해양력의 전성기였다. 당시 국제도시 광주(廣州, 광저우)에는 페르시아 상인의 왕래가 빈번했으며, 복건성(福建省, 푸젠성) 천주(泉州, 취안저우)는 도자기 산지로 유명하여 해외로 도자기를 수출하는 '해양 실크로드' 시대를 여는 데 기여했다. 송·원 시대에 교역을 위해 천주에 몰려온 서양인들에게 이 지역은 '자이툰(Zaitun, 刺桐)'으로 알려졌다. 마르코 폴로도 『동방견문록』에서 천주는 "동양 최대의 항구"라고 묘사했다.

즉 15세기 전반 정화의 원정대는 중국 해양사에서 정점이 아니다. 착시 효과를 일으키는 일시적인 특이 현상일 뿐이었다. 오히려 11~14세기와는 확연히 다른 국가급 해양 통제가 본격적으로 가동되기 시작하는 시점에 발생한 독특한 프로젝트였다. 조공과 해금이 통합적으로 운영되었기에 '조공-해금 체제'라고도 부를 수 있는 명나라의 해양 정책이 정화 원정이 진행되는 과정에 더욱 강고해졌다. 이는 해양 세계뿐 아니라 대륙 세계까지 포괄하는 '명 질서(Ming Order)'의 기초가 되었다. 하지만 명의 국제 질서는 해양력을 기반으로 성립된 것이 결코 아니었다. 정화의 3차 항해부터 동승했던 마환(馬歡)은 직접 방문하고 견문한 동남아시아와 서남아시아 20여 개국에 대한 기록을 『영애승람(瀛涯勝覽)』으로 남기고 그 나라들이 "남방의 기이한 보물 멀리까지 조공으로 바치며 은혜를 생각하고 인의를 흠모하며 충성을 맹서했지"라고 노래했으나 '조공국'으로 카운트되었던 이들 나라의 지도자들이 '조공(朝貢)'의 본래 의미를 제대로 이해했

도판 15.4. 정화의 보선을 복원한 배

을 리는 만무했다. 무엇보다 정화 원정대의 왕래가 끊어지고 얼마 되지 않아 그들의 선물(조공품) 외교는 몇십 년도 안 되어 다 끊어졌다.

정화가 만들었다는 보선(寶船)은 송·원 시대 원양 선박의 개량형이었고 정밀한 나침반과 풍부한 항해 지식 역시 모두 송·원 시대 뱃사람들이 축적한 지식을 활용한 것에 지나지 않았다. 정화가 출정 기지로 복건성 장락(長樂, 장러)을 선택한 것도 이곳이 송·원 시대 이래의 원양 해양선의 제조와 수리, 선원 및 통역 모집 등에 유리한 지역이었기 때문이었다. 송나라 시기에 중국의 상선들이 이미 정기적으로 동남아시아 및 인도와 교역을 했다는 기록이 조여괄(趙汝适)의 『제번지(諸蕃志)』에 남아 있고, 이러한 전통이 원나라 시기 왕대연(汪大淵)의 『도이지략(島夷志略)』으로 계승되었다. 마환의 『영애승람』은 『제번지』와 『도이지략』으로 이어지는 송·원시대의 해양 견문록 계보와 서술 방식에서 크게 벗어나지 않는다. 이처럼 정화 원정단의 해양 진출이 세계사적으로 대단하다는 착시 현상에서 벗어나야 비로소 정화 원정단에 대한 기록을 소각하고 이를 묵인하는 이후의 흐름에 대한 이해의 실마리가 열리게 된다.

대운하와 해금은 무슨 관계일까?

정화가 아프리카에서 가져온 상서로운 동물인 기린을 영락제가 극진하게 환대했던 1415년 명에서는 또 다른 의미심장한 일이 발생했다. 이 역시 배후에 영락제가 있었다. 쿠데타로 황제에 오른 영락제가 추진했던 또 다른 프로젝트인 '북경 천도 프로젝트'와 관련된 사건이었다. 새로운 황성이 건설되던 북경에 매년 수백만 석의 곡물을 안정적으로 운송하기 위한 대운하에 대한 대규모 보수 작업이 마무리되던 1415년 영락제는 돌연 바닷길을 이용한 기존 곡물 운송을 중단시켜 버렸다.

"파해운(罷海運)." 『대명회전(大明會典)』, 『명사(明史)』, 『통조유편(通漕類編)』 등의 사료에는 '해운을 중단시켰다'는 "파해운"으로 간단히 등장하는 조치였다. 하지만 이 세 글자의 조치가 향후 400여 년 동안 중국사 및 세계사에 미칠 막대한 영향은 누구도 예상하기 어려웠을 것이다. 중국사의 나비효과(Butterfly Effect)라고 할 만했다. 당시 영락제는 매년 400만 석 정도의 유통량을 유지했던 대운하의 개통으로 북경 천도를 위한 물자 유통 문제를 해결할 수 있었다고 판단했다. 15세기 전반의 수도와 사회경제적 규모를 고려할 때 쉽게 수긍할 만한 판단이었다. 따라서 대운하가 새롭게 정비되자 기존에 하운-육운 체제와 병행하던 해운을 중단시킨 것이다. 이처럼 수도 북경으로의 물자 유통로가 대운하로 일원화되고 해운이 금지되는 동시에 해양을 통한 교류는 안보를 건드리지 않는 선에서 묶이되었던 체제는 이후 400년 가까이 유지되었다. 그래서 이를 '대운하 시대(1415~1784)'로 부르기도 한다.

문제는 15세기 중엽을 지나면서 발생하기 시작했다. 1421년 남경을 대신하여 새로운 명의 수도로 선정된 북경은 영락제를 이어 황제가 된 홍희제(洪熙帝) 시기에 잠시 유일한 수도로서의 위상이 흔들리지만, 1441년부터는 다시 유일한 수도인 경사(京師)의 지위를 확보하게 된다. 그런데 1449년 예상치 못했던 문제가 북경에 발생했다. 몽골의 공략을 막기 위해 군대를 이끌고 북경을 떠났던 황제 정통제(正統帝)가 토목보에서 몽골에 생포되는 전대미문의 사건이 발생한 것이다. '토목보의 변'이라고 불리는 황제 생포 사건은 경태제의 즉위 이후 포로인 정통제가 풀려나면서 일단락되었지만, 이때부터 수도 북경과 조정 대신들이 체감하는 북변의 위험성은 제국의 존망을 뒤흔들 정도로 높아졌다. 이른바 명나라 말기까지 명 조정을 괴롭혔던 '북로(北虜)'의 문제가 다른 모든 사안을 압도해 버리는 단초가 마련된 셈인데 수도가 남경에서 북경으로 옮겨졌기에 더욱 그러했다. 수도가 남경이었다면 체감하기 어려운 '북방 오랑캐'의 강력한 위협이었다.

반면 15세기 중엽 이후 동남해안 및 해양 세계에 대한 명 조정의 관심은 현저히 줄어들었다. 물론 이는 수도인 북경에서 바라볼 때의 관점이다. 통상 명나라의 대외 위기를 '북로남왜'라고 말하곤 하며 실제 16세기 동남 연해에 대한 왜구(倭寇) 세력의 침탈 정도는 심각했다. 하지만 침탈 정도가 심했다는 것과 명의 실권자인 북경 조정이 체감하는 위험도는 항상 일치하는 것이 아니었다. 명의 북경 정부에게 북로와 남왜(南倭)는 모두 큰 골칫거리였지만, 지리적으로 북경과 인접한 북로의 문제가 거리가 먼 동남 연해의 남왜 문제를 압도하곤 했다. 제한된 재정과 군사력으로 북로에 우선순위를 두고 전력을 배치해야 한다면 또 다른 충돌 지점인 남왜 문제에 대해서는 이전과는 다른 전략으로 대응해야 했다.

그것이 바로 해금 정책이었다. 명에서 '해금' 조항이 국가 법전인 『대명회전』에 등재되면서 더욱 강화되는 시기는 왜구가 극성했던 16세기 중엽의 일이다. 해금은 명을 개창했던 홍무제가 제창했던 구호였다. 종종 단호한 해금을 부분적으로 강제한 사례도 있지만 대체로 명의 해금은 연해 지역의 교역을 완전히 차단하는 것이라기보다는 전략적인 판단에 따라 연동되는 '선택적' 해금에 가까웠다. 강력하지 않고 오히려 '선택적' 해금이었기에 오랜 관성을 가지고 명 중기 이후 다시 강화될 수 있었다.

다시, 정화와 관련된 기록은 왜 불타 없어질 수밖에 없었을까?

이제 다시 첫 질문의 답변을 할 때가 되었다. 영락제는 선왕인 홍무제와 달리 해금 정책을 강조하지 않았다. 오히려 완전히 다른 모습으로 환관이자 무슬림인 정화를 동원하여 여섯 차례나 해외로 선단을 파견했다. 이윤 추구나 종교 전파 의도가 거의 담겨 있지 않은 오로지 조공국을 획기적으로 늘리기 위한 파격적인 해양 정책이었다. 정치적이고 외교적인 의도로 가득한 해양 원정이었고, 그 동기는 영락제의 취약한 정통성 만회와 분식(粉飾)에 있었다. 이는 '남경 시대'를 열었던 홍무제와는 완전히 다른 '북경 시대'를 열었던 영락제의 변칙이자 변통이었다. 하지만 정화 원정대를 통해 조공국이 증가하고 통치의 정당성을 뒷받침하는 상서로운 동물 조공품이 잇달아 도래하자 영락제의 목표는 달성되었다.

딱 거기까지가 해양에 대한 변칙과 변통의 마지막이었다. 영락제가 사망하고 이후 정화까지 사라지자 더 이상 해양에 대한 파격적인 지원과 파견을 할 명분과 재력이 모두 약해졌다. 이러한 상황에서 토목보의 변이 발생하자 북변 방어라는 이슈는 동남 연해 지역과 관련한 이슈를 모두 빨아들이기 시작했다. 바로 이 시기부터 환관과 문관 들의 정치적인 대결도 심화되어 나타났다. 홍무제는 환관에 대한 지나친 의존을 경계했지만, 영락제는 환관을 주변국으로 파견하는 외교관이자 '서양'에 대한 에이전트(agent)로 등용하면서 힘을 실어 주었기 때문이다.*

마지막으로 유대하가 정화 관련 기록을 소각하던 성화 연간에 발생했던 복건 상인들의 사절 사칭 사건을 주목할 필요가 있다. 1471년(성화 7) 복건 용계(龍溪) 상인 구홍민(丘弘敏)을 비롯한 복건 상인 스물아홉 명이 말라카와 동남아시아의 해양 각국을 돌며 무역을 하고 귀국했다가 관군에 체포되었다. 이유는 그들이 시암(현재의 태국)에 방문하여 교역할 때 '조사(朝使)', 즉 명 조정의 사절이라고 사칭하여 시암의 왕을 알현하고 자신의 처인 풍씨(馮氏)를 왕비와 회동하게 하고 진귀한 보물 등을 받아 왔기 때문이었다. 관군에게 생포된 구홍민 일당 대부분은 법률에 따라 참형(斬刑)을 당했고 구홍민의 처 풍씨는 공신 가문에 노비로 보내졌다. 구홍민과 거래했던 '번인(番人, 외국 상인)' 네 명은 북경으로 보내어 처치했다. 이 사건을 적발해 조사했던 순안어사 홍성(洪性)은 구홍민과 같은 복건 상인 스물여섯 명을 색출하여 외국 상인과 결탁하여 해상으로 진출했음을 고발했다.

복건 상인 구홍민이 조정 사절을 사칭하여 동남아시아 각지를 주유(周遊)하면서 교류를 원활하게 했던 사건은 명 조정에서 볼 때 결코 작은 사건이 아니었다. 무엇보다 이러한 사칭 사건이 국제적으로 발생할 수 있었던 것은 명 전기 정화의 사절단이 동남아시아 각지를 주유하면서 조공무

---

* 환관 정화와 왕경홍(王景弘)은 '서양'으로 파견되지만, 이 외에도 '서역(西域)'으로는 이달(李達), 동북 지역으로는 이시하(亦失哈), 북으로는 해동(海童), 그리고 티베트에는 후현(侯顯) 등 환관이 사실상 황제의 칙사 자격으로 파견되었다. 영락제가 조선으로 파견한 칙사도 대부분 조선(고려) 출신 환관으로, 영락제가 요구했던 말과 여자를 공출하는 데 뚜렷한 역할을 수행했다.

역을 진행했던 경험이 있었기 때문이었다. 시암이나 말라카 등 동남아시아 국가의 집권자 입장에서 명에서 온 선박이 조정 사절인지 지방 상인인지를 구분하는 것은 쉽지도 않았을뿐더러 굳이 판별할 필요가 적은 일이었다. 교역을 통해 필요한 물품을 원활히 주고받을 수 있다면 오히려 모른 척하면서 교류를 진행하는 것을 선호할 만했다. 15세기 중엽부터 동남아시아 해양 세계는 이른바 '상업의 시대(the Age of Commerce)'로 접어들고 있었다.

구홍민의 사칭 사건은 정화의 기억을 소환하는 계기로 작동하기에 충분했다. 당시 조정을 장악했던 환관 태감 왕직(汪直)은 성화제에게 해양으로 사절을 파견하는 안을 제안하고 있었다. 왕직과 대치하던 항충이 병부상서로 재직하던 시기는 1474년(성화 10) 12월부터 1477년(성화 13) 6월까지였다. 따라서 유대하가 정화 관련 기록을 소각한 것도 1474년에서 1477년 사이에 발생했다고 볼 수 있다. 이는 구홍민의 사칭 사건이 발각된 1471년으로부터 3~6년 정도 지난 뒤의 일이다. 당시 왕직은 환관들의 사찰 기관으로 동창(東廠)에 이어 서창(西廠)을 신설하여 자신들의 권력을 더욱 확장하려 했고 이에 대한 문신 관료들의 저항도 정점을 치닫던 시기였다. 바로 이 시기에 환관 중심으로 '서양'과 해양으로 교류를 재개하려는 움직임이 포착되자 유대하를 비롯한 문신 관료들이 정화 관련 기록을 소각했던 것은 아닐까? 1470년대 명 조정에서 정화에 대한 기억은 더 이상 영광스러운 과거가 아니라 은폐하고픈 기억이 되어 있었다. 정화에 대한 기억이 다시 소환된 것은 1597년(만력 25) 출간된 나무등(羅懋登)의 소설 『삼보태감서양기(三寶太監西洋記)』에서였다. 정화가 만들었다는 보선의 크기가 "큰 것은 길이가 44장 4척이고 너비는 18장"이라는 기록과 돛이 아홉 개라는 기록 모두 이 소설에서 기인하여 오늘날까지 알려진 것이다. 소설에 등장한 기록이 아직도 정화 보선의 규모에 대한 최초의 문헌 기록이라는 사실은 결국 성화 연간 정화 관련 기록이 소실된 안타까운 역사의 결과일 것이다.

결국 해외 조공국을 늘리는 데 대한 동력 상실, 북변 방어 필요성 증대, 환관의 영향력 확대에 대한 문관들의 반감이 겹치면서 정화 원정 이후 해양으로의 기획은 사라지고 정화 관련 문헌 기록마저 소각되어 버렸다. 향후 어딘가에서 소각된 줄 알았던 자료가 일부 발견될 가능성을 완전히 배제할 수는 없겠지만, 정화의 해양 원정에 대한 정확한 규모와 실재, 그 과정에서 있었던 일에 대해서는 여전히 풀리지 않은 부분이 많을 수밖에 없다. 역사에서 '만약'을 상정하는 것은 곤란하겠지만, '만약' 정화 관련 기록이 소각되지 않았더라면 이후 해양력을 둘러싼 세계사의 흐름이 어떻게 되었을지에 대해서는 누구도 쉽게 단언하기 어려울 것이다. 그러나 정화 관련 해양 기록은 소각되었고 명은 더 이상 해양 세계로의 적극적인 진출을 도모하지 않았다. 명이라는 거대한 책봉국이자 종주국의 우산 밑에서 정통성을 인정받았던 조선 역시 명의 책봉-조공 질서 및 해양 관념에서 벗어나는 '변칙'을 감행하지 못했다. 고려시대까지 이어 온 해양에 대한 적극적인 태도와 동력이 사라진 우리나라의 역사를 이해함에 있어서도 명의 정화 관련 기록 소각은 매우 중요한 변수로 작동했던 것이다.

・・・

정화의 원정 기록을 말살한다는 결정은 당시에는 합리적인 판단이었을지도 모르지만 장기적 관점에서는 잘못된 판단이었다. 잘못된 정책 결정 하나 때문에 이후 중국은 폐쇄적 국가 정체성이 성립하고 경로의존성으로 인해 내부로 침잠하는 길을 걸어가다 아편전쟁이라는 강력한 외부 충격을 받고 나서야 간신히 국가를 개방하게 되었다. 단기적 시야로 정책을 결정한 후과는 이토록 고통스럽다. 명에서는 황제의 결정에 모든 이들이 따라야 했지만, 지금 우리는 우리의 길을 스스로 결정할 수 있다. 그리고 우리의 결정에 대한 책임 역시 우리 스스로가 져야 한다. 그렇기 때문에 지금 당장의 이득과 기쁨에 취해 후일 우리가 치러야 할 무거운 책임을 잊지 말아야 한다. 미래를 보는 자는 과거를 통해 현재를 판단해야 한다.

16

명은 왜 대대적으로
만리장성을 재건해야 했을까?

담장, 금, 성벽 등 나와 남을 구분하는 경계는 어느 곳, 어느 시대에나 있었다. 특히 중국의 만리장성은 중원 왕조가 북방 이민족의 침략을 막기 위해 쌓은 성벽으로, 아마도 세계에서 가장 유명한 경계일 것이다. 그런데 지금 우리가 중국에서 보는 만리장성은 진시황 시절에 쌓은 것이 아니라 명대에 쌓은 것이다. 진시황의 장성은 어디로 가고 명의 장성만 남았을까? 그리고 명은 왜 거대한 장성을 쌓아야 했을까? 명이 만리장성을 재건한 이유와 과정을 추적하면 지금 우리 마음속에서도 솟아오르는 타인을 배제하고 싶은 마음이 어떤 결과를 낳게 될지 예상할 수 있지 않을까?

◆ ◆ ◆

지금 중국에서 보는 장성은 언제 만들어진 것일까?

중국의 대표적인 상징물이자 세계에서 가장 길고 거대한 건축물로 일컬

도판 16.1. 팔달령 장성

어지는 만리장성(萬里長城)은 마오쩌둥(毛澤東)이 1935년 국민당의 추격을 피해 수천 킬로미터를 이동하는 대장정(大長征) 시기에 "장성에 오르지 않으면 사나이가 아니다"라고 말한 뒤 더욱 유명해졌다. 당시 마오는 이처럼 어려운 상황 속에서 동지들에게 용기와 결의를 불어넣기 위해 이 말을 했고, 이 표현은 어려운 여정과 시련을 극복하는 결의를 상징하는 구호로 1949년 중화인민공화국 성립 이후에 더욱 널리 회자되었다. 만리장성 구간 가운데 가장 먼저 개방된 수도 북경(北京, 베이징) 북쪽의 팔달령(八達嶺) 장성은 코로나 팬데믹이 끝난 직후인 2023년 한 해에만 1000만 명 이상의 관광객이 다시 찾았고, 1958년 개방 이래 2023년까지 누적 국내외 관광객은 2억 명을 돌파했다.

이처럼 중국을 대표하는 만리장성은 기원이 진시황의 만리장성으로 알려져 있지만 실제 오늘날 우리가 중국에서 볼 수 있는 장성은 전국시대(戰國時代)나 진나라의 고대 장성이 아니다. 팔달령 장성을 비롯하여 서쪽의 가욕관(嘉峪關)에서 동쪽의 산해관(山海關)에 이르는 현재까지 남아 있는 장성의 대부분 구간은 진시황 사후 약 1700년 세월이 지나 명 후기에 건립된 성벽이다. 명나라가 개창된 1368년 무렵부터 장성 일부 구간이 재건되기 시작했지만, 15세기 후반에 건설된 장성 중에도 오늘날 뚜렷하게 알아볼 수 있는 형태로 남은 것은 매우 적다. 이는 당시 지어진 장성이 흙으로 지은 토성이었기 때문이었다. 견고한 벽돌로 지어야 오랜 세월을 견딜 수 있는데, 이러한 장성 라인은 1550년 수도 북경이 큰 위기를 겪은 이후에 대대적으로 건립되었다.

1550년 8월 20일(양력 10월 10일) 칭기즈 일족이자 동몽골의 새로운 지도자로 옹립된 알탄 칸이 군대를 이끌고 변경의 방어 라인을 뚫고 남하해 북경 인근 통주(通州, 퉁저우)까지 진격한 후 다시 700여 기마병을 이끌고 북경을 포위했다. 경술년(庚戌年)에 발생한 큰 변란이기에 '경술지변(庚戌之變)'이라 부른다. 패닉에 빠진 북경의 쌀 가격은 급등했고 다급해진 황제 가정제(嘉靖帝)는 알탄 칸이 요청한 교역, 즉 변경의 거래 시장 개설과 조공무역을 허가했다. 당시 기강이 무너진 명의 군대는 오합지졸에 가까웠다. 가정제는 일시적인 위기를 모면한 후 다시 변경의 시장을 폐쇄하는 대신 장성을 새롭게 중건하자는 강경파 관료들의 의견을 따랐다. 그래서 북변의 긴 장성 라인이 서쪽의 가욕관에서 동쪽의 산해관까지 벽돌로 중건됐다. 100여 년 전부터 지어진 성벽은 흙으로 지어졌기에 쉽게 침식되었지만, 경술지변 이후에는 벽돌과 돌로 튼튼하게 중건하기 시작했다.

그렇다면 왜 그 유명한 장성 건설이 다른 왕조가 아니라 명나라 시기에 집중되어 발생한 것일까?

명 초기 대몽골 전략은 어땠을까?

명나라 시기에 장성을 대대적으로 건립한 것은 이전 왕조인 원 제국의 지배층이었던 몽골족을 완전히 없애지 못했던 것과 관련이 깊다. 하지만 몽골의 위협으로 인해 장성을 건설했다는 설명으로는 충분하지 않다. 왜 그러한가?

강남에서 세력을 확장한 주원장이 강남의 중심지인 남경(南京, 난징)에서 명을 건립했을 때, 원의 마지막 황제 토곤 테무르[Toghon Temür, 명의 시호는 순제(順帝), 정식 묘호는 혜종(惠宗), 재위 1333~1370]와 그의 세력은 수도인 대도(大都)를 버리고 몽골 초원으로 쫓겨 갔다. 초반에 명의 군대는 이들을 전멸시키고자 했으나 거점을 버려두고 몽골 초원으로 달아난 이들을 끝까지 쫓아갈 여력까지는 없었다. 토곤 테무르는 1370년 사망하지만 그의 아들 아유시리다라(빌릭투 칸, 재위 1370~1378)가 몽골제국의 옛 수도 카라코룸에서 칸으로 즉위하면서 북원(北元)의 2대 칸이 되었다. 아유시리다라의 모친은 고려 출신인 기황후(奇皇后)였기에 그는 반(半)고려인이었고, 북원은 명을 상대로 고려가 함께 싸우기를 기대했으나 고려의 공민왕은 아유시리다라를 돕지 않고 반원(反元) 정책을 폈다. 어쨌든 원 제국이 1368년 붕괴되었음에도 불구하고 몽골인이 오늘날까지 민족 정체성을 유지할 수 있는 것은 바로 북원이라는 몽골인 국가가 존재했기 때문이다. 이후 몽골 초원의 북원은 여러 세력으로 분열된 시기에는 명에 큰 위협이 되지 않았지만 강력한 지도자의 영도력 아래 결집이 될 때마다 명의 변경을 괴롭혔다.

이처럼 몽골의 북원 세력이 명의 치세 기간 내내 북변에서 명을 긴장시켰고 무엇보다 몽골이 한족의 중원을 정복했던 기억이 생생했기에 명의 변경 정책은 이전의 다른 한족 왕조와 같을 수가 없었다. 몽골 지배라는 집단적 트라우마를 가진 명의 지도층이었기에 명은 집권 초기부터 이전 왕조처럼 북방의 몽골 세력과 타협이나 협상 등을 유연하게 추진할 여지가 매우 적었다. 가령 이전의 한나라와 당나라뿐 아니라 송나라는 모두 북변의 초원 제국이 요구하는 변경 교역을 수용했던 전례가 있지만 명에게 몽골 세력과 타협하거나 절충한다는 것은 명분으로나 감정적으로 쉽게 수용되기 어려운 일이었다.

도판 16.2. 홍무제

하지만 명 초기 몽골 세력에 대한 명의 선택지에 장성 건설이 진지하게 고려되지 않았음에 주목할 필요가 있다. 오히려 명은 몽골 세력을 진멸하기 위한 적극적인 공격을 이어 갔다. 초대 황제인 홍무제는 주요 아들을 북변의 왕으로 분봉시키고, 그들에게 군대를 맡겨 방어를 책임지게 했다. 이른바 '제왕분봉(諸王分封)' 정책이었다. 또한 풍승(馮勝) 등이 이끄는 명군은 요동 지역에서 세력권을 형성하던 몽골 무칼리의 후예 나하추를 압박하는 데 성공하여 1387년 나하추는 몽골군 20만 명을 이끌고 명군에 투항했다.

그리고 정난의 변으로 1403년 3대 황제에 오른 영락제는 수도를 남경에서 북경으로 옮기는 동시에 직접 '50만 대군'을 이끌고 몽골을 전멸시키기 위한 친정(親征)을 다섯 차례나 감행했다. '친정'이라는 말 그대로 영락제가 직접 군대를 인솔하여 전장(戰場)에 나섰고 명분은 '불구대천의 원수'인 몽골에 대한 복수였다. 당시 왕위에 오른 조선의 태종은 영락제의 친정을 적극 옹호하고 공마(貢馬)를 여러 차례 대량으로 진헌(進獻)함으로써 조선의 입장이 몽골과 명 사이에 '이중외교'가 아니라 명과의 일원적인 조공-동맹 관계로 전환되었음을 대내외적으로 천명했다. 이러한 태종의 대명 노선은 효과를 발휘했고, 이후 조선은 명과 우호적인 관계를 유지하는 데 성공한다. 하지만 조선의 후원과 영락제의 강렬한 몽골 타도 의지에도 불구하고 북변의 상황은 크게 개선되지 않았고 오히려 영락제는 1424년 7월, 마지막 친정에서 돌아오던 중 유목천(楡木川)에서 별다른 이유 없이 노환으로 사망했다.

이처럼 명은 건국 초반부터 15세기 전반기까지 북변에 긴 성벽을 건설하는 일을 거의 진행하지 않았다. 오히려 명 초부터 선덕제(宣德帝) 치세까지는 '숙청사막(肅淸沙漠)', 즉 '(북변의) 사막을 숙청한다'는 기조를 가지고 몽골에 적극적으로 대처했다. 홍무제가 북변의 제왕(諸王)들에게 겨울마다 북쪽으로 군대를 파견하게 한 것, 영락제가 다섯 차례나 몽골로 친정을 했던 것, 선덕제가 북변으로 순행했던 것까지 모두 몽골 세력을 완전히 숙청하기 위함이었다. 즉, 장성을 건설하여 몽골의 위협이나 침략을 방어하는 것은 전혀 고려 대상이 아니었다. 몽골인에 대한 염려가 없던 것은 아니었지만 초기 황제들은 성벽 뒤에 숨지 않고 상대방의 전략을 모방하여 초원 깊숙이 쳐들어가는 전략을 취했다. 초기 명 황제들은 성벽처럼 눈에 보이지는 않지만 효과는 훨씬 더 큰 군사적 '위세(威)'라는 능력으로 북방 초원 종족들을 압도하고자 했다. 그렇게 되면 장성을 만들 필요성 자체가 사라질 것은 자명했다.

따라서 몽골의 위협 때문에 명이 장성을 건설했다는 설명은 불충분하다. 명의 북변 전략이 '숙청사막'에서 '장성 건설'이라는 막대한 토목공사로 전환하기 위해서는 또 다른 변수가 필요했다. 바로 남경에서 북경으로 천도하는 바람에 수도 위치가 북변에 인접함으로 인해 몽골의 위협에 직접적으로 노출되는 실제 경험이 중요했다. 이러한 수도 북경의 취약한 안보는 1368년 명 건국부터가 아니라 그로부터 80년이 지난 1449년부터 체감되기 시작했다. 이때부터 수도 북경의 안보 관념에 변화가 생기기 시작했고 북경에 사는 명의 지도층에게 '몽골의 존재'는 실제 이상의 위협으로 느껴진 것이다. 명의 수도가 남경이라면 도저히 체감될 수 없는 북변 몽골 세력의 '심리적 위협'은 북경으로의 천도 이후, 좀 더 정확히는 1449년 토목보의 변 이후에 발생한 새로운 변화이자 북방 정책의 변수였다.

그럼 장성은 어쩌다 재건되었을까?

1449년 발생한 '토목보의 변'이란, 황제인 정통제(正統帝)가 직접 '50만'에 달하는 대군을 인솔하여 몽골의 일파로 간주되는 오이라트(Oyirad)와의 일전을 위해 북경의 서북 지역으로 원정을 나갔다가 오히려 몽골군에 생포된 사건을 말한다. 정통제는 증조부 영락제의 몽골 친정을 떠올리며 출병했을 테지만, 오히려 오이라트군의 지도자인 에센(Esen)의 뒤꽁무니만 쫓아다니다가 북경에서 약 100킬로미터 떨어진 하북성(河北省, 허베이성)의 토목보(土木堡)에서 야영 도중에 오이라트군에 생포되고 말았다. '명의 가장 치명적인 군사적 실패'였다.

물론 명은 생포된 정통제를 버리고 그의 이복동생을 황제(경태제)로 옹립함으로써 급한 불을 껐고 오이라트의 지도자 에센 역시 생포한 정통제 카드를 활용하여 원하던 조공무역과 호시(互市)를 얻어 내지 못하여 정치

오이라트

오이라트인은 서북 몽골 지역에서 기원한 유목민족으로, 몽골어를 사용하고(Mongolic) 서몽골 지역에 거주하기에 '서몽골인'이라고도 지칭되지만 엄밀하게 따지면 '몽골어를 쓰는 비(非)몽골계' 유목민족이다. 13세기 초 역사의 무대에 등장한 오이라트인과 몽골인은 서로 기원부터 달랐으며, 14세기 이후에는 서로 다른 민족 집단으로 발전했다. 이들이 몽골 울루스에 편입된 것은 1207년 칭기즈칸의 맏아들 주치가 몽골의 서북 변경 지역과 오늘날의 투바 및 하카시야 지역을 정복한 다음이다. 그러나 이후에도 칭기즈 울루스들이 몽골계 부족과 이들에게 통합된 비몽골계 부족으로 이루어졌던 반면, 오이라트 연맹은 서몽골 지역의 비몽골계 부족으로 구성되어 운영되었다. 이후 오이라트는 15세기 중반 에센 타이시와 17세기 말 갈단 칸의 치세에 강력한 유목 제국을 건설했다. 다만 오이라트는 일찍이 칭기즈칸에게 복속했고 혼인을 통해 부마들을 배출했기에, 한족인 명에서는 오이라트를 '와랄(瓦剌)'이라 부르며 광범위한 몽골 세력으로 간주했던 것이다.

생명이 끊기고 말았다. 그러나 토목보의 변은 명의 정국에 큰 변화를 가져왔다. 토목보의 변 이후 '몽골의 위협'은 북경의 안보 관념을 완전히 장악해 버렸고, 북경의 안전한 방어가 국정의 최우선 과제로 떠오른 것이다.

이러한 변화를 이해하려면 잠시 명의 수도 변천사를 살펴볼 필요가 있다. 일반적으로 명의 수도는 남경이지만 영락제가 정난의 변 이후 북경으로 천도한 것으로 알려져 있다. 영락제가 천도의 기초를 놓은 것은 맞지만 영락제 시기에 천도가 완료된 것은 아니다. 영락제 사후에 4대 황제에 오른 홍희제(洪熙帝)가 남경으로의 환도를 선포했기 때문이다. 다만 홍희제가 남경 환도를 결정한 지 2개월 만에 급서(急逝)하면서 환도가 바로 이루어지지는 않았지만, 5대 황제 선덕제(宣德帝) 시기에 북경에는 '임시 수도'라는 뜻을 지닌 '행재(行在)'라는 타이틀이 붙었다. 선덕제의 뒤를 이어 6대 황제로 등극한 정통제(正統帝)가 재위 6년 만인 1441년에 북경의 모든 관청 앞에 붙은 '행재'라는 글자를 떼어 내도록 명하면서 비로소 북경은 유일한 수도로 확정되었다. 홍희제의 남경 환도 결정 이후 16년 만의 결정으로 '북경파'의 최종 승리였다. 그런데 이처럼 어렵게 북경이 수도로 확정된 지 8년 만에 토목보의 변이라는 전대미문의 사건이 발생한 것이다. 잠시 남경으로 환도하자는 논의가 일어났으나 결국 북경을 고수하기로 결정되었다. 더 이상 남경으로의 환도라는 대안이 존재하지 않는 이상 북변과 인접한 북경을 몽골의 위협에서 안전하게 방어하는 것이 국정 최우선 과제가 될 수밖에 없었다. 그 결과 북변 방어의 긴박함이 해군 정비 여력을 압도하였고 명은 남경이 수도였을 때까지 구축하고 유지하던 해상 네트워크를 포기하는 대신 수도 북경에서 육상 제국(continental empire)으로 변모해 갔다.

16세기에 명이 정태적인 방어 전략인 대대적인 장성 건설이라는 최후의 전략으로 전환하게 된 구조적 원인은 1449년 토목보의 변으로 형성되었다. 이에 다디스(John W. Dardess)는 국가 안보 이슈로 인한 명의 북변 방어 역사를 크게 세 시기로 구분했다. 1단계는 1368년 개국 이후 선덕제 시기까지 적극적인 성향의 황제들이 공격적인 군사 활동으로 몽골을 압박하는 시기이다. 2단계는 1449년 토목보의 변 이후 1571년 몽골과의 평화 협약(융경화의) 체결까지의 시기로 명은 방어적인 태세로 전환하여

'북경파'와 '남경파'의 대립

명나라 수도와 관련하여 북경파와 남경파의 대립은 영락제 사후 홍희제가 북경 앞에 공식적으로 임시 수도라는 뜻의 '행재(行在)' 호칭을 붙인 1425년 3월부터 '행재'가 사라진 1441년 11월까지 약 16년 동안 지속되었다. 홍희제의 남경 환도를 지지하던 '남경파'의 대표적인 인물은 영락 연간 호부상서였던 하원길(夏原吉), 예부좌시랑 호영(胡濴) 등이다. 그들은 20여 년을 끌어온 북경이라는 수도 건설이 국가 재산을 잠식하고 백성을 고달프게 했으며 북경으로 매년 곡물을 운송하는 조운(漕運)에 드는 경제적 부담이 크다는 사실을 강조했다. 여기에 북경은 금과 원 이래 이민족의 수도였다는 한족 중심적인 비판도 추가되었다. 반면 북경을 지지하던 '북경파'의 대표적 인물인 선덕제나 평강백(平江伯) 진선(陳瑄) 등은 북변 방어에 대한 중요성을 고려할 때 영락제가 선택하여 건립한 북경은 사실상 거스르기 어려운 추세라는 입장이었다. 특히 북경을 화(華)와 이(夷)를 통합하는 요새라는 점을 강조했다. 대운하 정비를 통해 조운의 경제적 부담은 최소화할 수 있다고도 주장했다. '남경파'와 '북경파'의 경쟁이 진행되던 16년 동안, 북경의 도시 구조는 '이민족의 수도'와 '한족의 수도'가 지닌 요소가 복합적으로 절충되었다.

장성을 대대적으로 재건하는 시기이다. 이 시기에 한족 민족주의가 강조되고 명의 대외정책은 내향적으로 고립되기 시작했다. 북로남왜(北虜南倭) 문제가 불거진 시기이기도 하다. 그리고 3단계는 1571년 융경화의 이후부터 명 말까지의 시기로 장성 라인을 통해 북변 방어가 제대로 기능하지 못하는 단계이다.

구체적으로 2단계에 해당하는 토목보의 변 이후 몽골과 관련하여 중요한 두 가지 변화가 발생했다. 하나는 북경 정부의 높아진 불안정성과 몽골에 대한 피해의식이 내부적인 갈등을 심화하였다. 우선 명 내부의 몽골인에 대한 명나라 사람들의 언어폭력과 신체적 공격이 더 자주 더 격렬하게 발생했다. 또한 황제를 꼬드겨 토목보로 군대를 이끌고 직접 나가 생포되는 '치명적인 군사적 실패'의 원인 제공자인 환관에 대한 문관의 비판과 공격이 힘을 얻었다. 가령 정통제를 꼬드긴 환관 왕진(王振)의 보좌 환관인 마순(馬順)은 관리들에게 때려 맞아 사망했는데, 이 때문에 환관과 문관 세력은 서로를 더욱 증오하게 되었다. 이처럼 불거진 두 세력의 갈등 구조는 이후 명의 북변 정책을 일치보다는 갈등과 대립으로 몰아가는 배경이 되었다.

다른 하나는 토목보의 변 이후부터 장성을 재건하자는 논의에 불이 붙기 시작했다. 본격적으로 장성 건설에 불을 지핀 이는 여자준(余子俊, 1428~1489)이다. 토목보의 변 이후 북변 방어를 강화하기 위해 섬서성(陝西省, 산시성)의 연수(延綏) 지역을 전담하는 순무(巡撫)직을 신설했는데 연수 순무를 역임한 여자준은 자신의 경험을 바탕으로 당시 몽골의 손에 넘어가 있던 오르도스 지역을 회복하고 이를 방어하기 위해 1471년에 장성 건설을 제안했다. 당시 여자준이 제안한 장성은 약 900킬로미터에 달하고 높이는 약 7미터에 달했으며 중간에 요새, 돈대(墩臺), 봉화대 등이 설치되었지만 벽돌이 아니라 서북부의 황토로 쌓아 올린 토성이었다. 그렇지만 그의 주장은 방어의 거점을 '점'에서 '선'으로 발상의 전환을 가져온 것이다. 당시 여자준은 이를 '변장(邊牆)', 즉 변경의 성벽이라고 불렀다. '선'이라 하더라도 후대에 불리듯 그렇게 긴 '만리장성'을 염두에 둔 것

도판 16.3. 거용관

은 아니었다. 실제로 여자준이 제안하여 재건된 성벽의 수명은 길지 않았다. 판축 공법으로 황토를 쌓아 올린 토성이었기 때문이다. 여자준의 토성은 1520년이 되면 이미 침식되어 무너지거나 일부 구간은 모래 폭풍으로 묻혀 버려 기능을 상실했다.

하지만 수명은 길지 않아도 성벽의 효과가 없던 것은 아니었다. 1482년 몽골의 공격 부대 가운데 한 무리가 성벽과 참호의 덫에 걸려서 포획되었다. 무엇보다 가시적인 성벽은 수도 북경 방어를 위한 심리적 안정성을 제고했다. 이전에 북경 천도를 주장하던 이들이 북경이 북쪽으로의 공격을 방어하는 데 유리한 천혜의 요새임을 강조한 바 있었는데 북쪽의 거용관(居庸關), 서쪽의 타이항산맥(太行山脈), 그리고 동쪽의 산해관을 거론했다. 험준한 산맥과 관(關, pass)으로 북경이 둘러싸인 것은 맞지만, 그 자체로 완벽한 방어력을 확보했다고 보기는 어려웠다. 그런데 여기에 인공적으로 재건한 장성이 추가된다면 북경의 안보력이 더 높아질 것은 분명했다. 따라서 여자준의 '변장' 건설 제안은 천혜의 요새 기능이 제 기능을 발휘하지 못하는 북경에 인공적인 보호막을 가미하는 정책이었다. 16세기 전반기가 되면 서쪽의 가욕관, 북경 인근의 거용관, 그리고 동쪽 연해의 산해관까지 세 지역이 '변장' 건설의 핵심적인 거점으로 거론되었다.

문제는 비용이었다. 몽골에 대한 호전적인 대응과 전투를 주장하던 환관들은 장성 건설 비용이 너무 많이 책정되었으며 주민들의 불만을 사고 있다는 보고서를 황제에게 올리면서 여자준을 부패와 독선이라는 죄목으로 고발했다. 이로 인해 여자준이 추진하던 장성 재건은 중단되었다. 막대한 비용과 노동력을 동원해야 하는 장성 재건이 대대적으로 진행되려면 수도 북경이 더 강력한 위험을 '체감'해야 했다. 이는 토목보의 변이 발생한 후 약 100년 뒤인 1550년을 전후한 시기에 찾아왔다.

무엇이 대대적인 장성 건설로 이끌었을까?

앞서 언급했듯 1550년 동몽골의 새로운 지도자로 옹립된 알탄 칸이 군대를 이끌고 변경의 방어 라인을 뚫고 남하해 북경 인근 통주까지 진격한 후 다시 700여 기마병을 이끌고 북경을 포위했다. 경술년(1550)에 발생한 변고(變故)라 하여 '경술지변'이다.

그러나 경술지변 이전부터 몽골 세력이 강해지며 위협적인 존재로 성장하는 계기가 몽골 내부에서 마련되었다. 1487년 다얀(Dayan) 칸이 동몽골을 통합하여 지도자로 즉위한 것이다. 다얀 칸은 원 제국의 창시자인 쿠빌라이 칸의 후손인 동시에 토목보의 변을 일으킨 오이라트 에센 타이시의 외손자이기도 했다. 정통성에서 유리한 고지를 점했던 다얀 칸은 몽골제국의 정통성을 계승하겠다는 선언을 하면서 여러 부족을 통합해 나갔는데 명 초에 분산되어 약했던 북원 세력이 다시 강해진 것이다. 몽골어를 쓰는 북원의 몽골인들은 튀르크어를 사용한 주치 울루스와 차가다이 울루스의 몽골인들과 마찬가지로 몽골인과 비몽골인의 융합으로 형성된

도판 16.4. 알탄 칸 동상

집단이었다. 이들이 16세기 중엽 동쪽으로는 요동에서, 서쪽으로 티베트고원에 이르는 광대한 영역을 지배하는 유목 제국으로 발전하는데, 그 전성기를 이끈 동몽골의 통치자가 바로 다얀 칸의 손자 알탄 칸(Altan Khan, 1508~1582)이었다. 뛰어난 군사 지휘관이었던 알탄 칸은 숙적 오이라트 집단에게 승리한 뒤 명과의 대결에 뛰어들었다. 일정한 세력 이상으로 커진 유목 제국이 필요한 물자를 공급받기 위해 정주 지역의 한족 국가를 침공하는 것은 이전 패턴과 유사했으며 이는 기본적으로 중원 제국과의 조공무역이나 호시를 개통하기 위한 수단이기도 했다.

알탄 칸은 1540년대부터 거의 매년 명에 대한 약탈 원정을 감행하였다. 당시 알탄 칸의 몽골군을 방어하던 이는 1544년 선부(宣府)와 대동(大同, 다퉁) 지역의 군무를 총괄하는 선대총독(宣大總督)에 임명된 옹만달(翁萬達, 1498~1552)이었다. 워낙 알탄 칸의 군사력이 강력하고 기동력이 좋았기 때문에 이전처럼 중요한 서북의 몇몇 거점만 지키는 것만으로는 부족한 상황이 되었다. 당시 몽골 세력은 '물'처럼 진격해 왔다. 핵심 거점의 장애물을 만나면 그곳에서 전투를 벌이는 것이 아니라 쉽게 뚫을 수 있는 다른 지역으로 빠르게 이동하면서 침투해 들어오는 전략이었다. 그리고 점차 그들의 이동 경로는 서쪽에서 동쪽으로, 즉 북경으로 접근하기 시작했다. 북경 동북 지역의 계진(薊鎭)이 북변 방어의 거점으로 부각된 것도 이 때문이다. 명대 문헌에 자주 등장하는 북변의 '구변진(九邊鎭)'은 장성이 아니라 명나라 군대가 파견된 주요 군진(軍陣)을 지칭하는데, 알탄 칸의 침략 노선 변화에 따라 동쪽에 있는 군진들도 비상이 걸렸다.

그러자 옹만달 역시 전략을 바꾸어 1547년 상주문을 올렸다. 중요한 몇 개 군진의 방어력을 강화하는 것보다는 주요 군진 사이에 장성을 벽돌로 높게 쌓아 연결함으로써 몽골군이 침투할 틈을 허용하지 말자는 주장이었다. 앞서 토목보의 변 이후에 여자준이 제안했던 토성 방안과 기본 발상은 유사했지만, 연결 규모와 벽돌을 이용한 비용과 동원력에서 큰 차이가 있다. 벽돌과 돌을 이용해 험준한 산맥에 장성을 대규모로 건축하려면 단순 농민 노동력이 아니라 급여를 지불하는 숙련된 노동자가 필요했다. 이들은 벽돌 사이에 빗물이 침수하거나 잡초가 생겨나지 않도록 가능한 한 틈이 없도록 벽돌 사이에는 석회로 보강했고, 상층과 하층의 성벽을 횡단하는 배수 도랑도 설치했다. 또한 규격에 맞춘 벽돌과 돌을 생산할 수 있는 대규모 벽돌 공장과 채석장도 필요했고 이를 이어 주는 광범위한 운송 시스템이 가동되어야 했다. 이는 이전처럼 변경의 지역 단위가 아니라 수도 북경이 주도하는 전국적인 은의 재분배와 대운하와 역참 등 장거리 유통망을 총동원해야 하는 총체적인 변화를 의미했다.

게다가 옹만달은 장성을 건립할 방어 라인으로 '차변(次邊, secondary frontier)'이 아니라 '외변(外邊, outer frontier)'에 건설할 것을 주장했다. '외변'과 '차변'은 명 초기부터 존재하던 북변 방어 라인으로, 수도인 북경에서 볼 때 외곽에 해당하는 북쪽 변경이 '외변'이고, 보다 가까운 변경이 '차변'이었다. 옹만달 이전까지는 북경에서 통제가 용이한 '차변'이 수도를 지키는 주요 방어 라인으로 인식되었다. 옹만달은 '외변'에 장성을 쌓

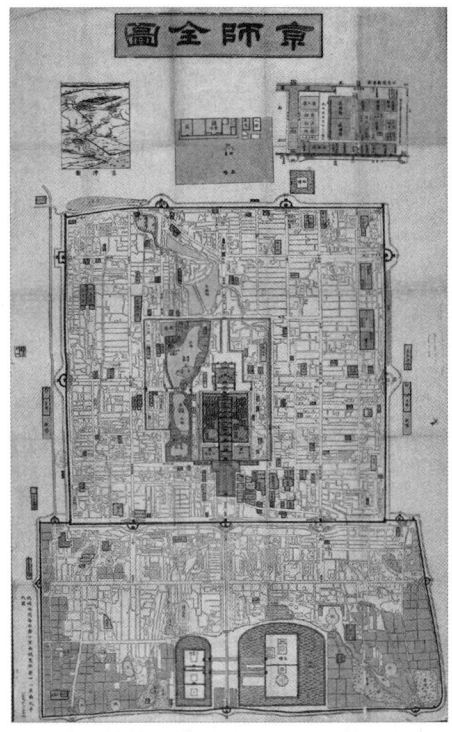

도판 16.5. 북경 도시 구조

고 군대를 보다 북쪽에 위치한 '외변'에 배치한다면 수도 북경이 더욱 안전해질 것이라고 주장했다. 명 초기라면 도저히 받아들여지기 어려웠던 옹만달의 제안이 토목보의 변과 알탄 칸 군대의 기동력 있는 수도 침공이라는 두 가지 '체험'이 겹치면서 적극적으로 검토되기 시작했다. 그러한 상황에서 발생한 경술지변은 대대적인 장성 라인을 북변에 건설하되 위치 역시 '외변'으로 올라가게 만드는 결과로 이어졌다.

토목보의 변 이후 명은 장성을 일부 건립하며 방어력을 강화했지만 환관과 문관의 대립 및 관료 내부에서의 파벌 갈등이 심화되면서 일관된 정책을 취하지 못했다. 몽골이 원했던 것은 명과의 교역이었다. 그러나 대다수 명의 관료들은 몽골에게 교역이라는 틈을 내주면 중원 침략은 물론 점령까지 노릴 것이라고 염려했다. 몽골제국의 중원 점령이라는 역사적 트라우마가 살아 있고 몽골군에게 황제가 생포되기도 했기에 이러한 염려에 근거가 전혀 없는 것도 아니었다. 명의 문인 관료들에게 자주 발견되는 '변경 지역에 대한 심기증(心氣症, borderlands hypochondria)'의 근원이 바로 여기에 있다. 그랬기에 몽골이 요구하는 호시(互市)를 개설하며 충돌을 피할 수 있는 유연한 절충안이 나오기 어려웠고, 반면 몽골은 세력이 강해질 때마다 침략을 통해 호시를 요구했다.

명은 시종일관 강경한 자세를 견지했지만 실제 북쪽 변경의 군사력과 군대 기강에는 허점이 많았다. 방어 능력을 갖추지도 않은 채 경직되고 적대적인 정책만 취하던 명 조정은 1550년 알탄 칸의 침공 앞에 허무하게 무너졌다. 대표적인 사례가 대동을 지휘하던 구란(仇鸞)이 알탄 칸에게 뇌물을 주어 다른 방면으로 진공 루트를 변경하게 한 일이다. 뇌물을 챙긴 알탄 칸의 몽골군은 실제 공격 루트를 동북 방향으로 선회하였고, 대동보다 더 약했던 고북구(古北口)를 통해 남하하여 북경까지 진격하는 데 성공했다. 구란은 자기의 책임만 피했을 뿐 북경의 안보를 지키는 것에는 큰 관심이 없었던 셈이다. 이후 구란은 그 일이 발각되어 처형되었지만 과거 구란이 정국(政局)의 실세였던 수보(首輔) 엄숭(嚴嵩)에게 뇌물을 바쳐서 대동의 요직을 얻었음은 널리 알려진 사실이었다. 또한 당시 북경을 지키던 병부상서 정여기(丁汝夔)는 몽골군이 북경에 접근할 때까지 성문을 닫고 북경성만 방어하는 소극적 전략을 일관하여 피해를 키웠다는 죄로 구란과 함께 처형되었다. 그러나 정여기는 처형을 당하면서 자신은 희생양일 뿐 수도 방어군의 소극적인 전략은 당시 권신 엄숭이 주도한 것이라고 주장했다. 당시 황제는 도교에 심취했던 가정제였고 실권은 엄숭이 장악하고 있었으므로 경술지변은 정치의 문란이 북변 방어와 수도 안보에 얼마나 부정적인 영향을 미쳤는지 잘 보여 준다. 중앙 정치가 문란해지고 변경 정책이 경직되면서 각지에서 충돌이 빈발했다. 북변에서 몽골과의 잇단 충돌과 동남 연해 지역에서 발호하는 왜구와의 충돌은 사실상 동전의 양면이었다. 모두 문란한 정치적 상황에서 나온 경직된 대외정책의 결과

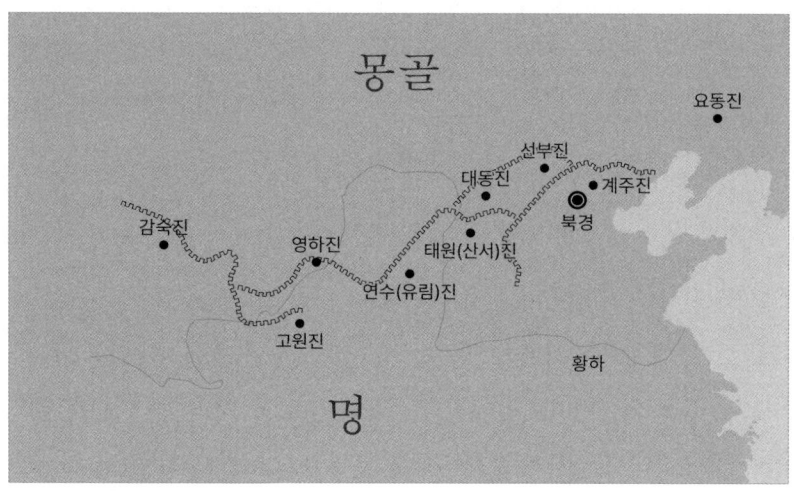

지도 16.1. 북경 북쪽을 방어하는 구변진

물로 16세기 중엽의 가정제 통치 시기에 집중되었다.

경술지변을 당했던 북경 정부는 급히 외성(外城) 건설을 1553년부터 시작하여 1564년 완성했다. 본래 계획은 북경을 사방으로 둘러싸는 정방형 외성이지만, 재정 부족으로 인구가 밀집한 남쪽 외곽만 둘러싼 외성으로 설계가 축소되었다. 그 결과 북경의 도시 구조는 '철(凸)'자 형태의 윤곽선을 가지게 되었고 이는 청대까지도 그대로 계승되었다.

경술지변 이후부터 17세기 초기까지는 장성 건설의 전성기였다. 황제로는 가정제, 융경제, 만력제의 통치 시기에 해당한다. 이때 대대적으로 건설되거나 중건된 장성은 이전과 달리 황토가 아니라 벽돌이나 돌로 튼튼하게 지어졌기에 오늘날까지 전승되는 '만리장성'의 기초가 되었다. 1568년 병부시랑으로 임명된 담륜(譚綸, 1520~1577), 담륜을 도와 돈대(墩臺) 건설과 장성 축조를 강력하게 추진한 장군 척계광(戚繼光, 1528~1588), 나중에 병부상서(兵部尙書)까지 오르는 왕숭고(王崇古,

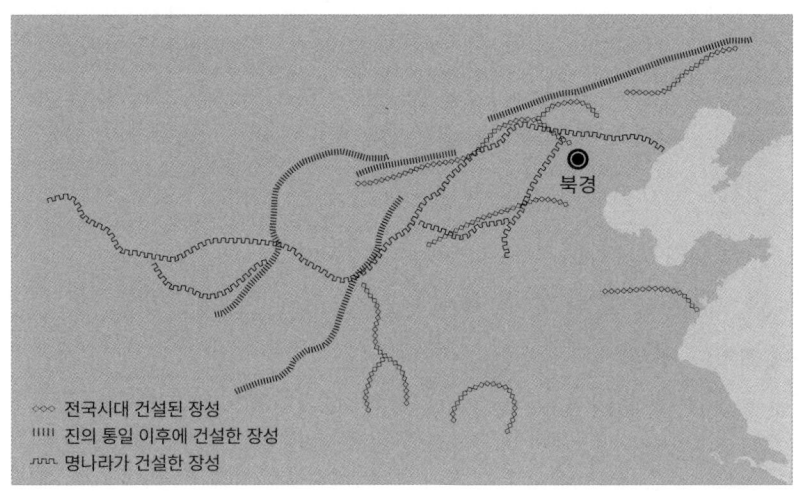

◇◇◇ 전국시대 건설된 장성
||||| 진의 통일 이후에 건설한 장성
〰〰 명나라가 건설한 장성

지도 16.2. 각 시대별 장성

1515~1589)가 장성 재건을 주도했던 주요 인물이었다.

　1550년 경술지변이라는 북경의 위험 '체감'은 이후 수십 년 동안 대대적인 장성 건설로 이어졌다. 100여 년 전 토목보의 변으로 처음 장성 건설이 제안되고 일부 토성으로 시도되었던 것과는 비교할 수 없을 정도로 광범위한 북변 지역 장성이 재건되면서 서로 연결되었다. 이젠 환관 세력도 장성 건설을 반대한 명분을 잃어버렸다. 북경의 안보 위기가 다양한 논의를 질식시켰다. 명 초기의 '숙청사막'이라 불리던 적극적인 공격은 역사 속의 전설이 되어 버렸고, 외부의 공격으로부터 수도 북경을 방어하기 위한 길고 광범위한 성벽화(城壁化) 작업이 북변의 구변진을 따라 진행되었다.

　가시적인 장성 라인은 외형적으로 완벽해 보였다. 그러나 실제로는 허점도 많았다. 명의 군사나 인력 가운데 장성 이북으로 넘어가 '이적(夷狄)'과 함께 새로운 군사 세력을 만드는 이들이 속출했기 때문이었다. 변경 문제에 대한 지식이 풍부했던 정효(鄭曉, 1499~1566)는 『황명사이고(皇明四

夷考)』에서 "옛말에 외이(外夷)가 중화에 들어왔으나 지금은 화인(華人)이 외이로 들어간다"라고 지적했다. 즉, 당시 북로는 단순한 북방 이민족의 침입이 아니라 그 지역에서 중국인과 주변 민족이 뒤섞여 변경 사회를 형성하고 있었기에 내(內)와 외(外)의 구분이 힘들어진 것이다. 이는 동남 지역의 연해민과 뒤섞인 왜구 세력과 유사했다.

하지만 더 큰 문제는 북변 방어에 대한 조정의 논의에 유연성이 없었던 데 있었다. 장성 건설은 북변 방어의 유력한 방법이지만 유일한 방안이 될 때 오히려 국가의 안위는 더 위험해졌다. 명 초기의 적극적인 선제공격이라는 선택지와 함께 호시를 허용해 줌으로써 직접 충돌을 피하는 또 다른 선택지도 있었다. 그러나 명 후기에 이러한 세 가지 선택지 사이의 유연한 정책적 절충은 거의 이루어지지 않았고 오히려 변경은 봉쇄되기 시작했다. 유일한 예외로 손꼽히는 일이 1571년 발생한 '융경화의'인데, 이 역시 한계가 명확했다.

1571년 '융경화의'로 '몽골의 위협'은 완화되었나?

'융경화의(隆慶和議)'는 융경제의 치세 5년째인 1571년에 체결된 명과 몽골의 조약으로 조공무역과 호시 개설을 약정한 것이다. 그 계기를 마련한 것은 이전 해인 1570년 알탄 칸의 양자인 다이칭 에제이가 개인적인 문제로 명나라로 망명한 것에서 시작되었다.* 당시 변경을 지휘하던 총독

* 알탄 칸이 양자인 다이칭 에제이의 약혼자로 온 '삼낭자(三娘子, Noyanchu Jünggen)'의 미모에 혹해 자신의 부인으로 삼으면서 빚어진 일이었다. 이에 불만을 품은 다이칭 에제이가 명으로 망명한 것이다.

왕숭고와 수보인 장거정(張居正)은 다이칭 에제이를 지렛대로 활용하여 알탄 칸을 움직이자고 조정을 설득했다. 알탄 칸이 아들의 송환을 요구했고 명은 몽골 초원 지역에 가 있던 한인 수령을 인도해 줄 것을 송환 조건으로 제시했다. 마침내 1571년 명과 몽골은 화의를 맺고 서로의 요구 조건에 따라 한인 수령과 다이칭 에제이를 교환했다. 이와 함께 명은 알탄 칸을 '순의왕(順義王, 순종하는 의로운 왕)'으로 봉하고 몽골의 수도인 후허하오터를 중국식 의미를 가진 '귀화성(歸化城, 문명으로 돌아오는 도성)'으로 바꾸도록 하는 성과를 얻어 냈다.

몽골이 얻어 낸 것은 조공과 호시였다. 조공은 1년 1회로, 변경의 호시도 연 1회 선부, 대동, 산서에 개설하기로 한 것이다. 이 협정 조건이야말로 몽골이 지난 수십여 년 동안 명에 요구한 '실리'이자 유목민들의 전형적인 전략이었다. 융경화의는 몽골에게 큰 이익을 가져다주었다. 실제 명의 물자 제공과 호시 교역을 통한 이익은 습격을 통해 획득한 전리품보다 많았고 이후로 계속 증가했다. 선부, 대동, 산서 세 지역에서 마시와 물자 제공 액수는 1571년에 약 6만 냥, 1572년에 7만 냥, 그리고 1577년에 27만 냥으로 증가했다.

명의 입장에서도 호시 개설을 통해 북변 방어에 들어가는 비용은 상당히 절감되었다. 물자 제공과 호시에 드는 비용은 변경에 군대와 장성을 유지하는 데 드는 비용의 10퍼센트에 불과하다는 기록도 있다. 당시 장거정과 왕숭고가 융경화의를 통해 기대하던 바였다. 일정한 돈을 지불하고 변경의 평화를 샀던 셈이다.

그러나 명의 치명적 문제는 북방 몽골인에 대한 방어와 조공 관련 논쟁에서 항상 분열되었다는 사실이다. 이는 앞서 언급했던 토목보의 변 이후 몽골에 대한 피해의식이 내부적인 갈등을 조장한 것에서 말미암은 현상으로 명 후기에 더욱 심화되었다. 보수적인 민족주의 정서가 강한 상태에서 몽골과의 호시 개설과 교역에 대한 불만과 우려의 목소리가 쏟아져 나왔다. 게다가 1582년이 되면 융경화의를 이끌었던 장거정과 알탄 칸이 모두 사망했다. 그들과 함께 타협의 희망도 사라졌다. 다시 대결 분위기가 고조되었으며 전투가 발생하자 명 조정은 곧장 장성을 추가로 축성하는 결정을 내렸고 재정지출은 다시 많아졌다.

분명 융경화의는 몽골의 위협을 일시적으로 완화하는 데 기여했다. 이는 해양에서 융경제의 즉위해인 1567년 월항(月港)을 개항하여 일방적인 해금을 완화하고 중국 상인들의 해외 진출과 교역을 허락한 변화와 궤를 같이한 변화였다. 모두 융경제의 재위 기간(1567~1572)에 발생한 극적인 대외관계 변화였다. 이전 황제인 가정제의 45년이라는 긴 치세 시기에는 상상하기 어려운 변화였다. 이를 통해 16세기 중엽 이래 명을 양쪽에서 괴롭히던 '북로남왜' 문제가 일시에 해소되는 듯 보였다.

그러나 융경제의 치세는 6년 만에 끝나고 1573년 '문제적' 황제인 만력제가 어린 나이로 즉위했다. 그러자 남쪽의 월항 개항과 북쪽의 융경화의를 통해 해상 세력 및 유목 세력과의 교역 분위기도 서서히 사그라져 갔다. 월항 개항과 융경화의가 모두 황제의 강력한 리더십이나 조정의 일치된 의견의 견해가 아니었다는 점이 근본적인 이유였다. 모두 위기를 모면하기 위한 임시방편적인 조치이거나 일부 정치세력의 이해관계가 반영된 결과였기에 지속성을 담보하기 어려웠다. 장거정이 수보로 있던 초반 몇 년을 제외하면 만력제의 48년 재위 기간 동안 융경화의를 계승하려는 어떤 정책적 시도도 발견하기 어려웠다. 오히려 이전 가정제 시기의 변경 정책으로 회귀했다고 보는 것이 적합했다.

바로 이러한 시기에 이전과 달리 명의 동북쪽 변경에서 예상치 못했던 두 가지 문제가 거의 동시적으로 발생했다. 하나는 '만력삼대정(萬曆三大征)'이라고 불리는 만력제 시기의 큰 전쟁 세 개이다. 1592년 시작된 조선에서의 임진전쟁(임진왜란, 1592~1598)과 몽골인 보바이(哱拜)의 난, 그리고 1597년 발생한 묘족 토사 양응룡(楊應龍)의 난을 말한다. 10년 사이에 발생한 세 전쟁에 대응하기 위해 대규모 병력이 참전하여 소기의 성과를 거두기는 했으나, 그 과정에서 각각 수백만 냥 이상의 전비가 연속적으로 소모되면서 명나라의 재정위기는 매우 심각한 수준에 빠져들었다. 더 큰 문제 중 하나는 명의 동북쪽에서 누르하치가 분열된 여진 부족을 통합하면서 성장한 것이다. 명과 몽골이라는 두 강대 세력의 갈등 속에서 세력을 키울 수 있는 이른바 '힘의 공백'이 동북 지역에 생긴 덕이었다. 누르하치는 요동총병이었던 이성량(李成梁)의 후견 속에서 세력을 키웠고 이성량의 은퇴 후 와해되는 그의 세력권 안에서 지분을 확보하며 세력을 확장했다.

누르하치에서 시작된 후금과 만주족은 60여 년 뒤에 명의 수도 북경마저 정복했는데, 북변 성벽에 있는 결정적인 틈새의 도움을 받아 별다른 저항 없이 정복에 성공했다. 중국과 만주 사이를 잇는 관문, 즉 산해관으로 안내하고 문을 열어 준 이는 명의 장군 오삼계(吳三桂)였다. 아이러니하게도 위대한 장성을 건설하는 데 온 힘을 기울였던 명나라는 정작 동북쪽에 있는 만주족의 침입에서는 전혀 보호를 받지 못한 것이다.

맹강녀는 왜 장성 앞에서 통곡했을까?

명나라가 중건했던 만리장성의 위용과 명의 멸망 과정에서 오삼계가 산해관을 열어 준 허망한 사실의 극명한 대조는 이후 많은 이들에게 진시황

도판 16.6. 〈맹강녀 설화〉

의 만리장성 건립과 진나라의 단명(短命) 사이의 관련성을 떠올리게 했다. 17세기의 한족 역사가인 만사동(萬斯同, 1638~1702) 역시 명의 장성 건설이 무용지물이 되었음을 회고하면서 "진나라 사람들은 야만족을 막기 위해 장성을 쌓았네. 장성은 높이높이 올라갔고 제국은 무너져 내렸네. 사람들은 지금껏 그것을 비웃고 있지"라면서 자신의 고국인 명이 똑같은 전철을 밟은 것에 대한 자성의 목소리를 냈다.

여기서 떠올리게 되는 만리장성에 담긴 또 다른 스토리는 민간에서 오랜 기간 전승되어 온 '맹강녀곡장성(孟姜女哭長城)' 이야기이다. 진나라 장성으로 많은 이들이 강제 노역으로 무자비하게 착취당하고 건설 과정에서 인명이 무수히 희생되었음을 상기시키는 설화(說話)이다. 이야기에 따르면, 헌신적인 아내 맹강녀(孟姜女)가 장성 건설에 동원되어 간 남편에게 따뜻한 겨울옷을 가져다주기 위해 남편이 강제 노역에 배치된 성벽의 동북쪽 끝인 산해관까지 왔다. 그러나 맹강녀가 산해관에 도착해 보니 남편은 이미 추위와 굶주림으로 죽은 뒤였다. 슬픔에 빠진 맹강녀가 눈물을 흘리며 통곡하자 홀연히 성벽이 허물어지고 그 밑에 묻혀 있던 남편의 뼈가 다른 노동자들의 뼈와 함께 드러났다. 맹강녀는 남편의 뼈를 다시 묻어 주고는 '정숙하고 덕스러운 중국의 과부답게' 바다에 뛰어들어 죽었다는 것으로 이야기가 마무리된다. 물론 다양한 다른 버전의 설화가 변형되어 유포된 것도 있으나 기본 구조는 동일하다.

맹강녀의 설화는 이후로 민간에서 1000년이 넘도록 이어지며 장성 건설과 같은 거국적인 프로젝트가 진나라를 멸망시키는 원인이 되었다는 서사와 함께 거대한 토목 프로젝트에 희생된 백성들의 고통을 오랫동안 상기시켰다. 그리고 이러한 맹강녀 설화는 실제 대대적으로 장성을 재건했던 명나라 시기에 다시 유행하였다. 장성 앞에서 눈물로 슬픔을 토로해야 했던 맹강녀의 고통이 명 시기에 다시 소환된 것이다.

명 중엽인 1488년에 제주도에서 선박에 올라 전라도로 가던 조선인 최부(崔溥)가 중국 영파(寧波, 닝보)에 표류하여 도착한 뒤 다시 조선으로 돌아오는 여정을 기록한 『표해록(漂海錄)』에도 최부가 산해관을 지나면서 직접 보고 들었던 맹강녀 이야기가 실려 있다.

> 산해관 밖에는 망향대(望鄕臺)와 망부대(望夫臺)가 있었습니다. 전해 오는 이야기로는 '망부대는 곧 진나라가 장성을 쌓을 때 맹강녀가 남편을 찾았던 곳'이라 하였습니다.
>
> 『표해록』 5월 7일, '산해관을 지나며'

산해관에는 맹강녀를 기리는 사당이 송대(宋代)부터 건립된 것으로 알려져 있지만 명나라 시기에도 몇 차례 재건되었다. 최부가 산해관을 지나가면서 직접 목도하고 관련 이야기를 들을 정도로 15세기 후반 망부대 사당은 잘 정비되어 있었다.

'천하제일관(天下第一關)'이라는 현판이 달린 산해관에 명 시기 성채(城寨)가 처음 건립된 시기는 1382년이지만 이후 1488년과 1505년에 거용관과 산해관 사이 전략적 요충지 170여 곳에 성벽이 건설되기 시작했다. 오늘날과 같은 인상적인 성벽의 산해관은 16세기 군사적 위기 상황에서 계주 총병관이었던 척계광이 1569년에서 1583년 사이에 중건하면서 그 형태를 갖추었다.

소문의 역사에서 진위는 그다지 중요하지 않다. 오히려 얼마나 시의성이 있느냐가 관건일 때가 많다. 『소문의 역사』를 쓴 한스 노이바우어에 따르면, 보통 소문은 인공물이기에 인구에 회자되는 순간에만 잠시 존재하지만, 다양한 문서 또는 다른 자료적 증거들이 있을 때 오래 지속된다고 했다. 그리고 이러한 모순성으로 인해 소문과 소문이 생겨나게 된 배경과는 특별한 관계가 생기게 된다. 소문은 역사 속에서 생겨나지만 오랜 생명력을 가지고 다시 역사에 영향을 미치곤 한다.

이런 맥락에서 맹강녀가 장성 앞에서 눈물을 흘렸다는 이야기가 명 시기에 다시 민간에 유통되기 시작하고 유행했다는 점은 시사하는 바가 적지 않다. 게다가 명은 토목보의 변 이후부터, 그리고 경술지변 이후로 본격적으로 크고 작은 변경의 성벽을 건설하고 연결하면서 수도 북경의 안보를 강화하려 했지만 결국 내부 분열로 산해관이 뚫리면서 완전히 붕괴하고 말았다. 만사동이 성찰했던 것처럼 '야만족'을 막기 위한 장성이 높이 올라갈수록 오히려 제국은 무너져 내린 셈이 되었다. 사람들은 이러한 헛수고를 비웃기 마련이지만, 실제 역사는 인민과 백성의 고통과 수고를 담보로 한 거대하고 웅장한 건축물을 건설하는 것을 반복했다. 그리고 이러한 거대한 건축물과 안보에의 집착은 지금도 지속되고 있다.

무엇이 우리의 문명을 지켜 줄 것인가? 한편 무엇이 오랫동안 살아남아 우리에게 기억되고 있는가? 명나라의 만리장성 이야기는 세계에서 가장 길고 거대한 건축물이라는 서사와 함께 장성 앞에서 울부짖어야 했던 맹강녀의 서사를 동시에 우리에게 기억하게 한다. 그와 함께 지금도 여전히 대치하는 나라 사이에 건립되는 장성의 실효성과 허무함을 떠올리게 된다. 제1차세계대전 이후 프랑스가 독일의 재침공에 대비하기 위해 1930년대 국경지대에 건설한 대규모 방어 요새·진지인 마지노선(Maginot Line), 냉전시대에 분단되었던 동독과 서독 사이에 건립된 베를린 장벽, 이스라엘과 팔레스타인 사이의 분리 장벽, 중국 정부가 인터넷 트래픽을 감시·차단하기 위해 구축한 대규모 인터넷 검열·감시 시스템인 만리방화벽(Great Firewall of China), 그리고 남과 북으로 분단된 한반도의 휴전선에 이르기까지 장성의 역사는 이어지고 있다. 그러나 장성이 자국의 안보를 지켜 주기는커녕 오히려 무리한 재정 낭비와 백성들의 고통 그리고 국론 분열로 이어졌음을 명나라 장성 이야기에서 배울 필요가 있다.

◆ ◆ ◆

명대 만리장성 건설은 몽골 세력을 경계하고 쫓아내야만 한다는 경직된 정책 결정으로 인한 결과였다. 당연하게도 그것은 그리 유효하지 않은 결과만 남겼다. 명이 그토록 막고 싶었던 북방의 몽골 세력은 장성을 쉽사리 넘어와 수도 북경을 포위했는가 하면, 후금의 침략이라는 국가의 존망이 달린 결정적인 순간 장성은 내부의 배신으로 무용지물이 되었다. 이는 오늘날 다양한 분리 장벽들이 직면한 근본적 한계와 연결하여 생각해 볼 문제이다. 우리에게 남은 선택지는 주변과 교류하고 연대하며 '우리'의 범위를 넓히는 것이다. 배제보다는 포용이 인류 역사의 더 나은 방향임을 역사가 증명하고 있다.

17

명·청 시대 최고의 상인이 된 휘주 상인의 성공 전략은 무엇이었을까?

중국을 비롯한 동아시아 전역에는 '사농공상(士農工商)'이라는 유교적 신분 질서가 강고하게 뿌리내리고 있다. 그런 사회 분위기 속에서도 각지를 연결해 서로의 필요를 채워 주고 그 과정에서 이익을 얻는 상인은 가장 천대받는 직업이면서 동시에 사회발전의 척도로 기능하기도 한다. 활동적이고 부강한 나라에는 반드시 상인의 활약이 있기 마련이다. 중국 역사상 어느 때보다 유교적 신분 질서를 강조한 명나라에서도 국가의 부가 축적되면서 유명한 상인 집단이 등장했는데, 그중 휘주 상인은 국가와 지역 모두에서 어느 정도 존중받는 이들이었다. 명대 휘주 상인이 특별한 대우를 받게 된 이유를 보면서 고금에 통하는 성공 방정식을 발견할 수 있지 않을까?

◆ ◆ ◆

상인에 대한 부정적 인식은 언제부터 변하기 시작했나?

명 시대에 중국 대륙에 얼마나 많은 상인들이 활동했는지에 대한 구체적인 통계자료는 없다. 실제 세금을 납부하고 요역을 담당하는 통계상의 숫자만 존재할 뿐 전체 인구도 제대로 파악하기 어려웠던 시기였으니 그 안에서 상인이라는 특정 직군의 비중은 가늠조차 어려운 것이 사실이다. 다만 이 시기에 이르면 농사를 짓다가 상업에 종사하거나 과거를 준비하다 포기하고 상업에 종사하는 이들이 급증하기 시작했다. 이전에도 이런 이들은 간헐적으로 존재했지만 명대처럼 유행한 적은 없었다. 그만큼 상업에 뛰어들어 얻어 낼 수 있는 이윤이 명대에 확대했음을 보여 주는 현상이다. 명나라 초기 대체로 1억 명이 채 안 되었던 중국 인구는 청나라 중후반에 접어드는 19세기 중엽에는 4억 명에 육박할 정도로 급증했는데, 거대한 인구의 힘은 많은 이들이 상업에 뛰어드는 가장 큰 동력이 되었다. 아울러 인구 증가에 상응하여 활성화되는 상품경제와 장거리 유통업의 발전, 은으로 통일된 모든 경제 지표(은 경제의 확산), 여행업과 사치 풍조의 확산 등은 모두 상업에 뛰어들게 하는 유인이 되었다.

상업 붐을 상징적으로 보여 주는 현상이 바로 객지로 진출하여 상품을 유통하는 객상(客商)의 급증이다. 객상이란 '자기 고향을 떠나 객지 생활을 하는 상인'이라는 뜻이다. 이전에도 고향이나 도시에 정착하여 장사하는 포상(鋪商)으로 분류되는 상인과 함께 객지를 전전하는 상인이 있었다. 하지만 일확천금을 노리고 객지로 진출하며 시세차익을 노리는 현상이 유행처럼 확산한 것은 분명 15세기 이후, 즉 명 중기부터 두드러진 현상이었다. 이러한 현상은 청대까지 지속되었다.

증가하는 객상에 대한 각 지역의 신사(紳士)들이 지방지에 남긴 묘사는 그다지 좋지 않았다. 생활 습속과 방언이 다른 이들이 진입하여 현지의 풍속을 문란하게 만든다는 것이다. 치부(致富)에 성공한 상인들의 과도한 소비문화 때문에 풍속이 사치스러워졌다는 비판이 많았다. 사농공상(士農工商)이라는 신분적 사고방식이 여전히 강고했기에 상품과 상거래를 앞세운 외지 상인에 대한 현지 사대부들의 평가는 특히 각박했다. 명을 건립한 홍무제는 백성들의 통행 범위를 제한하며 이를 넘어가려면 통행증을 발급받도록 통제했지만 명 중기 이후 법을 준수하며 상거래에 나선 객상은 거의 없었다. 자급자족적인 농촌공동체를 지향했던 홍무제의 이갑제(里甲制) 질서가 붕괴되기 시작한 것도 명 중기의 일이었다.

지중해의 문명사를 쓴 데이비드 아불라피아는 『위대한 바다—지중해 2만 년의 역사』에서 상인의 원조를 "문화와 물리적 경계를 넘고, 새로운 신들과 마주치고, 색다른 언어를 접하고, 본국에 없는 물건을 찾아간 곳에서, 그곳 사람들의 예리한 비판에 직면하기도 한 아웃사이더"라고 표현했다. 객상의 본질을 날카롭게 포착한 묘사였다. 따라서 자급적인 생활에 익숙한 이들에게 외지에서 온 상인들은 '사기성이 짙은 비열한 인간'으로 보이기 십상이었다. 기원전 8세기 호메로스의 작품에 등장한 페니키아 상인들이 그러했고, 16세기 셰익스피어의 『베니스의 상인』에 등장하는 유대 상인 샤일록도 마찬가지였다. 중국에서도 전근대 상인에 대한 묘사가 대부분 부정적이라는 점에 큰 차이가 없었다. 그럼에도 불구하고 상인들이 객지로 떠나는 이유는 멀리 가서 진귀한 물건을 거래할수록 시세차익과 이윤이 컸기 때문이다. 객지에서 돈을 번 상인들이 대부분 오래지 않아 고향으로 돌아가려 했던 심리도 이해하기 어렵지 않다.

그런데 객지에 진출하여 돈을 번 이후에도 그곳을 떠나지 않고 지역 엘리트로 정착했던 일군의 상인들이 있었다. 바로 대운하의 거점 도시인 양주(揚州, 양저우)와 회안(淮安, 화이안)에 진출했던 휘주(徽州, 후이저우) 상인들이다. 그들은 양주와 회안을 관통하는 인공수로인 대운하의 장점과 단점을 명확히 파악하고 지역사회와 대운하 이용객들의 수요와 필요를 채워 주었다. 급기야 명 후기에 최고의 상인 집단으로 성장했던 휘주 상인의 성공 전략은 '초연결의 아이콘'인 대운하와 분리해서 생각할 수 없다.

대운하는 어떻게 '초연결의 아이콘'이 되었을까?

대운하는 중국의 통치 공간이 중원에서 시작하여 남방으로 대규모로 확장되면서 등장했다. 남북조시대를 통일하고 성립한 수나라 시대의 일이었다. 제2의 수도인 낙양(洛陽, 뤄양)을 경유하도록 설계된 수당(隋唐) 대운하는 강남(江南) 지역과 오늘날의 북경(北京, 베이징) 지역을 이어 주는 여러 운하를 연결한 것으로 총 연장은 2400킬로미터에 달할 정도로 매우 길었다. 명·청 시대처럼 물류라는 측면에서 효과가 좋았다고 보기는 어려웠지만 중원 지역을 강남까지 물길로 연결하며 강남 개발의 신호탄이 되었다. 양주는 강남의 대표적인 도시였고 대운하를 뚫었던 수양제의 무덤 역시 양주에 있다.

송대 이후부터 경제 중심지로 양자강(揚子江) 하류의 강남 지역이 새롭게 부상했다. 결과적으로 남방의 경제 중심지와 북방의 정치 중심지가 장거리로 분리되고, 대운하는 분리된 정치 중심과 경제 중심을 연결하는 역할을 수행했다. 특히 원대 수도가 오늘날의 북경에 해당하는 대도(大都)로 정해진 이후에는 낙양을 경유하는 수당 대운하와 달리 강남의 항주(杭州, 항저우)에서 수도인 북경까지 직접 연결하는 경항(京杭) 대운하로 노선이 변경되었다. 그리고 남경(南京, 난징)을 수도로 삼아 출발했던 명의 수도가 영락제 시기에 북경으로 천도한 이후부터 청 말기까지 남북 방향의 공간적 확장 속에서도 경항 대운하는 정치 중심과 경제 중심을 연결하여 남북의 통합성이 깨지지 않도록 유지한 하드웨어가 되었다.

대운하의 연결은 수도 북경에 국한되지 않았다. 남북으로 약 1800킬로미터에 달하는 경항 대운하는 서쪽에서 발원하여 동쪽으로 흘러가는 6000킬로미터가 넘는 양자강이나 5000킬로미터가 넘는 황하(黃河), 1000킬로미터가 넘는 회하(淮河) 등과 교차하면서 동서 방향의 내륙과 해안까지 연결했다. 또한 대운하라고 하면 내륙 수로라고 생각하기 쉽지만 항주에서 절강성(浙江省, 저장성) 영파(寧波, 닝보)까지 연결된 절동(浙東) 운하 구간이 추가로 건설되면서 영파, 상해(上海, 상하이), 그리고 발해만(渤海灣, 보하이만)의 천진(天津, 텐진)이라는 세 지역을 통해 해양 루트와도 연결되었다. 사천(四川, 쓰촨)이나 호북(湖北, 후베이)에서 채취한 목재도 양자강과 대운하를 통해 북경으로 유통되었고, 일본이나 류큐 등 해외에서 온 조공 사절단들도 영파와 복주(福州, 푸저우)의 지정된 항구를 통해 입경한 후 다시 대운하를 이용하여 북경을 왕래했다. 이 정도 되면 대운하의 기능은 단순한 연결이 아니라 거대한 명과 청 제국을 국내외로 연결하는 '초연결(超連結, hyper-connectivity)'이라 불러도 과언이 아니었다. 대운하가 있었기에 거대한 중국의 주요 지역이 물길을 통한 '초연결'을 이룩할 수 있었다. 근대 이후 철도나 고속도로처럼 대운하는 전근대 '초연결의 아이콘'이었다.

대운하를 통한 남북 방향으로의 공간적 확대와 동서 방향의 황하, 회하, 양자강의 연결은 북경 중심의 질서로 중국을 재편했다. 주나라 이래 당나라까지 거의 2000년 가까운 장안(長安, 오늘날의 시안) 중심의 질서가 무너

중국의 양자강, 황하, 회하

중국을 대표하는 긴 자연 하천으로 양자강(揚子江), 황하(黃河), 회하(淮河)는 '삼대하(三大河)'로 불린다. 중국 문명의 근원이자 "어머니 강"으로도 불리는 황하는 약 5400킬로미터에 달할 정도로 길지만, 중국에서 가장 긴 강은 남부의 경제 중심 지역을 관통하는 약 6300킬로미터에 달하는 양자강이다. 이에 양자강은 '긴 강'이라는 뜻의 장강(長江)이라고도 불린다. 황하와 양자강은 모두 고원지대인 칭하이성(靑海省)에서 발원하여 동쪽 바다로 흘러가는데, 이는 서쪽이 높고 동쪽이 낮은 서고동저(西高東低) 지형 탓이다. 중국인들은 습관적으로 양자강과 황하를 가지고 중국을 남과 북으로 나누곤 하는데, 그 사이를 동서 방향으로 관통하는 회하(淮河)는 연간 강수량 1000밀리미터 선과 거의 일치하며 중국을 남북으로 나누는 기준선이 되기도 한다. 회하의 길이는 약 1078킬로미터로, 과거에 '하(河)'란 곧 황하를 의미했기에 회수(淮水)라고 불렸다. 회하를 기준으로 강수량이 적은 북쪽은 밀 중심의 밭농사 지대가, 강수량이 많은 남쪽은 쌀 중심의 논농사 지대가 형성되었다. 또한 회하의 남쪽은 하천과 운하가 많아 수로 교통이, 북쪽은 하천이 적어 육로 교통이 발달하여 회하를 경계로 '남선북마(南船北馬)'라는 말이 유포되었다.

진 자리를 대체했다. 대운하를 통해 중국의 '공간 혁명'이 이루어진 것이다. 이에 북경은 중국의 동북부에 치우진 자리에 위치하면서도 대운하 및 이와 연결된 각종 하천을 혈류(血流)로 삼아 공간적으로 확대된 전 중국

지도 17.1. 대운하

을 치밀하게 다스리는 패권의 거점이 될 수 있었다. 북경에 수도를 둔 명과 청의 조정이 대운하 유지와 보수에 국가의 명운을 걸었던 것도 이 때문이다. 황하 범람이나 홍수로 대운하가 끊어지지 않도록 하는 하공(河工)과 남방 지역의 미곡을 대운하로 수도까지 매년 안전하게 운송하는 조운(漕運)이 대표적인 국가의 큰 정치였다.

하지만 인공수로인 대운하의 수심을 선박이 왕래하도록 안정적으로 유지하는 작업은 결코 쉬운 일이 아니었다. 오늘날에도 중국에서 여름에 홍수로 양자강이 범람하여 도시가 물바다가 되는 것은 흔한 일인데 명·청 시대에는 더 큰 문제였다. 국가 차원에서도 이러한 물난리로 인한 대운하의 단절은 큰 문제였지만 대운하가 통과하는 주요 도시와 지역사회에게는 그야말로 사활이 걸린 사안이었다. 대운하가 '초연결의 아이콘'이었지만 연결성으로 인해 황하 범람과 홍수로 인한 위기는 곧 대운하의 범람과 위기로 연동되었다. 이러한 연결의 취약성으로 인해 파급되는 재정과 인명 피해의 정도는 시간이 갈수록 심각해졌다. 근대적인 토목 공사와 기술이 도입되는 19세기 후반 이전까지는 그러했다.

휘주 상인이 발견한 취약점은 무엇일까?

대운하 도시인 양주와 회안으로 휘주 상인을 유혹한 요인이 대운하의 '연결성'이라면, 휘주 상인이 그곳에 진출하여 주목했던 것이 바로 대운하라는 인공수로의 '취약성'이었다. 휘주 상인은 내륙에 위치한 안휘성(安徽省, 안후이성)의 휘주부(徽州府)에 고향을 둔 이들이다. 휘주는 오늘날 여행지로 유명한 황산(黃山)이 자리하고 있는 등 산지가 많은 지형이기에 식량 생산에 한계가 분명하고 외부와의 소통도 쉽지 않았다. 이러한 휘주 지역에 인구가 증가하고 세역 부담이 증가하면서 재능 있고 똑똑한 젊은이들은 객지로 돈을 벌기 위해 떠나기 시작했다. 중국 역사에서 상품경제와 장거리 유통업이 발전하고 굵직굵직한 객상 집단이 확연하게 눈에 띄기 시작했던 15세기 중엽의 일이었다.

휘주 남부에서 양자강 하류로 연결하는 신안강(新安江)이라는 하천이 있는데, 이 수로를 따라가다 보면 대운하의 남단인 항주에 도달한다. 소소한 상인들은 교통이 편리한 곳이라면 어디든지 갔지만 휘주인 가운데 특별히 큰돈을 모으기 원하는 상인들이 많이 몰렸던 도시가 항주였다. 수도 북경까지 연결하는 '초연결의 아이콘'인 대운하의 출발점이자 '양절(兩浙) 염구(鹽區)'라고 불리는 절강성 소금 유통 구역의 중심지였기 때문이다. 그리고 항주에서 대운하의 수로 유통업과 소금 유통업의 노하우를 학습한 이들이 더 큰 야심을 가지고 2차로 진출한 지역이 바로 양주와 회안이었다. 당시 소금 유통업은 국가의 전매사업이었고, 양주와 회안은 가장 수익률이 높은 '양회(兩淮) 염구'*의 행정 중심지였기에 웬만한 재력을 지니거나 관료들과의 네트워크 없이는 진입이 어려웠던 도시였다.

상인들의 전기를 많이 담은 『태함집(太函集)』의 저자이자 왕세정(王世貞)과 함께 문단을 주도했던 왕도곤(汪道昆, 1525~1593)의 집안도 조부 때 휘주를 떠나 항주로 진출하여 소금 유통업에 종사하여 돈을 벌기 시작했다. 그리고 양회 염구가 양절 염구보다 열 배 이상의 이윤을 낼 수 있다는 정보를 획득한 왕도곤의 숙부는 왕씨 일족을 이끌고 다시 양주로 이주하여 소금 유통업에 종사하여 성공했다. 16세기 중엽이 되면 휘주인들 사이에 이미 "우리 고향의 상인은 염업(鹽業) 종사가 으뜸이고, 포백(布帛)은 그다음이며, 견직물을 판매하는 것은 겨우 중간 단계 상인일 뿐"이라는 이야기가 돌 정도로 소금 유통에 대한 열망이 높아졌다. 유통업계의 최신 정보에 따라 빠르게 대처하는 성공하는 상인들의 전형적인 모습이다.

* 명대와 청대에는 전매제인 소금 유통업의 특성상 소금 생산과 유통 구역을 몇 개의 주요 염구(鹽區)로 구분했는데, '양회(兩淮) 염구'는 회하를 기준으로 회북(淮北)과 회남(淮南) 지역을 아우르는 소금 생산 및 유통 구역을 말한다. 명·청 시대에 양회 염구는 소금 품질이 가장 좋을 뿐 아니라 유통량이 많아 소금세인 염세(鹽稅)가 가장 많이 걷히는 핵심 염구였다.

하지만 양주와 회안은 모두 대운하의 주요한 결절점이자 교통의 요지이기도 했다. 전국의 야망 있는 상인들이 운집하는 곳이었기에 소수만이 살아남고 대다수는 실패하고 떠나야 했던 열띤 경쟁의 도시였다. 1599년 출간된 양주의 지방지에는 "금일 사방에서 온 상인들이 시장을 메우고 그 사이에서 교역에 종사하여 열 명 중 하나는 치부했다"라는 기록이 있다. 상인들의 인상적인 영향력을 특기한 것이지만 실상 '성공'한 상인은 10퍼센트에 불과하다는 현실을 보여 준다. 게다가 당시 양주와 회안은 이미 소금 유통업에서 특권을 장악하고 있던 산서(山西, 산시) 출신의 상인들이 포진한 상태였다. 북변 지역에 고향을 둔 산서 상인은 북변의 군 주둔지에 곡물을 먼저 조달해야 소금 유통의 특권을 부여했던 명 초반 독특한 염운법의 특혜를 받아 왔다. 반면 휘주 상인은 미약한 후발 주자였다.

후발 주자인 휘주 상인은 곧바로 소금 유통업에 끼어들 수 없었다. 이때 휘주 상인은 소금 유통에만 매달리지 않고 오히려 양주와 회안이라는 지역사회가 지닌 특징이자 고질적인 문제에 주목했다. 바로 대운하라는 인공수로의 취약성이다. 대운하는 회안 지역에서 회하와 황하를 만났고 양주 지역에서는 양자강과 교차했다. 황하에 포함된 미세한 토사가 대운하로 밀려들면 순식간에 하상(河床)이 높아져 선박 운항이 불가능해지고 그렇다고 황하나 회하와 같은 자연 하천의 물을 차단해 버리면 갈수기에 물이 부족해져 또 선박 운항이 막혀 버린다. 황하-대운하-회하로 연동된 수리적 특징으로 인해 심화된 대운하의 수리적 취약성이다. 전근대 최상의 대책은 미연에 사고를 방지하는 것이 아니라 사후에 문제를 빠르게 복구하는 방법이었다. 휘주 상인은 대운하라는 취약한 수로로 인한 사고가 발생할 때마다 복구 작업과 이후의 유지·보수에 적극적으로 '투자'하기 시작했다.

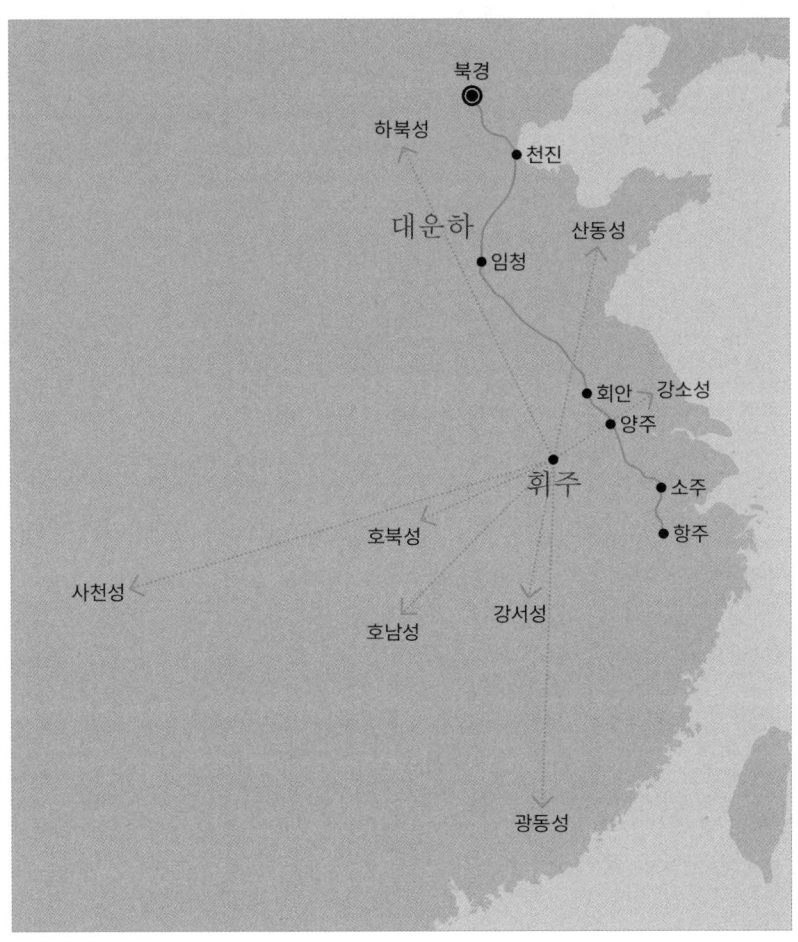

지도 17.2. 휘주 상인의 활동 지역

대운하를 활용한 휘주 상인의 성공 전략은 무엇일까?

대운하라는 인프라에 대한 투자가 가능했던 것은 휘주 상인들이 이미 대운하를 이용한 수로 유통업에 종사한 경험이 풍부했기 때문이다. 휘주인들은 객지로 진출할 때부터 수로를 이용했고 대운하로 연결된 양자강 하류의 주요 도시에서 크고 작은 상거래의 경험을 축적했다. 이러한 경험을 통해 수로 유통로의 안정성과 이를 자유롭게 활용할 수 있는 접근성 여부가 상거래의 리스크 관리와 안정적 이윤 획득에 얼마나 중요한지를 체감할 수 있었다. 대운하 도시인 임청(臨清, 린칭)과 양주 사이에 발생하는 수로 이용과 관련한 각종 병폐와 음성적인 대처 방안에 관한 노하우는 임청을 배경으로 한 소설 『금병매(金瓶梅)』에 잘 묘사되어 있다. 이에 따르면 대운하의 주요 병목구간에 설치된 세관(稅關) 관리와의 원만한 관계 유지와 객지에서 물건 거래와 환전 시에 의존해야 할 신뢰할 만한 중개인인 아행(牙行)을 섭외하는 것이 관건이었다.

더구나 대운하는 늘 북경 정부의 핵심 관리 대상이었다. 대운하를 이용하여 매년 400만 석(石)의 조량(漕糧)을 탑재한 약 1만여 척의 조운선이 안정적으로 북경에 도달해야 했기에 중앙 관료들은 대운하를 이용하는 첫 번째 우선권을 조운선에 부여했다. 외국에서 온 조공선이 둘째였고, 관료들이 탄 관선이 셋째 우선권을 받았다. 반면 상인을 포함한 민간인들의 선박은 마지막 순위였다. 대운하를 이용하려는 상인들은 조운선이 왕래하지 않는 시기를 이용하거나 조운선에 추가로 허용된 음성적인 사화(私貨) 탑재의 기회를 활용할 수밖에 없었다.*

대운하에 대한 초기 투자가 다른 상인들에게는 낭비처럼 보였을 테지만 휘주 상인들은 긴 안목으로 임했다. 대표적인 투자가 바로 운하의 수심

---

* 조운선에 허용된 사적 화물을 토산물이라는 뜻을 지닌 '토의(土宜)'라고 불렀다. 명 조정은 조운선에 동원된 운군(運軍)과 운수 노동자인 수수(水手)의 열악한 경제적 상황을 해결하기 위해 부득불 토의 탑재를 매우 제한적으로 허용했지만, 시간이 갈수록 그 양이 증가하여 청 초기에는 조운량에 해당하는 420여만 석의 토의가 유통되었다는 통계도 있다.

도판 17.1. 대운하를 이용하는 중국 상인

이 낮아지지 않도록 준설 작업을 돕거나 제방을 보수하는 일이다. 이는 결국 조운과 소금 유통에 차질이 생기지 않도록 노심초사하는 중앙과 지방 관리들과의 관계 개선에 효과를 발휘했다.

산동성(山東省, 산둥성) 이남의 대운하를 관리했던 한 관리는 1577년 무렵에 "모름지기 1년간의 조운을 아까워하지 말고 수만 냥의 탕금(帑金)도 아까워 말고 대운하를 준설하여야" 근본적인 물류 문제가 해결될 것이라고 진단했다. 그러나 실제로 단 1년도 조운을 중단할 여유가 없었던 조정으로서는 홍수와 범람으로 인한 문제가 발생할 때마다 대증요법(對症療法)으로 대처할 뿐이었다. 문제는 국가재정에 수재(水災)를 대비한 예비비 항목의 예산이 한정되어 있었던 반면, 황하는 홍수 때마다 예측불허로 범람하여 대운하 구간을 심각하게 손상시키거나 제방을 무너뜨렸다. 16세기 후반 이러한 현상을 목격한 이탈리아 선교사 마테오 리치(Matteo Ricci, 1552~1610)는 황하를 의인화하여 "황하는 조금도 중국의 법률과 질서를 존중하지 않았는데, 야만의 나라에서 발원하여 마치 중국을 적대시하는 이민족이 복수를 하는 것처럼 토사를 가득 싣고서 마음대로 방향을 바꾸니 많은 영토가 황하의 피해를 당했다"라고 묘사했다. 제방 수축이나 운하 준설과 같은 하공 비용으로 한 건당 수십만 냥에서 수백만 냥에 달하는 경우가 허다했기에 관리로서는 큰 부담이 아닐 수 없었다.

따라서 17세기 후반 휘주 상인 정조선(程朝宣)이 운하 준설을 주도하거나 황하가 범람하여 안동현(安東縣)이 수몰되었을 때 제방을 건설하여 피해를 줄여 주거나, 다른 휘주 상인 정영성(鄭永成)이 막힌 염운하(鹽運河)의 준설을 주도할 때 지역사회에서 큰 주목을 받을 수밖에 없었다. 운하 준설 및 제방 수축과 관련한 휘주 상인의 출연(出捐) 활동은 특별히 조운과 하공 관료들에게 주효했으며 이를 통해 관부와의 관계는 친밀해졌다. 관료들과의 교제권 형성은 상인을 보호해 줄 상법(商法) 체제가 제대로 갖추어지지 않고 국가권력의 힘이 절대적으로 강력했던 전근대 중국 사회에서 더 큰 착취와 약탈로부터 자신을 보호하는 방어막이 될 수 있었다. 따라서 대운하의 준설과 제방 건설 등에 대한 휘주 상인의 투자는 더 큰 위험과 폭력에서 자신을 보호하기 위해 사전에 지불하는 '보호 비용(cost of protection)'이나 다름없었다.

홍수로 대운하의 제방이 무너졌을 때 휘주 상인들은 무리 지어 재원을 모아 제방을 수축하거나 수재민을 구호했는데 이는 지역사회에서 그들의 평판을 높여 주었다. 대운하를 이용하는 선주(船主)와 노동자들을 위해서는 구생선(救生船)을 운영하거나 수신(水神)에게 안전 운항을 기원하는 사당을 재건해 주었다. 때론 빈민층과 유동 인구를 위한 공적 사회 기구를 건립하여 운영했는데, 객상에 대한 부정적인 이미지를 희석하기에 충분했다.

결정적으로 휘주 상인들은 황제가 대운하를 이용하여 남방 지역을 시찰하는 남순(南巡)을 거행할 때마다 '자발적으로' 대운하를 정비하고 연회를 마련하는 데 재원을 아끼지 않았다. 황하 치수와 대운하 정비 등의 하공 분야의 정비에 진심이었던 청 강희제(康熙帝)의 남순이 그 기회였다. 강희제는 치수 문제를 해결하는 방안을 과거 시험의 마지막 관문인 전시(殿試)의 시험문제로 제출할 정도로 각별한 관심을 보였다. 그리고 앞서 운하 준설을 주도하거나 황하가 범람했을 때 제방을 건설했던 정조선 가문이 그 기회를 잡았다. 1699년 3차 남순을 마친 강희제는 하도총독(河道總督)에게 망도하(芒稻河) 준설을 명령했다. 길이 약 10킬로미터 정도 되는 망도하는 대운하 가운데 회안과 양주를 사이를 잇는 회·양 운하 구간의 수량을 조절하는 핵심적인 운하였다. 약 3만 5000냥의 재원 마련이 여의치 않았던 하도총독이 머뭇거리고 있는 사이에 정조선의 조카였던 휘주 상인 정증(程增)이 돈을 마련해서 망도하의 수축과 관리까지 마무리했다. 6년 뒤인 1705년에 5차 남순으로 양주를 방문한 강희제는 정증을 임시 행궁(行宮)으로 초대하고 편액과 중서사인(中書舍人)*의 직함을 하사했다. 강희제의 5차 남순 기간에 상인으로서는 유일하게 하사받은 편액과 직함이었다. 이를 통해 정증은 자신과 가문의 명예를 지역사회에 드높였을 뿐 아니라 종7품 직함인 중서사인을 받음으로써 관료와 대면하여 지역사회의 현안을 논의할 수 있는 신사 자격까지 확보했다. 그리고 5차 남순 과정에 양주에서 준비된 성대한 연회와 황제의 문화적 소양을 고려한 세심한 배려는 모두 휘주 상인 정증이 배후에서 후원한 작품임이 밝혀졌다. 휘주 상인에게 지역 사회의 현안인 대운하와 하공 문제에 민감하고 신속하게 대처하는 것은 모두 창의적이고 전략적인 '투자'였다.

결국 휘주 상인은 이러한 초기 투자를 기반으로 양주와 회안에서 소금 유통업에 진입하는 기회를 얻어 내고 마침내 염운법(鹽運法)의 일대 전환

---

* 중서사인은 본래 황제의 명령인 조령(詔令)을 기초하는 등 황제를 도와 문서 작업을 담당하던 중서성(中書省) 소속의 요직이지만, 명의 개창자인 홍무제가 호유용(胡惟庸)의 변을 계기로 승상직을 없애면서 실질적인 업무가 대폭 축소되었다. 점차 명예직이나 허함(虛銜)으로 자주 사용되었다.

기에 선두 주자인 산서 상인을 역전하는 데 성공하기에 이른다. 초기부터 소금 유통에만 올인하는 것이 아니라 사고를 전환하여 지역사회의 현안인 유통 인프라부터 차근차근 해결한 덕이다. 상인들이 국가 전매제인 염운 제도가 어떻게 변화될 것인지까지 예측하여 대응하는 것은 불가능했지만 장기간 염운의 중심지에서 유통업의 신뢰를 쌓으며 지역 엘리트로 자리매김하는 것은 어렵긴 해도 불가능한 일은 아니었다. 휘주 상인은 이러한 우회적인 전략을 선택했고 이를 통해 소금 유통업까지 장악할 수 있었다. 소금 역시 대운하를 통해 유통되었기에 휘주 상인의 성공 스토리에서 처음과 마지막에 모두 대운하가 있었다고 해도 과언이 아니다.

휘주 상인에게 유학은 어떤 의미였을까?

기존에 휘주 상인을 유상(儒商)이라고 부르면서, 그들의 성공 요인을 '상업을 하면서도 유학을 좋아한다'는 '고이호유(賈而好儒)'의 특징이 있기 때문이라 평가하곤 했다. 하지만 이러한 경향은 상인에 관한 기록을 담고 있는 지방지와 전기(傳記) 등의 기록 문화의 주체가 문인이었기 때문에 부각된 것이며 실제로는 유가와 관계가 없거나 심지어 유가를 혐오한 상인들이 오히려 더 많았음이 속속 밝혀지고 있다. 또한 유상이라는 특징 역시 성리학에 기반한 과거 제도의 영향력이 막강했던 명·청 시대에 다른 지역 출신 상인에게도 종종 발견되는 현상임이 오래전부터 지적되었다.

휘주인들은 주희(朱熹)와 동향이라는 점에 주목하여 주희를 숭배했지만 주희가 실제로 태어난 지역은 복건성(福建省, 푸젠성) 우계(尤溪, 요우시)였다. 주희의 조적(祖籍, 조상들의 고향)이 휘주였으며 주희 역시 휘주에

도판 17.2. 주희

머문 적이 있었으므로 휘주인들이 주희를 자신들의 조상이라 주장했을 뿐이다. 장사를 위해 객지로 진출한 휘주 상인들은 어디에 가든 주희를 본받아야 할 대상으로 숭상하며 제사했다. 이를 위해 휘주 상인은 주희를 제사하는 종교적 공간이자 동향인들의 상호부조를 위한 상업적 공간으로 자양서원(紫陽書院)을 건립했다. 자양은 휘주 흡현(歙縣, 서현)에 위치한 산 이름이자 주희의 조상이 독서를 하였던 곳이다. 복건에서 태어난 주희 역시 그곳에 만든 자신의 독서실을 자양서실(紫陽書室)이라 불렀다.

휘주 상인들이 주자를 상업의 신으로 숭배했던 더 중요한 이유가 있다. 그들이 활동했던 시대의 주도적 사회이념이 바로 주자학이고 주자의 유가 경전 해석이 과거 합격에 절대적으로 중요했기 때문이다. 그래서 휘주 상인들은 유교까지 활용하는 전략을 선택했다. 그들은 '신사화(紳士化)된 상인(gentrified merchants)'이라는 브랜드를 수용하는 데 주저함이 없었다. 이때 주희를 향한 제사와 기도는 신의 한 수와도 같은 선택이었다. 실제로 휘주 상인들의 자제들 가운데 과거에 합격하는 비율이 다른 상인들에 비하여 월등하게 높았으니 휘주 상인들은 주희의 신적 영험함이 관념이 아니라 실재라고 믿었을지 모른다.

따라서 휘주 상인이 성공한 요인을 '고이호유'의 특성에서 찾는 것은 문헌 자료의 다수를 장악한 신사층의 자기중심적인 해석과 필력에 경도된 것이다. 서생의 관점으로 상인들의 성공 전략을 파악하기란 한계가 분명하다. 휘주 상인들에게 유교와 주자마저 성공을 위한 효과적인 활용 자원이었던 것이다.

오히려 휘주 상인들의 성공에 중요한 요인은 자신들의 역량을 가장 효과적으로 발휘하면서도 현지 사회의 필요를 충족시키는 '적소(適所, niche)'를 찾은 데에 있었다고 본다. 동남아시아로 진출한 화교 집단을 연구한 필립 큐(Philip A. Kuhn)에 따르면, '적소'란 현지 사회가 필요로 하면서도 다른 집단이 충족시킬 수 없기 때문에 이주자가 (운 좋게 또는 노력을 통해) 그 속에 들어가 살아남을 수 있는 직업적 전문성이나 사회적 역할을 말한다. 휘주 상인들이 진출했던 대운하 도시 양주와 회안은 바로 그 '적소'였다.

그곳에 진출한 휘주 상인은 지역사회의 현안인 대운하를 둘러싼 하공과 조운 부분에 다른 상인들이 따라올 수 없을 정도의 탁월한 기여를 했고 이를 기반으로 결국 전매제인 소금 유통업을 장악하게 되었다. 그뿐만 아니라 이 과정에서 휘주 상인은 양주와 회안에서 신사 계층과 더불어 주류 엘리트로 인정받을 수 있었다. 따라서 휘주 상인에게 대운하는 단순한 상품 유통로가 아니었다. 그들에게 대운하는 객상으로 진출하여 결국은 엘리트로 정착하게 만들어 주었던 '생명수'와 같은 의미가 있었다. 후발 주자이자 '아웃사이더'라고 차별받는 객상이라는 불리한 상황에서 지역사회의 현안인 대운하와 물류의 문제를 돌파하는 창의적인 대응 방식이 도출되었다. 이것이 '초연결의 아이콘'으로 기능하던 대운하를 슬기롭게 활용했던 휘주 상인의 성공 전략이었던 것이다.

이처럼 휘주 상인은 절대적으로 불리한 상황에서 과감하고 신속한 대처 능력과 창의적인 투자 전략으로 지역사회의 필요를 충족해 불리한 상황을 역이용하며 지역 엘리트로 정착할 수 있었다. 현대의 조직이나 개인 역시 원리는 같을 것이다. 자신이 경영하는 분야가 '레드오션'처럼 느껴지거나 불리한 상황으로 보일 때, 현지에서 틈새처럼 보이는 필요를 충족시키는 '적소'를 찾아내며 시간을 견디어 낼 때 급변하는 시대 변화 속에서 반드시 '블루오션'이 되는 기회는 찾아오기 마련이다. 사업 성공을 위해 유학까지 적극 활용했던 휘주 상인의 적극적인 준비 자세는 필수이다. 국제 정세의 급변과 AI 기술 등의 발전으로 빠른 변화가 일어나고 있는 새로운 시장에 진출하는 기업이나 조직은 대운하 도시에 정착했던 휘주 상인의 발상 전환과 전략을 참조해도 좋을 것이다.

♦ ♦ ♦

휘주 상인이 성공한 방식은 자신을 필요로 하는 곳에서 자신의 능력을 다해 필요를 채워 주는 것이었다. 그리고 그곳에 정착해 지역사회에 공헌하는 모습을 보여 준다. 한탕만 노리는 뜨내기를 좋아하는 사람은 없다. 나의 필요를 알아보는 눈, 그리고 수요자와의 라포를 통해 신뢰를 주는 것, 표면적인 변화에 휘둘리지 않고 뚝심을 지키는 것, 휘주 상인의 성공 요인은 300여 년이 지난 지금에도 통하는 황금 방정식이 아닐까.

18

17세기 소빙기는 명과 청의 교체에 어떤 영향을 주었을까?

최근 명청 교체의 주요 원인으로 지목되는 17세기 소빙기는 명의 멸망을 윤리적 관점에서 설명하고자 하는 기존 관점보다 훨씬 설득력 있다. 하지만 명이 멸망한 17세기 전반보다 청이 흥기한 17세기 후반이 당시 사람들에게는 더욱 가혹한 환경이었다. 인간은 환경 변화에 휘둘리는 존재인가 아니면 환경 변화에 능동적으로 대응하는 존재인가? 기후 위기 시대, 우리는 어떤 존재여야 할까?

・・・

1644년 명은 왜 허망하게 무너졌을까?

1644년 3월 19일 명조(明朝)의 마지막 황제 숭정제(崇禎帝, 재위 1628~1644)가 매산(煤山, 현재 베이징의 징산공원)의 한 나무에 목을 매달아 자살함으로써 명조는 멸망했다. 이자성이 이끄는 농민군이 북경(北京, 베이징)

도판 18.1. 숭정제가 죽은 곳으로 알려진 징산공원의 나무

을 둘러싸고 압박하는 상황에서 별다른 저항이나 격렬한 전투 없이 숭정제는 자신의 공주들을 모두 죽이고 자신의 목숨까지 스스로 끊은 것이다. 중국 역사상 270년이 넘도록 유지되었던 왕조의 멸망치고, 게다가 마지막 한족(漢族) 왕조의 멸망이라고 보기에는 대단히 싱거운 결말이었다. 오랫동안 명의 동북 변경을 괴롭히며 명과 대치하던 청군과의 격렬한 마지막 전투도 없었다. 산해관(山海關)을 지키던 오삼계가 장성을 열어 주자 청군은 주인이 사라진 자금성을 별다른 대치 없이 접수했다. 무엇이 숭정제로 하여금 또 다른 생존의 노력을 포기하고 자살을 선택하게 했을까? 이 질문은 주씨(朱氏) 황실 뿐 아니라 명조가 왜 이렇게 허무하고 무력하게 무너졌는지에 대한 의문이기도 하다.

한 왕조가 멸망하게 된 요인을 한두 가지로 정리하는 것은 쉬운 일이 아니며 실제 한 왕조의 멸망에는 정치·군사·경제·문화적 요인 등이 복합적으로 작용하기 마련이다. 명의 멸망 요인에 대해서는 크게 세 가지 설명 방식이 있었다. 첫째는 정치적 혼란으로, 무능한 황제의 방관, 환관 세력의 정치 개입, 사대부 관료들의 정쟁 등이 그 배경이 되었다. 둘째는 재정 악화로, 근본 요인은 계속된 북로남왜(北虜南倭)의 방어, 만리장성 건설과 보수, 임진전쟁 발생으로 조선으로의 출병을 비롯한 '만력삼대정(萬曆

도판 18.2. 경덕진의 도자기 악기

三大征)'에 있었다. 셋째는 농민반란으로, 재정적 어려움을 타개하기 위한 가혹한 세금 징수가 이 반란을 자극했다. 정치적 혼란과 재정 악화 요인이 명조 멸망의 간접적인 요인이라면 농민반란은 직접적인 요인이 된다. 그런데 이 세 요소는 사실상 복합적으로 얽힌 문제였다. 그렇다면 이러한 요인들로 명조의 멸망을 설명하는 것이 충분한가?

명의 멸망이 여전히 의아하게 느껴지는 이유는 위의 세 가지 배경(정치적 혼란, 재정 악화, 농민반란)이 16세기부터 존재했음에도 불구하고 16세기 명은 세계적인 강대국이자 경제·문화적으로 전성기와 같은 모습을 구가했기 때문이다. 16세기 세금을 은으로 일괄 납부하도록 하는 일조편법(一條鞭法)의 전국적 실현과 이를 뒷받침해 주는 전 세계 은의 중국 유입, 강남 지역의 왕성한 출판 시장과 상업 출판의 번영, 전국적인 상품 유통과 수백만 냥을 거래하는 상인 집단의 등장, 경덕진(景德鎭, 징더전)과 같은 세계적인 요업(窯業) 도시에서 생산된 최고급 도자기의 국제 거래, 강남 지역에서 시작된 사치 풍조의 전국적인 확산과 모방 현상이 겹쳤기에 1600년 무렵까지 명의 멸망을 예견하는 것은 불가능에 가까웠다. 그런데 어떻게 17세기에 접어들어 40여 년 만에 명이 이렇게 무기력하게 무너졌던 것일까?

그래서 비교적 최근에 주목받는 요인이 '17세기 소빙기(Little Ice Age)'라는 기후변화의 영향이다. 그런데 17세기 소빙기는 중국만의 문제가 아니라 지구적으로 진행된 글로벌 이슈였다. 실제 17세기 소빙기의 역사적 임팩트에 처음 주목한 곳은 중국이 아니라 유럽이었다. 소빙기로 인한 글로벌한 기후변화로 인해 17세기에 전 지구적으로 재정 상황의 악화, 농민반란, 정치적 변혁이나 왕조 교체 등의 현상이 광범위하게 발생했다는 '17세기 위기론(The 17th Century Crisis Theory)'은 이렇게 탄생했다. 그리고 1644년 명에서 청으로의 왕조 교체는 '17세기 위기론'의 대단히 중요한 사례가 되었다. 특별히 최근 지구사(global history)에 대한 관심이 높아지고 기후 위기에 대한 세계의 공감대가 증폭하면서 역사 해석의 동인으로 기후변화를 적극적으로 수용하기 시작했다. 명청 교체에 기후변화를 고려할 충분한 근거가 생긴 것이다.

17세기 위기론이란 무엇일까?

도판 18.3. 롤랑 무스니에

'17세기 위기론'에 대한 포문을 연 학자는 프랑스의 17세기 연구자 롤랑 무스니에(Roland Mousnier)와 영국의 마르크스주의 역사학자 에릭 홉스봄(E. J. Hobsbawm)이었고 이후 휴 트레버로퍼(Hugh Trevor-Roper)에 의하여 발전되면서 역사학계의 큰 관심과 반향을 일으켰다. 이후 페르낭 브로델은 기후를 역사 변천의 직접적인 변인으로 파악하는 것에 대해서 경계했지만, 기후를 역사 해석에 있어 무시해서는 안 되는 요소임을 강조했다. 비록 그 결과가 당장 나타나지 않는다 하더라도 기후변화로 인한 농업 생산량의 변화는 역사와 인간 행동의 강력한 동기유발 요인(motivator)임에 틀림없기 때문이었다.

1980년대 이후로 중국을 비롯한 동아시아 전반으로 확대된 '17세기 위기론'은 각 지역의 정치적·경제적·사회적·인구학적·생태적 위기가 '동시적'으로 발생한다는 시각을 공유하면서 이를 17세기 각지의 사회가 겪었던 "일반적 위기(general crisis)"로 파악하고 있다. 물론 이 위기의 실체에 대해서는 다양한 시각이 존재한다. 가령 누군가는 이것이 자본주의로 변화하는 과정에서 발생한 위기이고 다른 누군가에게는 전제주의 국가의 위기겠지만 점차 많은 이들이 기후와 환경이라는 요인에 주목하고 있다. 즉 '동시성'과 '일반성'을 동시에 발생시킬 수 있는 근원적인 요인으로 전 지구적으로 발생한 기후변화에 주목한 것이다. 특별히 이 시기는 지구 전체의 기온이 하락하는 '소빙기'에 포함되는데 이것이 각지의 역사에 다양한 형태의 '위기'를 불러왔다는 설명이다.

기후변화라는 전 지구적 현상이 역사 해석의 장으로 진입하기 위해서는 다양한 학문이 발전해야 했다. 가령 기후학, 기상학, 지리학, 연륜연대학(dendrochronology), 빙하학(glaciology), 지질학, 화분학(palynology), 탄소연대측정학 등이 급속히 발전하면서 이와 관련한 역사학의 간학문적(間學問的) 접근이 주효했다. 역사학이 과거 40년 동안 발견된 '인류 기록(human archive)'과 더불어 엄청난 '자연 기록(nature archive)'에 주목하기 시작한 것이다. '소빙기'라는 기후변화와 '자연 기록'의 활용이 적극적으로 이루어진 것은 또 다른 차원에서 진행되고 왔던 지구사의 흥기와도 맥을 같이했다. 대체로 지구를 하나의 역사 단위로, 인류를 하나의 종(種)으로 파악하는 지구사는 1962년 스타브리아노스(Leften S. Stavrianos,

도판 18.4. 스타브리아노스

1913~2004)가 간명하게 선언했듯 "달에서 조망"하는 전 지구적 관점을 가지고 연구하는 것이다.

지구사를 기존의 세계사와 구분하는 것은 쉬운 일이 아니지만 기존의 지구사 연구를 종합해 보면, 유럽중심주의, 자민족중심주의, 국가(일국)중심주의 등에 대한 거부를 통해 기존의 세계사와 맥을 달리하고 있다. 특히 전 지구적 차원에서 발생하는 환경·생태 역사를 포괄할 수 있다는 점에서 지구사는 세계사보다 유용하고 새로운 용어였다. 비록 환경과 생태 문제가 국지적으로 발생하더라도 종국적으로 전 지구적 영향력을 미칠 수 있다는 인식 때문에 환경·생태 역사는 지구 전체를 아우르는 거시적 관점을 필요로 했다. 즉 인간중심주의적 관점을 극복하고 기후와 생태계 등 자연으로 역사 해석의 대상을 확대하는 경향이야말로 지구사의 특징이었다. 가령 지구사적인 관점에서는 인간이 기후변화를 유발했다는 점이 강조되었는데 농업 확산과 인구 증가로 야기된 탈산림화(deforestation)는 온실가스 축적과 그로 인한 평균기온 상승을 가져온 반면, 흑사병과 몽골의 유라시아 정복, 유럽인의 아메리카 정복 등에 동반하여 유행한 전염병으로 발생한 대규모 인구 감소는 재산림화(reforestation)를 가져왔고, 결국 재산림화는 다시 평균기온 하락으로 연결된다는 추정이 대표적이다. 그렇다면 소빙기의 기후변동은 명의 멸망과 청의 흥기를 어떻게 설명할 수 있을까?

소빙기는 명나라 멸망에 어떤 영향을 끼쳤을까?

중세 온난기(medieval Warm Period)와 20세기 이후 지구온난화 사이에 발생한 소빙기의 시점과 종점에 대해서는 다양한 견해가 존재한다. 기후학자들은 대체로 1550~1850년을 소빙기로 잡고 있지만 그중에서 1550~1700년의 150년이 소빙기의 절정이라고 본다. 소빙기가 장기간에 걸쳐 있었으므로 중국에서는 소빙기를 '명청소빙기(明淸小氷期)'로 부르기도 한다.

『기후의 반역—기후를 통해 본 중국의 흥망사』를 쓴 유소민(劉昭民)은 명대의 기후를 크게 네 시기의 변화로 구분했다. ① 명대 전기(1368~1457)는 한랭 기후로 평균기온이 오늘날보다 1도 낮았고, ② 명대 중기(1458~1552)는 평균기온이 오늘날보다 1.5도 낮았고 한재(旱災)도 빈발했다. 그리고 ③ 명대 말기의 전반기(1557~1599)는 여름이 한랭하고 겨울이 온난한 시기로 평균기온이 오늘날보다 0.5도 낮았지만, 다시 ④ 명대 말기의 후반기(1600~1643)는 평균기온이 오늘날보다 1.5~2도 낮았던 것으로 평가했다. 아울러 지구 표면의 평균기온이 3도 내려가면 대기 중의 수분이 20퍼센트 감소하여 심한 한재(旱災)가 발생한다고 지적했다.

오랫동안 '17세기 위기론'의 지구적 현상에 천착했던 제프리 파커(Geoffery Parker) 역시 나이테의 폭을 근거로 800년~1800년까지 동아시아의 기온 변화를 그래프로 제시했는데, 17세기 중엽, 특히 명에서 청으로 정권이 교체되는 1644년 무렵이 그 1000년 가운데 가장 한랭한 날씨(오늘날보다 평균기온이 2도 낮음)였음이 주목된다. 적도 지역에 비해 북반구의 온도 변화는 컸고 농작물의 수확에 미치는 영향 역시 컸다. 대체로 북위 30~50도에 분포하는 온대 지역에서 작물의 성장기에 평균기온이 2도 하락하면 쌀 수확량은 30~50퍼센트 감소하고 곡물 경작의 한계 고도는 약 400미터가 하락했다. 기온 한랭화로 인해 농작물의 성장 기간이 짧아질수록 수확량도 급감했다. 만주 지역에서 여름철 평균기온이 2도 하락하자 서리가 없는 날이 150일까지 줄어들었고 그 결과 가을 수확은 80퍼센트가 줄어들었다.

일반적으로 혹한의 겨울은 보리와 밀의 성장에는 도움이 되지만 동계 반년의 극심한 추위는 경우가 다르다. 조선에서 17세기 극심한 혹한으로 보리와 밀이 얼어 죽은 경우가 종종 발생했고, 중국에서 혹한은 아열대 과수들의 생장에 치명적이었는데 감귤 냉해는 대표적인 사례였다. 중국 북부에서는 17세기에 대나무, 감나무, 매실나무, 녹나무 등 온대성 나무들도 빈번히 동사했다.

단기간의 지구적 기후변동의 요인으로 화산 폭발, 태양활동, 엘니뇨 현상에 주목한 연구도 있다. 특히 화산 폭발 및 먼지 베일 지수(Dust Veil Index)와 기후 한랭화 사이의 상관성을 밝히는 자연과학 연구를 근거로 1200~1699년 사이에 발생했던 다섯 차례 기후변동 시기(1225~1233, 1256~1262, 1444~1464, 1584~1610, 1636~1644)에 주목했다. 이 가운데 네 번째 기후변동 시기(1584~1610)에 누르하치의 후금 세력이 성장하고 조직력을 확대한 사실과 지구적인 기후변화의 징후로 기온, 강우, 계절풍의 패턴이 바뀌는 상황이 상관관계에 있음이 설득력을 얻고 있다.

그리고 다섯 번째 기후변동 시기(1636~1644)는 명으로의 외국산 은 유입이 감소했던 시기이자 과거 600년 사이에 각각 세 번째, 스물여덟 번째, 열 번째로 추웠던 세 해가 1641년부터 1643년까지 연달아 집중되었던 시기였다. 당시 명으로 유입되는 은의 유통경로가 유럽과 태평양을 포괄하는 세계적인 유통망과 관련되어 있을 뿐 아니라 극단적인 기후변화, 특히 한

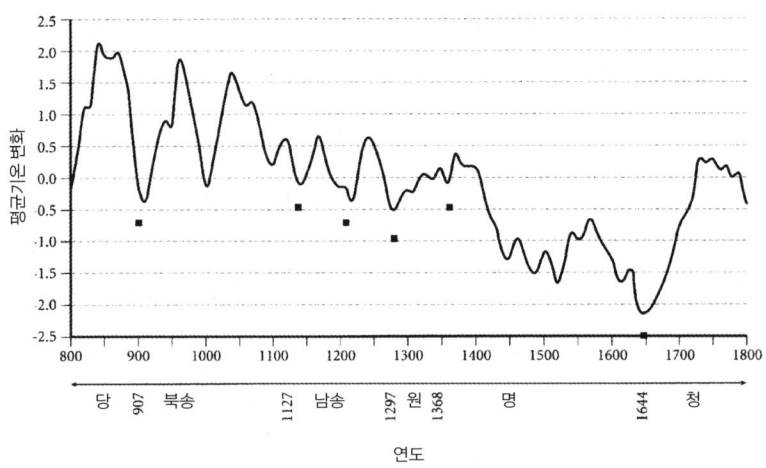

표 18.1. 800~1800년 사이의 기온 변화

랭한 날씨가 일본과 아메리카 대륙의 은 생산에 부정적인 영향을 미쳤다는 연구 결과도 있다. 명조의 마지막 5년 무렵(1641~1645) 동안의 은 유입량이 이전에 비하여 300톤 정도 줄었음은 증명이 되었지만, 그 정도의 유입량 감소가 명의 은가(銀價) 변동과 재정수입에 얼마나 큰 충격이 되었는지는 여전히 논쟁 중이다. 어쨌든 동일한 시기 인접한 일본에서 발생한 간에이(寬永) 대기근(1641~1643) 역시 가뭄과 냉해로 인한 결과였다. 북반구의 나이테를 분석한 기후학자들은 1641년이 1601년과 1816년에 이어 최근 600년 동안 세 번째로 여름이 추웠던 시기로 추정하는데, 이는 같은 해 1월 필리핀의 파커(Parker) 화산 폭발로 인한 기후 한랭화와 관련된 현상이었다. 강남의 지방지에도 1641년 2~3월 사이에 검은 안개와 흙비가 내렸고 이 때문에 하늘이 가려 어두웠다고 기록되어 있는데, 강남이 화산 폭발의 영향권에 있었을 가능성을 보여 준다.

한랭한 날씨와 함께 당시 중국 북부 지역을 강타한 것은 연속된 가뭄이었다. 과거 500년 동안 가뭄이 연속해서 발생했던 지역을 정리한 연구에 따르면 5년 동안 연속하여 북중국을 중심으로 전국적인 가뭄이 이어진 경우는 단 한 차례로 바로 1637년에서 1641년까지였다. 특히 마지막 1640년과 1641년은 지난 500년 동안 각각 두 번째와 세 번째로 극심하게 건조했던 시기로 기록되는데, 그 결과 1641년 7월 조운(漕運)의 대동맥인 대운하가 산동성(山東省, 산둥성) 임청(臨淸, 린칭) 부근에서 말라 버릴 정도였다. 특별히 1641년이 명조의 멸망과 관련해서 주목되는 것은 이전까지 주로 화북 지역에 머물던 소빙기의 각종 재해 상황(극심한 가뭄, 한재, 황재, 역병 등)이 이 시기를 전후하여 양자강을 넘어 강남 지역으로 급속하게 남하했기 때문이다. 당시 중국 경제의 중심지였던 강남의 기록자들은 1641년 각종 자연재해로 인한 참상의 심각성을 '기황(奇荒)'이라고 표현했다. 당시 기황의 참담함을 가장 잘 보여 주는 것은 사람이 사람을 먹는 '인상식(人相食)'의 풍조로 이전과 달리 강남 전역에서 그 풍조가 목도되었을 뿐 아니라 관에서도 통제할 수 없는 상황이 되어 버렸다. 경제 중심지 강남이 이 정도 상황이 되었다면 왕조의 몰락은 그야말로 시간문제나 다름 없었다. 1630년대 후반 소강상태를 보이던 화북 지역의 농민 반란이 활력을 얻어 최고조에 돌입하게 된 것도 1641년 전후 전국적으로 발생한 한재와 황재(蝗災, 메뚜기 떼가 창궐해 농작물을 전부 먹어치우는 재해)가 배경이 되었다. 1642년 이후에는 아열대 지역인 영남(嶺南, 광동과 광서) 지역에서도 한랭한 날씨로 인해 이모작이 불가능해지며 농작물 소출이 급감했다. 농민반란군과 청군이 북방 지역 침략 수위를 높이고 있을 무렵, 소빙기 기후는 명의 최남단까지 강타했던 것이다.

원과 명의 역사 속에 나타나는 이상기후를 소빙기와 관련하여 주목했던 티모시 브룩(Timothy Brook)은 한파, 가뭄, 홍수, 메뚜기 떼, 지진, 전염병, 기근 현상을 망라적으로 정리하면서 최소한 2~3년 이상 지속된 재난의 시기를 『곤경에 빠진 제국』에서 '아홉 번의 늪(slough)'으로 정리했다.(표 18.2. 참조) 그 가운데 여섯 번이 명대에 해당하고, 마지막 늪이 명의 마지막 재앙의 시기(1637~1643)와 겹쳤다. 1637년부터 지속된 연속적인 가뭄은 직전부터 시작된 기근, 메뚜기 떼와 함께 상황을 더욱 악화시켰다. 화북 지역에서 시작된

도판 18.5. 중국 대기근 시기 아동 매매 장면

'식인(食人)' 풍조는 점차 양자강 델타 지역으로 확산되었고 가뭄과 기근의 여파로 발생한 전염병은 산서(山西, 산시), 섬서(陝西, 산시), 몽골 지역 등 서북 지역의 인구 급감을 가져왔다. 1642년 잠시 멈춘 듯한 전염병은 1643년부터 다시 창궐했는데 기존에 남쪽에서부터 경제 물자를 북경으로 운송하던 대운하는 이제 북쪽에서부터 전염병을 강남으로 옮기는 '고속도로'가 되었다. 기근과 함께 찾아온 전염병은 치명적이었다. 티모시 브룩은 "원이나 명의 그 어떤 황제도 숭정제가 겪었던 것처럼 심각하게 비정상적인 기후 상황에 직면한 황제는 없었다"라고 평가했다.

기근 시기에 치명적으로 상승한 곡물 가격은 지도층뿐 아니라 일반 백성들에게도 절망감을 확산시켰다. 낮은 곡물 가격은 풍요를 의미했고 하늘의 은혜를 나타내는 확실한 신호였지만, 반대로 치솟는 물가상승은 왕조의 천명(天命)에 대한 의구심을 증폭시켰다. 관리들도 일반 사람들만큼

연도	국가	연호	상황
1295~1297	원(元)	원정(元貞)	가뭄, 홍수, 용의 출현
1324~1330		태정(泰定)	가뭄, 기근, 황충
1342~1345		지정(至正)	추위, 가뭄, 기근, 홍수, 전염병
1450~1455	명(明)	경태(景泰)	추위, 한재, 기근, 홍수, 전염병
1516~1519		정덕(正德)	추위, 한재, 기근, 지진, 전염병, 용의 출현
1544~1546		가정(嘉靖)	추위, 가뭄, 기근, 전염병
1586~1588		만력(萬曆)	추위, 가뭄, 기근, 홍수, 황충, 전염병, 용의 출현
1615~1617		만력(萬曆)	추위, 가뭄, 기근, 황충, 지진, 용의 출현
1637~1643		숭정(崇禎)	추위, 가뭄, 기근, 황충, 지진, 전염병, 모래 폭풍, 용의 출현

표 18.2. 원·명 시기 아홉 번의 늪(sloughs)

물가상승을 두려워했는데, 증가하는 무질서가 체감되었기 때문이다. 기근 동안 질서가 무너질 수 있다는 불안은 곡물 가격 상승과 함께 증가했다. 이에 티모시 브룩은 『몰락의 대가—기후위기와 물가 그리고 명제국의 붕괴』에서 기후변화로 인한 물가상승을 "명나라 멸망의 원인"으로 지목하며, 명나라를 붕괴시킨 것은 "도덕적 실패가 아니라 기후적 실패"라고 주장했다.

따라서 앞에서 언급한 1644년 숭정제의 극단적 선택은 17세기 소빙기의 각종 기후 피해가 최대로 가중된 상태에서, 그것도 경제 중심지 강남 지역마저 심각한 타격을 받아 '식인' 풍조가 발생하고 민심이 완전히 이반된 상태에서 이루어진 일이었다. 사실상 아무런 대책도 내놓을 수 없는 지극히 무력한 상황에서 숭정제는 스스로의 목숨을 끊음으로써 더 치욕스러운 경험을 회피하고 싶었을 것이다.

소빙기 청의 흥기는 어떻게 보아야 하는가?

기후변동을 역사 연구에 적극 수용할 때 기후 위기와 왕조의 정치적 운명 사이의 관련성에 주의할 부분이 있다. 바로 '기후 결정론(climate determinism)'이다. 비록 양자 사이의 상관성을 보여 주는 자료는 풍부하지만 비정상적인 기후변동이 모든 왕조의 운명을 한 방향으로 결정지었던 것은 결코 아니다. 전 지구적으로 발생한 동일한 조건이라 하더라도 이에 반응하는 인간의 대응과 사회 구조에 따라 역사적 전개는 다양하게 나타나기 때문이다.

17세기 기후변화가 명조의 몰락에 미친 영향을 평가할 때도 신중함이 요구된다. 17세기 소빙기의 이상기후는 명조의 몰락을 가져온 중요한 요인이 되었다. 그런데 이상기후는 명조의 멸망과 함께 사라지지 않았고 17세기 후반기까지 유사한 현상을 이어 갔다. 명조가 이러한 기후변동을 극복하지 못하고 멸망했다면 같은 시기 청의 흥기는 어떻게 이해해야 할까? 이와 관련하여 17세기 기후변동과 농작물의 작황 및 중국의 구황 정책을 동아시아 여러 지역과 비교 작업을 해 온 김문기는 17세기 전반에 비해 더 한랭해진 후반기에 오히려 중국의 구황서(救荒書) 출간과 구황론 대두가 늘어나는 현상에 주목하여 이를 기후변동보다 이러한 재난에 대응하는 국가의 구휼 정책 등의 황정(荒政) 능력으로 해석했다. 기근이나 한재 같은 이상기후에 따른 식량 부족 등의 어려움을 국가가 정책적으로 어떻게 대처하는지가 새로운 왕조의 시험대가 된 것이다. 17세기 후반기에도 재해와 흉작이 이어졌으나 명 말의 '식인'과 같은 극단적인 기근 현상은 발생하지 않은 것은 청조의 황정 능력이 명조의 그것에 비해 효율적이었음을 보여 준다. 특히 1670~1672년 사이에 연이은 재해 이후 강희제가 실시한 1673년(강희 12)의 '파격적인 견면(蠲免, 세량 징수 면제)' 조치는 이전까지 '오랑캐'의 나라 청조의 황정에 강한 불신을 품고 있던 강남 지식인들이 청을 긍정적으로 인식하는 계기를 마련했다. 곳간이 가득 차야 예절도 알게 되고 인심도 생겨난다라는 오래된 격언이 증명되는 순간이었다.

기후 위기 시대에 국가는 어떤 대처를 해야 할까?

유럽에서도 1690년대에서 1700년에 이상기후 현상은 더 극심해졌으나 혁명이나 반란은 17세기 중엽에 비하여 줄어들었다. "소빙기는 계속되었으나 일반적 위기(general crisis)는 계속되지 않았던 것"이다.

분명 명조의 몰락 과정에는 기후변동 외에 다양한 서사가 담겨 있다. 동북 변경에서 팽창하는 만주족의 역사, 무능한 황제와 이를 이용하는 환관 세력이 발호하는 역사, 관료들의 부패와 파벌주의의 역사, 궁핍에 견디다 못해 발호하는 농민 반란군의 역사, 그리고 기후변화의 역사까지. 각 서사에 담긴 스토리는 다르지만 이들은 겹쳐지면서 하나의 역사, 즉 명조의 몰락이라는 서사를 구성했다. 특별히 1630년대 후반에서 1640년대 전반기에 기후 위기와 관련한 각종 부정적 징후들이 '동시적'이자 '집중적'으로 발생하면서 기존의 여러 불안정한 상황들을 더욱 악화시켰고 이것이 명조의 생명력이 임계점(tipping point)에 도달하는 데 기여했음을 확인할 수 있었다.

가령 1641년 이자성의 군대가 황하 유역을 장악했지만 과연 그 직전 전염병으로 인해 이 지역 인구의 70퍼센트가 소멸하고 무방비 상태로 전락하지 않았다면 이자성의 점령이 가능했을까? 만력 시기부터 증가하던 변향(邊餉, 변경 방어에 드는 비용)에 이어 숭정 연간 초향(剿餉, 반란을 진압하는 데 드는 비용)과 연향(練餉, 군대 훈련에 드는 비용)이 보태지는 등 명조의 무리한 징세 정책은 백성들로 하여금 생업을 버리고 각종 반란에 참여하는 강력한 동인이 되었는데, 명 말 외국산 은 유입의 감소와 장기간의 기근 등과 같은 자연재해가 발생하지 않았다면 명조의 정책과 백성의 반응이 이처럼 극단적인 대치 국면으로 전개되었을까? 명조 몰락의 다양한 요소 가운데 1637년부터 1641년까지 5년간 지속된 극심한 가뭄, 1641년부터 1643년까지 3년간 지속된 극심한 추위, 그리고 이처럼 집중된 이상기후 속에서 급진전된 강남 지역민들의 공황 상태는 명조 집권층의 마지막 회복 의지를 꺾어 버리는 데 적지 않은 영향을 미쳤음에 틀림없다.

"날씨는 이러한 거대한 현상을 설명하는 유일한 요소는 아니지만, 그 설명의 일부분을 차지해야 한다"라는 티모시 브룩의 지적은 그래서 음미할 가치가 있다. 이제 명조의 몰락에 관한 기존의 다양한 해석의 리스트 가운데 기후변동과 은 유통의 변화라는 전 지구적 현상을 추가해야 할 이유는 충분해 보인다.

위기를 통해 급감했던 인구, 상대적으로 원활한 이주, 전쟁국가에서 복지국가로의 전환, 이전 위기를 교훈 삼아 민생 문제에 적극적으로 대처하는 지도자들의 의지 등이 오히려 더 열악한 기후 환경에서 힘을 발휘했다. 이상기후 현상에도 인간의 대처 능력은 과거에 대한 학습과 평화 시에는 잘 발휘되지 않는 초사회적 협력을 통해 향상되었다. 기후 위기의 심각성이 17세기보다 한층 강화된 오늘날이지만, 기민한 리더십과 초월적 공동체성으로 무장한다면 명이 아니라 청의 길로 갈 가능성은 여전히 남아 있을 것이다.

✦ ✦ ✦

17세기 소빙기는 단순히 많은 이들이 기후변화로 몸살을 앓은 수준이 아니라, 전 세계 수천수억 목숨이 생사의 갈림길을 오갔던 시대였다. 어떤 지역은 국가가 멸망할 정도의 위기를 겪는가 하면 또 어떤 지역은 전성기로 도약할 준비에 여념이 없었다. 왜 이런 차이가 발생했나? 위기와 기회를 가르는 것은 위기 대처 능력이었다. 혐오와 배제와 차별이 난무하는 사회에서 어느 지도자도 위기를 기회로 활용할 수 없고, 어느 공동체도 위기를 극복할 협력을 발휘할 수 없다. 명처럼 허망한 종말을 맞을지 청처럼 창창한 번영을 맞을지, 눈앞에 닥친 기후 위기는 우리에게 선택을 강요하고 있다.

19

코끼리는 어떻게 길들여져 천하에 쓰였는가?

전근대 시기 군주와 왕조를 찬양하고 위엄을 드러내기 위해 활용된 동물이 많았다. 특히 코끼리는 천자국의 힘과 권위를 상징하는 동물로 명·청 시기 조선 사신의 기록에도 자주 등장했다. 그런데 코끼리에 관한 조선의 기록에 명대와 청대의 차이가 발견된다. 조선인의 코끼리 인식 변화를 통해 상징체계와 인간 관점이 어떻게 맞물려 작동하는지 살펴볼 수 있지 않을까?

✦ ✦ ✦

중국사에서 코끼리는 어떤 존재였을까?

2021년 4월부터 8월까지, 중국 공영방송 CCTV를 비롯한 주요 매체들은 윈난성(雲南省)에서 코끼리 무리가 새로운 서식지를 찾아 북쪽으로 이동하는 모습을 보도했다. 이를 관찰하기 위해 윈난성 산림소방대는 팀을 꾸리고 드론을 띄워 코끼리의 이동을 추적했다. 중국에서 코끼리는 윈난성의 버마 접경지역에만 서식하는 동물로 이들의 갑작스러운 이동은 중국 정부와 사회에서 야생동물 보호에 관심이 높아진 사회 분위기를 반영하며, 2021년 4월 22~23일 양일간 화상회의 방식으로 개최된 '기후정상회의(Leaders Summit on Climate)'에서 시진핑 중국 국가주석이 발표한 〈인간과 자연 생명 공동체 공동 구축(同構建人與自然生命共同體)〉 담화의 맥락과도 맞닿아 있다. 하지만 중국 역사상 코끼리는 보호의 대상이 아니었다. 길들여야 하는 존재였다.

그렇다면 오늘날 멸종위기종으로 보호받는 코끼리는 과거 중국에서 어떤 존재였을까? 길들여져 황제를 위해 복무한 코끼리는 단순한 동물이 아니라, 동아시아 외교 질서 속에서 제국의 권력과 위엄을 시각적으로 드러낸 상징적 매개체였다. 고대부터 순상(馴象)은 조공과 의례라는 외교 형식을 통해 황제의 덕과 제국의 힘을 과시하는 도구로 활용되었으며, 이러한 상징은 주변국과의 관계를 공고히 하는 데 중요한 역할을 했다. 조선에는 코끼리가 없었으나 중국에 조공을 바치고 황제의 코끼리를 목도함으로써 그 상징적 의미를 경험했다. 이처럼 조선은 동아시아 외교 체제에 깊이 관여하며 순상의 상징성과 역할을 기록으로 남겼다. 순상을 둘러싼 의례와 권력의 정치학은 단순한 장식이 아니라, 동아시아 국제 질서 속에서 권력의 중심과 주변이 어떻게 상호작용했는지를 보여 주는 중요한 역사적 실마리다.

중원에 살던 코끼리는 어디로 갔을까?

약 4000년 전만 해도 코끼리는 중국 화북 지역에 서식했었다. 그러나 중국의 농업경제 성장과 기후변화로 인해 서식지가 줄어들면서 코끼리는 점차 화북에서 밀려나 현재의 버마 접경지대까지 이르렀다. 미국의 역사학자 마크 엘빈은 이러한 변화를 환경사의 시각에서 분석하며 이를 '코끼리의 후퇴'라 불렀다. 그는 『맹자』에 등장하는 주공(周公)이 코끼리를 몰아냈다는 고사를 인용하며 인간과 코끼리 간의 '전쟁'을 세 가지 전선으로 나누어 설명했다. 첫째, 경작지를 확보하기 위해 코끼리 서식지를 개간한 것, 둘째, 농토를 보호하기 위해 코끼리를 포획한 것, 셋째, 상아를 얻거나 미식, 전쟁, 의식을 위해 코끼리를 사냥한 것이다. 이 전선에서 승자는 인간이었다.

『코끼리의 후퇴』가 인간이 야생 코끼리를 중원에서 외부로 몰아낸 과정을 조명했다면, 길들여진 코끼리, 즉 순상은 오히려 천자에 의해 외부에서 제국의 중심으로 불려 들어왔다. 중원에서 코끼리가 밀려나고 포획당하던 시기에 중원 왕조의 황제들은 코끼리를 의례 활동에 활용했다. 한 무제 때 남월(지금의 베트남 북부)에서 길들인 코끼리를 헌상했으며, 서진 무제는 남월이 헌상한 길들인 코끼리를 천자가 행렬하는 의장대의 맨 앞에 세웠다. 한대 이래로 순상은 중국 주변 정치체의 주요 조공품이 되었고 황제의 행차와 황실 의례에 활용되었다. 중국에서는 코끼리 '상(象)' 자와 상서로울 '상(祥)' 자의 발음이 비슷하여 거대한 동물이 황제를 위하여 복무하는 것을 '태평유상(太平有象)' 또는 '태평길상(太平吉祥)'으로 표현되었다. 당나라 때는 '오랑캐'로부터 공납받은 순상이 연회에서 적극 활용되었으며, 이는 천자에 대한 '오랑캐'의 복종을 상징적으로 보여 주었다. 북송은 코끼리의 상서로움을 강조하며 코끼리를 전문적으로 키우고 관리하는 '양상소(養象所)'를 세웠다. 송 태조는 코끼리를 광동 지역을 평정한 상서로운 동물로 여겼고 천인감응설에 따라 황제의 정통성을 드러낸다고 보

도판 19.1. 북송 인종릉에 세워진 코끼리 석상

았다. 먼 곳에서 진헌된 코끼리는 황제의 덕을 증명하며 송 신종 때는 코끼리 관련 의례를 정비해 '남교교상의제(南郊教象儀制)'를 마련하기에 이르렀다.

코끼리는 천자와 감응하는 존재로서 보살핌을 받고 제국의 수도로 불러들여졌다. 이 과정에서 인간과 자연, 즉 인간과 코끼리 간의 경쟁은 강조되지 않았다. 천인감응설에 따르면 황제가 어질어 상서로운 영물이 오는 것이지 자연을 정복하여 전리품으로서 코끼리가 온 것이 아니기 때문이다. 하지만 이러한 생각은 남송에 이르러 도전에 직면했다. 송 고종은 주변국과의 조공 관계에 소극적이었으며 순상의 조공이 필요 없다는 명을 내렸다. 송 효종에 이르러서는 더 이상 의례에 코끼리를 활용하지 않았다. 이는 당시 불안정한 대내외 상황과 관련이 있으며 유학자들도 '동물의 본성에 어긋난다'라며 황제가 '성심껏 백성을 사랑해야 한다'라는 비판을 제기했다.

반면 칭기즈칸은 1220년 호라즘 원정에서 대규모 전투 코끼리를 마주하고 포획한 코끼리의 활용 방안을 모색했다. 이후 몽골제국은 조공받은 순상을 황제의 행차와 연회에 활용했다. 송을 멸망시킨 후 주변에서 조공

도판 19.2. 14세기 코끼리를 탄 몽골제국의 지배자

으로 받은 순상의 숫자도 크게 늘었다. 원의 통치자들은 수도인 상도(내몽골자치구 시린궈러맹)와 대도(베이징)로 이동하며 물자를 옮기는 데 순상을 적극적으로 활용했고 이전 왕조보다 훨씬 많은 코끼리를 키웠다.

　몽골 '오랑캐'를 중원에서 몰아내고 송을 계승하여 중화를 회복하고자 했던 주원장은 남송 시기의 비판에 얽매이지 않았다. 그는 코끼리를 적극적으로 모으고 활용했고 천인감응설을 내세우지도 않았다. 명 태조는 원이 지배했던 영토에 미치지 못했지만 몽골을 장성 이북으로 몰아내며 '천하통일'을 강조했다. 그는 제국의 힘을 강조하고 제국의 주변을 제국의 중심에서 보여 주고자 했다. 조공국에서 온 동물을 통해 수도에서 제국의 생태를 재구성하여 구현한 것이다. 코끼리는 의례에 활용되어 황제의 권위를 높였고 동남아시아 조공국의 조공품으로 제국의 영향력을 드러냈다. 명을 멸망시키고 천하를 차지한 청도 명의 제도를 이어받아 황도에 코끼리를 두었다. 황제를 알현하러 온 주변국 사신들은 이를 목격했고, 평생 보기 힘든 영물을 통해 제국의 위상을 경험했다. 황제의 코끼리에는 '천하'가 담겨 있었다.

명대 조선 사신의 눈에 순상은 어떻게 보였을까?

명 태조는 광서(廣西, 광시) 지역에 순상위를 세워 코끼리를 포획하고 토사나 조공국에게서 순상을 진공받아 조회에 참석시키거나 천자의 수레를 몰게 하는 등 의례 활동에 활용하였다. 1387년(홍무 20) 전후로 남경(南京, 난징)에만 순상 80여 마리가 있었을 정도로 태조는 순상을 적극적으로 활용했다. 명 성조 영락제는 북경(北京, 베이징)으로 천도한 후 선무문 내에 상방(象房)을 만들고 북경에 순상이 처음 도착하면 의례를 연습하도록 했다. 순상은 의례의 종류에 따라 배치되는 공간과 숫자가 달랐다. 『대명회전(大明會典)』에 따르면 보통 조회 때는 오문 앞에 여섯 마리만 배치되었지만 황제가 태묘에 배향하러 갈 때는 승천문 내에 열 마리가 동원되었다. 성절(황제의 생일), 정조, 동지 때 행해지는 대조회에서는 승천문, 단문, 오문, 봉천문 앞에 순상 총 서른한 마리가 동원되었다.

명대 조선 사신이 남긴 순상에 관한 비교적 이른 기록은 영락 초년(1403)에 등장한다. 당시 명은 두만강 유역의 오돌리와 울랑하, 울적하 등 여진족에 대한 초무(招撫, 어루만져 달램)에 나섰다. 조선은 그들이 자신의 영역에 속해 있다고 여겼기에 명의 움직임에 적극적으로 대응하였다. 명이 요동천호 왕가인을 파견해 공험진 이남, 청령 이북에 거주하던 여진인을 초유(招諭, 불러서 타이름)하려 하자 1404년 조선 태종은 남경에 김첨을 파견했다. 김첨은 이 지역에 대한 역사적 내력을 설명해 영락제에게서 관할권을 인정받았으며 영락제가 베푼 연회에도 참가했다. 어려운 임무를 완수한 그에게 황제의 은혜는 더욱 두드러졌으며 그는 시를 지어 "천자의 의장을 몸소 보니, 해가 빛나고 신하를 은혜로 대우하니, 영광이 갑절이로다. 영험한 코뿔소가 못가에 있어 신기한 상서로운 기운을 보이고, 순상

일세일원제

일세일원제(一世一元制)는 한 황제가 재위하는 동안 단 하나의 연호만을 사용하는 제도이다. 연호는 기원전 140년, 서한 무제가 즉위 이듬해 '건원(建元)'이라는 연호를 사용한 것이 그 시작이다. 그 후 연호는 단순한 연도 표기를 넘어 황제의 통치 권위와 새로운 시대의 도래를 상징하는 중요한 정치적 도구가 되었다. 황제가 즉위하거나 국가에 중요한 사건이 발생할 때마다 새로운 연호를 정하는 것이 관례가 되었으며, 이는 새로운 출발을 알리거나 천명을 재확인하는 의미를 담았다. 그러나 명 이전에는 한 황제의 재위 중 연호를 자주 바꾸어 통치와 기록에 혼란을 초래하는 문제가 있었다. 예를 들어, 황제가 여러 번 연호를 변경하면 역사 기록이 복잡해지고 정책의 연속성 유지가 어려워졌다. 이에 명 태조 주원장은 연호를 자주 바꾸는 관습을 폐지하고, 한 황제의 재위 기간 동안 단 하나의 연호만을 사용하는 일세일원제를 확립하였다.

이 문전에 당하여 어지러운 행렬을 금하네"라며 영광스러움을 드러냈다. 시에서 순상은 천자의 의장으로서 문전에서 어지러운 행렬을 금하며 질서를 바로잡는 존재였다. 거대한 몸으로 의례의 엄숙함을 더했으며 거대한 짐승이 길들여져 천자에게 복무함으로써 천자의 위엄을 드러냈다. 순상과 함께 등장하는 코뿔소는 고대 중국에서 상서로운 동물로 여겨졌으며 동남아시아 나라들이 조공하던 동물이다. 김첨이 남경에서 코뿔소를 직접 목격했는지 알 수 없지만 그가 남경에 오기 전 스리비자야와 운남(雲南, 윈난) 녹천(麓川, 더훙 다이족 징포족 자치주) 다이족(傣族)의 수장이었던 사륜발(思倫發)이 코뿔소를 진헌한 적이 있다. 김첨에게 순상과 코뿔소가 지키는 명은 태평성대였다.

1472년(명 성화 8, 조선 성종 3) 성현은 황태자 책봉을 축하하러 가는 사절의 한학훈도로 북경에 다녀오면서 「순상」이라는 시를 지었다.

> 야성을 꺾고 사람을 따르니 자연히 순해지고, 성스러운 시대를 만나 깊은 사랑(仁)을 한껏 마셨네.
> 천자의 뜰에 있으니 몸을 태울 걱정을 하지 않아도 되고, 물건을 얻을 때는 몸을 먼저 움직여 펼친다네.
> 교지(交趾)의 산속 고향을 생각하면 멀고도 먼데, 봉천문 밖에 와서 걸음이 느릿느릿.
> 어찌 굳이 꼬리에 불을 붙여 공격하랴, 절하고 춤을 추며 황궁을 수호할 뿐.

교지는 베트남 북부 지역을 의미한다. 중원 왕조와의 길항 관계 속에서 중국의 지배를 받기도 했고 독립적 지위를 유지하기도 했다. 영락제는 1407년 군사행동을 감행하여 이 지역을 병합하여 교지승선포정사사(交趾承宣布政使司)를 설치했다. 그러나 1427년(선덕 3) 독립을 추진한 레 러이(黎利) 세력과의 전쟁으로 명은 이 지역을 상실하게 되며 레 러이의 요청으로 그를 안남국왕(安南國王)에 책봉했다. 성현이 북경에 왔을 때 교지는 레 왕조 시기였다. 레 왕조는 명에 조공했지만 코끼리를 조공품으로 보낸 적은 없었다. 명 태조 시절 쩐 왕조가 빈번하게 순상을 조공하여 민간에 피해가 커지자 1388년 안남에 코끼리와 코뿔소 등을 다시는 진공하지 말라고 명했다. 이후에도 1397년(홍무 28), 1404년(영락 2) 두 차례 진공이 있었으나 코끼리의 수명을 고려할 때 성현이 본 코끼리는 안남이 조공한 순상이었을 가능성은 매우 낮다. 그 코끼리는 교지에서 온 순상이 낳았을 수도 있고 운남에서 보내온 것일 수도 있다. 성현이 순상의 내력을 정확히 알았는지는 불분명하지만 그가 순상을 교지에서 왔다고 묘사한 점이 중요하다. 순상은 천자의 인에 감화되어 야성을 꺾었고 이제 명을 공격하는 존재가 아닌 수호하는 존재였다.

순상을 둘러싼 조선과 요·금의 차이는 무엇이었을까?

1548년(명 가정 27, 조선 명종 3)에 동지사의 정사로 명에 파견된 최연은 사행 도중 지은 「영상(詠象)」이라는 시에서 임읍(林邑, 현재 베트남 꽝남성 빈단성)에서 태어난 코끼리가 언제 왔는지 물으며 "비록 내몰려 도적을 왕으로 삼았지만, 항상 갈노(羯奴)에게 절하는 것을 부끄러워했다"라고 읊었다. 여기서 갈노는 명조의 전 왕조인 원을 비유한 것이다. 명은 '오랑캐'를 몰아내고 '중화'를 회복했다. 최연은 화이관을 강조하며 중화와 오랑캐를 명확하게 구분했다. 많은 조선 문인이 이러한 인식을 공유했다. 원대에도 많은 코끼리가 조공이나 포획으로 대도에 보내졌는데 부끄럽게 여겼다는 것은 오랑캐에게 절했기 때문이다. 최연이 보기에 그것은 강압에 의한 것이지 인(仁)에 의한 감화가 아니었다. 순상이 동일한 행위를 하더라도 어느 세계에 속하느냐에 따라 그 의미가 달라졌다. 명대 제도에서 순상의 배례는 중화 세계의 천자에게 행하기에 더 이상 부끄러운 행위가 아니었다.

명나라 문인들은 최연처럼 화이관만으로 판단하지 않았다. 명대 장일규(蔣一葵)가 기록한 야사에 따르면 원말 대도의 상방은 폐지되었고 주원장이 북경을 점령했을 때 원 순제의 순상 한 마리만 남아 있었다. 주원장은 이를 남경에 데려왔는데 어느 날 연회에서 이 순상이 엎드리지 않자 죽였다고 한다. 이 이야기에서는 화이관에 따른 순상의 부끄러움이 드러나지 않는다. 오히려 자신이 모셨던 천자에 대한 충성심이 드러난다. 이러한 순상의 충의에 대해 명 태조 시기 문인 임홍(林鴻)은 「의상행(義象行)」이라는 시를 지어 애도하고 "아, 너희 녹을 먹는 자들아, 콩과 꼴을 먹는 것만 못하는구나. 어찌 코끼리는 깨끗한데 너희는 더러우냐"라며 탄식했다.

순상의 '길들 순(馴)'의 의미는 충절을 강조하느냐, 중화와 오랑캐를 구분하는 화이관을 강조하느냐에 따라 달라졌다. 그러나 '순'을 시키기 위해서는 굴복시키든 교화시키든 힘이 필요했다. 1620년(명 만력 48, 조선 광해 12) 주문사(奏聞使, 황제에 상주할 내용이 있을 때 파견된 사절)의 정사로 명에 파견된 황중윤은 북경 도착 후 6월 2일 조회 참석차 황궁에 갔다가 오문에서 코끼리 여섯 마리를 목격했다. 그는 거대하면서 "흉측하고 괴이한" 코끼리의 모습에 놀라며 "모는 자가 쇠갈고리로 가죽에 걸어 끌어당겼는데, 그렇게 하지 않으면 성질이 거칠어서 잘 따르지 않는다고 하였다"라고 적었다. 거대한 야생동물은 쉽게 길들여지지 않았다. 길들여졌다고 하더라도 관리하기 쉽지 않았다.

1533년(명 가정 12, 조선 중종 28) 진하사(進賀使, 중국 황실의 경사에 축하하기 위해 파견된 사절) 정사로 명에 파견된 소세양을 따라 북경에 다녀온 소순 역시 『보진당연행일기(葆眞堂燕行日記)』에서 "한번 다리를 쳐들 때면 사람이 다가설 수 없고 보기에 무척 두려워 가까이할 수 없었다. 군관 소세례(蘇世禮)를 시켜 그 몸을 어루만지게 하니 곧 눈을 크게 뜨고 돌아다보아 어찌나 겁나던지 저도 모르게 땅바닥에 엎드렸다. 코끼리를 모는 이에게 '하룻밤에 먹는 것이 얼마나 되오?' 하고 물어보니 '적어도 한 섬 남짓 한다' 하고 대답하였다"라고 기록했다.

코끼리는 적절하게 제어하지 않으면 위협적인 동물이었다. 게다가 코끼리는 많은 식량을 먹는 동물이었다. 백성이 먹을 것도 없는데 마치 황제의 진귀한 노리갯감으로 여겨져 백성을 아끼지 않는다고 비판받기 쉬웠다. 거대하고 다루기 힘든 동물을 길들이고 백성을 긍휼히 여기지 않는다는 비판을 받을 수 있는 동물을 근처에 두는 것은 곧 황제의 위엄이자 그것을 가능케 하는 것은 제국의 힘이었다.

조선은 1412년(명 영락 10, 조선 태종 10) 일본에게서 순상을 선물받았다. 그러나 도성에서 제대로 길들이지 못해 다음 해 전 공조전서 이우가 코끼리에 밟혀 죽는 일이 벌어졌다. 이후 순상은 지방으로 유배되었다. 1415년 11월에는 병조판서 유정현이 "일본국에서 바친 길들인 코끼리는 이미 성상의 완호하는 물건도 아니요, 또한 나라에 이익도 없다. 두 사람이 다쳤는데 만약 법으로 논한다면 사람을 죽인 것은 죽이는 것으로 마땅하다. 또한 1년에 먹이는 꼴은 콩이 거의 수백 석에 이르니, 청컨대 주공이 코뿔소와 코끼리를 몰아낸 고사를 본받아 전라도의 해도에 두소서"라고 진언하자 태종은 이를 받아들여 해도로 코끼리를 보냈다.

조선이 코끼리가 상서로운 기운을 나타낸다는 사실을 몰랐던 것은 아니다. 조선의 왕족과 양반은 유교 경전에 익숙했고 코끼리의 상징성을 잘 알고 있었다. 성현이나 최연이 천조를 칭송하는 데 순상을 시에 배치한 이유도 그 때문이다. 그러나 조선은 이국에서 온 거대한 동물을 유지할 능력이 없었다. 반면 북송을 압박했던 요와 금은 달랐다. 그들은 송과의 교류를 통해 순상의 존재를 알았고 의례에 활용하기 위해 송에 순상을 요구했다. 실제로 송은 요와 금에 순상을 보냈다. 이를 두고 일부 학자는 이를 중화 문화가 주변국에 영향을 끼친 것으로 평가하지만 순상이 황제의 권위를 드러내고 그것을 운영할 수 있는 국력이 더 중요한 문제였다.

명나라에서 코끼리를 본 조선 사신은 왜 찬양 일색이었을까?

주변에서 제국의 중심으로 온 순상은 황제의 위엄을 드러냈다. 중화에 감화된 순상이 지키는 황궁은 천하의 주인인 천자가 사는 공간이었다. 그곳은 명나라 시기 조선이 지향하는 가치의 정점에 있는 곳이었다. 1609년 (명 만력 37, 조선 광해 1) 성절사(聖節使, 황제의 생일을 경하하기 위해 파견되는 사절) 정사로 명나라에 사행을 다녀온 유몽인은 사행 도중 많은 시를 썼다. 8월 17일 만수절(황제의 생일) 하례에 참석하여 코끼리를 보고 쓴 「만수일차당현조조제운시서(萬壽日次唐賢早朝諸韻詩序)」에서 "천 가지 궁중 버들에 옥 같은 이슬 내렸는데, 순반이 막 엄숙해지니 중국 관원의 위의라네. 구름 걷히자 아침 까마귀는 궁궐에 모여 지저귀고, 길든 코끼리가 수레 돌려 지나가니 푸른 산이 움직이는 듯"이라며 황궁을 상서로운 기운이 가득한 천상의 공간으로 묘사했다. 1617년(명 만력 45, 조선 광해군 9)에는 서장관 신분으로 명나라로 떠나는 김감(金鑑)에게 써 준 「송김서장[감]부경가서(送金書狀[鑑]赴京歌序)」에서 "대궐문 열자 황옥거 높고, 하늘 한가운데 오색구름 모여 있네. 천관이 모이고, 순상이 춤을 추네, 옥영과 운오 음악 은은히 바람결에 울려 퍼지네"라고 읊으며, "천궁으로 날아올라 옥술잔 기울이며, 길이 천수를 누리시는 아름다운 우리 황제여, 우리 황제여 즐거워라, 끝없이 억만세 누리소서"라고 염원했다.

조선 사신의 순상에 대한 인식은 명확하다. 순상은 천자의 위엄을 드러내고, 중화의 구현을 보여 주는 창이었다. 그러나 관련 기록은 소략하다.

도판 19.3. 베이징 자금성 후원인 어화원에 있는 코끼리상

코끼리라는 객관적 실체에 대한 깊은 관심으로 확장되지 않았다. 16세기 초 명조는 부정부패가 만연했지만 의례만은 엄숙했다. 조선 사신의 복명 보고나 『조천록』에서 습의(習儀)나 조회 의례가 느슨하게 진행됐다는 기록은 찾아보기 힘들다. 조선 사신들은 엄숙한 조회 현장에서 스치듯 코끼리를 접해 관심을 가지고 깊이 관찰하거나 사유할 기회가 없었을 것이다. 이후 청대처럼 상방을 방문해 코끼리를 구경하는 방법도 있지만 1522년 회동관의 조선 사신에 대한 문금(門禁) 조치가 내려진 후 조선 사신에 대한 회동관 출입이 제한받아 코끼리에 대한 관찰은 의례에만 한정될 수밖에 없었다.

조선 사신이 명대 북경에서 코끼리를 마지막으로 본 것은 1636년(명 숭정 9, 조선 인조 14)이었다. 이는 조선이 명에 보낸 마지막 사신이었다. 1년 뒤 조선은 병자호란으로 명과의 관계를 끊고, 청과 책봉-조공 관계를 맺었다. 이 사행의 정사 김육은 『조경일록』을 남겼는데 조회에 참석해 코끼리 여섯 마리를 보았다고 기록했다. 이는 『대명회전』의 규정 그대로였다. 하지만 청나라 군대가 북경을 점령하기 8년 전 일이다. 명조는 나라가 풍전등화의 상황에서도 적지 않은 코끼리를 의례에 활용했다. 그럼에도 불구하고 남송처럼 이를 비판하는 유학자는 없었다. 당시 명의 쇠망하는 모습을 기록한 김육 역시 조선 태종대 유정현과 같은 비판적 시각은 없었다.

청대 조선 사신의 코끼리 감상평은 왜 바뀌게 되었을까?

1644년 입관(入關, 청이 장성의 산해관으로 들어가 중원 지배) 이후 청나라는 순상과 관련된 명대의 제도를 계승했다. 조선은 청 입관 이후 매년 북경에 사신을 파견했으며, 조선 사신은 명대와 마찬가지로 조회에 참여해 순상을 볼 수 있었다. 그러나 이제 순상이 지키고 있는 공간은 더 이상 천자의 공간이 아니었다. 그곳은 오랑캐가 지배하는 공간이었고 황궁은 더 이상 천궁이 될 수 없었다. 중화를 숭상하는 조선에게 만주족은 누린내 나는 야만인이었다. 야만인이 중화를 멸망시키고 북경을 중원의 수도로 삼았다는 점에서 청나라 사람들은 중화의 의관을 버리고 짧은 고름과 좁은 소매의 옷을 입으며 변발을 한 채 생활했다.

1668년(청 강희 7, 조선 현종 9) 동지사(冬至使, 매년 동지를 기해 파견된 정기 사절) 서장관으로 청에 다녀온 박세당은 1686년(청 강희 25, 조선 숙종 12) 사행을 떠나는 최석정에게 전별하며 "불행히도 세상은 성쇠가 있기에, 내가 그 지역과 땅을 직접 돌아다니며 사람과 풍속을 보니 의관은 오래전에 바뀌어 버렸고, 문물은 모두 사라져 버려 구국 고도에서 그저 서글프기만 할 뿐이었다"라고 상실감을 토로했다. 이제 야만이 되어 버린 '구국 고도'를 지키는 순상에게 특별한 감정을 투영하지는 않았지만 순상은 과거 갈노에 절하는 것과 다를 바 없었다. 그렇기에 청 입관 이후 17세기 조선 사신의 기록에서 순상에 대한 언급은 소략하며 천자의 위엄은 찾아볼 수 없었다.

 18세기에 들어 상황이 변하기 시작했다. 청조 내부의 정치적 문제가 안정되면서 조선에 대한 경계가 느슨해졌다. 이에 따라 조선 사신단에 대한 관리도 느슨해졌고 조선 사신들은 북경을 자유롭게 돌아다닐 기회를 얻었다. 이들은 순상을 관리하는 상방에도 발길을 들였다. 1720년(청 강희 59, 조선 경종 즉위년) 고부사(告訃使, 왕이나 왕비가 훙거했을 때 중국에 알리기 위해 파견된 사절) 정사 이이명의 자제군관으로 청에 다녀온 이기지는 북경에서 남천주당을 방문하고 돌아가는 도중 상방에 들렀다. 그의 기록에 따르면 당시 서른여덟 칸 우리에 코끼리가 한 마리씩 있었으며 주변에 구경하는 사람들이 많아서인지 이를 막는 사람도 없었다. 이기지는 호기심에 코끼리를 관리하는 사람에게 한번 타 보겠다고 요청했고 관리인은 대가를 요구했다. 돈을 주자 관리인은 코끼리의 귀를 당기며 소리 질렀고 코끼리가 소리를 내며 앞발을 꿇자 이기지가 코끼리 위에 올라탔다.

 상방 구경은 이기지뿐만 아니라 많은 조선 사신이 경험했다. 『열하일기』로 유명한 박지원도 상방에 들러 부채와 청심환을 뇌물로 주고 코끼리 재주를 구경했다. 18세기 후반 상방은 조선 사신들이 북경에서 꼭 들러야 할 관광 명소가 되었으며 이들 연행록에 순상에 대한 기록도 상세해졌다.

 게다가 순상을 경험하는 공간이 의례 공간이 아니었다는 점도 주목할 필요가 있다. 순상은 의례 안에서 황제의 위엄을 드러내고 감화되어 중화에 포용된 주변을 구현하며 명대 조선 사신들은 이를 체험했다. 명·청 시대 상방에서 돈을 내고 코끼리의 묘기를 구경하는 것은 흔한 풍경이었지만 명대에는 문금으로 인해 상방 구경이 제한되었다. 그러나 청나라가 들어서고 18세기 중반 조선 사신들에 대한 관리가 느슨해지면서 조선 사신들은 상방을 구경하기 시작했고 기록을 남겼다. 북경에서 상방을 구경하는 분위기는 19세기 초 오카다 교쿠잔이 그린 〈당토명승도회〉를 통해 엿볼 수 있으며 조선인이 그린 순상 그림도 전해진다. 명대와 달리 조선 사신들의 코끼리 경험은 의례 공간 밖에서 이루어진 것이며 이제 순상은 황제만을 위한 존재가 아니라 쉽게 즐길 수 있는 존재가 되었다. 대부분 연행록에 기록된 코끼리 기사는 단순한 감상에 그쳤으며 명대와 같은 황제의 위엄이나 중화의 상징성을 드러내지 않았다.

1796년 가경제는 전례 없이 상방에서 조공국 사신들에게 순상을 관람하도록 했다. 가경제가 즉위하던 해, 그는 군기처 관원의 인솔 아래 조선, 안남(安南), 섬라(暹羅), 곽이객(廓爾喀) 사신들을 상방으로 불러 코끼리 묘기를 보도록 명했다. 이러한 모습은 명대 영락제가 정화의 원정과 함께 북경에 온 진기한 동물들을 조선 사신에게 보여 준 것과 유사하다. 1419년(영락 17) 조선 태종이 세종에게 양위한 것을 영락제가 추인해 준 것에 대한 감사 인사로 파견된 사은사(謝恩使, 중국에 감사를 표하기 위해 파견하는 사절) 일행은 영락제의 명으로 봉천전에서 정화 원정으로 북경에 온 기린, 사자, 얼룩말 등의 동물을 구경할 수 있었다.

가경제가 조공국 사신들에게 보여 준 코끼리는 기린, 사자, 얼룩말만큼 진기한 동물은 아니었지만 상서로운 기운을 나타내는 동물이었다. 청의 번부와 조공국 사신이 황제에게 조하를 드리러 온 모습을 담은 〈만국래조도〉에도 코끼리가 강조되어 묘사되어 있다. 이 그림은 1759년(건륭 24) 건륭제가 회부(回部, 지금의 신장웨이우얼자치구에 있던 부족)를 평정한 이후 제작되었는데 실제 의례와는 맞지 않는 장면들이 묘사되어 있어 이는 건륭제가 이룬 천하를 상징적으로 드러내기 위한 상상으로 보인다. 조공 사절의 행렬 앞에는 조선 사신이 있어야 하지만 그림에서는 코끼리를 부각시키기 위해 버마 사신을 코끼리와 함께 맨 앞에 배치했다. 이는 주변국으로부터 온

도판 19.4. 〈만국래조도〉 중 코끼리가 나온 부분

거대한 동물을 통해 황제의 위엄을 드러내고자 한 의도였을 것이다. 그러나 이 의도는 조선 사신에게는 큰 감동을 주지 못했다. 이미 조선 사신들은 상방에서 뇌물을 주고 코끼리 묘기를 즐기는 경험을 해 왔기 때문이다.

청나라 말기 코끼리들은 어떻게 되었을까?

19세기 중반이 되면 연행록에서 코끼리에 대한 기록이 거의 사라진다. 상방이 예전 같지 않았기 때문이다. 청조는 베트남, 시암, 버마 등 조공국의 진공을 통해 코끼리를 충당했다. 가경 연간(1796~1820)까지 황제의 순상 숫자는 매우 안정적이었다. 그러나 19세기 중반 들어 그 숫자는 줄어들기 시작했다. 이는 태평천국의 난으로 남방 지역이 점령되고 조공 길이 막히면서 순상을 진공받지 못했기 때문이다.

제2차 아편전쟁(1856~1860) 이후 청조는 서양 열강의 도움으로 태평천국을 진압하고 남방의 조공 길을 다시 열었다. 그러나 베트남, 시암, 버마 등은 서구 열강의 위협으로 인해 청에 조공 사신을 파견하기 어려웠다.

1887년 진하 겸 사은사 정사로 북경에 도착한 이승오는 상방을 찾아 코끼리를 구경했다. 그의 연행록『관화지』에 따르면 1875년에 버마가 코끼리 일곱 마리를 진공했으나 세 마리가 죽고 네 마리만 남아 있었다고 기록되어 있다. 동치 연간(1862~1874)과 광서 초년(1876)에 버마가 순상을 진공한 적이 있지만 청 조정의 기록은 명확하지 않다.

1941년 하손통(夏孫桐)이 펴낸『학산시화(學山詩話)』에 실린 정효서(鄭孝胥)의 시「기축년관세상(己丑年觀洗象)」을 통해 광서 중엽 상방에 남은 코끼리가 두 마리뿐이라는 사실을 확인할 수 있다. 순상의 급감은 단순히 조공의 단절 때문만은 아니다. 동치 연간과 광서 초년에 진공된 순상들이 제대로 관리받지 못해 죽은 것도 이유 중 하나다. 아시아코끼리의 평균 수명이 70년임을 감안할 때 이는 상방의 코끼리가 제대로 관리받지 못했다는 사실을 보여 준다.

청나라 문인 진균(震鈞)이 쓴『천지우문(天咫偶聞)』은 1884년 봄 코끼리 한 마리가 서장안문으로 도망쳐 사람을 해치고 궁벽을 부순 일이 기록되어 있다. 이 사건 이후로 코끼리는 더 이상 의례 행사에 활용되지 않았다. 하지만 이는 단순한 사건 이상의 의미가 있다. 청조 말기에 이르러 순상은 이미 의례의 중심에서 멀어졌고 그 수조차 급감하여 더 이상 전통적인 예법을 지키는 것이 어려워졌다.

동물은 어떻게 외교의 상징이 되는가?

최후의 순상은 1907년 만들어진 만생원(萬牲園)으로 들어갔다. 서태후는 1907년(광서 33) 서양을 본따 만생원을 만들고 농업 실험장과 식물원, 동물원을 갖추었으며 이곳은 입장료를 받고 개방되었다. 이곳의 동물들은 조공이 아닌 남양대신 겸 양강총독 단방이 독일에서 구입한 동물들과 각지에서 기증받은 동물들로 채워졌다. 이곳에는 코끼리 두 마리가 있었는데, 하나는 단방이 구입한 인도코끼리였으며 다른 하나는 이미 쓸모가 폐기된 순상이었다. 만생원에는 서양인들에게 기증받은 동물도 있었다. 사천(四川, 쓰촨) 주재 독일 총영사 프리츠 웨이스가 길들인 곰 두 마리와 독일 출신 미국 동양학자 베르톨트 라우퍼가 소유한 티베트 개 세 마리가 그것이었다. 이 동물들은 진공이 아닌 서양인의 선의로 전시된 것이며 이는 조공국의 상징이 아닌 우호의 상징으로서 천자에게 보내진 것이다.

 코끼리는 국민당이 타이완으로 퇴각하고 공산당이 중화인민공화국을 건국한 지 얼마 지나지 않아 옛 만생원으로 다시 '돌아왔다'. 만생원은 민국 시기 수차례 이름이 바뀌었고 중화인민공화국 건국 이듬해인 1950년 3월 1일 시자오(西郊)공원이라는 이름으로 개방되었다. 1955년 4월 1일에는 베이징동물원으로 개명되었다. 베이징에 돌아온 첫 코끼리는 독립한 인도의 첫 총리 네루가 1953년에 선물한 것이었다. 인도는 비공산 국가 중 가장 먼저 중화인민공화국을 승인한 국가였다. 얼마 지나지 않아 베트남 국가주석 호찌민도 코끼리 두 마리를 선물했다. 1955년 시자오공원이 베이징동물원으로 개명되던 해, 샤퉁광(夏同光)이 그린 기념 엽서에는 인도와 베트남으로부터 선물받은 코끼리가 그려져 있다. 이제 중국은 더 이상 천하의 패자가 아니었다. 신중국은 주변국과의 관계를 새롭게 정립해야 했으며 국제사회의 일원으로 자리매김하는 것이 필요했다. 돌아온 코끼리는 그 상징이었다.

 근현대 중국에서 코끼리의 변화는 동아시아 외교 질서가 전통 조공-책봉 체제에서 만국공법 체제로, 그리고 냉전 시기 국제질서로 급격히 전환되어 온 과정을 상징적으로 보여 준다. 과거 황제의 '순상'이 1907년 서태후가 서양을 본떠 만든 만생원에서 서구식 동물원 전시물로 전환되었고, 1953년 독립한 인도의 첫 총리 네루와 베트남 국가주석 호찌민이 선물한 코끼리가 들어오며 국교 친선의 증표로 재탄생한 것처럼, 중국은 각 시대의 대내외 정세에 맞춰 동물을 외교적 상징물로 활용해 왔다. 이는 현대의 판다 외교에서도 확인되는데, 쑹메이링이 미국에 판다를 보내며 우호를 표한 사례부터 닉슨 방중 이후 미·중 관계 개선의 상징이 된 판다, 그리고 2000년대 미·중 갈등 속 판다 대여 중단 사례에 이르기까지, 동물은 국가 간 협력과 갈등을 드러내는 상징적인 지표라 할 수 있다.

※ ※ ※

상국(上國) 명의 순상은 황제의 덕을 상징하는 영물(靈物)이고, 대국(大國) 청의 순상은 돈 주고 재주를 보는 기물(奇物)일 뿐이다. 코끼리는 제자리에 있지만 코끼리를 둘러싼 현실이 바뀐 것이다. 반대로 명도 청도 순상을 의례에 끝까지 활용하려 한 것은 상징에 현실을 붙잡는 힘이 있기 때문이다. 국경일에 국기를 게양하는 것은 내가 이 나라의 구성원임을 상징하는 행위고, 법정에서 판사를 향해 '존경하는 재판장님'이라 부르는 것은 판사 개인이 아닌 사법부 자체를 존중한다는 상징적 행위이다. 헌법과 의회와 법원을 지킨다는 것은 대한민국의 민주주의 수호를 상징한다. 상징은 현실과 강하게 연결되어 있다.

20

영국 사절 매카트니는 건륭제에게 정말 두 무릎을 꿇었을까?

당대 최강의 권력자 건륭제 앞에서 영국식 예법을 고집한 매카트니의 행동은 그를 파견한 영국이 원한 어떠한 것도 얻지 못하게 했다. 반면 건륭제 앞에서 시종 공손한 태도를 유지한 티칭은 청과 네덜란드의 무역을 순조롭게 이어갈 수 있게 했다. 그럼 매카트니는 어리석었고 티칭은 현명했던 것일까? 나 자신을 지키는 것과 남에게 맞추는 것, 어느 쪽이 적절한 행동인지 두 사람의 행보와 이후 역사를 통해 알 수 있지 않을까?

◆ ◆ ◆

건륭제는 왜 조선 사신을 열하로 불렀을까?

건륭 45년(1780) 팔월 초하루, 북경(北京, 베이징)에 특별한 사신단이 도착했다. 건륭제의 칠순 생일을 축하하기 위해 조선에서 파견한 사신단이었다. 정사는 박명원으로 후일 『열하일기』로 유명한 팔촌 동생 박지원이 동

도판 20.1. 건륭제

행했다. 조선은 매년 황제의 생일을 축하하기 위해 사신단을 파견하지만 정월 초하루 황제가 주관하는 대조회에 맞춰 새해를 경하하는 정조사와 동지를 경하하는 동지사를 하나로 묶어 파견했다. 황제의 생일이 언제인지 상관없이 정월 초하루 대조회 참석에 사신을 보냈다. 어떤 황제 때는 이른 축하를 하기도 하고, 다른 황제 때는 늦은 축하를 하기도 했다. 이러한 관례를 깨고 칠순에 맞춰 과감히 사행을 보낸 것이다.

단독 사행은 아니었다. 청에 감사함을 표하는 사은사와 함께 묶어 파견했다. 이번 사은사의 목적은 봉황성에 표류한 어민을 송환해 준 것과 직전 사행이 바친 방물을 다음 정기 사행으로 넘겨 충당하도록 해 준 것에 대한 감사였다. 이는 흔히 보이는 사은사의 임무였다. 여기에 특별한 것이 있었다. 황제가 내린 조서를 칙사를 파견해 조선에 보내지 않고 직전 사신단을 통해 보낸 것이다. 이 조서는 건륭제의 고희를 기념하는 조서였으며 이는 육순 때도 없었던 일이었고 조공국 중 반포 대상에는 조선만이 포함되어 있었다. 더욱이 조서가 내려진 후 직전 사신단의 관소에서 조서를 보관하다 조선 마부의 실수로 화재가 일어나 조서가 불타는 불경한 일이 있었는데도, 건륭제는 이를 관대하게 처리했다. 이러니 감사를 표하지 않을 수 없었다. 여기에 황제 칠순이라고 조선에 꼭 집어 이야기하는 것 같았다. 상황이 이러니 특별한 반응은 보여야 할 것 같고 예전에 없던 일이 괜한

388 중국사를 꿰뚫는 질문 25

일을 하는 것 같은 상황에서 사은사에 겸해 보낸 것이다.

특별한 축하를 위한 조선 사신이 북경에 도착했을 때 황제는 북경에 없었다. 청나라 황제들은 생일을 요란하게 지내지 않았다. 강희제는 대부분 생일을 피서산장이 있는 열하에서 보냈고, 일벌레였던 옹정제는 북경을 나가지 않았지만 조촐하게 지냈다. 건륭제는 할아버지인 강희제와 마찬가지로 열하에서 생일을 지냈다. 다만 열 해가 되는 해는 달랐다. 대경(大慶)이라 하여 크게 축하하고 북경에서 생일잔치를 치렀다. 고희는 더 특별했다. 중국 역사상 고희 황제는 한 문제, 양 무제, 당 현종, 송 고종, 원 세조, 명 태종 여섯 명에 불과했다. 신하들은 건륭제의 고희 대경을 위해 일찌감치 분주히 움직였다. 하지만 건륭제는 이를 마다했다. 예전처럼 열하에서 생일을 보낸다고 했다.

열하, 그곳은 몽골을 견제하고 회유하는 공간으로 강희제가 피서산장을 만든 곳이었다. 건륭제는 생일에 무심한 듯 보였지만 외번(外藩)이 모두 모일 수 있는 곳에 칠순 잔치를 열고 싶었다. '외번'은 글자 뜻대로 하자면 바깥 울타리이다. 청을 지키는 주변부를 가리키는 곳으로 여기서 외번은 청이 굴복시킨 몽골, 신장, 티베트 등 서남과 서북 지역이었다. 건륭제는 이들 지역을 청의 판도로 편입하는 데 있어 정점에 있었다. 자신이 이룩한 제국을 눈앞에서 확인하고 싶었다. 때마침 당시 티베트의 사실상 최고 지도자인 판첸 라마도 북경을 방문하겠다는 의사를 밝혔다. 건륭제는 그가 방문할 장소를 열하로 정하고 시간을 자신의 칠순 생일로 맞췄다. 천연두 감염 우려가 없는 열하에서 건륭제의 칠순을 위해 내외몽골 왕공과 건륭 연간(1735~1796) 복속되어 조근하기 시작했던 신장 지역 위구르인 왕공과 사천(四川, 쓰촨) 토사(土司) 등이 왔다. 칸이자 불교의 수호자로서 자신의 제국을 확인할 수 있는 순간이 다가오고 있었다.

이때 조선 사신이 북경에 도착한 것이다. 조선 사신은 북경 도착 전 건륭제가 열하에 있다는 것을 알고 있었다. 사신이 열하에 가 본 적은 없으니 도착하여 황제 생일에 맞춰 망하례를 드리면 될 일이었다. 이들이 북경에 도착하자 예상치 못한 소식이 전해졌다. 건륭제가 조선 사신을 열하로 불러들였다. 외번 밖에 있던 조선이, 열하에서 황제를 조근한 적 없는 조선이 열하로 온 것이다. 조선은 주동적으로 황제의 칠순을 축하하기 위해 사신을 보냈다. 이들은 황제의 덕을 드러내기 더없이 좋은 상징이었으며 건륭제에게는 자신이 볼 수 있는 제국을 넓힌 셈이었다.

그 모습은 열하에서 끝나지 않았다. 그간 조선 사신이 참여하지 못했던 외번연에 그들을 초대했다. 원명원에 들어갈 수 있게 되었고 상원절이면 불꽃놀이를 구경하고 황제의 술잔을 받았다. 조선 사신만 그랬던 것이 아니다. 다른 조공국 사신들도 초대받았다. 건륭제가 팔순이 되던 해의 정월 14일 원명원에서 열린 상원절연에 외번 왕공과 조선, 안남(安南), 유구(琉球), 섬라(暹羅), 곽이객(廓尓喀) 사신이 참석했으며 건륭제가 손수 술잔을 내렸다. 건륭제는 이를 기념하여 지은 「명절 전 황제 정원에서 내린 연회에 참석하여 시구를 얻다(節前禦園賜宴席中得句)」라는 시에서 "은혜로운 뜻으로 서로 어울리는 것은 사책(史册)에서도 정말 드문 일이라"라고 주석을 달고, "한 가족인 중외(中外)가 진실로 융화되어, 비로소 모두 큰 은덕을 받았다"라며 기념하였다. 열하에서 열린 만수절 하례에는 조선뿐만 아니라 유구, 안남, 버마 사절이 참석했다. 청 제국의 최전성기에 최정점에 건륭제가 있었다. 그는 자신의 제국을 머릿속에만 그리는 것이 아닌 실제 목도하고 느꼈다.

왜 영국 사절에게 바닷길을 열어 줬을까?

건륭제의 제국에 도전하는 세력이 나타났다. 바로 영국이다. 영국 국왕 조지 3세는 건륭제의 생일을 축하한다며 조지 매카트니를 전권대신으로 하는 사절단을 청나라에 파견했다. 1792년 9월, 매카트니는 군함 라이온호를 타고 동인도회사 소속의 힌두스탄(Hindostan)호와 함께 포츠머스에서 출발하여 중국으로 향했다. 사절단 인원만 80여 명이었고 선원은 700명에 달했다. 다음 해 1월 7일 희망봉을 돌아 6월 하순 마카오에 도착했다. 이제 중국에 들어갈 일만 남았다.

청은 천조였다. 자신들과 교류하고 싶은 이들은 청이 정한 규칙에 따라 움직여야 했다. 황제를 만나러 오는 이들은 조공 사신이었다. 조공 사신이 황제가 사는 수도에 가는 데는 정해진 조공로가 있었다. 청은 황해 연안의 바닷길을 조공 사신에게 열어 주지 않았다. 유구 사신은 복주(福州, 푸저우)에 도착한 후 육로와 대운하를 통해 북쪽으로 이동해야 했다. 복주에서 북경에 이르는 시간은 90~120일 정도였다. 거의 사절을 보내지 않는 서양인들에게는 무역을 위해 광주(廣州, 광저우)만 열어 주었다. 서양인들은 청과의 교섭을 광주를 통해서만 할 수 있었다. 서양인들이 황제를 만나고 싶다면 광주를 통해 황제의 윤허를 받고 광주로 입국해 정해진 육로와 대운하를 통해 이동해야 했다.

스스로 전권대신이라 칭하는 매카트니는 그럴 마음이 없었다. 이런 뜻을 따라 동인도회사 관리들은 매카트니가 도착하기 전부터 연안을 따라 천진(天津, 톈진)까지 갈 수 있도록 요청했다. 처음에는 원칙에 어긋난다며 거부당했지만 황제에게 바칠 귀중한 물건이 많은데 육로로 가면 손상될 수 있고 황제를 알현하기까지 상당히 시간이 지체될 것이라고 설득했다.

도판 20.2. 조지 매카트니

건륭제의 생일이 9월 17일이니 생일 전에 도착하기는 거의 불가능했다. 이전에 네덜란드나 포르투갈 사절단이 청 황제를 알현한 적이 있지만 영국이 사절단을 보낸 것은 처음이었다. 건륭제는 칠순 만수절에 조선 사신을 열하로 불러들였듯 영국 사절을 열하에서 맞이하고 싶었다. 결국 특별히 은덕을 베풀어 영국 함대가 천진까지 이동할 수 있도록 허가했다. 매카트니 사절단은 5월 26일 주산을 거쳐 6월 18일 대고구에 도착했다.

이를 전후하여 건륭제는 6월 17일과 6월 25일 두 차례 상유를 내렸다. 청나라 관원들에게 체면을 지키고 정중하게 사절을 대접해 천조가 멀리서 온 이들을 따뜻하게 보살피는 은혜를 보여 주라고 명했다. 천진도대 교인걸(喬人杰)과 부장 왕문웅(王文雄)이 사절단을 만나 북경과 열하에서의 사무를 논의했고, 7월 1일에 직예총독 양긍당(梁肯堂)이 매카트니를 영접했다. 5일에는 흠차대신 장로염정(長蘆鹽政) 징서(徵瑞)가 정식으로 매카트니를 접견했다.

매카트니는 조공사신인가, 전권대신인가?

매카트니는 징서에게 머리를 조아리지 않는 평행상견(平行相見)을 요구했다. 징서는 스스로를 높이며 예를 모른다면 멀리서 온 자라도 덕으로 대할 필요가 없다고 건륭제에게 상주했다. 하지만 건륭제는 외국 오랑캐가 천조에 조근하는 것은 예법이 정해져 있으나 처음 중국에 오는 것으로 천조의 존엄을 모르고 오랑캐의 속성이 본래 이익만을 탐하니 예로 후하게 대하라고 타일렀다. 결국 관원 간의 예에서 매카트니 사절은 모자를 벗고 허리를 구부리는 것으로 일단락됐다. 건륭제는 관대함을 보였으나 매카트니가 스스로 전권대신이라 하며 흠차라 부르는 것은 받아들이지 않았다. 천진에서 북경으로 오는 영국 사절단의 배 앞에 '영길리국공강(英吉利國貢舡, 영국 조공선)'이라 쓰인 깃발을 세워 조공 사신을 분명히 하도록 했다. 한자를 모르는 매카트니가 이를 알았는지 모르지만 천진에서 북경까지 이동하는 배는 청에서 제공하는 배니 관여할 수도 없었다.

예법은 관원 간의 문제로 그치지 않았다. 조공 사절이 황제를 알현하기 위해서는 삼궤구고두례(三跪九叩頭禮)를 행해야 했다. 세 번 절하고 절할 때마다 이마를 세 번 땅에 조아리는 예법이다. 조선, 유구, 안남 등 조공국 사신이 모두 이를 행했고 황제를 알현하기 전에 예부 관원의 지도하에 연습까지 했다. 하지만 매카트니는 이를 받아들일 수 없었다. 그것은 복종을 드러내는 것이었기에, 그는 평행례를 역제안했다. 영국 측의 기록에 따르면, 청이 영국에 사신을 파견해 영국 국왕을 알현할 때 청 황제에게 행하는 것과 같은 예법을 취하거나 혹은 자신들이 가져온 조지 3세 국왕의 화상에 같은 예를 행한다면 청의 요구대로 예를 행하겠다고 했다. 양국이 동일한 예를 취함으로 대등한 관계임을 드러내기 위해서였다. 하지만 삼궤구고두례는 천하의 유일한 천자인 청 황제에게만 올리는 예법이었다. 천하관념 속에서 영국 왕에게 행하는 예를 천자에게 한다는 것은 도저히 받아들일 수 없었다. 이러한 옥신각신은 건륭제에게 온전히 보고되지 않았다.

청조 관원을 만났을 때 매카트니는 청조의 예법을 따르지 않았지만 천진에서 열린 정식 연회에서는 한쪽 무릎을 굽혀 예를 표하는 영국식 예법

한쪽 무릎 꿇기와 두 무릎 꿇기

유럽에서도 두 무릎 꿇기 의례가 존재했다. 이는 주로 종교적 경건, 봉건적 충성, 간청과 탄원을 나타내는 제스처로 사용되었으며, 신 앞에서 절대적 복종을 상징하거나 주군과의 서열을 명확히 하는 중요한 의례였다. 그러나 18세기 외교에서는 한쪽 무릎 꿇기와 두 무릎 꿇기가 명확히 구분되었다. 한쪽 무릎 꿇기는 기사 작위 수여와 같은 의례에서 사용되었으며, 외교적으로는 상대국 군주에 대한 경의를 표하면서도 외교 사절로서 품위를 유지하는 방식으로 활용되었다. 이는 대등한 주권국 관계에서 존중을 표하면서도 종속을 피하는 절제된 제스처로, 외교 신임장 제시 때 주로 사용되었다.

반면 두 무릎 꿇기는 복종을 상징했기 때문에 근대 국제법 질서 속에서 양국 간 대등한 관계를 왜곡할 위험이 있어 외교 무대에서는 거의 쓰이지 않았다. 매카트니가 청나라 방문 당시 한쪽 무릎 꿇기를 고수한 것도 이러한 유럽 외교 관례에 따른 것으로, 주권을 지키면서 대등한 외교 관계를 유지하기 위한 전략적 판단이었다.

을 선보였다. 이를 보고받은 건륭제는 크게 기뻐했다. 천조의 예법만 아는 그에게 한쪽이라도 무릎을 꿇은 것은 천조의 예법을 배우고자 하는 의지처럼 보였다. 열하에 오기까지 시간이 있으니 충분히 연습하고 배우면 자기 앞에서 격식에 맞는 의례를 행할 수 있으리라 기대했다. 7월 12일 영국 사절을 잘 대우하고 예법을 잘 익혀 올 수 있도록 하라고 상유를 내렸다.

매카트니는 영국의 관례대로 예를 표했을 뿐이다. 삼궤구고두례를 행할 생각이 전혀 없었다. 청 관원들도 이를 잘 알고 있었다. 설득하여 예를 가르치려 했지만 매카트니는 꼼짝하지 않았다. 7월 15일 북경에 도착하여 7월 27일 북경을 떠나 8월 4일 황제가 있는 열하에 도착하기까지 어떤 변화도 없었다. 도착 당일 황제의 알현이 예정되어 있었으나 삼궤구고두례 문제로 무산됐다. 황제는 격노했다. 사실 매카트니는 삼궤구고두례를 절대로 하지 않겠다는 것은 아니었다. 청나라도 동일한 예를 표하면 하겠다는 것이었다. 매카트니에게 청은 영국의 상국이 아니었다. 영국과 청은 각각의 독립 군주가 다스리는 대등한 국가였다. 신하들이 매카트니의 제안을 보고하지 않으니 건륭제는 매카트니가 불경하게 보일 뿐이었다. 역시나 이익만 탐하는 서양 오랑캐라며 분노했다.

예법 논쟁 속에서 영국은 무엇을 원했나?

알현이 무산된 다음 날 영국 사절은 육로로 귀국할 것이며 귀국로의 경유지에 있는 각급 관원들은 상례에 따라 숙식을 제공하고 과분하게 제공하지 말라는 명이 내려왔다. 다음 날에는 원래 관례의 절반으로 줄여 제공하라는 지시가 있었다. 매카트니는 압박을 느끼기 시작했다. 어떤 일이 벌어질지 몰랐다. 8월 7일 매카트니는 처음으로 건륭제가 총애하는 신하인 화신을 찾아가 해결 방안을 논의한다. 이후 건륭제는 매카트니가 천조의 법도를 존중한다면서 10일에 다시 알현할 기회를 주었다.

알현 당일 매카트니는 새벽 세 시에 청 관원의 안내를 따라 길을 나섰다. 새벽 다섯 시가 돼서야 알현하기 위한 장막에 도착했다. 황제의 가마가 나타나자 같이 있던 이들이 삼궤구고두례를 행했다. 매카트니는 오직

도판 20.3. 매카트니 사절단을 맞이하는 건륭제

영국인만 한쪽 무릎을 꿇고 인사를 드렸다고 했다. 무릎을 구부리고 몇 번 절했는지는 밝히지 않았다. 자세만을 강조할 뿐이었다. 한 번만 허리를 숙여 예를 표했다면 분명 기록했겠지만 그보다는 많이 한 것으로 보인다. 위압적 분위기 속에서 아홉 번 허리를 굽혀 예를 표했을 것이다. 한쪽 무릎만 구부리는 양보를 받는 대신 아홉 번 굽히는 것을 양보했을 것이다.

사실 해 뜰 녘이고 다른 이들과 함께 예를 표하니 몇 번 했는지 티가 잘 안 날 수도 있었다. 문제는 영국 국왕의 국서를 전달하는 예식이었다. 장막 안에서 매카트니는 한쪽 무릎을 꿇고 두 손으로 조지 3세의 국서를 예부상서에게 전달했다. 예부상서는 이를 받아 옆에 있는 탁자 위에 놓았다. 서양식으로 하자면 건륭제가 직접 받아야 하지만 청의 의식 절차에 따라 예부상서가 대신 받았다. 이후 건륭제가 영국 국왕과 매카트니에게 작은 선물을 전하고 매카트니가 예를 표하고 파했다. 건륭제를 바로 앞에 두고 예를 표해야 했다. 그 예는 곧 삼궤구고두례였다. 이에 대해 매카트니는 예를 표했다고만 기록하고 있다. 두 무릎을 꿇었는지 한쪽 무릎만 꿇었는지 아홉 번 허리를 굽혔는지 그보다는 적게 굽혔는지 알 방도가 없다. 분명한 건 건륭제를 만족시키지 못했다는 사실이다.

예법도 문제지만 건륭제의 입장에서는 조지 3세의 국서는 무례하기 짝이 없었다. 무역항의 추가 개항을 요구했고 영국인 주거를 위한 영토 할양을 원했으며 양국 수도에 상주외교사절 파견을 요청했다. 관세율도 일정 관세율로 공시할 것을 요구했다. 영국은 당시 중국과 무역에서 큰 적자를 보고 있었기 때문이다. 영국인들은 중국 물건들을 좋아했는데 특히 차를 즐겼다. 17세기 차가 영국에 전해질 때만 해도 고가의 물건으로 상류층만 즐기는 음료였다. 하지만 윌리엄 레드모어 비그(William Redmore Bigg, 1755~1828)가 그린 〈차를 준비하는 노파가 있는 농가 실내(A Cottage Interior—An Old Woman Preparing Tea)〉(1793)라는 작품만 보더라도 18세기 말에는 영국 하층민도 차를 즐겼다는 사실을 알 수 있다.

하지만 청나라 사람들은 영국 물건을 살 생각이 없었다. 서양 물건에 관심이 없었던 것은 아니다. 자명종이나 시계에 관심이 있었다. 하지만 이것조차도 18세기 말이면 중국에서 직접 생산했다. 영국의 대표적인 상품은 면직물이었는데 청나라 사람들은 전혀 관심이 없었다. 상황이 이러니 영국의 대중국 무역적자가 커질 수밖에 없었다. 영국 사람들은 청나라 사람들의 선호에서 문제를 찾지 않고 청의 보호무역에서 문제점을 찾았다. 당시 청은 광주 항구만을 열어 대외무역을 하는 일구통상 정책을 펼쳤다. 서양인들이 직접 물건을 팔 수 있는 것도 아니었다. 공행이라는 매매상이 있었다. 영국 상인들이 중국 시장을 적극적으로 공략할 수 없었다. 건륭제의 생일 축하는 명분일 뿐 매카트니 사절단은 이러한 상황을 타개하기 위해 파견된 것이었다.

영국의 제안은 매카트니가 천조의 예법을 성심껏 받들었어도 수용되기 어려운 것이었다. 그것은 곧 청이 천하 관념에 기초한 조공 무역 시스템을 바꾸라는 것이었다. 매카트니가 자신의 예법조차 지킬 수 없는데 어찌 가

도판 20.4. 〈차를 준비하는 노파가 있는 농가 실내〉(1793)

당한 일이었겠는가. 매카트니는 열하에서 각종 연회에 참석한 후 8월 17일 열하를 떠나 닷새 뒤에 북경에 도착했다. 북경에서 각종 의식에서 참여한 후 9월 3일 황제가 조지 3세에게 보내는 '서한'을 받아 북경을 떠날 수 있었다. 그 서한은 사실 칙유였다. 건륭제는 조지 3세의 제안을 일언지하에 거절했다. 중국은 땅이 크고 물산이 넘쳐 부족함이 없을 뿐만 아니라 만국이 천조의 덕망에 감화하여 온갖 진귀한 선물을 가져와 없는 것이 없다고 하였다. 매카트니가 진귀하다는 선물도 그저 정성을 생각하여 각 아문에서 받으라고 명했을 뿐이라고 조지 3세에게 내린 칙유로 전했다. 국서도 아닌 천자가 신하에게 내리는 칙유로 말이다. 그러면서 청과 교역하고 싶다면 천조의 제도를 지키라고 경고했다.

매카트니에게서 네덜란드 사절은 무엇을 배웠는가?

매카트니는 무거운 마음으로 귀국길에 올랐다. 대운하와 육로를 따라 북경을 떠난 지 두 달여 뒤인 11월 17일 광주에 도착했다. 매카트니 사절단의 '실패'에 관해 소문이 파다하게 났다.

18세기 영국과 해상 패권 경쟁을 벌였으나 전쟁에 패하며 입지가 좁아진 네덜란드는 매카트니의 실패를 기회로 삼고자 했다. 광주 주재 네덜란드 동인도회사 책임자였던 판 브람(Andreas Everardus van Braam Houckgeest)은 자카르타에 있는 네덜란드 동인도 총독에게 건륭제 즉위 60주년 축하 사절을 보내자고 요청했다. 총독은 이 요청을 받아들였으나 그를 대사로 임명하지 않았다. 바타비아의 재정 사무를 책임지던 이사크 티칭(Isaac Titsingh)을 사절 대표로 임명했다. 판 브람은 부대표가 되었다.

티칭은 1745년 암스테르담에서 태어나 라이덴대학교에서 법학을 공부하고 20대 초부터 네덜란드 동인도회사에서 일한 동아시아 전문가였다. 일본과 인도에서 일했고 그의 동료들과 달리 현지 문화에 관심이 많았다. 의례를 중시하는 중국이나 일본을 경험하지 못했던 매카트니와는 전혀 다른 인물이었다. 이번 사행에 더없이 적합한 인물이었다.

네덜란드 사절단은 매카트니의 실패 원인을 철저하게 분석했다. 매카트니가 실패한 원인은 청의 예법을 따르지 않고 천조의 질서에 반하는 대등한 관계에서 무역을 원했기 때문이다. 건륭제는 관대하게 한쪽 무릎만 꿇어 절하는 예법의 변통을 허용했지만 '사납고 대담한' 영국인의 요구를 단박에 거절했다. 매카트니가 준비한 시계, 망원경, 자명종 등 화려한 선물은 전혀 쓸모가 없었다. 티칭과 판 브람이 어찌 이번 임무에 어찌 임해야 할지는 명확했다.

1795년 10월 티칭 사절단이 광주의 황포항에 입항하기 위해 호문(虎門)에 도착했다. 양광총독 장린(長麟)에게 네덜란드 사절단의 순수한 목적을 전했다. 삼궤구고두례 등 청의 예법을 존중한다고 알리면서 삼궤구고두례를 열심히 연습했다. 10월 13일 장린은 외국 사신을 접견하는 해당사(海幢寺)에서 네덜란드 사절단을 기다렸다. 티칭은 이곳에서 황제가 있는 북쪽을 향해 삼궤구고두례를 행하고 황제의 알현을 청하는 공문을 올려야 했다. 매카트니는 이곳에서 한쪽 무릎만 구부렸다. 청 관원들은 네덜란드인들의 동작 하나하나를 살폈다. 티칭은 어려움 없이 예를 행했다. 부단히 연습한 덕분이었다. 중국인 통역이 네덜란드의 공문을 장린에게 바쳤다. 사신의 방문 목적은 의례적이었고 문구는 한없이 공손했다. 그들이 매카트니처럼 굴까 걱정했던 장린은 상당히 만족스러웠다. 며칠 뒤 이러한 사실을 황제에게 아뢰고 그들의 방문을 윤허해 줄 것을 청했다.

광주에서 북경까지 2000킬로미터가 넘었다. 장린이 황제에게 보고하고 윤허를 받는 데 한 달이 걸리지 않았다. 건륭제는 티칭 사절단을 잘 대접해 북경으로 보내도록 했다. 문제는 시간이었다. 12월 20일 전 북경에 도착해 황실 연회에 참석하라고 명했다. 중국의 아름다운 풍경을 즐길 시간도 도중에 성대한 연회를 대접받을 시간도 없었다. 티칭은 서둘러 여정에 나섰다. 주강 지류를 이용해 배로 남창(南昌, 난창)에 도착했다. 보통은 양주(揚州, 양저우)로 이동해 대운하로 북경에 갔지만 시간이 촉박했다. 조공로는 남창에서 안휘성(安徽省, 안후이성)을 가로지르는 육로로 변경됐다. 길은 험했고 북쪽으로 갈수록 날씨가 추워졌다. 호송하는 관원들은 정해진 날짜를 맞추기 위해 길을 재촉했다. 북경까지의 여정은 고된 길이었다. 황제는 불편함이 없이 잘 대접하라고 명했지만 중요한 것은 건륭제가 정한 시간이었다.

티칭 사절단은 늦지 않았다. 황제가 명한 날짜 하루 전에 도착했다. 50일이 채 걸리지 않았다. 광주에서 출발해 전통적 루트로 북경에 온 조공국 사신 중 가장 급급한 여정이었다. 북경에서는 성대한 대접을 받았다. 조공국 사신이 참석하는 모든 의례 행사에 참석했다. 영대에서 빙희도 관람했

도판 20.5. 청 대신을 만나는 티칭 사절단

고, 원명원에서 불꽃놀이도 감상했다. 황제가 천단으로 제사를 지내러 갈 때는 새벽 세 시에 일어나 다섯 시 반에 오문 밖에서 인사를 드리기도 했다. 그들이 참석한 행사에는 청의 가장 공순한 조공국인 조선의 사신도 참석했다. 티칭은 청이 정한 의례에 최선을 다해 참석했으며 황제에게 삼궤구고두례를 드렸다. 황제가 사는 북경에서 그는 충실한 조공국 사신으로 내비쳐졌으며 건륭제는 흡족해했다. 무역이나 외교관 파견에 관한 이야기는 전혀 언급되지 않았다.

매카트니의 '실패'와 티칭의 '성공'은 우리에게 무엇을 남겼나?'

티칭은 임무를 마치고 2월 중순 광주에 도착했다. 티칭은 건륭제에 양국 관계를 조정하기 위한 어떤 요구도 하지 않았다. 북경 방문의 목적은 오직 황제의 생일을 축하하기 위한 것이었다. 이를 통해 중앙 및 지방 관원들과 네덜란드 상인 사이에 우호적 관계를 만드는 것만으로 충분했다. 티칭은 판 브람과 함께 매카트니의 실패를 되새기며 중국 임무를 철저히 준비했었으며 건륭제를 알현하고 돌아오기까지 고된 여정이었지만 사전 준비에서 한 치의 벗어남도 없는 대성공이었다. 청 황제에게 네덜란드 상인들은 청의 질서를 존중하며 공순하다는 인상을 남겼다. 매카트니와는 너무나도 대조적인 모습이었다. 어떠한 외교적 마찰도 없었으며 청이 주도하는 일구통상 체제에서 안정적으로 무역을 할 수 있는 토대를 마련했다.

 이것으로 충분했다. 의례는 겉모습일 뿐이다. 두 무릎을 꿇는다고 굴욕이 아니었다. 중국이 원하는 퍼포먼스를 보여 주면 그만이었다. 잠시 치욕스럽지만 그것으로 이익을 취하면 그뿐이었다. 당시 조공을 매개로 구축된 중국적 세계질서에서 살아가는 길이었다. 그들에게 위계질서는 중국과의 의례 속에만 존재할 뿐이었다.

 과거에는 중국이 원하는 의례에 응대하거나 그들의 정한 무역 규칙을 따르는 것만으로도 이익을 얻는 데 충분했다. 영국과의 패권 경쟁에서 패한 네덜란드는 그것만으로도 충분했다. 하지만 영국은 달랐다. 청과의 무역에서 큰 적자를 보고 있었다. 청을 변화시킬 필요가 있었다. 건륭제는 영국의 자유무역 요구를 거절했지만 영국은 계속해서 문을 두드려야 했다. 변하지 않는 청은 천조가 아니라 탐욕스러운 나라에 불과했다. 영국에 '불공정'을 강요했다. 외교적으로 해결하기 위해 최선을 다하지만 기울어진 운동장에서 공정한 대결을 할 필요가 점점 없어졌다. 영국은 청에 아편을 몰래 팔았고 청이 이를 막아 버리려고 하자, 아편전쟁으로 자신들의 요구를 관철시켰다.

매카트니의 '실패'와 티칭의 '성공'은 단순히 임무의 성패를 넘어서, 19세기 동아시아 전통질서와 서구 근대 국제질서 간의 충돌과 전환을 상징한다. 매카트니는 청 중심의 기존 질서에 도전하며 서구의 평등한 국제관계를 요구했으나, 그의 임무 실패는 영국을 비롯한 서구 열강이 보다 적극적으로 중국의 기존 질서에 맞서게 만드는 계기가 되었다. 반면 티칭은 청나라의 의례와 전통을 철저히 수용해 당장의 외교적 성공을 거두었지만, 장기적인 변화에 대응하지 못하는 한계를 그대로 드러냈다.

이는 단순히 과거의 사례로 머무르지 않는다. 매카트니의 접근이 옳고 티칭의 방식이 틀리다고 단정할 수도 없다. 이분법적 사고는 우리를 위험에 빠뜨린다. 이 복잡한 문제는 최근 가속화되는 미·중 패권 경쟁 속에서 중요한 시사점을 제공한다. 기존 국제규범과 질서를 유지하며 단기적 실익을 추구할 것인가, 아니면 변화하는 환경 속에서 새로운 질서 형성에 동참할 것인가. 미국과 중국의 경쟁은 단순한 힘의 대결을 넘어, 국제관계의 규범과 제도를 어떻게 재구성할 것인가에 대한 근본적인 질문을 던진다. 이처럼 과거 매카트니와 티칭이 마주했던 딜레마와 결과는 오늘날 우리가 직면한 국제정치의 현실을 이해하는 데 하나의 창을 제공한다.

* * *

이후 전개된 역사를 보면 매카트니를 파견한 영국은 '해가 지지 않는 나라'가 되었고, 티칭을 파견한 네덜란드는 평범한 유럽 국가 중 하나가 되었다. 그럼 '지금은 맞고 그때는 틀린' 매카트니의 고집스러운 행동이 옳은 것일까, 아니면 불확실한 미래에 기대기보다 '그때는 맞았던' 티칭의 행동이 옳은 것일까? 둘 중 어느 쪽도 정답이 아니면서 둘 다 정답일 수도 있다. 예측 불가한 미래를 대비하기 위해선 어느 한쪽을 택하고 다른 쪽을 배제할 것이 아니라, 어느 쪽이건 적절하게 대응할 수 있는 유연하고 개방적 태도가 정답일 가능성이 높을 것이다.

21

조선과 베트남은 청의 속국이었나?

단어의 의미는 시대와 상황에 따라 달라진다. 하나의 단어도 과거의 쓰임새와 지금의 쓰임새가 다르다. 하지만 맥락을 제거하고 단어의 표면적인 뜻만 내세운다면 단순화의 오류를 저지르게 된다. 단순한 말만 사용하면 생각도 단순해진다. 맥락을 이해해야 사고가 깊어지고 남에게 쉽게 휘둘리지 않게 된다. '속국'이라는 단어의 맥락을 살펴봄으로써 쉬이 흔들리지 않는 생각의 뿌리를 내릴 수 있는 훈련을 할 수 있지 않을까?

❖ ❖ ❖

'속국'이라는 표현은 우리를 화나게 만드는가?

'속국(屬國)'은 글자 그대로 풀면 '속한 나라'이다. 위계 관계를 명확히 드러내는 어휘다. 한반도 왕조는 당시 국제관계의 프로토콜에 따라 혹은 자국의 이익을 위해 '중원' 왕조에 조공했다. 조공을 매개로 한 관계는 한때는 느슨하기도 한때는 빡빡하기도 했지만 부인할 수 없는 역사적 사실이다. 이러한 사실이 오롯이 과거에만 머무르지 않는다. 중국인들과 교류하다 보면 종종 '원래 우리는 한 가족이었다'는 말을 듣게 된다. 꼭 그가 지독한 중화주의자라거나 한국인을 무시해서 내뱉는 말은 아닐 것이다. 한중 간 유구한 역사를 강조하여 친밀감을 드러내고자 하는 경우가 적지 않다. 적어도 그들의 입장에서는 말이다.

보통의 한국인이라면 화가 치민다. 그들의 '호의'가 우리에게는 우려로 다가온다. '악의'로 접근하는 이들도 있다. 중국의 극렬 애국주의 네티즌은 한국이 중국의 속국이었다고 주장한다. '속국'을 어떻게 이해하느냐에 따라 이 주장에 대한 답은 달라진다. '속국'은 전근대 사료에도 등장한다. 속국의 자리에 조공국을 넣어도 큰 차이가 없다. 속국이든 조공국이든 그들은 전통적 책봉-조공 관계에서 '상국(上國)'의 간섭 없이 내정과 외교를 자주적으로 처리하는 국가였다. 현재 이런 본래 의미는 중요하지 않다. 중국과 한국에서 대중은 '속국'을 실질적으로 종주국의 지배를 받는 국가로 이해하는 경우가 많다. 제국주의의 침략을 받으며 '속국'은 역사성을 잃고 식민지처럼 생각된다. 엘리트나 오피니언 리더라고 별반 다르지 않다. 동아시아 역사를 잘 모르는 서양인들은 더욱 그렇다.

한국이 역사상 중국의 '속국'으로 비치는 것은 복잡한 국제관계에도 영향을 끼친다. 2017년 4월 6~7일 미국 플로리다주 팜비치에서 트럼프와 시진핑의 미·중 정상회담이 있었다. 며칠 뒤 트럼프는 《월스트리트저널》과의 인터뷰에서 시진핑 주석이 한국의 역사 얘기를 꺼내며 한국은 북한이 아니라 한국 전체라고 하며 한국 문제를 설명했다고 밝혔다. 바로 이 부분에서 트럼프는 "한국은 사실상 중국의 일부였다. 10분간 듣고 난 뒤 쉽지 않겠다는 걸 깨달았다"라고 거론하며, 시진핑이 '한국은 사실상 중국

도판 21.1. 트럼프 미국 대통령과 시진핑 중국 국가주석

의 일부였다'라고 말한 것처럼 얘기했다. 시진핑이 실제 이처럼 말했는지 비슷한 맥락의 얘기를 한 건지 트럼프의 왜곡된 이해인지 통역상 문제인지는 알 수 없다. 하지만 트럼프가 시진핑의 얘기를 듣고 의도적이든 아니든 그렇게 받아들이고 발화했다.

우리는 어떻게 대응해야 하는가. 한반도 왕조가 중원 왕조에 사신을 파견해 알현하고 조공을 한 행위는 역사적 사실이다. 명·청 시대 조선을 '속국'으로 칭한 용례가 없지 않다. 속국은 우리가 일반적으로 생각하는 '식민지'나 '보호령'이라거나 중국의 '일부'를 의미하는 것은 아니었다. 오늘날 '속국' 문제가 갈등을 일으키는 것은 이 개념을 역사적 의미가 아닌, 현대적 지배-복속 관계로 해석하기 때문이다. 특히 중국의 일부 극렬 민족주의자들이 이를 현대적 의미의 지배 관계로 오해하고 있지만, 역사적으로 '속국'은 내정과 외교에서 상당한 자율성을 가진 독립적 정치체였다. 조선이 대표적인 예로, 청의 책봉을 받으면서도 외교와 내정에서 자주성을 유지했다. 우리가 전통 동아시아의 '속국' 개념을 정확히 이해하는 것은 현대 한중 관계의 불필요한 갈등을 줄이고, 미래 동아시아 국제질서를 구상하는 데 중요한 시사점을 제공한다.

조선은 어떻게 청의 속국이 되었는가?

1392년 조선은 건국 직후 명에 사신을 보내 이성계의 즉위를 알렸다. 명 황제에게 고려를 대신해 '화령'과 '조선' 중 새로운 국호를 정해 주길 청했다. 사대의 예를 다하며 명과 책봉-조공 관계를 맺기를 원했다. 명 태조 주원장은 자신이 책봉한 고려 국왕을 몰아내고 세워진 조선을 부정하지 않았다. 그렇다고 조선의 성심을 온전히 믿지도 않았다. 국경을 맞대고 있는 조선의 움직임을 경계했고 여진 문제로 조선과 갈등을 빚었다. 새 왕조의 개창을 인정했지만 이성계를 조선 국왕으로 책봉하지 않았다. '권지조선국사(權知朝鮮國事)'라는 직함을 주었다. 임시로 조선의 국사를 담당하는 자리라는 뜻이었다. 조선 국왕이 명의 국왕 책봉을 받는 것은 태종 이방원 때에 이르러서다.

조선은 주동적으로 명 중심의 국제질서에 들어갔다. 새로운 왕위의 정통성을 인정받고 군사적 안전을 도모하기 위해서였다. 명이 강압적으로 조선을 자신의 판도 안으로 편입한 것이 아니다. 청과 조선 관계의 기원은 다르다. 누르하치가 여진 부족을 통합하고 후금을 건국해 명과 대결하였다. 조선은 임진전쟁 때 원군을 보내 도와준 명을 지원했으나 명은 1619년 사르후 전투에서 후금에 대패해 수세에 몰렸다. 광해군은 명과 거리를 두며 후금과 평화적 관계를 유지했다. 오랑캐를 배척하고 사대의 명분을 내세우는 이들에게 이는 일종의 '패륜'이었다. 조선은 임진전쟁 때 명에 "재조지은(再造之恩, 나라를 다시 만들어 준 은혜)"을 입었기 때문이다. 명과 조선의 관계는 단순한 책봉-조공 관계의 군신 관계를 넘어 부자 관계와도 같았다. 결국 1623년 인조반정이 일어났다. 임금을 몰아낸 주요 명분 중 하나는 명을 배신하여 조선을 금수와 같은 오랑캐의 나라로 만들었다는 것이었다. 후금과의 관계는 경직될 수밖에 없었다. 그동안 유지하던 후금과의 외교문서 왕래도 단절되었다. 친명이 인조 정권의 정당성이었기 때문이다. 1627년 2월 후금의 홍타이지는 광해군의 복수를 한다는 명분으로 조선을 침공했다. 두 달 만에 굴복한 조선은 후금과 화약을 맺고 형제 관계가 되었다. 형은 후금이었고 동생은 조선이었으나 명과의 관계는 여전히 유지할 수 있었다.

도판 21.2. 청 황제 홍타이지

형제라 하나 후금이 명을 적대시하니 피를 나눈 끈끈한 사이라 할 수 없었다. 양국 관계는 미봉한 관계였다. 명과 후금 사이에 힘의 균형이 이루어져야 유지될 수 있었다. 힘은 점점 후금 쪽으로 기울었다. 1636년에 이르러 홍타이지는 심양(瀋陽, 선양)에서 제위에 올랐다. 국호를 청으로 바꾸고 연호를 숭덕으로 하였다. 홍타이지는 동생인 조선이 사절을 보내 자신의 등극을 축하하길 요구했다. 명 중심의 천하 질서에서 천자인 황제는 둘일 수 없었다. 반정으로 왕이 된 인조의 정통성을 흔들 수도 있었다. 눈앞의 현실은 녹록지 않았다. 춘신사(春信使, 정묘호란 이후 조선이 후금에 매년 봄에 파견한 사신)로 파견된 나덕헌과 이확은 홍타이지의 즉위식에 강제로 참여했다. 가식으로라도 축하의 예를 올려야 하는 자리였다. 이들은 대명 의리를 택했다. 청 황제에게 올려야 하는 삼궤구고두례를 하지 않았다.

홍타이지는 황제 자리에 올랐지만 즉위식은 온전하지 않았다. 나덕헌

'재조지은'이 조선에 미친 영향

나라를 다시 세워 준 큰 은혜를 뜻하는 재조지은(再造之恩)은 임진전쟁 시기 명나라 원군 파견에 대한 감사로 등장한 표현이다. 재조지은은 단순한 외교적 감사의 표현을 넘어, 선조가 명군의 참전을 국난 극복의 결정적 요인으로 내세우며 자신의 왕권을 강화하는 데 활용한 정치적 도구로 기능했다. 선조는 전후 논공행상에서도 무장보다 자신을 호종한 인물을 우대하여 명군의 역할을 부각하고 자신을 중심인물로 자리매김했다. 이후 붕당정치가 심화되면서 각 붕당은 명에 대한 의리를 내세워 정치적 정당성을 확보하고자 했으며, 이는 북벌론의 이론적 근거로 활용되었다. 그러나 명에 대한 지나친 의리론은 조선 외교정책의 경직성을 가져와 병자호란과 같은 위기의 배경이 되었다. 재조지은의 영향은 명이 망하고도 이어져, 명에 대한 의리를 상징하는 만동묘와 대보단 같은 유적으로 남았다. 현대에는 한국전쟁 시기 미군의 참전으로 이후 미국에 대한 외교에서도 재조지은과 유사한 심리적 유산이 관념적 속박으로 작용하여 외교적 유연성에 영향을 미치고 있다.

과 이확은 청의 경고를 가지고 돌아왔다. 경고는 허언이 아니었다. 홍타이지는 조선을 굴복시키기 위해 1637년 12월 조선을 침공했다. 그 유명한 병자호란이다. 인조는 남한산성에서 항거했고 세자는 강화도로 도망갔다. 주전파와 주화파의 입장이 팽팽했다. 지방에서 북상하던 근왕군이 대패하고 예상치 못하게 청군이 강화도까지 쳐들어갔다. 세자를 비롯한 왕족이 붙잡히자 인조는 결국 화친을 결정한다.

홍타이지는 평탄하게 화의를 맺을 생각이 없었다. 나덕헌과 이확이 하지 않은 예를 조선 국왕이 직접 하길 원했다. 인조가 이를 받아들인다면 역사에 길이 남을 굴욕이 될 것이었다. 하지만 방도가 없었다. 결국 조선 국왕은 삼전도로 나아가 홍타이지 앞에서 삼궤구고두례를 행하고 신하가 되었다. 사대의 명분은 냉혹한 국제정세 속에서 무용지물이었다. 조선은 청과의 강화 약조에 따라 명이 조선 국왕을 책봉하며 내린 받은 고명(誥命), 책인(冊印)을 청에 내놓아야 했다. 이제 청의 연호를 사용해야 했다. 조공국으로 정조사(새해 경하를 위해 파견하는 정기 사신), 동지사(동지에 기해 파견하는 정기 사신), 천추사(황태자의 생일을 하례하기 위해 파견하는 정기 사신) 등 정기 사신단을 명에 보냈던 것처럼 이제는 청에 보내야 했으며 명에 행한 것과 같은 의식을 청에 행해야 했다. 조청 관계는 형제 관계에서 군신 관계로 완전히 변모하였다.

속국은 전쟁을 통해 만들어지는가?

명의 조공국들이 모두 조선과 같은 방식으로 청의 '속국'이 된 것은 아니다. 전쟁으로 책봉-조공 관계를 맺은 것은 조선이 유일하다. 산해관(山海關)을 넘어 북경(北京, 베이징)을 점령하기 이전 청의 신하국이 된 것도 조선뿐이었다. 다른 나라들은 '평화'롭게 청의 속국이 되었다. 다만 시간이 필요했다.

1634년 홍타이지가 급사하고 그의 장자 풀린(福臨)이 새 황제 올랐다. 연호는 '순치'였다. 청은 아직 산해관을 넘지 못했다. 수도는 심양이었다. 얼마 뒤 이자성의 북경 공격에 명 황제 숭정제가 자결하고 산해관을 지키던 오삼계가 관문을 열었다. 순치제는 즉위 1년 뒤 음력 10월 초하루 천단(天壇)에서 제례를 올렸다. 자금성에서 즉위식을 거행하고「순치제즉위조(順治帝卽位詔)」를 반포했다. 명을 대신해 천하의 정점에 섰음을 알리는 것이었다. 이제 강남에 잔존하는 명의 세력인 남명(南明) 정권과 대순(大順) 정권을 제압하고 명의 조공국과 다시 관계를 맺을 필요가 있었다. 청은 병자호란 때 질자로 데려온 소현세자를 조선으로 돌려보냈다. 조공국 의례도 정비하고 조선이 청에 매년 바쳐야 하는 공물도 점차 줄여 주었다.

청의 천하가 본격적으로 열리기엔 걸림돌이 있었다. 부가 밀집한 강남지역은 여전히 저항하고 있었다. 순치제는 순치 4년(1647) 3월에 이르러서야 중원 평정을 알리는 조서를 반포할 수 있었다. 이 조서는 국내용만은 아니었다. 유구(琉球), 안남(安南), 섬라(暹羅), 일본 등에 항복하면 조선과 같이 우대할 것이라고 밝혔다. 하지만 정성공을 비롯한 남명 잔존 세력이 여전히 있었다. 주변국은 청을 동아시아의 패권으로 받아들이기에는 위험성이 여전히 컸다. 순치제는 7월 유구에 칙서를 보냈다. 유구가 사신을 파견해 명이 발급한 고명과 인장을 반납하면 예전처럼 책봉하고 우대하겠다고 밝혔다. 유구는 움직이지 않았다. 1651년 순치제는 재차 반납을 재촉하는 칙서를 보냈다. 유구는 1653년 3월 마종의(馬宗毅)를 파견하였다. 마종의는 6월 복건(福建, 푸젠)에 도착하여 다음 해 북경에서 '유구국왕지인(琉球國王之印)'라고 새겨진 금인(金印)을 받았다. 한자로만 글자가 새겨진 것이 아니다. 옆에 만주어로 똑같은 의미의 글자가 있었다. 만주족의 세계에 명이 구축했던 세계가 합쳐진 것이다. 유구가 청에 사신을 파견하기로 결정한 직후 조선의 인장도 교체되었다. 청 입관(入關, 청이 장성의 산해관으로 들어가 중원 지배) 이전 인장은 만주어만 새겨졌으나 이제 한자로 '조선국왕지인(朝鮮國王之印)'이 들어갔다.

도판 21.3. 산해관

 청과 베트남의 관계는 상당히 복잡하다. 이를 이해하기 위해서는 명 후기 시작된 베트남 내부의 분열로 거슬러 올라가야 한다. 1527년 막당중(莫登庸)이 레 왕조를 몰아내고 막 왕조를 개창한다. 막당중은 명에 레씨의 자손이 끊겼기에 그 자리를 이은 자신의 통치를 인정해 주길 요청했고 이를 통해 정권의 정통성을 확보하고자 했다. 하지만 막당중은 명이 책봉한 안남 국왕을 시해했고 레 왕조의 옹호 세력들이 저항하면서 명과 막 왕조의 긴장 관계가 고조되었다. 명 내부에 베트남 정벌 논의가 치열하게 일어났다. 불안감을 느낀 막씨 세력은 명에 항복했다. 명 조정은 이를 의심했지만 막대한 비용이 들어가는 대외 정벌의 부담이 컸다. 결국 항복을 받아들여 1541년 양국 관계가 정상화된다. 막씨가 명의 권위를 받아들이고 잘못을 뉘우치는 것으로 명분을 찾을 수 있었다. 하지만 명은 막씨의 지배를 인정하면서도 안남국을 안남도통사(安南都統司)로 격하했다.
 베트남이 안남국으로 다시 '격상'되는 것은 북경을 차지한 청에 의해서가 아니라 남부로 밀려난 남명에 의해서였다. 이때 남명의 책봉을 받은 것은 막 왕조가 아닌 레 왕조였다. 1532년 응우옌낌(阮淦)이 레닌(黎寧)을 옹립하여 레 왕조 부흥 운동을 벌였다. 응우옌낌은 1545년에 죽지

만 그의 후계자들은 1592년 막 왕조의 통치자 막머우협(莫茂洽)을 죽이고 레 왕조를 부흥시켰다. 막 왕조는 막을 내렸지만 남은 세력들이 계속해서 레 왕조와 대결했다. 두 세력의 대결 속에서 레 왕조는 1646년 남명에 사절을 보내 국왕 책봉을 청했다. 다음 해 남명의 계왕은 베트남의 신종을 안남 국왕으로 책봉했다. 하지만 계왕이 1659년 버마로 도망치며 남명은 더 이상 이용 가치가 없었다. 레씨와 막씨 두 세력은 앞다투어 청과의 접촉을 시도했다. 레 왕조는 국왕을 청했고 막씨 세력은 청에 투항했다. 1661년 청은 이를 모두 받아들였다. 전자는 국왕으로 책봉했고 후자에게는 안남도통사 귀화장군 자리를 주었다.

안남 국왕 책봉은 레 왕조가 주동적으로 나서 이루어졌지만 과정이 순탄치만은 않았다. 남명으로부터 받은 금인 문제가 남았기 때문이다. 청은 이를 반납하라고 요구했다. 하지만 레 왕조 국왕 신종은 명대에도 이를 돌려준 적이 없다며 '거부'했다. 전례를 들었지만 이치에 맞지 않았다. 금인을 반납하고 받는 절차는 명을 부정하고 청을 인정하는 것이었기 때문이다. 1662년 신종이 사망하고 아들 현종이 왕위를 계승했다. 베트남은 청에 사신을 보내 이 사실을 알렸다. 베트남이 청에 처음으로 보낸 조공 사신이었다. 하지만 안남 국왕으로 책봉받지 못했다. 1666년 청은 재차 금인 반납을 강하게 압박하였다. 결국 현종은 이를 반납하고 정식으로 안남 국왕에 책봉되었다.

상국은 속국에 무엇을 원하는가?

속국에 대한 상국의 이상과 현실은 동아시아 전통 외교질서의 근간인 사대(事大)와 자소(字小) 관계에서 찾을 수 있다. 춘추시대 『좌전』에는 대국과 소국의 이상적 관계를 예에 의한 것으로 보고, "예란 작은 나라가 큰 나라를 섬기고[사대], 큰 나라는 작은 나라를 보살피는 것[자소]"이라고 설명한다. 청과 주변국 관계도 그랬는가. 조선 국왕은 전쟁을 통해 청 황제의 신하가 되었다. 유구 국왕은 청의 강압에 평화적으로 신하가 되었다. 안남 국왕은 내부의 적대세력과의 대결 속에 현실적 이익을 위해 주동적으로 신하가 되었다. 각기 다른 방식이었으나 이들은 하나같이 청을 좇아야 할 문명국으로 생각하지 않았다. 국제질서의 역학 관계 변화에 따른 어쩔 수 없는 선택이었다. 하지만 청은 그 반대였다. 힘으로 명의 자리를 대신했지만 대국이 아닌 천조로 그들의 상국이 되길 원했다. 그들의 내정을 간섭하며 실질적 지배를 원한 것이 아니다. 병자호란 때 조선에 요구한 것처럼 속국이 명을 대하듯 예를 다하길 바랐다.

　청 중심의 국제질서는 명대와 마찬가지로 중화와 오랑캐를 구분하는 화이관의 시각에서 주변 정치체와 조공을 매개로 맺어지고 의례를 통해 작동하였다. 이는 상하 위계가 존재하는 비대칭적 관계지만 이를 통해 주변 정치체는 청을 상국으로 인정하며 군사적 안전보장과 경제적 이익을 확보했다. 청은 패권국가로서 권위를 인정받으면서 변방의 안전을 평화적으로 도모할 수 있었다. 예가 구현되는 의례는 단순한 형식이 아니라 조공 제도가 고도화된 시대에 주변국과의 관계를 가늠할 수 있는 중요한 척도였다. 청의 힘이 커질수록 의례는 중시되었다.

　청의 최고 전성기를 이끌었던 건륭제는 팔순을 기념하여 '팔징모념지보(八徵耄念之寶)'라는 인새(印璽)를 제작하고 이에 「팔징모념지보련구(八徵耄念之寶聯句)」라는 시를 지었다. 선조의 공덕과 자신의 업적을 찬미하는 내용이 주를 이루었다. 시문 중 성세를 노래하면서, '나곡(羅斛, 섬라)'

베트남과 중국

항쟁과 협력을 반복한 베트남과 중국의 복잡한 관계는 한반도의 대중국 관계와 비슷한 면이 적지 않다. 기원전 3세기경부터 초기 국가 형태를 갖춘 베트남은 서기전 111년 한 무제에게 점령당하며 약 1000년간 중국 왕조(한, 당, 5대 등)의 지배를 받았고, 이는 한반도의 한사군 설치와 비슷한 역사적 경험으로 평가된다. 베트남은 쯩 자매의 반란 등 여러 차례 독립 투쟁을 벌인 끝에 10세기 응오 왕조를 세워 독립을 이루었다. 이후 송, 원, 명, 청 등과 책봉-조공 관계를 유지하면서 자주를 지켜냈다. 베트남은 한자와 유교문화를 수용하면서도 독자적 문자인 쯔놈을 발전시켰고, 이는 한글 창제와 견줄 수 있는 문화적 성취로 여겨진다. 19세기 말, 베트남은 프랑스의, 한국은 일본의 식민 지배를 받으며 자체적인 근대화 기회를 상실했고, 20세기 초 양국 모두 독립운동을 전개했다. 특히 베트남은 호찌민의 지도 아래 독립 동맹을 결성해 프랑스에 맞섰으며, 독립 이후에도 중국과의 복잡한 외교적 관계 속에서 냉전을 겪었고, 이는 분단과 냉전 체제 속에서 대중국 관계를 이어간 한국과 유사한 맥락을 이룬다.

이 새로 책봉을 받고 '주파(朱波, 면전)'가 진공하며, 사천 토사와 대만 생번(生番)의 토목(土目, 소수민족의 수장)이 연반(年班, 몽골 왕공, 사천 토사 등 변경 지역 정치체 수장이 정기적으로 조공 및 배알하는 것)을 오는 것을 언급한 후 조선, 안남, 유구, 섬라 네 나라의 배신(陪臣)이 상원절 연회에 온다고 썼다. 조공국 사신들이 북경에 모여 원명원에서 열린 상원절 연회에 참석하였다. 여기에는 막 정벌하여 굴복시킨 네팔의 사신도 있었다. 건륭제는 사신들에게 직접 술을 부어 주며 '복(福)' 자를 써 선물로 주었다. 당시 풍경을 「절전어원사연석중득구(節前禦園賜宴席中得句)」라는 시를 지어 기념하였다. "은혜로운 뜻으로 서로 어울리는 것은 역사책에서도 정말 드문 일이라"라고 시

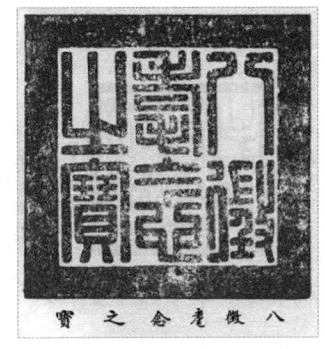

도판 21.4. 팔징모념지보를 찍은 것

구에 주석을 달고, "한 가족인 중외(中外)가 진실로 융화되어, 비로소 모두 큰 은덕을 받았다"라며 기뻐하였다. 조공국 사절들 역시 그렇게 생각했는지 알 수 없다. 하지만 건륭제는 의례를 통해 구현된 자신의 천하를 보고 즐거워했다.

상국은 진심으로 '자소'를 다했는가?

황은(皇恩)이란 예를 다하면 받을 수 있는 것인가. 이때 참석한 안남 사신 응우옌호앙쿠엉(阮宏匡)에 주목할 필요가 있다. 응우옌호앙쿠엉은 안남 국왕 응우옌반후에(阮文惠)가 파견했다. 레씨가 아닌 응우옌씨가 보낸 사절이다. 응우옌반후에는 떠이선 왕조의 통치자로 청의 책봉을 받은 레 왕조를 전복하며 청과 전쟁을 벌인 인물이다. 레 왕조는 그의 파상 공세를 막기 위해 청에 도움을 요청했고 청은 1788년 손상의를 총사령군으로 임명해 20만 대군을 베트남 북부로 보냈다. 하지만 다음 해 초 응우옌반후에는 탕롱을 공격하여 대승을 거뒀다. 레 왕조는 어쩔 수 없이 청으로 망

명했다. 건륭제는 양광총독에 복강안을 임명하여 이 문제를 해결하도록 했다. 응우옌반후에는 전투에서 승리했지만 청과 장기전을 벌이는 것은 큰 부담이었다. 베트남 내부에 여러 적대세력이 있는 상황에서 국내 정치의 안정을 위해 청에 투항하여 책봉을 받길 원했다. 건륭제는 이를 받아들여 그를 안남 국왕으로 책봉하기로 했고, 이에 대한 감사의 뜻으로 응우옌반후에는 응우옌호앙쿠엉을 정사로 하는 사은사를 북경에 파견했다. 레 왕조는 청을 상국으로 모시고 예를 다했지만 황제의 은혜로 중외(中外)가 하나 되는 연회에서 안남의 대표를 차지한 것은 응우옌씨였다. 현실적 국익 앞에서 속국의 지위는 언제든 변할 수 있었다. 속국은 반드시 지켜야 할 자국 영토가 아니라 외국이었다.

건륭제는 스스로 '십전노인(十全老人)'이라 불렀다. 재위 60년 동안 열 차례 중요한 전쟁을 승리로 이끌어 역사상 최고의 성세를 이루었다는 자부심에서 나온 말이다. 열 차례 전쟁 중 막바지는 응우옌반후에와 벌인 전쟁이었다. 건륭제는 전투에서 대패했지만 조공을 이끌어 내 자신의 승리로 치장했다. 패자이면서 승자의 기록으로 자신을 드러냈다. 지금 보면 후안무치해 보인다. 하지만 판 위에서 움직이는 말만 바뀌었지만 판은 더욱 공고해졌다. 안남의 통치자가 레씨인지 응우옌씨인지는 중요한 문제가 아니었다.

성세의 절정은 곧 내리막길을 예고했다. 19세기 서세동점이 거세졌다. 청 중심의 국제질서 안에서 해결할 수 없는 문제들이 일어나기 시작했다. 건륭제는 1788~1792년 티베트 국경분쟁으로 네팔을 두 차례 원정해 굴복시켰다. 건륭제 팔순 초 상원절 연회에 참석한 네팔 사신의 진공은 첫 원정의 결과였다. 청은 군사행동을 통해 네팔을 청의 질서로 편입했다. 가경 연간(1796~1820)이 되며 상황이 변했다. 1814년 네팔은 영국 동인도회사와 전쟁을 벌였다. 자력으로 막아 낼 수 없었기에 상국인 청에 도움을 요청했다. 청은 네팔이 5년 1공을 유지한다면 영국과 어떤 관계를 맺든 상관없다는 태도를 보였다. 네팔은 도저히 전쟁에서 이길 수 없었다. 결국 영국 동인도회사에 영토 일부를 할양하게 된다. 건륭제 '십전무공' 영광의 한 장면이 퇴색되는 순간이었다.

건륭 팔순 상원절 연회에 참석한 또 다른 나라 버마의 사정도 네팔의 그것과 비슷했다. 1765~1769년 건륭제는 운남(雲南, 윈난) 국경에서의 분쟁으로 네 차례 버마 원정을 감행한다. 이 원정은 '십전무공'의 하나이지만 건륭제는 승리하지 못했다. 승패 없이 버마와 화의를 맺는 것으로 마무리되었다. 화의에 대한 청과 버마의 입장은 달랐다. 포로를 교환하고 변경을 침범하지 않으며 무역한다는 것은 일치했다. 조공에 대해서는 달랐다. 청은 버마가 진공한다고 여겼으나 버마는 사신을 교환한다고 봤다. 사신의 성격은 중요했고 사신 파견을 둘러싼 마찰이 다시 불거질 수 있었다. 버마는 20년 동안 진공하지 않았다. 건륭제는 팔순을 앞두고 버마를 압박했다. 버마는 이에 응해 사절을 파견했다. 전쟁보다 평화를 택했다. '면전 국왕(緬甸國王)'이 청대 책봉을 받은 것은 이때뿐이었다. 청의 질서 안에 편입된 것이다. 하지만 청은 버마를 지켜 주지 않았다. 1820년대 버마는 영국과 마찰이 일어나자 청에 지원을 요청했다. 청은 네팔 때와 똑같은 입장을 취했다.

속국인 '자주'국의 위험에 상국은 어떻게 대처했는가?

청의 이웃 국가가 청과 책봉-조공 관계를 맺는다는 것은 청에 기대하는 바가 있기 때문이다. 국익에 아무런 도움이 되지 않는 조공을 하지 않는다. 황제가 사는 북경에서 수천 킬로미터 떨어진 나라라면 더욱 그렇다. 버마와 네팔은 청의 군사적 위협에 굴하여 청 중심의 국제질서에 들어갔다. 강압적 방식이라 하더라도 청의 위협은 제거되었다. 평화를 기대할 수 있었다. 그런데 또 다른 위협이 도래했다. 바로 서세동점이다. 이때 청은 아무런 도움이 되지 못했다. 청 역시 도와줄 형편이 아니었다. 건륭 성세에 가려져 있던 문제들이 터져 나오고 있었다. 각지에서 크고 작은 봉기가 일어났으며 자연재해가 끊이지 않았다. 부정부패가 만연했고 세수 불안으로 재정은 압박받았다. 운남과 티베트의 변경이 크게 위협받지 않는다면 버마와 네팔의 문제에 개입하기 어려웠다. 당시 청 황제 가경제는 건륭제처럼 할 수 없었다. 세력 확장이 아닌 수성이 필요한 시기였다. 두 나라가 그동안 지극한 사대를 했던 것도 아니었다.

　서세동점은 동남아시아에서 멈추지 않았다. 유럽 열강은 계속해서 동진했다. 청은 제1, 2차 아편전쟁을 겪으며 서양 '오랑캐'에게 문호를 개방했다. 서양 열강은 중국 전역을 자유롭게 다닐 수 있게 되었다. 황해에서 항해가 자유로워졌다. 중국 문제를 해결하자 시야가 넓어졌다. 청의 가장 '공순한' 조공국인 조선의 문을 두들겼다. 조선은 서양인들과 교류할 마음이 없었다. 서양인들이 교역을 청하면 '인신무외교(人臣無外交)'로 응대했다. 이는 전근대 중요한 대외 관념 중 하나로 『예기』의 "인신(人臣)이 된 자는 외교(外交)를 하지 말라"에서 기원한 말이다. 제후의 대신이 천자의 허락 없이 다른 제후국 군주와 사사로이 왕래해서는 안 된다는 의미였다. 이 말은 주 왕실의 권위가 떨어지고 제후국들이 패권을 다투던 춘추전국시대라는 배경에서 나왔다. 이후에는 사사로이 외국과 교류하거나 외국인과 접촉하는 것을 금하는 의미로 쓰였다. 바깥 외(外), 사귈 교(交)라는 글자 뜻 그대로의 의미를 가지고 있다. 오늘날 'diplomacy'라는 뜻을 지닌 외교와는 다르지만 조선 국왕은 청 황제의 책봉을 받은 제후로서 외국과 사귈 수 없다고 분명히 밝힌 것이다. '인신무외교'가 성문화된 외교 원칙이라거나 엄격하게 지켜야 하는 관례는 아니었다. 하지만 명·청 시대에는 이를 문제 삼으면 언제든 마찰을 유발할 수 있는 관념이었다. 조선이 서양과 교류하기 싫어 무작위로 말을 지어낸 것은 아니었다. '인신무외교'가 힘을 발휘한 것은 아니지만 제2차 아편전쟁 이전까지 조선과 서양 열강 사이에 심각한 무력 충돌은 발생하지 않았다.

제2차 아편전쟁으로 함풍제는 열하로 도망갔고 영국과 프랑스 연합군에 의해 북경이 불탔다. 청 황제는 수도로 돌아오지 못하고 새로운 황제 동치제가 등극했다. 서양 '오랑캐'와의 관계는 근대 국제법에 따라 움직였고 이전 속국과의 관계는 여전히 책봉-조공 관계에 따라 작동했다. 북경 주재 프랑스 공사관은 청에 프랑스 선교사들이 조선에 가서 활동할 수 있도록 여행증을 발급해 줄 것을 요청했다. 제2차 아편전쟁의 결과인 '북경조약'으로 중국 전역에서 선교활동이 가능해졌기 때문에 청의 속국인 조선에서도 선교활동이 가능하다고 본 것이다. 청은 프랑스의 요청을 거부했다. 조선은 청에 조공을 하나 자주(自主)를 하는 나라라는 이유였다.

조선에서 활동하던 프랑스 성직자들은 이미 있었고 청의 여행증 발급 거부에도 프랑스 사제들은 몰래 조선에 들어갔다. 청과는 무관한 일이었다. 1866년 정월 조선에서 병인박해가 일어났다. 프랑스 사제를 포함해 많은 천주교인이 죽었다. 가까스로 살아남아 조선을 탈출한 프랑스 신부 리델은 이 사실을 주청 공사 벨로네에게 알렸다. 벨로네는 조선에 보복을 감행했다. 청과 조선의 특수한 관계를 잘 알고 있었던 그는 공격 전 청에 조선 원정 사실을 통고했다. 청은 조선이 '자주'를 한다고 했기에 이 문제에 간여할 수 없다고 못 박았다. 청은 벨로네를 설득했지만 원정을 막지 못했다. 다급히 이 사실을 조선에 알렸고 프랑스와의 무력 충돌을 피하라고 했다. 예로써 프랑스인을 대하고 설명하여 돌려보내라고 했다. 청이 할 수 있는 최선의 방책이었다. 제2차 아편전쟁의 여파로 누구를 도울 형편이 아니었기 때문이다. 다행히도 충분한 준비 없이 원정에 나선 프랑스군은 스스로 퇴각했다.

이와 같은 상황은 1871년 신미양요 때도 마찬가지였다. 병인양요 3개월 전 제너럴셔먼호 사건이 있었다. 대동강에 불법으로 들어온 미국 상선 제너럴셔먼호는 전소되었고 배 안의 사람들은 모두 죽었다. 미국은 이 문제의 전말을 알아보기 위해 백방으로 노력했다. 조선과 접촉을 시도했으나 조선은 '인신무외교'를 내세워 소통 자체를 거부했다. 미국은 조선의 상국인 청에 중재를 요청했다. 청은 또 조선의 '자주'를 내세워 거부했다. 조선이 전해 온 제너럴셔먼호 사건의 시말을 알려 주지 않은 것은 아니었으나 미국과 조선을 연결해 주려는 노력을 하지 않았다. 시간은 흘러 1871년 그 유명한 신미양요가 일어났다. 병인양요 때 프랑스군처럼 미군은 알아서 철수했다. 이 과정에서 청이 한 것은 미국이 조선 원정 사실을 알리는 '국서'를 조선에 전해 준 것이 전부였다. 이것도 전례에 없다며 갑론을박을 거듭하다 조선이 준비할 수 있도록 전해 준 것이었다.

1882년이 되면 조선에 대한 청의 '돌변'한 태도가 가시적으로 드러났다. 조선을 권도(勸導)하여 미국과 통상조약을 맺도록 했다. 임오군란이 일어났을 때는 군사를 파견해 진압하고 심지어 대원군을 압송해 중국의 보정(保定, 바오딩)에 유폐했다. '자주'를 하는 조선에 적극적으로 간여하기 시작한 것이다. 1884년 12월 반청 세력이 주도한 갑신정변이 일어나면서는 더욱 적극적으로 조선 문제에 간여했다.

도판 21.5. 병인양요

 청이 조선 문제에만 적극적으로 나선 것은 아니다. 베트남 문제에도 적극 개입했다. 프랑스는 제2차 아편전쟁 전후로 베트남에서 영향력을 확대했다. 1862년에는 제1차 사이공조약을 맺어 다낭, 발랏, 꾸엉엔 세 항구를 개항하고 포교의 자유를 보장받았다. 1874년에는 제2차 사이공조약을 맺어 베트남을 영구적 독립국으로 승인하고 베트남이 다른 나라와 교섭할 때 프랑스의 동의를 받도록 했다. 베트남은 이 과정에서 청에 도움을 요청하지 않았고 청도 대략적 상황을 알고 있었지만 적극적으로 간여하지 않았다. 1867년, 1880년 베트남은 여전히 조공 사신을 파견했기 때문이다. 문제는 1880년 프랑스가 청의 베트남 종주권을 인정하지 않는다고 선포하면서 일어났다. 1881년 프랑스는 베트남이 청에 조공하는 것을 금지했다. 프랑스와 청 사이에서 안전을 도모하던 베트남은 위협이 커지자 청에 도움을 요청하게 되고 1884년 청불전쟁으로 발전했다. 속국 보호라는 명분이 있었지만 변경 안전을 위해 청이 군사적 개입을 시도한 것이다. 결과는 청의 패배였다. 1885년 청과 프랑스는 청의 베트남에 대한 종주권을 청산하는 천진조약을 체결한다.
 속국이 위험해 직면했을 때 청은 당시 정세에 따라 현실적 판단을 했다.

청의 대외적 위협 정도에 따라 '자주'를 하는 속국 문제에 개입했다. 유구는 어땠는가? 유구는 명 초 명과 책봉-조공 관계를 맺었고, 1609년 사쓰마번의 침략을 받아 사쓰마번에도 조공을 했다. 두 상국에 속하는 일종의 '양속(兩屬)' 관계였다. 이는 청대에도 마찬가지였다. 유구는 청 입관 후 청의 질서에 편입된 첫 속국이었으며 여전히 사쓰마번에 속했다. 그런데 일본이 메이지유신을 단행하고 1872년 번을 폐지하고 현을 세우면서 유구국 중산왕은 유구번왕이 된다. 1879년에는 일본이 무력으로 유구를 병탄하고 오키나와현으로 만든다. 유구도 가만히 있었던 것은 아니다. 1876년 12월 임세공(林世功)을 청에 밀사로 파견해 도움을 요청했다. 청은 이를 '외면'하지는 않았다. 청 내부에 군사적으로 해결할지 외교적으로 해결할지 강경파와 온건파의 대립이 있었고 교섭을 끊임없이 시도했지만 청은 일본의 강제 병합에 실질적 행동을 취하지 않았다. 사신 임세공은 1880년 11월 20일 북경에서 자결했으며 북경에 묻혔다.

다시 '속국'이란 무엇인가?

중국 고등학교 국정 역사 교과서인 『중외역사강요』는 명·청 시기 중국과 주변국 관계를 다음과 같이 설명한다.

> 경제·문화 발전 정도의 차이로 인해 명·청 시기 중국과 일부 주변 국가 간의 종번 관계(宗藩關係)라는 국가관계 체계가 형성되었다. 일부 주변 국가는 명과 청에 '칭신납공(稱臣納貢, 조공을 바치고 신하로 칭함)'하며, 명과 청의 황제로부터 책봉을 받고 명·청 황제의 연호

를 사용하였다. 종주국은 번속국의 내정에 간섭하지 않았다. 이러한 관계는 무력으로 형성된 것이 아니다. 조선, 유구, 베트남, 버마 등의 국가는 모두 중국과 이 같은 관계를 맺었다. 1879년 일본에 유구가 합병된 것을 시작으로 이러한 종번 관계는 점차 와해되었다.

전근대 중국과 주변국의 관계를 종번 관계로 칭했다. 종번이라는 말은 종주국과 번속국의 줄임말이다. 이는 상국과 조공국, 중국과 조공국 등으로 바꿔 말할 수 있다. 양자를 지칭하는 다양한 용어가 있었으나 큰 의미는 바뀌지 않는다. 이 관계를 구축하는 핵심은 책봉과 조공으로 이루어진 '칭신납공'이다. 종주국이 번속국에 간섭하지 않는다는 것은 번속국의 '자주'를 의미한다. 다만 위의 설명에서 짚고 넘어가야 할 점은 앞서 살펴봤듯 이 관계가 무력으로 맺어진 경우도 있다는 사실이다.

또 짚고 넘어가야 할 사실이 있다. 중국이 속국 내정에 간섭하지 않느냐이다. 청은 자소, 즉 소국을 아낀다는 명분으로 간섭했다. 하지만 자소는 선별적이었다. 최종적으로 현실 정세에 따른 국익 차원에서 판단했다. 속국에 간여할 때 경전과 전례를 활용한 명분을 내세우지만 국익이 중요했다. 상국과 속국을 얽어매는 명분이 중요하지 않다는 것이 아니다. 하지만 그것은 쌍방의 명분이 될 때 본래 의미를 갖게 된다. 일방적 명분이 되면 왜곡돼서 나올 수밖에 없다.

'속국'이 갖는 의미도 마찬가지다. 많은 학자들이 중국의 전근대 국제질서는 서양의 국제질서와 다르다고 강조한다. 조공 체제, 종번 체제 등 다양한 용어로 불리는 전자는 분명 위계적 질서였다. 하지만 그 위계 속에서 속국은 독립 군주에 의해 통치되었다. 그의 통치가 침범받으면 중국 중심의 질서 안에 존재할 이유가 없다. 그 질서 안에 존재하는 이유는 군주가 자신의 안위와 정통성을 지키기 위한 것이기 때문이다. 즉 대국이 '자소'를 못하면서 '사대'만을 강조하는 질서가 아니었다. 그것은 근대 제국주의의 보호령이나 식민지와는 근본적으로 달랐다.

오늘날 중국이 과거 조공 체제를 현대적 의미의 지배-종속 관계로 해석하려 한다면 이는 역사적 사실을 왜곡하는 것일 뿐 아니라, 동아시아의 평화로운 국제질서 구축에도 부정적 영향을 미칠 수 있다. 전근대 동아시아 조공 체제는 배타적 지배가 아닌 상호 의례와 실리를 바탕으로 한 관계였음을 이해하는 것이 중요하다.

◆ ◆ ◆

생각하는 훈련, 맥락 읽는 훈련, 남을 이해하는 훈련에는 시간과 노력이 든다. 현대사회는 사람들에게서 시간과 노력을 빼앗아 돈을 번다. 그러다 보니 많은 사람들이 시간과 노력을 들이지 않아도 되는 것에 빠져든다. 대표적인 것이 가짜뉴스다. 가짜뉴스는 사실이야 어떻든 욕하고 싶은 사람을 욕하고 혐오하고 싶은 사람을 혐오할 자유를 준다. 그래서 가짜뉴스가 활개 치는 지금이 혐오와 극단의 시대이자 벼랑 끝에 선 시대라고 할 수 있다. 위기의 시대를 타파하기 위해선 인간을 착취하는 현대사회 전반을 돌아보고 사람들에게 여유를 돌려줘야 한다. 그렇지 않으면 인류는 공멸의 길로 갈 수밖에 없다.

22

미국은 정말 중국에
'아름다운 나라'였는가?

우리가 흔히 '미국'이라 부르는 나라의 정식 명칭은 '아메리카합중국(USA, United States of America)'이다. 대체 어떤 과정을 거쳐 '아메리카합중국'이 '아름다운 나라(美國)'로 불리게 된 것일까? 그 과정을 추적하다 보면 국제관계의 진실을 알 수 있을지도 모른다.

❖ ❖ ❖

미·중 관계는 어디로부터 왔는가?

오늘날 한국은 미·중 패권 경쟁과 사드(THAAD) 배치로 인한 안보 딜레마, 그리고 아시아 공급망 재편 과정에서 기업들이 겪는 진퇴양난 등으로 인해 두 강대국 갈등의 최전선에 놓여 있다. 특히 반도체 산업은 이러한 갈등의 핵심에 해당한다. 미국의 압박과 중국의 위협 속에서, 한국 기업들은 양국 시장을 모두 고려해야 하는 어려운 상황에 직면해 있다. 또한 북한의 핵미사일 위협에 대응하기 위해 도입한 사드 체계를 둘러싼 갈등은 안보와 경제가 얼마나 밀접하게 얽혀 있는지를 극명하게 보여 준다. 여기에 글로벌 공급망 재편 과정에서 중국 의존도를 낮추라는 미국의 요구와 세계 최대 시장인 중국과의 관계를 유지해야 한다는 국내적 필요성 사이에서 기업들의 고민은 날로 깊어지고 있다. 이러한 복잡한 환경 속에서 한국이 전략적 모호성을 유지하며 생존과 번영을 모색하는 길은 결코 쉬워 보이지 않는다.

이처럼 미·중 갈등이 격화되고 양쪽을 동시에 상대해야 하는 현실을 떠올리면, 19세기 청나라가 미국을 '아름다운 나라(美國)'로 인식하며 협력 기회를 찾았던 역사가 흥미로운 시사점을 준다. 당시 청나라는 영국·프랑스·러시아 등 제국주의 열강들과 달리, 미국을 비교적 '비제국주의적' 성향 국가로 바라봤다. 실제로 미국은 제1, 2차 아편전쟁에서도 영국과 프랑스처럼 군사적 압박을 앞세우기보다 외교적으로 이익을 확보해 나갔고, 이는 청나라가 새로운 형태의 파트너로 미국을 주목하도록 만드는 계기가 되었다. 이러한 청의 미국 인식은 '가치 동맹'을 표방하는 미국과 '전략적 협력 동반자'를 내세우는 중국 사이에서 균형을 고민하는 현재 한국의 모습과 흥미롭게 맞닿아 있다. 더욱이 청나라가 조선에게 미국을 첫 서양 수교국으로 이끌어 연결했다는 사실은, 오늘날 한미동맹과 한·중 관계의 뿌리가 어떻게 형성되었는지 이해하는 중요한 단서가 된다.

미국은 독립 후 왜 중국으로 향했는가?

1783년 파리조약으로 미국은 영국에게서 독립을 공식 승인받았다. 독립의 환희는 한순간이었다. 독립전쟁의 여파로 경제는 심각한 침체에 빠졌다. 예전 식민본국인 영국과의 무역이 제약을 받으며 주요 교역품의 판로가 사라졌다. 필라델피아, 보스턴, 뉴욕 등 주요 항구는 무역 활동이 감소하며 활기를 잃었다. 실업률이 증가하고 상업적 불확실성이 커지며 도시민들의 생활은 더욱 어려워졌다. 전쟁 동안 물자를 공급하며 부를 쌓았던 상인들도 위기에 봉착했다. 영국과의 전통적 교역에서 벗어나 새로운 무역로와 시장을 개척해야 했다.

이때 한 남자가 열정적으로 새로운 가능성을 제시했다. 바로 태평양 탐험의 선구자 제임스 쿡 선장의 항해를 함께했던 존 레드야드였다. 그는 미국 북서부의 모피가 중국 시장에서 높은 가치를 인정받을 것이라고 주장하며 중국 광주(廣州, 광저우)의 번영과 무역 잠재력을 강조하고 북서부의 풍부한 모피 자원을 중국 시장과 연결하려는 구상을 제안했다. 그러나 레드야드의 야망은 현실의 벽에 부딪혔다. 자금 부족과 영국의 상업적 견제가 그의 계획을 막았다.

이때 필라델피아의 유력 상인 로버트 모리스(Robert Morris)가 나타나 새로운 제안을 했다. 그는 영국 리버풀 출신으로 열세 살에 메릴랜드로 이주해 필라델피아에서 성공한 상인이었다. 독립전쟁 중에는 대륙회의 재무 감독관으로서 군자금을 조달하는 등 독립군의 재정을 지탱해 큰 공을 세웠다. 그는 차를 새로운 무역 품목으로 삼아 중국과의 교역을 추진하자고 주장했다. 당시 유럽과 미국에서 중국차는 매우 귀중한 상품으로 여겨졌으며 상류층 사이에서 큰 인기를 끌었다.

1784년 초, 모리스는 무역회사를 조직해 360톤급 상선을 구입했다. 배 이름은 '중국황후호(Empress of China)'라 지었다. 이는 동방무역에 대한 미국의 야망과 기대를 상징했다. 중국황후호는 1784년 2월 22일 조

도판 22.1. 〈파리조약〉

지 워싱턴의 생일에 맞춰 뉴욕 항구에서 출항했다. 미국의 대중국 무역을 알리는 신호탄이었다. 선장으로는 경험 많은 항해사 존 그린(John Green)이 선임되었다. 화물 관리인에는 독립전쟁 참전 장교인 새뮤얼 쇼(Samuel Shaw)가 임명되었다. 중국 시장의 선호도를 정확히 알지 못했기에 북서부 모피, 미국산 인삼 등을 싣고 필라델피아의 무역 파트너들이 마련해 준 은을 최대한 많이 가져갔다.

거센 파도와 폭풍우, 영국군과 해적의 위협이 도사리는 항해였다. 중국황후호는 존 그린 선장의 노련한 솜씨와 승무원들의 단결로 1784년 8월 말 무사히 광주항에 도착했다. 하지만 그들은 예상치 못한 또 다른 도전과 마주했다. 청나라의 엄격한 무역규제와 복잡한 상관습이었다. 모든 거래는 공행이라는 중개상을 통해야 했고 외국 상인들은 특정 구역에서만 활동이 허락되었으며 중국 관리들과의 직접 접촉은 엄격히 제한되었다.

실리를 중시한 미국 상인들은 이런 어려움을 두려워하지 않고 빠르게 적응했다. 그들의 눈에 비친 것은 오직 거대한 시장의 가능성이었다. 실제로 중국황후호의 거래는 대성공이었고 큰 이윤을 남겼다. 화물 관리인

이었던 새뮤얼 쇼는 이번 항해에
서 미국산 인삼을 미국의 주요 수
출품으로 주목했다. 그는 귀국 후
외무장관(Secretary of the United
States for Foreign Affairs) 존 제이
(John Jay)에게 중국 무역에 대한
낙관적인 보고서를 제출했다. 다
음 해 미국 '영사'로 광주에 파견
되어 귀국한 후에는 인삼 무역이
금은 광산만큼 미국에 큰 부를 가
져다줄 것이라 호언장담했다.

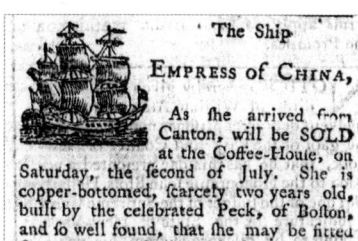

도판 22.2. 중국황후호 삽화가 실린 당시 신문 기사

그러나 새뮤얼 쇼가 큰 기대를 걸었던 인삼 무역은 난관에 부딪혔다. 안정적인 수급이 어려웠기 때문이다. 이후 수십 년간 미국 상선들은 희망봉을 돌아 광주와 활발한 교역을 이어 갔지만 대청 무역에서 가장 큰 수익을 올린 품목은 모피와 아편이었다. 특히 미국의 아편 무역은 영국에 비해 규모가 작았고 아편전쟁의 그림자에 가려져 크게 주목받지 않았으나 미국 상인들에게 상당한 이윤을 안겨 주었다.

'화기국'은 어떻게 '미국'으로 불리게 되었나?

1784년 여름, 광주의 항구가 뜨거운 햇살 아래 북적이고 있을 때였다. 홀연히 낯선 배 한 척이 모습을 드러냈다. 바로 중국황후호였다. 그들은 미국 열세 개 주를 상징하는 예포 열세 발을 쐈다. 신생 국가 미국이 동아시

아 무역 네트워크에 연결되는 순간이었다.

광주 사람들은 이전까지 미국이라는 나라를 거의 알지 못했으나 중국황후호의 국기와 인삼에 큰 관심을 가졌다. 중국황후호에 걸린 미국 국기는 붉은 바탕에 하얀 줄무늬와 별들로 장식되어 있었다. 이 독특한 문양은 인삼만큼이나 중국인들에게 새롭고도 인상 깊었다. 그들은 이 특이한 디자인을 보고 '꽃 깃발'이라 하여 화기(花旗)라 불렀고, 미국을 화기국(花旗國)으로 칭했다. 자연스럽게 미국산 인삼은 화기삼(花旗參)으로 불렸다. 화기삼은 고려삼과는 다른 특징으로 중국 시장에서 독자적 영역을 확보했다. 밝은색과 순한 맛이 특징이었고 고려삼보다 저렴한 가격대로 인기를 끌었다. 중국 상인들은 화기삼만의 특별한 약효가 있다고 믿었다. 화기삼은 안정적 공급과 품질 유지가 어려웠고 다른 인삼과의 경쟁으로 가격 변동이 심했지만 광주 무역에서 꾸준한 가치를 인정받으며 미·중 무역 초기의 상징적 교역품으로 자리 잡았다.

18세기 말 미·중 교역이 시작될 당시 가장 큰 과제는 언어 장벽이었다. 미국 상인들은 중국어를, 중국 상인들은 영어를 전혀 알지 못했기에 통역사의 도움이 필수적이었다. 하지만 통역사들조차도 신생 독립국 미국을 제대로 설명하기 어려웠다. 이러한 한계는 미국의 국명을 번역하는 과정에서도 드러났다. 중국 공식 문서에 처음 등장한 미국의 명칭은 '미리견국(咪唎堅國)'이었다. 이는 단순히 'America'의 음차에 불과했고, 'United States'라는 중요한 의미가 누락된 불완전한 번역이었다. 반면 민간에서는 미국 상선이 게양한 국기를 보고 지은 '화기국'이라는 이름이 자연스럽게 퍼져 나갔다. 깃발의 문양에서 따온 직관적인 이름이 정식 국명보다 더 쉽게 받아들여진 것이다.

19세기 초에 이르러 서양 선교사들이 미국에 관한 지식을 체계적으로 소개하기 시작했다. 1813년 런던선교회가 파견한 윌리엄 밀른(William Milne)은 《찰세속매월통기전(察世俗每月統紀傳)》이라는 중문 월간지를 창간하여 서양 문물을 소개했는데, 이 잡지에서도 이미 널리 통용되던 '화기국'이라는 명칭을 사용했다. 선교사들의 출판물은 미국에 대한 더 정확한 정보를 전달하려 했지만 '화기국'이란 명칭은 계속 사용되었다.

당시 중국인들의 미국 이해는 매우 제한적이었다. 1820년 광동(廣東, 광둥) 출신인 사청고(謝清高)는 포르투갈 상선을 타고 서구를 경험한 후 『해록(海錄)』을 저술했다. 그는 미국을 영국에서 독립한 국가로 소개하며 '미리간국(咩哩幹國)'이라 표기했으나 미국을 섬나라로 잘못 설명하는 등의 부정확한 정보를 담았다. 이는 당시 중국인들의 미국 이해가 광주에서의 제한된 무역 경험에만 기초했음을 보여 준다.

미국의 국명 번역에 있어 중요한 전환점은 1830년 광주에 도착한 최초의 미국 개신교 선교사 엘리야 콜먼 브리지먼(Elijah Coleman Bridgman)이었다. 그는 처음으로 미국 국명에 아름다울 '미(美)' 자를 넣었다. 1832년에는 《차이니즈 리포지터리(The Chinese Repository)》라는 최초의 중국학 전문 저널을 창간하여 미·중 문화 교류의 기반을 마련했다.

브리지먼은 중국어를 배우며 미국을 소개하는 책을 집필해 1838년 싱가포르에서 『미리거국지략(美理哥國志略)』을 출간했다. 이 책은 1844년 홍콩에서 재판을 내며 이름을 『아묵리격합중국지략(亞墨理格合衆國志略)』으로 고쳐 'United States'라는 의미를 새롭게 추가했다. 이는 단순한 국명 번역을 넘어 미국의 정체성을 중국에 정확히 전달하려는 시도였다.

재판이 출간된 해, 제1차 아편전쟁으로 청과 미국이 체결한 망하조약 교섭에 브리지먼도 참여했다. 당시 브리지먼은 미국 특권 대사 케일럽 쿠싱(Caleb Cushing)이 청 측에 제공할 미국 소개문을 중국어로 번역했는데

도판 22.3. 미국 국기 성조기

그의 중국어 실력 한계로 미국의 국명을 다양한 글자로 번역했다. 최종적으로 청나라 관원은 망하조약을 체결할 때 '아미리가합중국(亞美理駕合眾國)'이라는 명칭을 사용했다. 하지만 이 명칭은 거의 쓰이지 않았다.

제1차 아편전쟁을 겪은 후 중국은 세계에 대한 더 깊은 이해가 필요했다. 이에 1848년 서계여(徐繼畬)는 세계지리서인 『영환지략(瀛寰志略)』을 편찬했다. 그는 여기서 미국을 '미리견합중국(米利堅合眾國)'으로 표기하며 외국 지명의 한자 번역이 가진 근본적 어려움을 지적했다. 발음과 언어 구조의 차이에 더해 중국어의 동음이의어 문제와 광둥어 발음 기준의 번역이 혼란을 가중시켰다고 설명했다. 미국의 '미' 번역은 초기에 쌀 '미(米)' 자와 아름다울 '미(美)' 자가 혼재했지만 '아름다운 나라(美國)'가 대세가 되었다. 이는 단순한 국명 번역을 넘어 19세기 전반 중국인들의 미국에 대한 인식을 드러낸다.

벌링게임은 어떻게 청나라 '칙사'가 되었나?

1784년 중국황후호가 광주를 방문한 이래 양국 간 무역이 활발해졌지만 청의 입장에서 미국은 '서양 오랑캐'에 불과했다. 미국은 자신을 청의 '조공국'이라 여기지 않았지만 청 중심의 국제질서 속에서 황제의 '은덕'으로 서양과의 무역이 허가된 광주에서만 교역을 할 수 있었다. 그러나 제1차 아편전쟁으로 1842년 청과 영국은 남경조약을 체결했다. 당시 미국은 독립 이후 국제무역과 정치적 영향력 확대를 모색하고 있었고 남경조약의 특권이 알려지며 같은 권리를 확보하려 했다. 이를 위해 파견된 케일럽 쿠싱은 군함 USS 브랜디와인을 이끌고 천진(天津, 텐진) 근해에 정박했다. 일종의 무력시위였다. 청은 추가적인 외교 분쟁을 피하고자 했고 1844년 군사적 충돌 없이 망하조약이 체결되었다.

망하조약은 청나라가 서양 열강과 맺은 최초의 양자 조약 중 하나로 최혜국 대우와 영사재판권이 핵심이었다. 이를 통해 미국은 다른 열강들이 획득한 모든 권리를 얻었다. 자국민의 치외법권도 확보했다. 영국이 전쟁을 통해 얻은 특권을 미국은 외교적 압박만으로 획득했다. 또한 광주, 하문(廈門, 샤먼), 복주(福州, 푸저우), 영파(寧波, 닝보), 상해(上海, 상하이) 다섯 개 항구에서의 자유로운 무역권과 영사관 설치권도 얻었다. 이후 미국은 서부 개척과 함께 태평양을 넘어 아시아로 관심을 확대했고 중국은 중요한 시장으로 부상했다.

1856년 광주 근해에서 에밀리호(Emily) 사건이 발생했다. 주강에서 미국 상선 에밀리호의 선원 테라노바가 중국인 여성 곽량과 과일 거래를 하던 중 곽량이 사망한 것이었다. 청나라는 시신의 상처와 목격자 증언을 토대로 테라노바를 범인으로 지목하고 미국에 신병인도를 요구했으나 미국은 테라노바의 무죄를 주장하며 독립적인 조사를 요구했다. 청나라의 미국 선박 무역 제한 조치로 결국 테라노바가 인도되어 청의 법률에 따라 교수형에 처해졌다. 이 문제는 양국 간 외교문제로 비화되지는 않았지만 미국이 자국민 보호를 명분으로 청나라에 더 강경한 요구를 하는 계기가 되었고, 1858년 천진조약 체결 시 추가 항구 개방, 내륙 진출 허가, 선교 자유 등을 관철하는 근거로 활용되었다.

그러나 미국의 대중국 정책은 유럽 열강과는 뚜렷하게 달랐다. 미국은 제1, 2차 아편전쟁에서 영국, 프랑스와 차별화된 접근법을 보였다. 군사적 개입을 지양하고 외교협상을 통해 이익을 추구하는 온건한 방식을 선택한 것이다. 공식적으로 중립을 표방하면서도 전쟁 상황을 전략적으로 활용하여 최혜국 대우, 치외법권, 선교 자유 등의 특권을 확보했다. 특히 제2차 아편전쟁 당시 영국과 프랑스가 군사력을 동원해 청나라를 압박했다면 미국은 최대한 군사개입을 자제하며 천진조약을 체결하여 유럽 열강과 동등한 권리를 '외교적'으로 획득했다. 유럽 열강이 군사적 압박으로 지배적 관계를 구축하려 했다면 미국은 협상을 통해 상호 이익을 추구했다.

1861년 에이브러햄 링컨 대통령이 임명한 주청 공사 앤슨 벌링게임(Anson Burlingame)은 미·중 관계에 새로운 장을 열었다. 그는 원래 보스턴에서 변호사로 활동하며 매사추세츠주 헌법 제정 위원과 주 상원의원, 1855~1861년까지 연방 하원의원을 역임했다. 특히 1856년 노예제 반대 연설을 한 찰스 섬너 상원의원이 프레스턴 브룩스 하원의원에게 폭행당한 사건에서 벌링게임은 브룩스를 비열한 겁쟁이라며 맹렬히 비난했고 결투 신청을 받자 사격에 능한 자신의 장점을 살려 나이아가라 폭포 인근 북부 지역에서의 결투를 제안하며 상대를 기세등등하게 몰아붙였다. 브룩스의 결투 회피로 벌링게임은 북부에서 큰 명성을 얻었다.

이처럼 진취적이고 강단 있는 인물이었던 벌링게임은 주청 공사 부임 후 중국어를 습득하고 청 관리들과 적극적으로 소통하고 중국의 주권 존중과 근대화 필요성을 강조하며 신뢰를 쌓았다. 그의 노력은 1867년 역사적인 성과를 낳았다. 청 조정은 미국 공사 임무를 마치고 귀국하려는 벌링게임을 서양인 최초로 '칙사'로 임명하여 그를 수장으로 하는 서구 외교사절단을 구성해 국제 무대에 파견하기로 결정했다.

1868년 출발한 벌링게임 사절단은 청나라 관리 덕인(德璘)과 서규(徐

圭), 영국인 통역관, 프랑스인 비서관 등 약 30명으로 구성되었다. 이들은 청나라의 입장을 국제사회에 전달하며 서구 열강과 새로운 관계 정립을 모색하는 임무를 맡았다. 미국 일각에서는 이를 가장 보수적인 중국과 가장 진보적인 국가의 역사적 만남이라며 이 사절단을 대대적으로 환영했다. 그 결

도판 22.4. 앤슨 벌링게임

과 상호 주권 존중, 내정 불간섭, 이민자 보호 등을 규정한 벌링게임 조약(Burlingame Treaty)이 체결되었다.

사절단은 이어 유럽을 순방하며 청의 평화적 의지를 강조하고 서구 열강의 강압적 태도를 비판하여 커다란 반향을 일으켰다. 그러나 1870년 2월 상트페테르부르크에서 벌링게임이 갑작스럽게 사망하면서 사절단의 여정도 막을 내렸다.

청나라 최초의 유학생들은 왜 미국으로 떠났나?

두 차례 아편전쟁 이후 청나라는 생존과 재건을 위한 길목에 서 있었다. 서구 열강의 군사적·기술적 우위는 더 이상 막연한 공포가 아닌 이미 여러 차례 확인된 현실이었다. 이에 청 조정은 자강운동을 통해 서세동점의 위기를 극복하고자 했다. 이 과정에서 '중체서용(中體西用)', 즉 중국의 전통 체제를 유지하되 서양의 기술을 적극 도입하자는 주장이 확산되었고 양무운동이 추진되었다.

군사력 강화, 철도와 광산 개발, 근대 공업 육성을 위해서는 이를 이끌

인재가 절실했다. 서양인을 고용하는 것은 임시방편일 뿐이었다. 서구 기술을 단순히 책이나 번역 자료로 이해하는 것에도 한계가 있었다. 청 조정 내 개혁적인 관료들은 직접적인 경험을 통한 서구 기술 습득이 필요하다고 보았다. 이때 제안된 것이 어린 학생들을 대규모로 서양에 파견하는 '유미유동(留美幼童)' 계획이었다.

이 계획을 주도적으로 설계한 인물은 중국인 최초 미국 예일대학교를 졸업한 용굉(容閎)이었다. 그는 자신의 유학 경험을 통해 서구 교육이 단순한 지식 전달을 넘어 새로운 사고방식을 길러 주며 미래 인재를 양성하는 강력한 기반임을 깨달았다. 이홍장을 비롯한 자강운동 지도층의 지지를 얻은 용굉의 아이디어는 현실이 되었다. 1872년 첫 유학생 파견을 시작으로 1881년까지 평균 나이 12세 안팎인 어린 학생 120명을 미국으로 보내는 파격적인 실험이 이뤄졌다. 영국이나 프랑스 등 직접적인 군사 충돌을 겪은 유럽 열강들보다 벌링게임을 통해 우호적 관계를 형성한 미국은 유학생 파견에 더없이 좋은 나라였다.

유학생들은 주로 광동성 출신으로 엄격한 신체검사와 학업평가를 거쳐 선발됐다. 이들은 미국으로 건너간 후 뉴잉글랜드 지역 중산층 가정에 위탁되었다. 학생들의 일상생활은 배움의 과정 자체였다. 이들은 미국인 가정에서 자연스럽게 영어를 익히고 서구식 예절과 사교 방식, 토론 문화, 독립적 사고의 중요성을 체득했다. 이는 전통적 유교 규범이 지배하던 청나라 사회에서는 상상하기 어려운 변화였다. 학생들은 현지 공립학교와 사립학교에서 영어, 수학, 물리학, 항해학, 공학 등 근대적 교과를 수강했고 일부는 두각을 드러내며 예일대학교, 매사추세츠공과대학교(MIT), 컬럼비아대학교 등 명문 대학에 진학했다.

그러나 이러한 성공 뒤에는 균열과 갈등도 존재했다. 일부 유학생들은

탕샤오이

탕샤오이(唐紹儀, 1862~1938)는 청 말과 민국 초를 대표하는 외교가이자 정치가이다. 광둥성 출신으로, 1874년 제3차 유학생 파견 프로그램으로 미국 컬럼비아대학교에서 수학하였다. 1881년 귀국 후 묄렌도르프의 수행원으로 조선에 왔다. 1884년 갑신정변 당시 묄렌도르프의 집을 무장 경

도판 22.5. 탕샤오이

호하며 활약하여 위안스카이의 신임을 얻었고, 1885년 그의 핵심 참모가 되어 약 10년간 조선에서 활동했다. 1901년 톈진 해관도로 임명되어 8국연합군 철수 후 톈진 접수를 성공적으로 이끌었고, 영국과의 티베트 문제 협상에서도 성과를 거두며 중국의 주권 수호에 기여했다. 신해혁명기에는 남북 협상 대표로 청 황제 퇴위와 공화제 수립을 이끌었고 초대 내각 총리가 되었다. 그러나 위안스카이와 갈등으로 사임한 뒤 쑨원을 지지하며 호법운동에 참여했다. 말년에는 고향에서 지방행정과 개혁에 힘썼으나, 1937년 이후 일본이 그를 괴뢰정부 수장으로 이용하려 한다는 의혹 속에 1938년 상하이에서 암살되었다.

서구식 복장을 하고 기독교로 개종했으며 중국식 전통 예절 대신 서구 예법을 따랐다. 이는 보수 관료들에게 중국 전통을 흔드는 위협으로 받아들여졌다. 특히 기독교 개종은 유교적 가치관에 대한 도전으로 여겨졌다.

내부 갈등에 더해 외부 상황도 악화되었다. 1870년대 후반부터 미국 사

회에서는 반중국 정서가 확산됐다. 특히 캘리포니아를 중심으로 중국인 노동자 배척 운동이 전국으로 퍼져 나갔다. 유학생들은 이러한 반중 정서에 불안감을 느낄 수밖에 없었다. 결국 내부적으로는 보수 관료의 반발, 외부적으로는 반중 정서 확산이라는 이중고 속에서 청 조정은 1881년 유미유동을 중단했다. 이는 1882년 미국의 '중국인 배척법(Chinese Exclusion Act)' 제정 직전 결정되었다.

유미유동은 단기적으로는 '실패'했다. 하지만 9년이라는 짧은 시간 동안 유학생들은 기술적·학문적 역량뿐 아니라 새로운 사고방식을 중국으로 가져왔다. 귀국한 유학생들은 중국의 근대화에 큰 족적을 남겼다. 당소의(唐紹儀, 탕샤오이), 채소기(蔡紹基, 차이샤오기), 당국안(唐國安, 탕궈안) 등은 철도, 외교, 교육 분야에서 현대적 제도를 도입하고 기술혁신을 이끌었다. 당소의는 중화민국 초대 내각 총리로서 외교 정책을 새롭게 정립했고, 채소기는 베이양대학 초대 총장으로 고등교육의 기틀을 마련했으며, 당국안은 청화학당(지금의 청화대학) 초대 총장으로서 근대 교육의 발전을 이끌었다. 이처럼 유미유동의 성과는 단순히 몇몇 유학생들의 개인적 성공을 넘어 중국 전체의 발전 동력이 되었다.

청나라는 왜 조선에 미국을 소개했나?

청나라에게 미국은 다른 서양 국가들과는 달리 '아름다운 나라'처럼 보였다. 영토 야심이 뚜렷했던 영국, 프랑스, 러시아와 달리 미국은 비제국주의적 성향 국가로 여겨졌으며 벌링게임의 활동과 그의 주도로 청과 미국이 체결한 조약을 통해 보인 모습은 실제로 그랬다. 이 조약을 계기로 미국은 동아시아에서 청과의 외교적 신뢰를 바탕으로 입지를 확대했으며 청 역시 미국을 새로운 협력대상으로 평가하게 되었다. 그 연장선에서 유학생이 파견됐고 이제 미국은 청과 주변국의 관계에 등장하기에 이르렀다.

유구는 청나라와 일본 양국 모두에게 조공을 바치는 중요한 국가로 동아시아 정치 지형에서 전략적 위치를 차지하고 있었다. 1854년 유구는 미국의 페리 제독이 이끄는 함대가 일본을 개항시키기 위해 체결한 미일화친조약과 유사한 형태로 미국과 근대적인 조약을 체결했다. 이를 계기로 유구는 미국과 더불어 프랑스, 네덜란드 등 서구 열강들과도 공식적인 외교관계를 맺게 되었다.

하지만 일본의 야욕이 유구를 덮쳤다. 1872년 일본은 유구왕국을 유구번으로 편입했고, 1879년에는 유구번을 폐지하고 오키나와현을 설치하였다. 유구는 일본의 병합 조치에 순순히 따르지 않았다. 대신 청나라에 밀사를 파견하여 도움을 청했다. 이 시점에서 청 정부는 기존의 조공 체제 논리만으로는 유구 문제를 해결하기 어려움을 깨달았다. 처음에 청 정부는 이 요청에 소극적인 태도를 보였다. 그러나 유구 밀사들의 적극적인 활동과 이들이 형성한 중국 내 동정여론에 힘입어 보수파의 지지도 얻었다. 이에 따라 청 정부는 유구 문제에 적극적으로 개입하기 시작했다.

이러한 복잡한 국제 정세 속에서, 퇴임 후 세계 순방 중이던 전 미국 대통령 율리시스 S. 그랜트(Ulysses S. Grant)가 중재에 나섰다. 1879년 7월 그랜트는 일본을 방문하여 청과 일본 간의 갈등이 무력 충돌로 이어질 경우 서구 열강이 이를 기회로 삼아 동아시아에서 자신의 이익을 추구할 수 있음을 경고했다. 그는 또한 일본의 근대화 성과를 인정하며 양국 간의 갈등을 외교적으로 해결할 것을 제안했다. 그랜트는 이후 청나라를 방문하여 이홍장과 면담했다. 이 만남에서 그랜트는 동아시아의 평화 유지를 위

도판 22.6. 이홍장

한 협력의 중요성을 강조하며 유구 문제에 대한 타협안을 제시했다. 유구를 남북으로 분할하여 일본과 청나라가 각각 통치하자는 제안이었다. 이는 미국이 동아시아 문제에 현실주의적 접근을 했음을 보여 준다. 하지만 양국은 합의에 이르지 못했고, 유구는 완전히 일본의 영토로 병합되었다.

이 사건은 이홍장에게 두 가지 중요한 교훈을 남겼다. 첫째, 전통적인 조공 체제나 종주권 논리만으로는 새로운 국제 질서 속에서 국익을 지키기 어렵다는 점이었다. 서구식 국제법과 외교 체계가 동아시아를 잠식하기 시작하면서 전통적 방식으로는 일본과 같은 신흥 강국의 도전에 효과적으로 대응할 수 없게 된 것이다. 둘째, 서구 열강의 동아시아 개입을 최소화하기 위해 미국과 같은 중재자의 활용 가능성을 탐색해야 한다는 점이었다. 비록 그랜트의 중재는 실패로 돌아갔지만 이를 통해 미국이 동아시아에서 일본의 팽창을 견제할 수 있는 잠재적 세력임을 보여 줬다.

유구 문제가 불거지던 1870년대 초부터 이홍장은 조선 문제에 관심을 가졌다. 그는 양무 사무를 담당하는 북양대신으로서 예부가 관할하는 조선 사무에 관여할 권한은 없었다. 하지만 동아시아 정세는 급박하게 돌아갔다. 청의 안전보장이라는 관점에서 이홍장은 조선 문제를 새로운 안보 전략의 일부로 인식했다 운요호 사건으로 일본이 조선에 군함을 파견하며 이홍장에게 기회가 왔다.

당시 청나라에 사행을 온 조선의 영의정 이유원이 이홍장과의 접촉을 시도했다. 조공 사신의 조공로는 정해져 있었기에 직접 만날 수 없었지만 영평부의 지부이자 이홍장의 막료였던 유지개를 통해 서신을 교환했다. 이는 전통적 전례에 어긋나는 일이었다. 하지만 이홍장은 이 끈을 놓지 않았다. 고종의 심복 이유원도 마찬가지였다. 이후 이홍장은 이 비공식 채널을 통해 완곡하게 지속적으로 조선에 문호 개방과 개혁을 권했다.

조선의 변화는 1880년대에 들어서야 이루어졌다. 1881년 조선은 서양의 기술을 배우기 위해 '유일'하게 믿을 수 있는 청나라에 유학생을 파견했다. 다음 단계는 서양과의 조약 체결을 통한 문호 개방이었다. 이를 주도한 것이 청나라, 더 정확히는 이홍장이었다. 이홍장은 영선사 파견을 이끌며 조선 문제를 적극적으로 다룰 수 있는 권한을 광서제로부터 확보했다. 그가 조선이 처음 서양과 맺을 근대식 조약의 상대국으로 선택한 나라는 바로 '아름다운 나라' 미국이었다.

이홍장은 미국을 비교적 온건하고 실용적인 협력대상으로 평가했다. 그는 미국이 다른 서구 열강과 달리 아시아에서 직접적인 영토 확장을 추구하지 않는다고 보았다. 특히 1874년 일본의 타이완 출병으로 인해 청과 일본의 갈등이 고조되었을 때 이홍장은 미국의 중재자 역할을 높이 평가했다. 미국이 청·일 간 충돌을 완화하고 협력을 도모하려 한 점을 긍정적으로 본 것이다. 비록 미국이 분쟁 해결에 적극적으로 나서지는 않았지만 그들의 현실주의적 태도는 조선의 자주성과 청의 영향력을 동시에 유지하는 데 도움이 될 수 있었다.

1880년 이홍장의 막료인 주일 영사 황준헌은 일본을 방문한 조선의 수신사 김홍집에게 조선이 처한 국제적 위기 상황을 설명하고, 이를 타개할 대책을 제시하며 『조선책략』을 전했다. 이 책의 핵심은 '친중국(親中國),

결일본(結日本), 연미국(聯美國)'이었다. 중국과 친하게 지내고 일본과 관계를 공고히 하며 미국과 외교관계를 맺으라는 것이었다.

황준헌은 미국을 영국으로부터 독립해 워싱턴의 지도 아래 공화정을 수립하고 강대국임에도 도덕적이고 평화적인 대외정책을 유지하는 나라로 평가했다. 그는 특히 미국이 타국의 영토나 인민을 탐내지 않고 강압적으로 타국의 정치에 간섭하지 않는 점을 높이 평가했다. 이는 미국이 약소국을 지원하고 국제적 공의를 수호하려는 의지를 보여 준다고 보았던 것이다. 또한 미국이 중국과 10여 년간 외교관계를 유지하며 분쟁을 피했고, 일본과도 통상 및 군사훈련을 권장하며 조약개정에 협조해 온 점을 들어 미국이 동양 국가들의 유익한 동반자가 될 수 있다고 강조했다. 이러한 주장은 동아시아의 전통적 조공 체제를 근대 국제질서로 전환하는 과정에서 미국의 역할을 부각하는 데 기여했다.

『조선책략』은 조선에서 큰 반향을 일으켰고 이홍장의 '지도'하에 조선은 1882년 미국과 조미수호통상조약을 체결했다. 이는 조선이 서양 국가와 맺은 최초의 조약이었으며 이후 맺은 조약들과 비교할 때 조선의 관세 자주권을 인정하고 불평등한 요소를 최대한 배제한 쌍무적 협약이었다. 비록 최혜국대우 조항으로 인해 조일통상장정(1883)과 조영수호통상조약(1883)에 규정된 경제적 특권을 공유하게 되었지만 미국은 주도적으로 특권을 요구하지는 않았다. 또한 조약 당사국의 대표자가 조인한 조약문을 수정 없이 본국에서 그대로 비준했다.

청나라와 조선 모두에게 미국은 이름 그대로 '아름다운 나라'처럼 보였다. 그러나 미국은 이홍장의 기대에 완전히 부응한 것은 아니었다. 이홍장이 조미수호통상조약에 조선이 청의 속방임을 명기하려 했지만 미국 전권대사 슈펠트는 이를 거부했다. 오히려 조약 체결 시 조선 측에 독립국임

『조선책략』이 구한말 한반도에 미친 영향

『조선책략』은 1880년 청나라 참찬관 황준헌이 러시아 남하에 대비한 외교 전략을 제시하며 작성한 책으로, 당시 일본에 파견된 조선 수신사 김홍집에게 전달되었다. "친중국(親中國)·결일본(結日本)·연미국(聯美國)"이라는 외교 전략을 제시한 이 책은 조선이 쇄국에서 개국으로, 전통에서 근대화로 나아가는 중대한 전환을 자극했다. 조선 조정은 이 책의 권고에 따라 통리기무아문 설치, 별기군 창설, 영선사와 신사유람단 파견 등을 통해 제도 개혁과 근대 기술 도입을 시도했으며, 1882년 조미수호통상조약 체결로 국제사회와 본격적인 외교관계를 수립했다. 하지만 이 과정에서 보수적 유림과 위정척사파는 이를 서양 이교와 일본 침략을 부추기는 사악한 책략이라 비판하며 강력히 반발했다. 1881년 이만손의 영남 만인소로 표출된 이러한 갈등은 임오군란(1882)과 갑신정변(1884)으로 이어져 심각한 내분을 초래하기도 했다.

을 보여 주는 국기 게양을 요구했고 이때 태극기가 만들어졌다. 이 사건은 조선의 독립국 지위와 청의 종주권 주장이 충돌한 대표적 사례로 남았다.

이홍장은 여기서 멈추지 않고 조선 조정에 조선이 청의 속방임을 밝히는 조회문을 미국 대통령에게 보내도록 했다. 하지만 미국 정부는 이를 공식적으로 접수하지 않았다. 청이 보는 조선과 미국이 보는 조선은 서로 달랐던 것이다.

늘 아름다운 나라일 수 있을까?

140여 년이 흘렀다. 미국은 정말 중국에 '아름다운 나라'였을까? 2022년은 한·미 수교 140주년이자 한·중 수교 30주년을 맞이한 해였다. 한국의 시각에서 보면 두 관계 사이에는 무려 110년의 격차가 존재한다. 그러나 이 격차는 단순히 시간의 차원이 아니라, 동아시아 국제질서가 근대 전환기 이후 어떻게 거대한 변동을 거쳐 현재에 이르렀는지 함축하며 과거와 현재를 관통하는 중요한 의미를 지닌다.

사실 한·미 수교는 청나라의 '중개'로 이루어졌다. 청은 이를 통해 조선의 '속방' 지위를 세계에 분명히 하려 했지만, 미국은 조선을 독립국으로 대우했다. 그 결과 '아름다운 나라'로 불린 미국은 청의 기대에 부응하지 않았고, 이는 근대 전환기에 동아시아 전통질서와 근대 국제질서가 충돌하며 재편되는 상황을 선명하게 드러냈다. 19세기 말 청일전쟁에서 청의 패배는 결국 동아시아 전통질서의 붕괴로 이어졌고, 미국 역시 1899년 '문호 개방' 정책을 통해 중국 시장 진출을 본격화하며 제국주의 열강의 면모를 드러내기 시작했다.

반면 1992년에 맺어진 한·중 수교는 냉전체제 종식 이후 새로운 국제질서의 등장과 경제적 필요가 맞물린 결과였다. 당시 한국이 타이완(중화민국)과 단교하고 중화인민공화국과 수교한 배경에는 1972년 닉슨의 중국 방문으로 상징되는 미·중 관계 개선, '하나의 중국' 정책, 그리고 미국의 지지가 있었다. 특히 1978년 중국의 개혁개방 선언 이후 급속한 경제 성장은 한·중 수교의 결정적 계기가 되었으며, 이는 동아시아 국제정치의 흐름을 뒤바꾸는 전환점이 되었다.

중국의 소개로 한국은 처음 미국과 관계를 맺었고, 냉전 후기 미국이 중국을 '국제사회'로 이끌면서 한국과 중국의 관계 또한 개선될 수 있었다. 이처럼 근대 이래 한·미 관계와 한·중 관계가 동떨어진 것이 아니라, 삼국의 이해관계 속에서 긴밀히 맞물려 발전해 왔다. 현재 미·중 갈등이 심화되는 가운데 중국이 '신형대국관계'를 주창하고 미국이 '인도-태평양 전략'을 추진하는 상황은, 중국이 영원한 '상국'일 수 없고 미국도 영원히 '아름다운 나라'로 남을 수 없음을 다시 한번 일깨운다.

오늘날 미·중 패권 경쟁이 심화하면서 동아시아 국제질서는 다시 한번 큰 변화를 맞이하고 있다. 반도체와 배터리 등 첨단기술을 둘러싼 미·중 갈등, 타이완해협의 군사적 긴장, 북핵 문제 등 복잡한 도전 속에서 한국은 전략적 모호성을 유지하며 생존과 번영을 도모해야 하는 상황에 놓여 있다. 19세기 말 청나라가 미국을 '아름다운 나라'로 여기며 국익을 도모했으나 결과적으로 실패했던 역사적 경험은, 오늘날 한국이 어느 한쪽에 대한 과도한 기대나 의존을 경계해야 함을 일깨워 준다.

...

국제관계와 관련한 유명한 격언이 있다. "영원한 친구도 영원한 적도 없다." 인류 역사를 보면 오랜 우방국을 버린 경우는 물론 서로 전쟁을 벌인 나라끼리 친구가 되는 경우도 많다. 이때 수많은 국가의 절대적 행동 기준은 바로 '국익'이다. 대한민국 역시 경제적 이익을 위해 수십 년간 자본주의 우방국이었던 중화민국(타이완)과 단교하고 이제 막 개혁개방을 시작한 공산국가 중화인민공화국(중국)과 수교한 전례가 있다. 전 세계 모든 나라는 언제나 국익에 따라 움직인다. 처음에는 협력적 관계를 구축하다가도 국익 변화에 따라 관계를 재정립하는 것이 국제관계의 엄연한 현실이다. 아무 대가 없이 남 좋은 일만 하는 국가는 없다. 오늘의 공짜 점심은 내일의 청구서로 날아올 것이다. 이러한 국제관계의 본질을 이해해야만 우리는 올바른 외교 정책을 수립할 수 있다. 상대국의 진정한 의도를 파악하고, 우리의 이익을 명확히 하며, 호혜적 관계를 구축하는 것이 지속 가능한 외교의 핵심일 것이다.

23

중국은 왜 더 이상 아편을 수입하지 않게 되었나?

모든 것에는 양면성이 있다. 심지어 19세기 중국을 황폐화시킨 아편조차 복합적인 측면을 가지고 있다. 중국인을 수백 년간 괴롭힌 이 아편이 의도치 않게 중국을 국제무역의 일원으로 편입시키는 계기 중 하나가 되었다는 복잡한 역사적 과정을 살피면 어떨까? 중국과 아편을 둘러싼 역사의 아이러니를 살펴보면 사회 현상의 복잡성을 파악할 계기를 얻을 수 있지 않을까?

· · ·

아편은 중국에 어떠한 영향을 미쳤을까?

현재 세계 무역에서 주요한 자리를 차지하게 된 중국, 19세기의 중국에서 가장 중요한 무역상품은 아편이었다. 마약의 일종인 아편이 중국에 대량으로 수입된 일이 아편전쟁으로 이어진 역사는 널리 알려져 있다. 그러나

도판 23.1. 아편 재료인 양귀비 과육에서 나오는 유액

아편전쟁 이후에도 아편이 19세기 말까지 중국의 가장 중요한 수입품이자 중국 경제와 세계경제를 연결하는 핵심 상품이었다는 사실은 덜 알려져 있다. 아편은 국제무역의 규모가 급성장한 19세기에 중국을 세계시장과 연결했던 중요한 무역 상품이었다. 그리고 아편전쟁 이후에도 중국이 수입하는 상품 중 가장 큰 비중을 차지하고 있었다. 그러다가 19세기 말에 점차 비중이 줄어들었다. 아편 수입이 줄어드는 현상은 중국의 산업과 무역구조가 변화하여 새로운 방식으로 세계시장에 참여하게 되는 과정이었다. 아편은 중국의 개항을 가져온 계기이면서 20세기 전반기까지 중국에 만연한 사회악이기도 했지만 한편으론 19세기 중국의 경제적 변화를 가져온 무역상품이라 할 수 있다.

중국의 아편 무역은 어떻게 시작되었을까?

중국에서의 아편 무역은 마카오에 자리 잡고 있던 포르투갈 상인들이 18세기 후반 아편을 중국에 들여오면서 시작되었다. 그리고 포르투갈 상인의 뒤를 이어 중국으로의 아편 수출에 나섰던 것은 바로 영국의 동인도회사였다. 1760년대부터 벵골의 아편을 중국으로 수출하기 시작했던 동인도회사는 황포(黃埔, 황푸)를 아편 무역의 중심지로 활용하였다. 그러다가

1796년에 청 정부가 아편을 금지하자 아편을 개별 상인들에게 넘겨서 중국에 판매하는 간접적인 방식을 취하게 되었다. 그리고 1797년부터 인도에서 아편 생산과 판매를 독점하기 시작하였다.

영국 동인도회사의 아편 무역은 영국에서 차 수요가 증가하면서 대중국 무역 적자가 심화하던 상황에서 돌파구를 만들어 주었다. 아편을 통해 동인도회사가 낸 수익은 인도에서의 총수입 중 1/7을 차지할 정도였다. 19세기 초가 되면 영국 상인들이 주로 활동했던 황포가 아편 시장으로서 마카오를 능가하게 되었다.

아편 원료인 양귀비는 인도에서 주로 벵골 지역에서 재배되었다. 특히 인기가 있던 것은 '파트나(Patna)'산과 '베나레스(Benares)'산이었다. 이 지역에서의 아편 제조와 판매는 동인도회사가 독점권을 가지고 있었다. 그러나 동인도회사의 영향력이 미치지 않는 자치주에서 생산된 아편에 대해서는 동인도회사가 통제할 수 없었다. '말와(Malwa)'산을 비롯하여 이러한 통제되지 않은 아편 생산이 점차 늘어나 동인도회사의 가격통제에 타격을 입히기도 했다. 동인도회사의 독점이 약화된 것은 인도 아편의 대중국 수출을 더욱 확대하는 요인이 되었다. 1820년대가 되면 인도의 대중국 수출에서 아편 비중이 면화를 넘어섰고 이러한 양상은 이후에도 계속되었다.

오랫동안 자기와 비단 수출, 그리고 특히 18세기에 크게 늘어난 차 수출로 세계 각 지역의 은이 중국으로 유입되던 상황이 1820년대를 기점으로 중국 은의 전 세계 유출로 바뀌게 된 것이 결국 아편전쟁의 중요한 원인이라는 점은 잘 알려져 있다. 이러한 은 유출의 배경에는 아편 무역 자체뿐 아니라 아편 무역과 연결된 1820년대의 런던 국제금융시장 탄생도 작용하고 있었다. 전 지구적으로 이루어지는 무역 자금의 최종결제가 런던에서 이루어지게 되었고 파운드화를 기초로 한 다양한 거래가 활성화되었다. 그로 인한 영향은 미국 어음의 등장이라는 형태로 중국에도 미치게 되었다. 미국에서 영국으로 수출한 면화에 대한 채권에 기초하여 미국 상인들이 발행한 어음은 중국에서 차 수입 대금으로 활용되기도 했지만 아편 무역에 참여하는 이른바 '지방무역' 상인들(country traders)이 기존에 활용하고 있던 동인도회사의 어음을 대체하기도 했다. 이를 통해 지방무역 상인들은 무역상품인 아편 공급에서나 금융 측면 모두에서 동인도회사에게서 독립하게 되었던 것이다. 이 과정은 아편 무역이 중국-인도-영국을 잇는 삼각무역에서 다각무역 구조로 재편되는 과정이면서 영국 동인도회사의 대중국 무역 독점 구조가 해체되는 과정이기도 했다. 또한 미국 상인들이 미국 어음을 활용하여 차를 구매하게 된 것은 아편 수입량 급증과 함께 중국에서의 은 유출을 가속화한 요인으로도 작용했다.

아편전쟁 이전의 아편 무역은 금지 상품을 다루는 밀무역이었기 때문에 청조 해외무역의 공식적인 통로인 광주(廣州, 광저우)의 공행을 통해서 이루어지지 않았다. 아편 무역이 주로 이루어진 거점은 주강 입구에 있던 영정(零丁, 링딩)섬이었다. 1821년 이후 청 정부가 마카오와 황포에서 아편 밀매를 금지하자 아편 무역이 영정섬으로 집중되기 시작하였다. 관선 순찰이 있었지만 이들은 뇌물을 받고 아편 밀수를 묵인하였다. 이처럼 외곽에 배를 정박시키고 거래하는 시스템은 아편전쟁 이후에 다른 지역으로 확대되었다.

외국 상인들 입장에서 아편은 금지 품목이었기 때문에 세금이 없고, 공행을 통해야 하는 복잡한 절차와 여러 부대 비용이 필요한 공식 무역상품과 달리 바로 현금으로 지불받을 수 있었기 때문에 이익이 많이 남는 상품이었다. 영국 동인도회사 독점이 깨진 이후 아편 무역을 통해 부를 축적한 상인들이 등장하기 시작하였다. 아편 무역으로 성장한 대표적인 상인은 바로 자딘매디슨사(社)의 창업자 윌리엄 자딘이었다. 1822년에 처음 광주에 도착한 윌리엄 자딘은 매그니악사 소속으로 아편을 파는 일을 하다가 1825년에는 이 회사의 공동 경영자가 되었다. 그리고 1832년에 제임스 매디슨과 함께 자딘매디슨사를 설립하였다. 자딘매디슨사는 이후에도 아주 오랫동안 아편 무역에서 핵심적인 역할을 담당하였고 아편 무역이 퇴조한 이후에도 여러 사업에 진출하여 중국에서 활동하는 대표적인 외국계 기업으로 자리 잡았다. 중화인민공화국 건국으로 중국에서 사업을 철수한 이후에도 홍콩을 중심으로 계속 사업을 운영하여 지금까지도 다양한 사업을 운영하는 지주회사로서 남아 있다. 여러모로 외국 기업의 중국 진출사에서 빼놓을 수 없는 중요한 행위자로서 주목할 필요가 있다.

아편 상인은 아편전쟁에서 어떤 역할을 했을까?

아편 무역으로 성공한 윌리엄 자딘은 아편전쟁의 계획과 실행 과정에서도 중요한 역할을 담당하였다. 임칙서가 광주에 흠차대신으로 파견되어 조정의 아편 엄금 정책을 강력하게 관철하기 위해서 외국 상인들에게서 아편을 몰수하여 폐기한 이후 영국의 파머스턴 수상은 중국에 군대를 파견하기로 결정하였다. 파머스턴은 중국 사정에 밝은 윌리엄 자딘에게 취해야 할 조치들에 대한 보고서를 요청하였고 그와 자딘매디슨사의 런던 대리인인 존 에이블 스미스는 기꺼이 이 요청에 응했다. 나중에 파머스턴은 이들로부터 얻은 정보가 매우 유용했다고 평가했다. 이처럼 윌리엄 자딘을 비롯하여 아편 무역에 참여한 영국 상인들은 아편전쟁 과정에 깊이 개입하였다. 윌리엄 자딘은 대중 강경 노선을 지지하는 무역상들의 리더였다. 그들은 10년 넘게 자신들이 발행한 신문 지면을 통해 청조에 대한 강경한 정책을 주장하였고 이러한 주장은 나중에 파머스턴과 토리당 내각에 의해 실행에 옮겨졌다. 또한 전쟁 기간 동안 자딘메디슨사는 무장한 아편 수송선을 영국 해군에 임대했고 선장을 항해사로 활용할 수 있게 했으며 통역관도 제공하였다. 그 외에도 해도와 같은 정보는 물론 숙박과 식료품 등도 제공하였다. 영국의 군사 원정에 대한 지원에는 덴트사 등 아편 무역을 하고 있던 다른 회사들도 가담하였다.

아편 무역은 어떻게 합법이 되었을까?

아편전쟁의 결과 맺어진 남경조약을 통해 다섯 항구가 개항되고 홍콩이 영국에 할양되었으며 서양 상인들이 공행을 통하지 않고도 개항장에서 무역을 할 수 있게 되는 등의 변화가 있었다. 그러나 남경조약에는 아편에 대한 내용이 들어 있지 않았다. 그러나 청 정부의 묵인 속에서 아편 무역은 전쟁 이후 더욱 확대되었다. 인도에서 중국으로 수출된 아편의 양은 1840년에서 1859년 사이에 네 배 이상 증가하였다.

아편 무역에는 영국 상인들뿐 아니라 미국 상인들도 참가하였다. 보스턴의 러셀사가 그중에서도 가장 큰 규모였다. 이들은 1820년대부터 영국 상인들을 따라 아편을 거래하기 시작했고 1830년대 중반부터는 인도와 중국 사이의 아편 무역에서 점유율을 크게 높였다. 미국 상인들은 인도산 아편 외에 튀르키예산 아편도 수입하였다.

아편전쟁 이전에 영정섬에서 아편을 거래하던 방식은 이후 이른바 '연

아편전쟁

아편전쟁은 '제1차 중영전쟁'이나 '제1차 아편전쟁' 등으로도 불린다. 청의 도광제가 파견한 임칙서가 광주에서 서양 상인들의 아편을 몰수하고 적극적인 금연 정책을 펼친 것이 계기가 되었다. 1840년 6월 영국 함대가 광주에 도착하면서 전쟁이 시작되었고, 영국 함대는 기술적 우위를 바탕으로 우세를 점했다. 1842년 여름 영국 함대가 양자강과 대운하의 교차 지점을 장악하면서 청조가 더 이상의 전투를 포기하고 협상을 하게 되었다. 1842년 8월에 체결된 남경조약은 비록 체결 당시에는 불평등조약이라는 점에 대한 인식이 뚜렷하지 않았지만, 중국을 서양에 개방시키고 중국에서 서구의 영향력이 강해지는 장기적인 과정의 출발점이 되었다. 남경조약을 통해 홍콩섬이 영국에 할양되었고, 중국은 광주에서 쫓겨났던 영국 상인들에게 은 2100만 달러를 배상하

도판 23.2. 아편전쟁

기로 동의했다. 또한 다음 해에 추가된 조약을 통해 영국에 치외법권을 보장했다. 남경조약은 이후 프랑스, 미국, 러시아 등과 유사한 조약을 체결하게 되는 계기가 되기도 했다.

해 시스템'으로 발전하였다. 대형 선박을 연해의 주요 거점에 정박시키고 이 선박에서 중국 상인들과 아편을 거래하였다. 그리고 쾌속선을 활용하여 여러 정박 지점을 연결하면서 아편을 공급하였다. 자딘매디슨사의 사례를 보면, 1845년에 이 회사 선박 열다섯 척 중 다섯 척은 인도와 중국을 오가며 아편을 운송하였고 700톤급 대형 선박이 홍콩, 황포, 하문(廈門, 샤먼), 남오(南澳, 난아오), 금문(金門, 진먼)만 등에 정박하고 있으면서 아편 거래처로 활용되었다. 그리고 나머지 배들은 홍콩과 연해의 각 정박 지점들을 연결하며 공급을 담당하였다. 회사는 이 시스템을 유지하기 위해서는 매년 25~30만 달러의 거액이 필요하였다. 1846년에는 외국 선박 50여 척이 이와 비슷한 방식으로 전문적으로 아편 무역을 하고 있었다. 그중에서 자딘매디슨사와 러셀사의 선박이 각각 열다섯 척으로 가장 큰 비중을 차지하고 있었다. 이러한 시스템은 이후에도 계속 유지되었다.

아편 무역은 제2차 아편전쟁을 통해 합법화되었다. 천진조약이나 북경조약에는 아편에 대한 조항이 없었지만 천진조약 체결 이후 상해(上海, 상하이)에서 중국과 영국이 세칙 회의를 열어 1858년 11월에 조인한 부속 세칙 제5조에는 아편 무역의 합법화를 가져온 내용이 들어 있었다. 이 세칙의 중문판에서는 '아편(鴉片)'이 아니라 '양약(洋藥)'이라는 이름이 사용되었고, 양약 100근(약 50킬로그램)에 은 30냥(약 1.2킬로그램)의 수입세를 부과하도록 규정되어 있었다. 세칙의 영문판에는 '아편(opium)'이라는 이름이 명시되어 있었다.

아편 무역 합법화 이후 중국에서는 어떤 일이 일어났을까?

중국의 아편 수입량은 꾸준히 증가하였으나 1879년에 정점에 도달한 이후에는 빠르게 감소하기 시작했다. 아편이 중국의 수입품 중에서 차지하는 비중은 1868년에는 33.1퍼센트, 1880년에는 39.3퍼센트에 달했다. 그러나 그 이후에 빠르게 감소하여 1890년에는 19.5퍼센트, 1900년에는 14.8퍼센트, 1905년에는 7.7퍼센트로 줄어들었다. 아편 수입의 감소는 아편 소비 감소 때문이 아니었다. 중국에서의 아편 소비는 1949년 중국 공산당 집권 이후 강력한 '금연' 정책을 추진하기 전까지는 계속 높은 수준을 유지하였다. 수입 감소는 국내 생산 증가 때문에 나타난 현상이었다. 아편의 중국 내 생산은 이미 19세기 초부터 관찰되고 있었고 1850년대에 아편 수입이 급증하면서 본격적으로 국내에서 아편이 경작되기 시작하였다. 점차 확대된 중국산 아편은 19세기 말이 되면 수입 아편을 밀어내면서 그 자리를 대신하였다.

19세기 내내 가장 중요한 수입 물품이었던 아편은 재정 확충 수단이면서 화폐 기능을 담당하기도 했다. 제2차 아편전쟁 이후 아편 수입이 합법화한 결과 아편 수입 증가는 곧 관세 증가이기도 했다. 아편을 통한 재정 수입은 해관에서의 관세에 한정되지 않았다. 외국 업자들이 조약항에서 아편을 하역하면서 내는 관세는 청 조정의 재정수입원이었지만 아편을 중국 상인들이 내륙에서 운송하는 과정에서는 화물 통과세인 이금(釐金)의 형태로 지방정부의 수입원이 되기도 했다. 이금은 태평천국의 난 진압 과정에서 만들어진 세금으로 지방정부의 가장 중요한 재정 자원이었고 이후에 반란 진압과 신식 군대 창설, 공업화 추진 등을 위한 중요한 재정 기반이 되었다.

외국 아편 수입과 유통 과정에서만 재정수입이 발생하는 것은 아니었다. 아편의 국내 경작이 확산되고 중국산 아편이 수입 아편을 압도하게 되면서 아편을 통한 재정 확보 노력은 국내 경작 아편을 향하게 되었다. 주로 20세기에 이루어진 일이지만 각 지역의 군벌들이 아편을 재정수입원으로 활용했으며 심지어 이를 위해 아편을 강제로 재배시키기도 했다. 재정수입원으로 아편을 활용하는 것은 군벌 정권에만 한정된 일이 아니었다. 국민당 정권, 일본 점령 당국이나 괴뢰국 만주국 역시 아편을 재정수입원으로 활용하였다. 심지어 전시 공산당도 이러한 일에서 자유롭지 못했다.

아편은 화폐로도 널리 활용되었다. 19세기 중국에서는 은과 동전이라는 기존 화폐 외에도 외국 은화나 어음과 같은 다양한 화폐가 유통되었다. 아편 또한 널리 유통되면서 가치가 안정적인 상품이라는 특성 때문에 화폐 기능을 담당하기도 하였다. 아편은 동전보다 훨씬 가볍기 때문에 운송에 편리했다. 같은 가격의 은보다는 무겁지만 은 거래에 수반되는 비용을 피할 수 있다는 장점도 있었다. 은은 주조된 은화의 형태가 아니라 무게와 순도를 따져서 거래해야 했기 때문에 여러 가지 불편함이 있었다. 특히 중국 남부 지방 상인들이 은보다 아편을 선호했다고 한다. 자딘매디슨사나 덴트사와 같은 외국 상인들은 차나 생사와 같은 중국 상품의 대금으로 아편을 지급하였다. 아편은 상점 주인이나 수공업자, 노동자 들 사이에서도 현금 대신 사용되었다.

중국에서 아편이 재정수입원으로 활용된 것이나 화폐 기능의 일부를 담당했던 것은 아편의 광범위한 유통이 중국 경제에 미친 영향을 보여 주는 것이라고 할 수 있다. 또한 앞서 언급한 것처럼 국내 아편 경작이 점차

아편의 폐해

아편 흡연은 상층사회의 사치스러운 소비로 시작되었다. 그러다가 아편 재배가 확대되면서 농민이나 도시 하층 노동자들 사이에서도 아편 흡연이 점차 증가하였다. 이들은 질병 치료나 상층 문화에 대한 동경이 계기가 되어 흡연을 시작하였다가 중독에 이르는 경우가 많았다. 아편은 현대의 마약과는 달리 부정적인 효과가 오랜 시간 뒤에 나타났기 때문에, 사람들이 중독의 심각성을 뒤늦게 깨닫는 경향이 있었다. 청 말에 아편 금연 활동이 어느 정도 성과를 거두기도 했지만, 신해혁명 이후 계속된 정치적 혼란 속에서 군벌 정권이나 외국의 점령 정권, 심지어 국민당이나 공산당까지도 재정수입을 위해 아편을 활용하면서 아편의 폐해는 더욱 악화되었다. 아편은 개인 건강과 가정 경제 상황에 악영향을 미쳤는데, 아편 중독 때문에 가산을 탕진하고 가정이 파탄 나는 경우도 적지 않았다. 또한 실업 증가를 가져오기도 했으며, 아편이 범죄 조직의 주요 수입원이 됨으로써 범죄 증가와도 연결되었다.

도판 23.3. 1890년대 캘리포니아 샌프란시스코 중국인 숙박업소의 아편굴

증가하여 결국 수입 아편을 구축했던 것은 아편이 가져온 충격에 국내 시장이 적응한 것이라고도 볼 수 있다. 아편 경작이 널리 확산되면서 운남(雲南, 윈난)이나 광서(廣西, 광시)에서는 쌀과 아편을 윤작하는 경향이 나타나기도 하였다. 아편 흡연이 사회적으로 널리 확산되는 과정은 아편 경제의 토착화와 나란히 진행되었다. 수입 아편이 국내산 아편으로 대체되는 과정은 아편 가격 하락과 함께 사치품이었던 아편이 하층 육체노동자들에게로 확산되는 과정이기도 했다. 그런 점에서 중국에서 아편은 서구에서 차와 설탕이 걸었던 길과 비슷한 길을 따라갔다고도 할 수 있다.

아편 무역의 축소는 서양 상인들에게 어떤 영향을 미쳤을까?

아편의 '국내화'와 아편 수입 감소는 아편 무역을 통해 성장한 서양 상인들의 상황에도 큰 변화를 가져왔다. 서양 상인들은 아편 무역을 둘러싼 변화 속에서 도태되기도 하고 변신을 시도하기도 하였다.

장기적으로 중국산 아편 확산이 아편 무역을 통해 성장한 서양 상인들에게 위기를 가져다주었지만 경쟁이 중국 내부로부터 온 것만은 아니었다. 중국산 아편 확산이 경쟁 심화를 가져오게 되자 인도에서 조달하는 아편 원가가 관건이 되었다. 이 부분에서 우세를 점하고 있던 사순 가문의 성장으로 자딘매디슨사나 러셀사와 같은 기존의 주요 아편 수입업자들이 아편 무역에서 밀려나게 되었다.

기존 기업들은 도태되거나 새로운 활로를 찾아야만 하는 상황이었다. 자딘매디슨사는 1860년대부터 새로운 사업에 진출하면서 아편 무역 퇴조에 대응하기 시작하였다. 아편, 차, 비단 등 무역에서 점차 중개 거래, 운송, 은행업, 보험업 등으로 사업 영역을 넓혀 가기 시작했던 것이다. 이러한 사업 다각화는 아편 무역 정점이 지난 이후에도 이 회사가 지속적으로 성공을 거둔 주요한 요인이 되었다. 그리고 자딘매디슨의 업종 전환은 중국 시장과 세계시장이 맺는 관계의 변화나 중국 산업 구조의 변화와 맞물려 있기도 했다.

자딘매디슨사는 금융 분야에서 경쟁자의 등장을 막기 위해 홍콩상하이은행(HSBC) 설립을 방해했으나 결국은 협력관계를 맺게 되었다. 운송 분야에서는 스와이어라는 강력한 경쟁자가 등장하기도 하였다. 자딘매디슨사는 새로운 돌파구를 찾기 위해 중국에서 방적공장을 건설하려고 노력했고 이후에는 철도 사업에 진출하기도 하였다. 자딘매디슨사가 1870년대부터 추진한 방적공장 건설은 결국 1895년 청일전쟁의 결과로 맺어진 시모노세키조약으로 중국에서 외국인들의 제조업 진출이 가능해진 이후에야 성과를 거두었다. 공업이나 철도 등의 분야에 진출하려는 자딘매디슨사의 노력은 중국에서의 외국 기업의 생존 방식의 변화를 잘 보여 준다. 아편 무역으로 시작된 외국과 중국의 경제적 관계가 이제 새로운 구조로 전환되기 시작했던 것이다.

아편은 중국 무역의 구조에 어떤 영향을 남겼을까?

아편 무역의 주역이었던 자딘매디슨사가 여전히 세계적인 대기업으로 남아 있고, 아편 무역으로 발전한 회사들에게 자금을 제공하며 성장했던 홍콩상하이은행(HSBC)이 여전히 세계적인 은행이라는 점은 아편 무역의 유산이 여전히 남아 있음을 보여 준다. 또한 개항 과정이나 이후 중국과 서구 열강 사이에서 나타난 불평등이라든가 사회악으로서의 아편이라는 문제는 아편의 어두운 측면을 잘 보여 준다.

그러나 무역 자체에 주목하면 아편이 세계시장과 중국 시장을 긴밀하게 연결한 상품이었다는 점을 부정할 수 없다. 19세기 아편을 둘러싼 중국의 변화를 보면 수입 상품이 가져온 변화에 국내 시장이 적응하는 모습을 볼 수 있다. 그리고 19세기 말 이후 금융이나 제조업 분야에서도 유사한 변화를 관찰할 수 있다. 수많은 부작용과 비극에도 불구하고 아편은 중국이 세계시장에 통합되는 과정에서 핵심적인 역할을 담당하였다. 세계적으로 무역이 급증하던 19세기 동안 아편은 가장 중요한 무역상품 중 하나였다. 그러나 중국과 세계시장의 연결이 심화되는 국면에 들어서면 아편은 오히려 무역상품으로서의 중요성을 상실하기 시작하였다. 19세기 말은 이른바 '운송 혁명'과 함께 각국 경제에서 무역이 차지하는 비중이 급증하는 시기였다. 중국에서도 1870년에서 1914년 사이에 국내총생산에서 수출의 비중이 세 배 이상 증가하였다고 한다. 그러나 이러한 무역 급성장 시대는 아편이 주인공 자리에서 내려오는 시기이기도 했다. 이 시기에 들어 외국자본은 운송, 공업, 금융 등 다양한 분야에서 새로운 방식으로 중국에 진출하기 시작했고, 중국의 민간 기업가들 역시 자체적으로 산업화를 위한 노력을 시작하였다. 일본과의 전쟁, 사회주의 혁명 등의 정치적 변동으로 인해 많은 우여곡절을 겪게 되었으나, 현시점에서 거시적으로 중국의 역사를 되돌아보면, 아편이 가장 중요한 무역상품의 지위를 내려놓게 되면서 세계의 공장으로서 중국의 발걸음이 시작되었다고 할 수 있다.

◆ ◆ ◆

중국이 아편 수입국에서 아편 생산국으로 변하면서 발생한 산업구조의 변화와 그에 따른 국제사회에서의 역할 변화는 세상에 절대적인 악도 절대적인 선도 없다는 생각이 들게 한다. 결국 선과 악은 고정된 것이 아니라 우리가 어떻게 받아들이고 활용하는지에 따라 얼마든지 좋은 결과도 나쁜 결과도 가져올 수 있을 것이다. 이제 우리 삶 속에서 우리를 힘들게 하는 것이 우리의 성장을 도울 수 있고, 우리를 편하게 해 주는 것이 우리를 안주하게 만들 수 있다는 사실을 알게 된다면, 눈앞의 상황에 쉽게 흔들리지 않는 강한 마음을 갖게 될 것이다.

24

중국은 왜 일당 지배 국가가 되었나?

인간은 언제나 남과 함께 살아야 한다. 그래서 '저 사람은 왜 저럴까?'라는 의문은 보편적이고 꽤나 타당하다. 그 의문을 해결하기 위해 남을 진지하게 고찰하고 질문하고 고민하는 과정에서 나에게도 특이한 부분이 있음을 발견하면서 이해의 폭이 넓어지게 된다. 민주공화정을 채택한 대한민국 국민으로서 중국은 이해하기 어려운 측면들이 많다. 하지만 지금의 중국을 이해하기 위해 과거부터 진지하게 살펴본다면 어느 정도 이해할 만한 지점이 생기지 않을까?

◆ ◆ ◆

중화인민공화국과 중국공산당은 어떤 관계일까?

중화인민공화국은 중국공산당이 지배하는 국가이다. 중화인민공화국에서 당과 국가의 관계가 드러나는 장면 중 하나가 우리의 국회에 해당하는 전국인민대표대회의 각 기 제1차 전체회의이다. 전국인민대표대회에서 5년마다 중화인민공화국의 국가원수인 국가주석을 선출하는 순간 세계의 언론들은 누가 국가주석이 될 것인지에 대해 그다지 주목하지 않는다. 이미 누가 될 것인지 다 알고 있기 때문이다. 전해에 열린 중국공산당 전국대표대회에서 당 총서기로 선출된 사람이 자연스럽게 국가주석으로 선출된다. 전국인민대표대회에서는 국가주석 외에도 국무원 총리, 전국인민대표대회 위원장, 국무원 수석부총리 등 국가의 주요 지도자를 선출하지만, 그 자리는 모두 중국공산당 전국대표대회에서 결정된 중앙정치위원회 상무위원들로 채워진다. 그렇기 때문에 외국 언론들은 전국인민대표대회에서 이루어지는 국가 지도자 선출보다는 중국공산당 전국대표대회에서 상무위원 일곱 명이 서열순으로 걸어 나오는 순간에 훨씬 더 관심을 기울인다.

  중국공산당의 국가 지배는 정부의 최고위층에만 한정되지 않는다. 9000만 명이 넘는 당원을 가진 중국공산당은 기층까지 촘촘하게 구축된 연계를 통해 국가의 모든 영역을 관장하고 있다. 공무원의 85퍼센트가 공산당원이며 간부의 경우 공산당원이 90퍼센트에 달한다고 한다. 정부 외에도 인민정치협상회의와 여덟 개 '민주당파' 등 형식적으로는 공산당 외부에 있는 정치조직도 실질적으로는 공산당의 지도를 받는다. 또한 중국의 군대인 인민해방군은 국가의 군대가 아니라 당의 군대이다. 중국공산당은 이 외에도 노동조합, 청년단, 부녀회 등을 통해 정치조직과 군대뿐 아니라 사회 전반에 대한 폭넓은 '지도'를 관철하고 있다. 당의 '지도'는 간부 임면권, 주요 기관에 그 기관 소속의 핵심 당원으로 이루어진 소그룹인 '당조', 당에 대한 지시 청구 및 보고 제도 등을 통해 관철된다.

  이처럼 하나의 정당이 계속해서 권력을 유지하고 있으며 당이 국가기

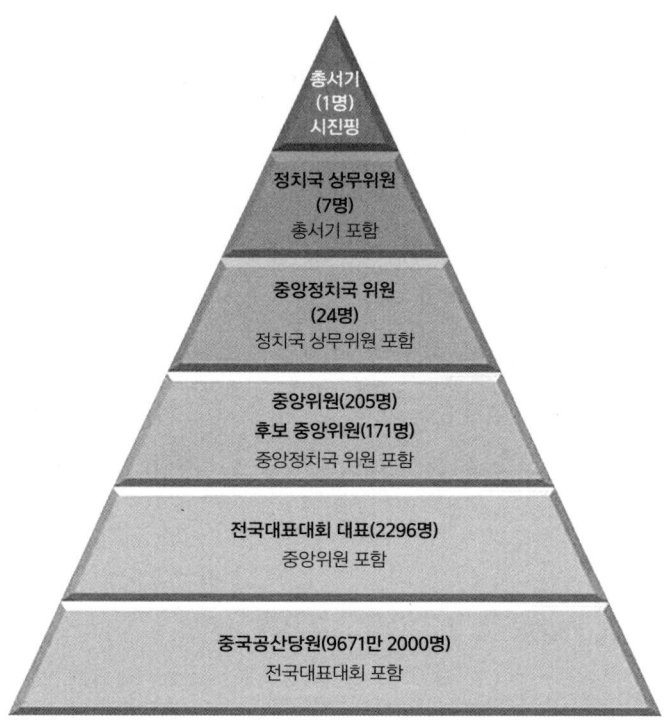

표 24.1. 중국공산당 권력 구조, 중국공산당 제20차 전국대표대회(2022년 10월)

구와 긴밀하게 연결되어 있으면서도 국가기구보다 우위에 있고 국가기구 외에도 광범위한 영역에 영향력을 행사하고 있다는 점에서 중국은 일당 지배 국가라고 할 수 있다. 이렇게 하나의 정당과 국가가 일체화되어 있는 중국의 체제를 당-국가 체제라고 부른다. 중국에서 당-국가 체제가 시작된 것이 중화인민공화국이 건국된 1949년부터라고 생각하기 쉽지만 그렇지 않다. 중국공산당과 함께 20세기 중국 정치사의 또 다른 주역이었던 중국국민당 역시 유사한 체제를 오랫동안 유지했으며 중국공산당도 1949년 이전부터 이러한 당-국가 체제를 구축하고 있었다. 따라서 당-국가 체제는 20세기 이후의 중국 정치사를 이해하기 위한 핵심적인 문제라고 할 수 있다.

신해혁명 이후 의회제는 어떻게 되었나?

정당 체제에 대한 연구로 유명한 정치학자 조반니 사르토리는 일당제가 무당제와는 다르며 다당제 실패의 결과라는 분석을 제기한 바 있다. 그는 일당제 국가는 정치적으로 발전한 사회에서 정당다원주의가 실패했을 때 나타나는 해결책이라고 이야기한다. 중국에서도 일당 지배체제가 등장하는 과정은 다당제에 기초한 입헌주의 실험의 실패를 배경으로 하고 있다. 중국의 입헌 운동은 청나라 말기인 1890년대부터 본격적으로 시작되었다. 입헌군주제를 목표로 했던 개혁이나 조정에 의한 입헌 시도는 실현되지 못했지만 신해혁명으로 청조가 무너진 직후에 선거를 통해 의회 선거가 이루어진 것은 청 말의 입헌 운동과 입헌 준비 기간부터 이어진 흐름이라고 할 수 있다. 각 성 혁명파들이 구성한 임시정부는 타협을 통해 청 황실의 퇴위를 이끌어 내고 중화민국을 수립했으며 대총통 자리를 위안스카이에게 넘겨주는 대신 의회 중심 정치를 구상하고 있었다. 그러나 위안스카이가 선거에서 제1당이 된 국민당의 의회 지도자 쑹자오런을 암살하고 국민당을 해산한 데 이어 의회마저 해산한다. 그리고 종신 임기를 법제화한 후에 황제 즉위까지 시도했다. 위안스카이 사후에도 의회제 질서가 복원되지 않고 군벌들이 권력을 각축하는 상황이 이어졌다. 결국 신해혁명의 성공에도 불구하고 의회를 중심으로 하는 체제는 실패로 돌아갔다고 할 수 있다.

도판 24.1. 중화민국 임시대총통 위안스카이(사진 정중앙)

황제 지배체제가 붕괴하고 공화국이 수립되었음에도 불구하고 헌법 제정이 지연되고 의회제도 무력화된 상황은 공화국과 의회정치에 대한 실망과 환멸로 이어졌다. 신문화운동과 5·4운동 시기의 많은 사상적 모색 또한 이러한 실망과 환멸을 배경으로 하고 있다고 볼 수 있다. 사상적 모색 가운데에는 '사회'의 발견, 대안적 사회의 탐색과 같은 흐름도 없지 않았지만 정치체제 변화를 지향하는 세력들은 서구의 의회주의 모델과는 다른 방향을 추구하기 시작하였다.

신해혁명 이후 중국인들은 어떤 정체를 꿈꾸었나?

혁명파 지도자였던 국민당의 쑨원은 일본으로 망명한 후에 지도자를 중심으로 엄격한 조직력을 갖춘 정당을 지향하는 중화혁명당을 결성하였고 열강의 지원을 받아 군사력을 갖추어 베이양 군벌이 주도하는 베이징

정부에 맞서 새로운 혁명을 시작하고자 하였다. 원래 쑨원이 지향하던 정치 체제는 의회제를 중심으로 하는 서구적 민주주의였지만 이때부터는 완전한 헌정으로 가기 전에 인민을 훈련하는 단계가 필요하다고 생각하게 되었고 혁명당이 헌정까지 가는 길을 주도해야 한다는 생각을 하게 되었다. 결국 '총리'에게 권한이 집중된 혁명당이 '당치(黨治)'를 통해 국가

도판 24.2. 쑨원

를 건설하려는 노선으로 선회하게 된 것이었다.

이러한 변화는 쑨원 혼자만의 것이 아니었다. 1910년대의 사상·문화운동이 5·4운동을 계기로 정치운동으로 전환되는 분위기 속에서 일부 지식인과 청년 들은 러시아혁명을 보면서 새로운 대안을 발견했다고 생각하게 되었다. 그리고 반제국주의 세력과의 연대를 통한 세계혁명을 추구하던 소련과 국제공산주의 운동의 지도 단체인 코민테른이 중국에서 사회주의에 관심을 가지게 된 그룹을 지원하면서 1921년에 중국공산당이 창당되었다. 코민테른은 아직은 세력이 미약한 중국공산당과 연대할 반제국주의 세력으로서 쑨원에게도 주목하였다. 지역 군벌과의 협력을 통한 군사혁명 노선에서 실패를 거듭하고 많은 노력에도 불구하고 열강의 지원도 얻지 못하고 있던 쑨원은 소련과 코민테른이 내민 손을 잡았다. 코민테른의 지원을 받은 국민당은 1924년에 레닌주의적 정당 모델에 따라 전면적으로 당 조직을 개편하였고 이때 중국공산당원을 당내로 받아들이면서 '제1차 국공합작'이 시작되었다. 국민당의 새로운 조직구조에는 쑨원 특유의 사상이 반영된 부분도 있었지만 기본적으로 소련공산당 모델을 따른 것이었다.

5·4운동 전개 과정에서 마르크스주의 정당이 탄생하고, 국민당이 소련의 지원과 지도로 국민혁명을 전개하게 된 것은 사회주의혁명 이론을 부분적으로 수용하면서 신해혁명 시기의 의회제와 공화제 원리에서 벗어나게 된 것이라고 할 수 있다. 국민당과 공산당은 1927년에 제1차 국공합작이 결렬된 이후 1936년에 시안사건*이 일어날 때까지의 시기나 1946년에서 1949년 사이의 국공내전 기간에 격렬하게 대립한 중국 정치사의 라이벌이었다. 그러나 정당 조직 방식이나 당과 국가의 관계 설정이라는 면에서는 쌍둥이처럼 닮은 정당이기도 했다. 1920년대 이후의 중국 정치사는 복잡한 전개 과정에도 불구하고 정치체제라는 면에서는 당-국가 체제라는 구조를 가장 중요한 축으로 하고 있다고 할 수 있다.

중국국민당은 어떤 국가를 만들고자 했나?

국민당은 1924년 제1차 전국대표대회를 전후로 당을 재조직하면서 당 중앙의 '중앙집행위원회'가 지도하는 정부 기구 체제를 정비하고 당과 정부 사이의 명령과 복종 체계를 확립하였다. 북벌** 이전에 광둥 지역에서 지역 정권을 운영하고 있던 시기에 이미 당-국가 체제의 기본 구조를 만

* 1936년 중국공산당군과 대치하고 있던 동북 군벌 출신인 장쉐량과 양후청이 항일 항전을 주장하며 중국국민당 지도자 장제스를 구금한 사건.
** 신해혁명 이후 건국된 중화민국이 위안스카이의 황제 즉위 시도 실패를 비롯한 우여곡절 끝에 광둥 지역을 중심으로 한 지역 정권으로 축소된 상황에서 중국 전역은 군벌 할거 상태로 전락했다. 중국국민당은 쑨원 사후 장제스가 당을 이끌며 상황을 반전시키기 위해 1926년 군벌 타도를 목표로 중국 남부에서 북쪽으로 군사행동을 개시했는데, 이를 '북벌(北伐)'이라고 한다. 장제스가 이끄는 국민당군은 중국 각지의 군벌과 전쟁을 벌이는 동시에 협상·협력을 통해 세력을 넓혀 갔고, 마침내 1928년 베이징을 점령하면서 북벌에 성공한다.

레닌주의적 정당 모델

현재의 중화인민공화국과 같이 당이 국가보다 우위에 있으면서 국가 기관과 긴밀하게 연결되어 있는 정치체제를 당-국가 체제, 당국 체제, 당정 체제 등으로 부른다. 여러 나라에서 이러한 정치체제가 성립된 계기로서 레닌의 주도로 성립된 국제 사회주의혁명의 지도 조직인 코민테른의 활동이 있었다. 코민테른이 존재하던 시기에 각국 공산당들은 모두 코민테른의 지부였으며, 여러 지역에 공산당이 창당되는 데에는 코민테른이 중요한 역할을 하였다. 동아시아에서도 중국, 한국, 일본에서 거의 비슷한 시기에 공산당이 창당된 것 역시 코민테른의 영향 때문이었다. 중국공산당 역시 코민테른의 지부로서 시작되었으며, 중앙집권적 조직원리, 전위당으로서의 성격, 중앙과 각 지부의 상하관계 등 조직과 운영의 원리가 코민테른을 통해 이식되었다. 그리고 이러한 정당 모델의 기원은 소련공산당에 있었다. 중국공산당은 1921년에 창당될 때부터 이러한 레닌주의적 정당 모델에 기반해서 조직되었고, 중국국민당 역시 코민테른과의 협상을 거쳐 1924년 '개조(改組)'라고 불리는 대대적인 재조직 과정을 통해 이러한 정당 모델을 수용하였다.

들었던 것이다.

북벌 과정에서 난징 국민정부를 수립한 국민당은 공산당과는 결별하였지만 당-국가 체제의 구조는 그대로 유지하였다. 난징 국민정부의 당-국가 체제에는 레닌주의적 모델뿐 아니라 삼민주의를 비롯한 쑨원의 정치 이론도 반영되어 있었지만 쑨원의 건국론 역시 '당을 통해 국가를 세우고

(以黨建國)', 그 이후에는 '당을 통해 국가를 통치(以黨治國)'하는 것을 지향하는 것이었기 때문에 당-국가 체제의 틀에서 벗어나지 않는 것이었다. 이러한 '이당치국' 원리는 1925년 7월 '중화민국 국민정부 조직법'을 통해 제도화되었으며 북벌에 성공해서 전국적인 정부가 된 이후에 1931년 5월 국민대회에서 '중화민국 훈정 시기 약법'이 공포됨으로써 당을 넘어서 국가 차원에서 규범화되었다.

물론 쑨원의 건국론은 '군정(軍政, 군대를 통한 통치)'에서 '훈정(訓政, 당에 의한 통치)'을 거쳐 '헌정(憲政, 헌법에 의한 통치)'으로 가는 로드맵을 제시한 것으로서 다당제로의 전환 가능성을 내포하는 것이었다고 할 수 있다. 또한 국민당 바깥의 다양한 정치 세력들이 북벌 이후 '훈정'을 선포한 국민당 정부에 대해 '헌정'으로의 전환을 요구하기도 하였다. 국민당 역시 이를 수용하여 헌법 초안을 만들고 헌정을 준비하고 있었으나 중일전쟁이 시작되면서 헌정으로의 전환은 또다시 지연되고 말았다.

국민당은 쑨원이 1925년에 사망한 이후에 쑨원이 제시한 건국의 과정을 따른다는 것에서 정치적 정당성을 구했지만 국민혁명과 난징 정부 시기, 중일전쟁 시기와 국공내전기를 거쳐 타이완으로의 후퇴 이후 수십 년이 지날 때까지도 실질적인 헌정 질서의 수립은 계속 지연되고 있었다. 쑨원의 후계자들은 장기간에 걸쳐 민주적인 헌정 질서를 회복하기보다 당-국가 체제의 지속을 선택했던 것이다. 국민당은 국공내전기인 1947년에 삼민주의 헌법을 제정하였으나 내전에서 패배하고 타이완으로 옮겨 가게 되었다. 그리고 헌법을 제정한 이후에도 1990년대에 민주화가 이루어지기까지 오랫동안 일당 지배와 당-국가 체제를 유지하였다. 타이완에서는 1987년에 오랫동안 유지되었던 계엄령이 해제되고 1994년에 헌법 개정을 통해 총통 선거 직선제가 이루어지고 이에 따라 1996년에 총통 선거가 실시됨으로써 민주적 헌정 질서로의 변화가 이루어졌다. 그리고 2025년 현재 국민당은 다당제적인 정치체제 속에서 야당으로 자리하고 있다.

중국공산당은 어떤 국가를 만드는 데 성공했나?

중국공산당은 중화인민공화국 건국 이전에도 당-국가 체제를 구성하고 운영한 경험이 있었다. 제1차 국공합작이 결렬되고 국민당 통치 지역에서의 활동이 어려워지면서 마오쩌둥과 주더 등이 구축한 농촌 근거지로 당 중앙이 옮겨 간 이후에 1931년 중화소비에트공화국을 수립하였다. 중화소비에트공화국 수립으로 중국공산당은 농촌 근거지의 좁은 지역에서였지만 처음으로 국가기구를 운영하게 되었다. 중국공산당이 처음으로 건설한 '국가'였던 중화소비에트공화국에서도 소련공산당을 모델로 하는 당-국가 체제 원칙이 관철되었다. 근거지 구축을 주도했던 마오쩌둥은 중화소비에트공화국의 주석이 되었지만 당권을 장악하지 못했기 때문에 실질적인 권력을 가지고 있지 못했다. 그는 국민당의 군사적 공격을 피해 서북 지역으로 옮겨 가는 '대장정' 과정에서 당권을 장악한 이후에야 중국공산당의 실질적인 지도자로 부상하게 되었다.

제2차 국공합작이 성립된 이후에 중화소비에트공화국은 해소되었고 중국공산당은 국민당 정부에 형식적으로 통합되어 '변구(邊區)' 정부를 통치하게 되었다. 중일전쟁 기간 권력의 공백 지역이었던 농촌 배후지에서 실질적인 지배 영역을 확장해 가면서 국가 운영 경험을 쌓아 나갔다. 그리고 중화인민공화국 건국 이후에는 본격적으로 당-국가 체제 확립이 이루어졌다. 특히 난징 국민정부의 당-국가 체제가 국가 능력의 한계 때

도판 24.3. 마오쩌둥

문에 기층 사회까지 영향력을 충분히 확대하지 못했던 것과는 대조적으로 중국공산당은 건국 초기에 사회를 전면적으로 재조직하면서 국가기구뿐 아니라 사회 전반에 당의 영향력을 확대해 나갔다. 중국공산당은 중화소비에트공화국 시기와 중일전쟁 시기 농촌에서의 사회·경제적 개혁 과정에서 개별 촌락 단위까지 당의 권력을 침투시키는 경험을 축적해 가고 있었다. 또한 국공내전 말기에 도시 지역을 통치하기 시작한 이후부터 여러 시행착오를 거치기도 했지만 노동조합을 통한 직업 조직 장악이라든지 기층 주민조직을 통한 도시 기층으로 권력을 확대하여 사회 전반을 장악한 것은 국민당이 도달하지 못했던 수준이었다. 건국 초기에 이루어진 당-국가 체제 건설 과정에서 자율적으로 구성된 사회조직은 소멸해 갔으며 당의 영향력은 전례 없이 확대되었다.

지금 현재까지도 중국공산당은 공산주의청년단, 부녀연합회를 비롯한 성별 및 연령별 조직도 당의 지도 아래 두고 있다. 그 외에 중화전국총공회를 중심으로 업종별, 지역별로 조직된 노동조합 역시 당의 지도를 받는다. 그리고 공공기관, 국유기업뿐 아니라 사회단체, 사영기업, 비정부조직까지도 공산당 기층 조직이 자리 잡고 있다. 덩샤오핑의 개혁개방 이후 시장경제 도입에도 불구하고 정치체제는 큰 변동 없이 1950년대에 만들어진 구조를 유지하고 있다.

중국의 당-국가 체제는 유지될 수 있을까?

중화인민공화국 역사에서 당-국가 체제에 균열이 생겼던 상황은 바로 문화대혁명 시기의 혼란과 1980년대 정치개혁 시도였다. 대약진운동* 실패 이후 당 지도부 내에서 중요한 정책 결정에서 소외되었던 마오쩌둥은 문화대혁명 시기(1966~1976)에 급진적인 대중을 동원하여 당 지도부를 공격하게 함으로써 당-국가 체제에 위기를 가져왔다. 대중들의 에너지를 동원하는 정치운동은 중국공산당 특유의 방식이었지만 늘 당의 개입을 통해 적절하게 관리되고 당의 정치적인 목표를 달성하는 방향으로 유도되곤 했다. 그러나 문화대혁명 초기에 마오쩌둥이 홍위병 운동에 대한 당의 개입을 차단함으로써 통제되지 않은 대중운동은 과격해졌다. 지역에 따라 매우 다양한 상황이 전개되었지만 상하이에서와 같이 조반파**가 기존의 당과 정부 조직을 무력화하고 권력을 장악하는 상황도 있었다. 다양한 파벌로 나뉜 조반파 조직 사이의 갈등과 충돌은 무기를 탈취하여 시가전을 벌이는 수준에 이를 정도가 되었고, 사상적으로도 일부 극좌파 조직들은 중국공산당 통치를 부정하는 방향으로 나아가기까지 했다. 상황이 여기에 이르자 마오쩌둥은 인민해방군을 동원하여 질서를 회복하였다. '혁명위원회'를 만들어 당과 행정, 군사, 교육을 모두 관할하는 체제가 만들어졌는데, 이는 인민해방군의 권위가 강화되기는 했지만 결국 당-국가 체제 복원이라고 할 수 있다. 마오쩌둥은 자신이 중심이 되어 구축한 질서

---

* 1958년 마오쩌둥이 주도한 중화인민공화국의 농업 및 공업 생산성 증대 운동이다. 하지만 중앙정부가 현실을 도외시한 채 이상적인 목표치를 밀어붙이면서 아사자 수천만 명을 양산하고 말았다. 결국 1962년 마오쩌둥은 대약진운동 실패의 책임을 지고 국가주석을 사임했다.
** 문화대혁명 시기 마오쩌둥을 추종하는 청소년 집단인 홍위병 내 과격파.

를 대중을 동원하여 위험에 빠뜨린 전례 없는 지도자였지만 문화대혁명 초기의 혼란 속에서 결국 당-국가 체제 자체를 무너뜨리기보다는 질서를 회복하는 선택을 했던 것이다. 문화대혁명은 중국 사회 전반과 개인의 삶에 지울 수 없는 영향을 남겼지만 제도적인 유산은 전혀 남기지 못했고 문화대혁명 이후 정치체제는 결국 기존 상태로 복원되었다.

중화인민공화국 역사에서 당-국가 체제의 변화 가능성이 보였던 또 한 번의 중요한 시기는 1980년대였다. 당 지도부가 주도했던 정치개혁 논의에서는 당과 국가의 연계를 약화하고 당의 군대를 국가의 군대로 바꾸고 당내 선거에서 경쟁을 허용하는 등의 조치가 언급되었다. 정치개혁을 추구했던 제13차 당대회(1987)에서는 당조의 단계적 폐지, 당내에 있는 행정 담당 기구 폐지를 결정하기도 하였다. 자오쯔양 당시 총서기는 국가에 대한 당의 지도 범위를 기존보다 크게 제한하려 했다. 당 지도부 주도로 정치개혁이 추진되던 이 시기는 문화대혁명 시기와 함께 중화인민공화국 건국 이후 당-국가 체제의 틀이 가장 흔들렸던 때라고 할 수 있다. 그러나 톈안먼 사건(1989)으로 인해 개혁안은 모두 무산되고 원래 상황으로 돌아갔다. 정치개혁을 주도하던 자오쯔양은 실각하여 가택연금 상태가 되었다. 문화대혁명의 무질서와 파괴를 경험했던 당 원로들은 대중의 에너지가 폭발하는 상황을 용인하지 않았고 톈안먼 시위 진압과 함께 정치개혁을 주도하던 세력은 권력을 잃었다. 톈안먼 사건 직후의 보수적인 분위기에도 불구하고 덩샤오핑의 '남순 강화'*를 계기로 1990년대 경제개혁은 더욱 심화된 결과 중국은 고도성장을 맞이했지만 당-국가 체제의 변화는 이루어지지 않았다.

* 덩샤오핑이 1992년 1월 18일부터 2월 22일까지 우한, 선전, 주하이, 상하이 등을 시찰하고 담화를 발표한 일.

일부 논자들은 덩샤오핑 이후 이루어진 지도부 교체의 정례화와 규범화를 비롯한 정치질서 제도화에 큰 의미를 부여하기도 하지만 지금까지도 중화인민공화국의 당-국가 체제라는 틀 자체는 흔들림이 없으며 최근에는 시진핑의 국가주석 3연임과 권력 강화 때문에 지금까지의 제도화에 대해서도 재평가가 이루어지고 있다. 이처럼 오랫동안 중화인민공화국의 역사보다도 더 길게 지속되고 있는 '당의 지배'라는 속성을 파악하는 것은 과거의 중국뿐 아니라 오늘날의 중국을 이해하기 위해서도 반드시 필요한 일이다.

・・・

중국의 국가 운영 원칙인 이당치국 개념과 연원을 살펴보면 우리나라 독립운동의 거점인 대한민국임시정부와의 연결점을 발견할 수 있다. 대한민국임시정부 역시 여러 번 정부 운영 방식을 바꾸었는데, 그중 하나가 이당치국이기 때문이다. 물론 현재 대한민국은 다당제에, 정당보다 국가가 우위에 서는 방식을 채택했기 때문에 이러한 개념이 어색할 수도 있다. 하지만 중국의 국가 운영 방식이 결코 이상하거나 존재해서는 안 되는 것은 아니다. 중국은 자신의 역사적 경험에서 현재의 방식을 채택했고 그에 맞춰 발전해 왔다는 것을 알게 되면 이전보다는 중국을 더 깊이 이해할 수 있게 될 것이다. 그다음으로 다른 나라의 국가 운영 방식을 살펴보면 세상을 보는 나 자신의 시야와 사고가 넓어지게 될 것이다. 국가 차원에서도 대다수 국민의 타국 이해도가 깊어질수록 자국과 타국의 외교 전략을 꿰뚫어 볼 수 있게 되어 국제관계에서 협상력과 대응력이 높아질 수도 있지 않을까?

25

소수민족은 누가 만들었는가?

동질성 강한 구성원으로 이루어진 대한민국 국민에게 중국의 소수민족 문제는 낯설게 느껴질 수도 있다. 하지만 인구 5000만 명 중 5퍼센트 정도는 한반도 태생이 아닐 정도로 우리나라는 이미 다문화사회로 나아가고 있다. 앞으로 한국 내 이민자 비율은 늘어나면 늘어났지 줄어들지는 않을 전망이라고 한다. 중국이 소수민족 문제를 어떻게 풀어 가는지 살펴보면 앞으로 우리가 겪을 이민자 문제 해결의 힌트를 얻을 수 있을지도 모른다.

❖ ❖ ❖

중국의 소수민족 문제에 왜 관심을 가져야 할까?

중화인민공화국은 잘 알려져 있듯이 인구의 90퍼센트 이상을 차지하는 한족 외에도 55개 소수민족이 존재하는 다민족국가이다. 중국의 '민족'은 정체성만을 의미하는 것이 아니라 행정적인 구분이기도 하다. 중국의 신

도판 25.1. 옌볜 조선족 자치주에 있는 옌지체육관

　분증에는 이름, 성별, 주소, 열여덟 자리 공민신분번호와 함께 '민족' 항목이 있어서 56개 민족 중 어떤 민족에 속해 있는지가 나와 있다. 민족 구분은 행정구역을 통해 나타나기도 한다. 성급(省級) 행정구역에 속하는 신장(위구르족), 네이멍구(몽골족), 시짱(티베트족), 닝샤(회족), 광시(장족) 등의 민족 자치구가 있고 그 외에도 자치주, 자치현, 자치향 등 각급 행정구역에 소수민족 자치 지역이 포함되어 있다.

　소수민족은 현대 중국의 내정과 외교에서도 중요한 문제가 되고 있다. 티베트나 위구르와 관련된 문제는 중국 사회에서도 가장 첨예한 갈등에 속하고 최근의 위구르 수용소처럼 국제적인 갈등으로 비화하기도 한다. 중국이 소수민족 통합을 위해 내세우고 있는 '다원일체의 중화 민족'이라는 개념은 과거 역사에도 투사되어 '동북공정'을 둘러싸고 우리와 역사 갈등을 빚기도 했다. 이렇듯 소수민족은 중국의 행정적인 민족 분류이자 중국이 직면하고 있는 중요한 현실 문제라 할 수 있다.

　이하에서는 이렇게 중국의 행정적인 민족 분류이자 중국이 직면하고 있는 중요한 현실 문제이기도 한 '소수민족'이 어떤 역사적 경로를 통해 형성되었는지에 대해 살펴보려고 한다.

중국의 민족 문제는 어디에서 시작되었나?

중국 인구 대부분을 차지하는 '한족'은 오랜 역사를 통해 확장되어 왔다. 중국사의 출발부터 북방 유목민의 존재는 한족 왕조에게 가장 큰 군사적·외교적 과제를 안겨 주었으며 이러한 유목-농경의 상호 관계는 중국사의 중요한 흐름을 구성하고 있다. 그리고 이러한 유목-농경 관계는 유라시아 대륙 전체에 걸친 유목-농경 관계의 한 부분이기도 했다. 유목민과의 교류와 항쟁, 지배와 피지배 등 다양한 관계를 맺는 과정은 한족의 확장 과정이기도 했다. 유목-농경 관계와 함께 중국사의 큰 흐름이라고 할 수 있는 강남 개발 역시 한족의 확장을 가져왔다고 할 수 있다.

중국사에서 수많은 비한족 집단이 등장했지만 현대의 소수민족 문제는 대체로 마지막 중화 제국이었던 청조의 유산과 관련이 있다. 만주족 왕조였던 청의 성립 과정과 이후에 펼쳐진 정복 활동을 통해 만주, 몽골, 신장, 티베트 등 전통적인 한족의 영역보다 훨씬 넓은 영토가 새롭게 제국의 영토로 편입되었다. 또한 청대에는 이른바 '개토귀류(改土歸流)' 정책을 통해 동남아시아와 이어지는 남방의 산지에 거주하는 소수민족들을 제국의 통치로 끌어들이려는 노력을 기울이기도 했다.

비한족인 만주족의 지배라는 근본적인 조건 속에서 청 말의 혁명가들은 '오랑캐를 쫓아내고 중화를 회복하자(驅除韃虜 恢復中華)'라는 구호와 같이 '반만(反滿)'의 기치를 내걸었다. 신해혁명의 출발점이었던 무창 봉기를 통해 처음으로 청조로부터 독립을 선언했던 후베이성에서도 '반만'을 앞세워 유력한 한인 장군인 위안스카이에게 혁명에 합류할 것을 호소하며 '한족의 조지 워싱턴'이 되어 줄 것을 요청하고 있었다. 또한 봉기 성공 이후에 성립한 후베이성 군정부가 이른바 '18성기'를 내걸었던 것에서

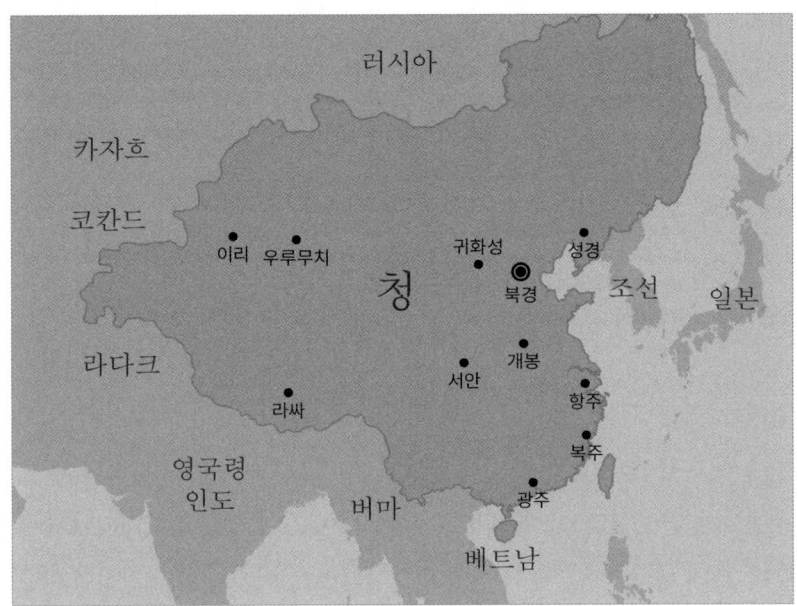

지도 25.1. 청 최대 판도

도 청의 영토 중에서도 과거 명의 영토였던 지역만을 혁명의 대상으로 보고 만주, 몽골, 신장, 티베트 등의 번부(藩部)를 배제하는 인식이 드러나고 있다. 이러한 인식은 청 말에 반청 혁명에 참여했던 대다수 사람들의 인식을 반영하고 있었다고 할 수 있다.

그러나 몇 달 지나지 않아 이러한 인식에 큰 변화가 나타났다. 한족 외에도 만주, 몽골, 회족, 티베트 등을 포함하는 '오족공화(五族共和)'를 새롭게 건설할 국가의 체제로 내세우게 되었던 것이다. 이러한 변화는 한편으로는 교섭을 통해 만주족 황실과의 평화적 공존을 주장하는 세력의 의견을 반영하는 것이기도 했지만 그보다는 청조가 확보했던 방대한 비한족 영역을 포기하지 않고 새롭게 건설할 국가의 일부로 삼으려고 했기 때문이었다. 체제에 도전하던 혁명 세력이 새로운 체제를 설계하는 입장으로

도판 25.2. 오족공화를 표현한 선전물

바뀌게 되면서 나타난 변화라고도 할 수 있을 것이다.

청조가 협상을 통해 물러나고 중화민국 임시정부가 성립된 후에 발표된 '중화민국임시약법'은 이러한 변화를 반영하고 있다. 임시약법에는 "중화민국의 영토는 22개 행성(行省)과 내몽골, 티베트, 칭하이로 한다"라고 규정되어 있다. 19세기 말과 20세기 초에 이루어진 신장과 만주에서의 '건성(建省)'을 통해 기존 18개 성이 22개 성으로 확대되었기 때문에 22개 행성에는 만주와 신장이 포함되었고, 여기에 아직 건성이 이루어지지 않은 몽골, 티베트, 칭하이까지를 더하여 기존 청조 영토를 그대로 승계한다는 원칙을 밝히고 있었던 것이다.* 한족 관료는 직성(直省)이 아닌 번부의 문제에 개입하지 않는다는 관행이 태평천국의 난으로 깨지고 이후 열강의 위협에 대비해 변경을 강화하려는 시도의 일환으로서 번부에도 내지와 동일한 행정 체계를 수립하려는 시도로서 건성이 이루어진 것이었다. 혁명파의 인식과 달리 이미 내지와 변경의 통합이 진행되는 흐름이 있었던 것이다. 19세기 중반부터 시작된 번부의 내지화라는 흐름은 이미 한족 영역과 비한족 영역을 명확하게 구분하기 어렵게 만들고 있었다. 예를 들어 만주 지역의 경우는 19세기 후반부터 이른바 '이민실변(移民實邊)' 정책을 통해 수많은 한족들이 이주하여 다수 인구를 점하게 된 상황이었다.

* 타이완에도 1890년대에 행성이 설치되었으나 청일전쟁 이후 일본에 할양되었기 때문에 22개 행성에 타이완은 제외되어 있었다.

임시약법에서는 또한 "중화민국은 중화 인민으로 구성된다"라는 조항이나 "중화민국 인민은 일률 평등하며 종족, 계급, 종교의 구분은 없다"라는 조항 등을 통해 민족 간의 평등한 결합이라는 원칙을 제시하면서 한족 중심주의적 혁명관과는 다른 국가 건설 방향을 제시하고 있었다. 물론 뒤늦게 임시정부에 합류하여 임시 대총통을 맡게 된 쑨원을 비롯한 많은 사람들은 여전히 한족중심적인 인식을 가지고 있었다. 그리고 쑨원은 이후에도 중화 민족이라는 개념을 제시하면서 한족 중심의 동화에 가까운 입장을 취하였다.

민국 시기 소수민족 정책은 어떻게 변화했을까?

민국 시대(1912~1949)에 들어서면서 쑨원과 국민당의 동화적인 소수민족 인식에도 불구하고 정치적 불안정, 정부의 현실적인 능력 부족 때문에 소수민족 지역의 원심력이 강화되고 있었다. 러시아, 일본, 영국 등 변경 지역에 영향력을 확대하는 열강의 존재 역시 이 지역에 대한 중앙정부의 영향력 축소를 가져왔다. 소련의 지지를 배경으로 외몽골 지역이 독립한 것은 이러한 상황을 잘 보여 준다.

현실적인 변경 지역 통치의 어려움과는 별개로 쑨원과 국민당은 여전히 한족중심주의적인 소수민족 정책을 유지했다. 그리고 1921년에 창당된 중국공산당은 소수민족에 대해 국민당과는 차별화하는 정책을 취하려고 했다. 1920년대는 공산당의 창당과 국민당의 재조직(改造)을 통해 소련 공산당을 모델로 하면서 '당치(黨治)'를 지향하는 두 정치 세력의 협력과 대립이 시작된 시기였다. 중국공산당은 국공합작이 유지된 기간이든 아니

제국적인 외교 인식의 지속

청조는 서구 열강의 압력으로 국가 간의 상호조약에 근거한 외교를 시작하였으나 조약 관계와 함께 기존의 조공 관계를 지속하는 이중적인 외교를 전개하였다. 이처럼 순조롭지 않았던 근대적 외교로의 전환은 신해혁명 이후 시기까지도 지속적인 영향을 주었다. 만주족의 정복으로 청 영토로 편입된 변경 지역이 거의 그대로 중화민국에 계승된 것은 민국 시기까지도 계속된 '지연된 근대 외교'(유용태)라는 현상이 나타난 중요한 조건이었다. 민국 시기에도 중국 정부는 기존의 조공국이나 변경 지역에 대해서는 여전히 제국적인 인식을 유지하였다. 가장 중요한 사례는 외몽골이었다. 외몽골은 신해혁명 기간에 독립을 선언하였다. 만주족 국가인 청에 복속했던 것일뿐 한족 국가인 중화민국에 복속할 이유가 없다는 논리로서 독립을 정당화하였다. 중화민국 정부는 외몽골에 대한 종주권을 계속 주장했으나 결국 소련의 비호 아래 1924년에 몽골인민공화국이 탄생하는 것을 막지 못했다. 그러나 1946년까지도 외몽골의 독립을 승인하지 않았다. 변경 지역이 아닌 조공국이었던 태국에 대해서도 화교 문제 때문에 수교 교섭을 진행하면서도 태국의 '황제' 표기를 변경할 것을 요구하였고, 결국 수교 교섭이 결렬되기에 이르렀다. 이러한 태도는 국민당 정부가 한국의 임시정부를 지원하면서도 끝내 외교적 승인을 하지 않았던 것과도 유사하다.

면 국민당과 대립하던 기간이든 적어도 중일전쟁 동안 권력의 공백 속에서 농촌을 중심으로 세력을 확장하기 전까지는 국민당과 대등하게 경쟁할 수 있는 세력을 가지고 있지는 못했다. 그렇지만 초기부터 소수민족에 대해 국민당과는 다른 입장을 제시하면서 일종의 '체제 경쟁'을 시작했다.

1922년 제2차 공산당 전국대표대회에서는 "몽골, 티베트, 회강(回疆, 신장에 해당) 세 지역은 자치를 실행하고 '민주자치방(民主自治邦)'으로 한다"라는 원칙과 "자유연방제의 원칙 아래 통일된 몽골, 티베트, 회강과 연합하여 중화연방공화국을 건립한다"라고 천명하였다. 연방제라는 틀 안에서 각 민족의 자치를 주장했던 것이다. 이러한 원칙은 1931년에 장시성 루이진에서 중화소비에트공화국 건국을 선포한 이후에 제정된 '중화소비에트공화국 헌법대강'에서도 거의 그대로 유지되었다. 이 헌법대강에서는 각 민족의 평등과 함께 영내 소수민족의 자결권을 인정하고 있다. 그리하여 이들은 중화소비에트연방에 가입하거나 탈퇴할 권리를 가진다고 명시하고 있었다. 이러한 원칙은 소련의 연방제를 모델로 한 것이었다.

소련의 지원을 바탕으로 제1차 국공합작이 성립된 이후에 국민당 역시 코민테른의 영향을 받지 않을 수 없었다. 따라서 이전의 한족중심주의적 입장에서 벗어나 각 민족이 자유롭게 연합하는 중화민국을 주창하였으나 연방공화국이라는 정체에 대해서는 거리를 두었다. 그리고 쑨원 사후 북벌을 거치는 과정에서 국공합작이 와해되고 난징 국민정부가 수립된 이후에 국민당의 소수민족 정책은 여전히 몽골, 티베트, 신장 등이 모두 중화 민족의 일부임을 강조하거나 하나의 '국족(國族)'을 형성해야 한다는 점을 강조하였다. 일본과 전쟁을 치르게 되면서 이러한 통일된 국가와 통일된 민족에 대한 지향이 더욱 강화되었다.

일본과의 전쟁은 공산당의 소수민족 정책에도 변화를 가져왔다. 공산당 역시 중일전쟁을 치르면서 '자유연방제'가 아닌 '민족통일전선'을 강조하였다. 또한 쑨원이 언급했던 '중화 민족' 개념을 언급하기 시작하였다.

종전 무렵에는 마오쩌둥의 글이나 공산당의 당장(黨章)에 '연방 국가'에 대한 구상이 등장하기도 하여 원래 입장으로 회귀하는 것처럼 보이기도 했으나 결국 권력을 장악한 후에는 몽골, 티베트, 신장 등을 불가분의 영토라고 주장하면서 이들 지역을 자치공화국이 아닌 자치구 형태로 편성하였다.

중화인민공화국에서의 민족은 어떻게 '식별'되었나?

중화인민공화국 건국 직전에 제정되어 1954년 헌법 제정까지 사실상 헌법 기능을 했던 중국인민정치협상회의 '공동강령'에서는 "각 소수민족의 거주 지구에서는 민족의 구역 자치를 실행해야 한다"라고 규정하고 있었다. 국공내전기 연방공화국 구상은 물러나고 '구역 자치'라는 방향이 공식화되었던 것이다. 그리고 1954년에 공포된 '중화인민공화국헌법'에는 중화인민공화국은 "통일된 다민족국가"라고 규정하고 있다. 또한 "각 민족의 자치 지방은 모두 중화인민공화국의 분리할 수 없는 부분이다"라고 규정하였다. 공동강령과 1954년 헌법에 명시된 이 원칙은 현재까지도 유효한 소수민족 정책의 기본 틀이 되었다.

그리고 이러한 민족 정책의 원칙하에 소수민족에 대한 조사가 진행되어 현재까지 유지되고 있는 한족과 55개 소수민족이라는 구도가 만들어졌다. 소수민족을 조사하고 이를 공식적인 분류로 확정했던 과정을 '민족 식별' 정책이라고 하는데, 민족 식별 정책 대부분은 1950년대에 이루어졌다. 이 민족 식별 정책이야말로 오늘날의 소수민족을 구성해 낸 결정적 과정이었다고 할 수 있다.

민족 식별 정책에서는 "공통의 문화에서 나타나는 공통의 언어와 영토, 경제생활 그리고 심리적 기질들을 토대로 형성된, 역사적으로 구성되었으며 변하지 않는 인민들의 공동체"라는 스탈린의 민족 정의를 적용하였다. 그러나 이러한 공식적인 민족 정의를 실제 소수민족 조사와 구별에 활용하는 것은 쉽지 않은 과제였다. 만주족, 몽골족, 회족, 위구르족 등 비교적 규모가 크고 이미 청대부터 명확한 민족 집단으로 인식되고 있던 경우에는 크게 문제가 없었다. 그리고 지역에 따라서 소수민족 조사가 선례에 따라 쉽게 이루어진 경우도 있었다. 예를 들어 신장 지역에서는 민국 시대부터 소련의 영향을 받았던 성스차이 정권과 제2동투르키스탄공화국 치하에서 이미 법적으로 인정받던 민족 범주가 거의 그대로 중화인민공화국에서의 공식적 소수민족으로 이어졌다. 유일한 예외는 타란치족을 위구르족에 병합시킨 것뿐이었다.

민족 식별이 본격적으로 시작된 것은 각급 인민 대표 선출과 연관되어 진행된 1953~1954년에 걸쳐 이루어진 전국적인 인구조사 때였다. 인구조사 과정에서 이미 공인되고 있던 몽골족, 회족, 장족, 위구르족, 묘족, 요족, 이족, 조선족, 만족, 여족, 고산족 등 11개에 더해 27개 소수민족이 더해져서 38개 소수민족이 정해졌다. 신장의 소수민족은 여기에 속한다.

그러나 분류가 어려운 소수민족에 대한 식별 작업은 그 이후에 더 긴 기간을 필요로 했다. 특히 산지에 거주하면서 문자가 없고 소규모 집단으로 이루어진 소수민족들을 어떻게 구별할 것인가는 어려운 과제였다. 1954년 이후에는 주로 산지가 많은 서남 지역(쓰촨, 윈난, 구이저우, 티베트)과 중남 지역(허난, 후베이, 후난, 광시, 광둥)을 중심으로 식별과 합병 작업이 이루어졌다. '합병'이 필요했던 것은 스스로 독립된 민족으로 인정받을 것을 요구한 집단의 수가 너무 많았기 때문이었다. 독립된 민족이 될 것을 신청한 집단의 수는 400이 넘었고, 윈난성만 해도 260여 개에 달했다. 그렇기 때문에 실제 조사와 분류 작업에 참여한 학자들이 공통된 요소를 찾아내 소규모 집단들을 묶어 특정한 민족으로 분류하는 지난한 작업이 이루어졌다. 그중에서도 윈난성의 다양한 민족을 22개로 합병하는 과정이 가장 중요한 작업이었다.

이러한 합병 과정에서 스탈린의 정의나 그것을 보완하기 위해 제시한 공산당의 방침은 큰 도움이 되지 않았다. 윈난을 대상으로 한 멀레이니(Thomas S. Mullaney)의 연구에 따르면, 이 지역에서 실질적으로 민족 식별의 근거로 중요하게 작용했던 것은 버마의 영국군 소속 장교가 19세기에 수행했던 이 지역에 대한 조사 자료였다고 한다.

1954년 이후 1960년대 초까지 진행된 조사와 분류를 거쳐 16개 민족이 새롭게 식별되었다. 그리고 문화대혁명으로 작업이 중단되었다가 1979년에 윈난성의 기낙족을 소수민족으로 인정하면서 민족 식별 작업이 최종적으로 마무리되었고 55개 소수민족이 확정되었다.

대체로 1950년대 민족 식별 정책은 사실상 전국민을 대상으로 하는 분류 작업의 일환이었다고 할 수 있다. 인구조사를 통해 주민에 대한 파악을 마친 후에 모든 노동자를 직업별 노동조합에 가입시킨다든지 청년 조직, 부녀 조직, 직업 조직 등 여러 조직을 통해 인민을 조직하고 분류하기 어려운 집단은 촌민위원회나 가도거민위원회라는 지역별 기층 조직을 통해 조직하는 작업이 1950년대에 전면적으로 이루어졌다. 소수민족 확정과 지역 자치라는 체제 구축은 이렇게 전 국민을 조직화하고 분류하는 작업의 한 부분이었다고 할 수 있다.

중국의 소수민족 정책은 어떻게 변하고 있을까?

현재 중국의 다민족적 상황은 청 제국 시대의 유산이라고 할 수 있다. 그리고 국민당과 공산당의 체제 경쟁이라는 측면에서 자치를 강조하는 공산당의 초기 민족 정책이 형성되었지만 정권을 잡은 이후에는 소수민족 자결권이나 연방제와 같은 초기 주장에서 멀어져서 구역 자치라는 형식의 중앙집권적 소수민족 정책으로 귀결되었다. 이러한 정책은 사회주의적 민족 정책의 원조인 소련과도 다른 방식이었다. 이러한 차이는 연방에서 러시아인의 비중이 반이 되지 않았던 소련과 인구 대부분이 한족에 속했던 중국의 상황이 달랐던 것과도 관련이 있지만 일본과의 전쟁 과정에서 제국주의의 위협에 대응하기 위해 여러 민족의 단결이 강조되는 상황의 영향이기도 했다. 소수민족에 대해서 중국은 제한적인 자치만을 허용했고 유동적인 정체성을 국가 제도를 통해 고정하였다. 많은 민족 집단에게 이것은 새로운 정체성을 위로부터 부여받는 일이기도 했다. 최근의 소수민족 정책은 과거 구조가 유지되면서도 언어적·문화적 다원성 유지라는 방향이 약화되고 중화 민족으로의 통합이 더욱 강조되는 흐름을 보여주고 있다. 소수민족 문제를 통해 우리는 중국 내부의 갈등과 외국과의 갈등이 어떤 역사적 맥락을 가지고 있는지를 알아볼 수 있으며, 그러한 문제가 과거 제국의 유산과 어떻게 관련되어 있는지에 대해서도 생각해 볼 수 있다.

◆ ◆ ◆

지금 중국이 직면한 소수민족 문제의 원인이 과거 청나라가 남긴 유산 때문이라는 점에서 우리와 공통점을 발견할 수도 있다. 예를 들어 군사정권은 상명하복식 군대 문화를 남겼고, 일제 식민지 경험은 일본을 향한 과도한 적개심을 남겼으며, 한국전쟁의 미군 참전은 미국에 대한 과도한 의존을 남겼다. 그리고 혼란한 한국 근현대사는 수많은 재외동포를 양산했고, 그중 '조선족'이라 불리는 재중동포는 혐중 정서의 피해자가 되어 버렸다. 그리고 중국의 '중화 민족' 통합 강조는, 다문화정책을 표방하지만 실상은 한화(韓化)를 지향하는 우리나라의 상황과 비슷하다. 중국의 소수민족 정책의 연원과 해결 과정을 보면서 우리가 겪을 미래를 최대한 좋은 방향으로 이끌어야 할 것이다.

======= 부록 =======

집필진 대담
시공간과 인구로 꿰뚫는 중국사

중국은 언제 가장 번성했을까?
'시간'으로 읽는 중국사의 성세

조영헌: 시간은 역사가 다루는 핵심이죠. 이 논의를 통해 흥망성쇠를 언제라고 단정하려는 것이 아니라, 해당 시대를 어떤 관점으로 바라보는가, 어떤 관점으로 바라보기에 그 시대를 성세라고 말할 수 있는가, 또 그를 성세라고 보는 게 과연 옳은가를 논의해 보겠습니다.

일반적으로 중국의 성세라고 하면 세 시기를 언급합니다. 한대의 문경지치(文景之治), 당대의 정관지치(貞觀之治), 청대의 강건지치(康乾之治)입니다. 그중 당나라를 '대당제국'이라 하며 찬란한 당 문명이라 언급합니다. 당대가 중국 최고의 성세였다고 보시는지요?

융합의 시대: 당대 성세의 문화적 조건
류준형: 무엇을 성세라고 할 것인가가 중요할 것 같은데요, 저는 성세를 '이전 시대와 달라진 시대'라는 의미로 이해해 보겠습니다. 그러면 대당의

시대에는 무엇이 달라졌을까요?

바로 서로 다른 형질의 문화가 전례 없는 융합을 이루었다는 사실을 들 수 있습니다. 위진남북조 시기에 농경문화와 유목문화가 뒤섞이며 융합의 조건이 만들어졌습니다. 이 시기에는 부분적인 문화 교류가 있었던 이전과 달리, 북방의 유목민족들이 남쪽의 중국 내부로 내려와 유목민들을 지배하기도 하는 등 서로 뒤엉키며 두 가지 큰 힘이 실질적으로 공존하면서 융합할 수 있는 토대를 만들었습니다. 이러한 융합의 흐름은 수대를 거치며 한 차례 짧은 단계적 통합의 모습을 보였다가 당대가 되면 내면화를 바탕으로 한 궁극적 형태의 결실을 맺게 됩니다.

이러한 배경에서 당대의 성세를 언급해 본다면, 태종과 현종의 시기를 생각해 볼 수 있습니다. 만약 당 태종의 정관 연간을 성세라고 한다면 이때가 정치적 융합을 상징적으로 보여 주는 대표적 시대이기 때문일 것입니다. 농경민의 최고 통치자인 천자(天子)와 유목민의 가한(可汗) 명칭을 함께 소유한 첫 번째 황제가 탄생했으니 말입니다. 따라서 '천가한(天可汗)'이라는 칭호를 지닌 태종의 정관 연간이 성세를 언급할 때 중요한 분기적 시점이 됩니다.

그런데 1인당 생산성이나 법률 체계의 완비라는 측면에서 접근해 보면, 정관 연간은 그렇게 뛰어난 시대가 아닙니다. 정관 연간은 오히려 수말의 대란 상황을 수습하고 새로운 왕조를 개창한 지 얼마 되지 않은 회복과 재건의 시기였고, 경제적 번영과 사회적 안정, 문화적 절정을 이루는 시기는 이후 현종의 개원, 천보 연간에 해당됩니다. 현종의 시기는 태종 대의 정치적 융합에 더해 사회경제적 융합을 일궈 냅니다. 당 초기 이래로 실크로드를 통한 무역이 활발해지면서 서역의 외래문화가 상시적으로 유입되었고, 이는 경제적 이익을 만들어 냈을 뿐만 아니라 기존의 문화적 토양에 외래의 이문화가 새롭게 진화할 수 있는 에너지를 제공했습니다. 결국 현종의 시기는 사회경제적으로 번성하는 성세를 이룰 수 있었습니다. 여기서 간과하지 말하야 할 것은, 위진남북조 이래의 역사적 경험을 가진 당대 사람들이 외래문화에 대해 개방적이고 유연한 태도를 보였다는 점입니다.

전쟁 이후의 안식: 문경지치의 진정한 의미

조영헌: '융합'이라는 키워드가 인상적입니다. 청대 강건성세도 만주족과 한족의 융합으로 설명할 수 있겠네요. 그런데 한대 문경지치는 그런 융합이 있었을까요?

송진: 물질적 총량이나 삶의 질을 따진다면 현대가 가장 성세겠지만, 전통시대 중국 사회에서 전한(前漢) 문제(文帝)와 경제(景帝) 시기를 '문경지치(文景之治)'라 칭했던 이유를 생각해 보면, 다음 몇 가지가 있겠습니다.

대략 기원전 600년경을 전후한 무렵부터 사회 전반적인 변화 양상 중 가장 두드러진 변화는 전쟁의 격화와 그에 수반된 약소국의 멸망입니다. 기록의 한계가 있긴 하지만, 이 시기부터 전쟁의 패배로 사라지는 나라들이 많아지고 상시적인 전쟁 준비를 위한 군국주의적 국가 만들기 프로젝트가 여러 나라에서 기획되어 시행됩니다. 가장 대표적인 사례가 진나라의 상앙(商鞅)이 기획한 개혁이었고, 그 결과물은 진의 전국 통일로 이어졌습니다. 다시 말해 기원전 600년 전후부터 근 400년 동안 계속 전쟁을 준비하고 전쟁을 해야만 했던 시기였습니다.

비록 진이 기원전 221년에 전국을 통일했다고 하지만 전쟁은 여전히 지속되었고, 15년이라는 진 제국 존립 시기도 사실상 전쟁의 시기였습니다. 진한 교체기를 거쳐 한 고조가 집권한 시기에도 백성들은 저장할 만한 것이 없었고 나라가 가난하니 황제조차도 그 의장으로서 털 색깔이 같은 네 마리의 말이 끄는 수레를 갖출 형편이 안 되었으며, 장군이나 재상이 소가 끄는 수레를 타고 다니는 경우까지 있었습니다.(『한서』「식화지(食貨志)」) 이처럼 한 고조 시기까지는 전란이 아직 수습되지 않은 상황이었습니다.

'문경지치'는 한 문제와 경제 시기의 통치(기원전 179~기원전 141)를 지칭하는 말로, '황노사상(黃老思想)'에 영향을 받은 '무위(無爲)의 정치'가 특징이고 구체적인 대민 정책으로는 세금 감면과 형벌 완화가 특징입니다. 어떤 의미에서 이 시기는 지금까지 사회를 혼란하게 했던 전란이 일단락되고 이제 먹고살기 위해 자신의 삶을 돌봐도 되는 때였다고 할 수 있습니다. 국가 차원에서도 황노사상, 즉 소극적 통치를 선호하며 국가권력이 개인의 삶에서 조금씩 힘을 빼는 시기였고요.

최근 법제사 방면에서 다시 주목하고 있는 바는 문제 시기의 형법 개혁입니다. 문제 때 육형(肉刑, 신체를 자르는 형벌)이 폐지되었고, 또 무기형이 유기형으로 바뀌었습니다. 『한서』「식화지」 기록을 보면 태창(국가 곡식 창고)에 곡식이 넘쳐 나서 곰팡이가 필 정도였다고 합니다. 무제가 본격적인 대외 원정을 시도할 수 있었던 배경도 '문경지치' 시기 축적해 둔 재부 덕분이었습니다.

전체적으로 정리하면, '문경지치'는 대략 400년 가까운 시간 동안 전쟁을 준비해야 했던 사람들이 상대적으로 숨 돌릴 수 있게 된 시기가 아닐까 하고 생각합니다. 나라가 더 이상 개인을 전쟁에 동원하지 않고, 개인의 삶을 돌아보게 해 준 시기, 결국 성세에 대한 해석은 이전 시기와의 비교에서 비롯된 상대적 해석이 작용하는 것 같습니다.

숭문억무의 평화: 송대 성세의 이중성

조영헌: 또 다른 성세 후보는 송대가 아닐까 싶습니다. 송대 문화는 상당한 전성기로, 마크 엘빈(Mark Elvin)이 『중국역사의 발전형태(The Pattern of the Chinese past)』에서 최고의 시기라 평하기도 했는데요, 어떤 점에서 그렇습니까?

김한신: 송대는 군사력이 약했다고 하지만, 사실 상비군만 100만 명이고 특정 경우에는 요나라 군대도 잘 막아 냈거든요. 그래서 뉘앙스의 차이를 따져 '중문경무(重文輕武, 문을 중시하고 무를 경시)'가 아니라 '숭문억무(崇文抑武, 문을 숭상하고 무를 억누름)'라고 엄밀히 표현했어요.

황제들 중에는 "우리 고토를 회복하자"라고 했지만, 문관 관료들이 계속 억눌렀죠. 무인 장수들의 돌발적 행동도 마찬가지였어요. 5대부터 당대까지 절도사의 횡포가 있었기 때문에, 황제 명령에 따르기보다 자기들의 돌발적인 군사 행동을 하려는 경우들이 많았거든요.

그런 것들을 억누르려 했던 게 송대 정책이었어요. 전연의 맹약(澶淵之盟) 이후 상당히 오랜 기간 전쟁 없이 번영할 수 있었던 시대였죠. 전쟁을 최대한 회피하고 돈으로 해결하려 했어요. 물론 서하(西夏)와의 문제는 어쩔 수 없었지만, 더 나가려 하지 않았습니다.

유교적 애민사상이 그런 방식으로 나타났던 시기라서, 전쟁이 없고 경제적으로 발전했기 때문에 성세라고 볼 수 있어요. 하지만 후대 역사학자들, 특히 20세기 초반 근대 계몽주의자들은 "우리가 지금 반식민지가 된 것은 저 유교 때문이다"라는 식으로 비난을 많이 했어요.

뒤집어 보면, 송대 사람들은 대규모 원정이나 전쟁을 가능한 한 하지 않았기 때문에 엄청난 경제적 성장을 이룰 수 있었고, 사회적 안정을 유지할 수 있었지요.

팍스 몽골리카: 원대의 세계적 성세

조영헌: 그럼 원대는 어떻습니까?

고명수: 중국사에서 흔히 언급되는 '성세'와 '태평성대'를 동의어로 놓겠습니다. 김택민 선생님은 『3000년 중국역사의 어두운 그림자』에서 중국 역사 전체에서 태평성대라고 불릴 만한 시대가 거의 없다고 주장했습니다. 태평성대란 내우외환, 즉 외부 침략과 내부 반란의 걱정이 없는 시대예요.

저는 성세의 기본 조건을 강력한 정치·군사적 힘, 한마디로 내외에서 그 나라를 위협하는 세력이 존재하지 않는 상태라고 봅니다. 그런 시대를 굳이 꼽자면 당대 태종·고종 시기 북방 유목세계를 평정한 50년간, 그다음 원대, 그리고 청대입니다. 문경지치에도 외부 위협이 있었어요. 흉노가 북방에서 강대한 세력을 형성하고 언제든지 침입할 수 있었거든요.

원대의 경우, 남송을 정복한 후에도 전쟁과 위협은 계속됐어요. 쿠빌라이 시대에 줄곧 초원에서 카이두를 위시한 서북제왕과 치열하게 투쟁하고, 나얀의 난과 같은 내부 반란이 끊임없이 일어났으며, 일본과 동남아 정벌에서 참담하게 실패했습니다. 따라서 쿠빌라이 시대까지는 성세라고 볼 수 없습니다.

14세기 초 서북제왕이 몽골에 투항한 후 14세기 중엽 홍건군이 봉기하기 전까지, 그때야말로 진정한 팍스 몽골리카 시대였어요. 류준형 선생님이 언급한 유목문화와 농경문화의 융합이 이루어졌고, 내외에서 몽골을 위협할 만한 세력이 없었으며, 유라시아 내륙과 해양을 관통하는 동서 경제·문화 교류가 크게 융성했죠. 다만 그 시기가 50년 정도에 불과하여 장기 지속했다고 보기 어렵습니다.

다민족 통합의 완성: 청대 강건성세

조영헌: 명은 북로남왜를 기본으로 하고 특히 몽골 때문에 고생했으니, 외부 위협이 없는 성세 기준으로는 해당되지 않을 듯싶네요. 그럼 청대는 어떻게 보시나요?

손성욱: 청나라는 19세기 제국주의 열강의 위협에 직면했지만, 중국 역사상 최대 영토를 구축했었고, 다양한 민족을 포용하며 현대 중국의 기틀을 마련했다는 점에서 성세로 평가할 수 있습니다. 특히 한족이 아닌 만주족의 청나라는 명나라의 유산을 극복하고 계승하며 스스로 중화를 천명하고 확장했습니다. 제국을 확장하는 과정에서 다양한 문화를 하나의 틀 안에 포용하며 다원성을 확보했죠.

강건성세(康乾盛世) 시기는 이러한 성세의 면모를 가장 잘 보여 줍니다. 특히 옹정제는 『대의각미록(大義覺迷錄)』을 통해 자신이 중화의 정통임을 설득하려 노력했고, 강희제, 옹정제, 건륭제로 이어지는 시대에 태평성대를 이루면서 백성들과 주변국들로부터 중화임을 인정받았습니다. 비록 외부 위협이 전혀 없던 것은 아니었지만, 이 시기 청은 내부적으로 전례 없는 통합과 번영을 이루어 성세라 불리기에 충분했습니다.

조선은 병자호란 이후 청나라와 책봉-조공 관계를 맺었지만, 오랑캐인 만주족이 조선에 '재조지은(再造之恩)'이 있는 명나라를 멸망시켰기에 청나라에 대한 적대감과 내면의 멸시는 매우 컸습니다. 조선은 '호운불백년(胡運不百年, 오랑캐의 운은 100년을 가지 못한다)'을 기대하며 청나라가 빨리 멸망하기를 바랐습니다. 그러나 강건성세는 이러한 조선의 기대를 깨뜨린 시대였습니다. 18세기 중엽 이후 조선 지식인들조차 청나라의 문물과 제도를 인정하기 시작했고, 나아가 청나라가 중화가 될 수 있다는 가능성을 인정했습니다.

이러한 토대 위에서, 19세기 후반 제국주의 열강의 위협이라는 새로운 도전에 직면했음에도 불구하고, 청이 만든 다민족 통일국가의 기틀은 지금까지도 유효합니다. 청나라는 만주족의 나라였지만, 중화로서 다민족 통일국가의 기반을 만들었죠. '중화민족'이라는 근대적 민족 개념이 탄생할 수 있었던 것도 바로 이러한 기반 위에서 가능했지요.

미완의 성세: 근현대 중국의 가능성과 한계

조영헌: 그럼 중화인민공화국은 어떻게 보시나요?

윤형진: 지금까지 어떠한 관점에서 보아 성세인가가 토론의 주요한 요지였는데, 현대적 관점을 과거에 소급 적용하는 것은 조심스럽지만, 현대적 관점에서 보면 성세라는 관념과 그에 대한 평가도 전제적 권력의 성세, 즉 통치자의 성세를 말한다고 할 수 있을 것입니다.

지금의 관점에서 보면 그러한 제국의 변성을 성세로 받아들일 수 있는가 하는 문제는 재고해 볼 필요가 있다고 생각해요.

그런 의미에서 근현대 중국의 성세는 아직 오지 않았다, 앞으로 와야 한다고 생각합니다. 다만 어떤 가능성들이 보였던 시기들이 있는데, 새로운 사상과 정치체제에 대한 여러 가지 모색이 있었던 1910년대나 1980년대가 그런 시대 아니었을까요?

두 시기는 좀 더 이상적인 나라로 나아가고자 하는 적극적인 움직임이 보였던 시대였습니다. 물론 그 뒤에 군사화와 내전, 톈안먼사건 등으로 한계가 드러났습니다. 근현대 이후에는 그런 성세를 지향하는 모색과 가능성만 있었지, 아직은 오지 않았다고 생각합니다.

성세 담론이 던지는 질문들

조영헌: 성세를 누구의 관점에서, 어떤 시각으로 바라보느냐에 따라 그 해석이 달라질 수 있다는 점을 확인했습니다.

결국 성세라는 것은, 누가 어떤 감각으로 체감하는가에 따라 다양한 관점이 있을 수 있겠습니다. 이 논의를 통해, 역사에서 시간을 바라보는 다층적 관점들을 확인할 수 있었고, 이는 현시대를 성찰하는 데 중요한 시사점을 던져 줍니다.

중국은 언제부터 '중국'이었을까?
'공간'으로 읽는 중국사의 경계

조영헌: 중국이라는 영역이 어디까지인지 논의해 보겠습니다. 우리가 다루어 온 '중국'이라는 개념 자체가 사실 굉장히 다층적이지 않습니까? 중국의 공간 개념이 언제부터 시작됐다고 보시나요?

현의 설치와 면적 지배의 시작: 통치 체계의 확립

송진: 중국 영역의 실체는 '현(縣)의 설치'에서 찾아야 합니다. 영역이 언제 등장했는가 하면 비록 부분적이지만 전국시대 현(縣)을 설치하여 중앙에서 직접 지배하는 일종의 '면의 지배'가 가능해진 때부터입니다. 오늘날 우리가 아는 중국 대부분에 '면의 지배'가 시작된 것은 진이 전국을 통일한 기원전 221년 이후입니다.

기본적으로 중국 왕조에서 현을 설치한 곳은 중앙 정부에서 호구나 경지(耕地)를 정기적으로 파악하였고, 그 내용은 정사(正史) 지리지에 수록

되었습니다. 다시 말해 진 통일 이후 청대까지 현이 설치된 곳은 적어도 왕조에서 인지했던 영역이라 할 수 있습니다. 반면 한대 서역도호부(西域都護府)가 관장했던 서역(西域)이나 사흉노중랑(使匈奴中郞)이 관장했던 남흉노(南匈奴) 등은 정사 지리지에 모두 빠져 있습니다. 이는 서역도호부나 여러 이민족 관장 기구가 설치된 지역은 중국 왕조의 지배 영역으로 인식되지 않았음을 의미합니다.

조영헌: 면의 지배라는 흥미로운 개념을 이야기해 주셨습니다. 당대로 가면 공간 인식이 어떻게 달라지나요?

천하관에서 타자 인식으로: 자아와 타자의 구분

류준형: 당대에는 천하관이 진화하면서 전 세계, 이른바 타자를 염두에 둔 확대된 세계의 천하를 이야기합니다. 중국 사람들에게 공간 관념으로서의 중국은 천하(天下)와 함께 시작되는데, 천하가 먼저 등장하고 그 이후에 화(華)와 구별되는 사이(四夷, 동이·서융·남만·북적)의 관념이 생겨나죠. 사이는 늘 중화에 못 미치는 열등한 존재에 불과했어요. 그러던 것이 위진 남북조 시기에 자신의 삶에서 공존한다는 인식이 형성되고 당대가 되면 확대된 천하관이 공유된다고 할 수 있습니다. 이것은 송대의 천하관과는 크게 다르다고 생각하는데 송대에는 비록 제한된 분야일 수는 있어도 외부에 중국 자신보다 우월한 타자가 등장하고 이것을 피부로 느끼게 됨에 따라 당대의 확대된 천하관이 중국과 외부의 경계가 명확해지는 천하관으로 변화하게 되는 것이죠.

연운16주와 경계 의식의 각성: 영토 의식의 탄생

김한신: 경계라는 개념이 제일 강해진 것은 연운16주(燕雲十六州)와 같은

북방 전략 요충지가 이민족에 넘어가면서 한족 왕조의 경계 의식이 한층 구체화되었습니다.

송나라에서 요나라로 끊임없이 사신을 보냈는데, 이 사신들 중에는 심괄(沈括)과 같이 기억력이 비범한 관리들이 있어 과거 한족(漢族)의 땅이었던 곳이 어떻게 오랑캐의 땅으로 변했는지를 송 황제에게 상세하게 보고했습니다.

아이러니하게도 남송이 영토는 축소됐지만, 오히려 실질적으로 남부의 버려진 지역을 내지화시킨 시기가 송대라는 점이에요. 영남 지역, 즉 오령산맥 이남 광서·광동까지 실질적인 지배 영역을 늘려 놓았거든요.

조영헌: 강력한 타자의 등장이 오히려 중국의 경계 의식을 각성시켰다는 말씀이군요. 그런데 원대는 어떻습니까? 몽골제국 시기에는?

몽골의 세계 지배와 일통 관념: 제국의 확장

고명수: 몽골 지배층은 대칸을 중심으로 한 세계 통합 이념을 지녔습니다. 온 세상을 대칸의 정복과 통치의 대상으로 설정하고, 세계정복 전쟁을 그러한 세계관을 관철하는 위대한 국가사업으로 여겼습니다.

이는 당시 한인이 가진 '일통(一統)' 개념과 엄연히 다릅니다. 본래 '일통'은 기존에 하나로 존재했던 영토나 체제가 축소되거나 분열된 것을 다시 회복하는 개념이죠. 그 시기 한인이 변강(邊疆)을 비롯한 서쪽과 북쪽의 초원 지역을 명확하게 의식하고 일통의 범위에 포함시켰음을 보여 주는 사료적 흔적은 거의 없습니다. 여러 문헌에 "천하를 통일했다"라는 표현이 나오는데, 이는 "새로운 지역을 정복했다"가 아니라 몽골이 남송을 정복하여 "장기간 분열되었던 화북과 강남을 다시 통합했다"라는 뜻입니다. 그런 점에서 '천하'와 '일통'에 관한 몽골 지배층과 한인의 관념은 다릅니다. 몽골 지배층은 유라시아 대륙 대부분을 포괄하는 정복지역 전체를 제국 영토로 인식했고, '원조'의 영토에 관한 한인의 인식은 서방 3칸국(일 칸국, 차가다이칸국, 킵차크칸국)까지 미치지 못했습니다.

조영헌: 그러면 대일통(大一統) 관념이 확장되는 시기는 언제인가요?

청대 대일통과 변강의 포함: 다민족 통합의 시작

손성욱: 청나라 이전의 왕조, 특히 송명 시기에는 '화이구분(華夷區分)' 또는 '화이유별(華夷有別)'의 관념이 강하여, 한족의 전통적인 거주 지역인 '중원' 또는 '구주(九州)' 내부의 통일을 '대일통'으로 보았습니다. 이는 중원 지역을 중심으로 한 문화적, 정치적 통일을 의미했죠.

그러나 만주족이 세운 청나라는 이러한 전통적인 '화이구분'의 경계를 허물고, 변강(邊疆) 지역을 제국의 통합된 일부로 인식했습니다. 변강 지역은 서북 변강(신장, 몽골, 티베트), 동북 변강(만주 지역), 서남 변강(윈난, 구이저우 등 소수민족 거주 지역)을 포함하며, 이는 기존의 구주를 넘어서는 광활한 영토의 확장을 보여 줬습니다. 청나라는 '화이일체(華夷一體)', '중외일체(中外一體)'를 강조하며 다민족 통합을 추진했고, 이에 따라 '대일통'의 개념도 이러한 변강 지역까지 포괄하는 것으로 확장됐죠.

청나라가 『대청일통지(大清一統志)』와 같은 지리지를 편찬하면서 더욱 명확해졌습니다. 이 지리지는 청나라의 광대한 영토를 '일통(一統)'의 범위 안에 포함시키려는 의지를 보여 주며, 청나라의 강역 '대일통' 관념의 중요한 변화를 반영하죠.

비국가 공간과 방어적 태도의 연속성: 변경의 관리

윤형진: 중요한 건 적어도 20세기 초까지는 여전히 비국가 공간이 상당히

많이 남아 있다는 점입니다. 제임스 스콧(James Scott)이 『조미아, 지배받지 않는 사람들(The Art of Not Being Governed)』에서 지적했듯이, 동남아에서 중국 남부까지 연결되는 해발 500미터 넘는 산악 지역은 사실 국가의 지배로부터 벗어나려는 사람들이 살았고, 적어도 19세기까지는 그런 도피 기술을 발전시켜 나름대로 성공했거든요. 면의 지배가 시작됐다고 하지만, 면에 대한 지배 강도는 지역별로 매우 다양했습니다.

송대와 청대 그리고 지금까지 비슷한 면이 있는데, 강력한 타자가 존재해야 그런 영토 의식이 강화되는 경향이 있습니다. 청대 말에 외부로부터의 압력이 강화되면서 결정적 전환이 나타나는데, 태평천국운동 이후 한족 관료들이 변경 문제에 관여하기 시작하고, 19세기 후반에서 20세기 초에 걸쳐 변경에도 성을 만드는 건성(建省)이 이루어집니다. 신장성(1884), 대만성(1885), 동북 3성(1907) 등이 이 시기에 설치되어 변경 지역의 행정통제가 강화되었습니다.

이러한 역사적 경험이 현재 중국의 영토 정책에도 영향을 미쳐, 강력해진 국력에도 불구하고 여전히 방어적 태도를 보이는 것은 아닐까요?

천하관의 이중성과 현재적 의미

류준형: 천하관이 갖고 있는 큰 장점은 내부의 것을 한 색으로 칠하는 데 아주 유용하다는 점입니다. 「우공」의 구주를 천하의 레이어에 중첩하면, 한 영역으로 색칠하는 데 주저하지 않게 됩니다. 분획된 영역은 균질하다고 여기기 쉽고, 울타리처럼 둘러싸인 내부의 영역은 울타리 너머의 공간과는 분명하게 분리되기 때문입니다. 이는 아주 이해하기 편리하고 선명하지만, 복잡한 지역적·문화적 차이를 무시하고 단일한 문화권으로 단순화하는 약점이 있어요.

조영헌: 결국 우리가 다시 처음으로 돌아가면, 중국이라는 영역에 대해 한 층위로 얘기할 수는 없다는 것이군요. 근대국가로서의 중화인민공화국과 전근대 천하 관념 속의 중국은 본질적으로 상이한 개념임에도 불구하고, 우리가 이러한 구분 없이 과거 중국을 논할 경우, 현재 중화인민공화국이 지닌 국경 개념을 과거에도 존재했던 것으로 오해할 소지가 많습니다.

근대적 국경선은 19세기 말~20세기 초 국제법 질서 속에서 확립된 것이지, 전통 시대 중국의 경계와 동일시할 수 없습니다. 다양한 중국을 생각하면서 문화적인 중화 제국으로서의 중국과 현재 국민국가로서의 중국은 다르다는 점을 인식하는 것이 중요하겠습니다.

중국은 언제부터 인구가 많았을까?
'인구'로 읽는 중국사의 변천

조영헌: 최근 한국의 인구문제가 모든 문제를 압도하고 있습니다. 인구가 너무 많아서가 아니라 현저하게 줄어들고 있기 때문이죠. 중국의 인구문제를 보면서 한국의 인구문제를 바라볼 새로운 시각을 찾아보겠습니다. 일반적으로 중국 하면 "사람이 너무 많다(人太多)"라는 인식이 강한데요. 현대 중국의 인구 현황부터 살펴보죠.

14억에서 감소로: 현대 중국 인구의 대전환점

윤형진: 2022년 중국 인구가 역사상 처음으로 감소했습니다. 14억 1175만 명에서 85만 명이 감소해 '인구 대국' 이미지에 큰 전환점이 되었지요. 2023년에는 인도에 1위 자리를 넘겨줬고요. 인구조사가 시작된 이래 처

음으로 세계 1위에서 내려온 겁니다.

더 충격적인 건 출생률입니다. 2022년 출생률이 약 6.77퍼밀(1000명당 6.77명, 1949년 중화인민공화국 건국 이래 최저치)을 기록했어요. 1978년 시작된 계획생육(한 자녀 정책)을 1세대 이상 지속한 결과죠. "중국이 부유해지기 전에 먼저 늙어 버렸다(未富先老)"라는 말이 현실이 됐습니다.

아이러니한 건 지금 중국 정부가 출산장려정책을 펼치고 있다는 점이에요. 2021년 삼태정책(三胎, 세 자녀 허용)까지 발표했지만 효과는 미미합니다. 1970년대 자연스러운 출산율 저하 추세만으로도 충분했는데, 강제적 개입이 오히려 과도했다는 평가가 나오고 있어요.

1억 돌파의 시대: 전환점이 된 송대

조영헌: 전통 시대로 돌아가면, 중국 인구가 1억을 언제 넘었는지가 중요한 지표가 될 것 같습니다. 대체로 송나라 시대로 알려져 있는데요.

김한신: 송대 인구 폭발은 하루아침에 일어난 게 아닙니다. 당대 안사의 난(755) 이후 강남(江南) 지역이 본격 개발되면서 시작됐어요. 결정적 변화는 5대10국 시기(907~979)죠.

10국이 강남에서 독립하면서 더 이상 화북에 조공을 바치지 않고 자기 지역에 투자할 수 있게 됐거든요. 강남(江南), 사천(四川), 복건(福建)이 불모지에서 갑자기 경제 중심지로 부상한 겁니다. 송이 이 지역들을 통합하면서 상업혁명이 일어났어요. 지역 간 네트워크가 형성되니까 흉년이 들어도 굶어 죽지 않게 됐죠. 상업 시스템이 생존의 안전망 역할을 한 거예요.

북송 1억, 남송 8000만, 금나라 5000만을 합치면 총 1억 3000만 정도로 추정됩니다. 이후 전란으로 조금씩 줄어들긴 하지만 1억 선은 계속 유지됐어요. 인류 역사상 최초로 1억 인구를 돌파한 단일 정치체였죠.

최초의 인구 통계: 한나라의 인구 파악 체계

조영헌: 중국에서 인구통계를 처음 어떻게 잡았는지도 흥미로운 주제입니다. 진한대부터 가능했을 것 같은데요.

송진: 동아시아에서 현존하는 최초의 인구 통계는 『한서』「지리지」에 수록된 전한 평제(平帝) 때의 기록입니다. 혹자는 선진(先秦) 시기 병력이나 전쟁 규모에 근거하여 최대 2000~3000만 명 이상으로 추산하기도 하지만, 사실 자료의 한계로 정확한 수치는 알 수 없습니다. 정사에 기록된 기원전 2년경 전체 호구 수는 1223만 3062호이고, 인구는 5959만 4978명입니다. 이 수치도 모두 같은 해의 통계 자료가 아니므로, 엄밀한 의미에서 당시 실제 인구 총수는 아닙니다. 비록 문헌 기록의 한계가 존재하지만, 전한 말 이후 한대 인구는 왕조 교체기를 제외하고 대략 5000만 정도로 파악됩니다.

조영헌: 그런데 현실적으로 인구가 이동하면 통계가 맞지 않게 되잖아요.

송진: 바로 그래서 장부 조작이 만연했어요. 인구 감소 책임을 현령이나 태수가 져야 하니까 온갖 편법을 동원했습니다. 비록 문헌 기록에 한대 인구 통계가 남아 있긴 해도 지방 호족에 편입된 인구가 많기도 했고, 지방 관청에서 장부의 수치를 조작해서 보고하기도 했기 때문에 문헌에 기록된 호구 통계를 실제 수치로 신뢰하기는 어렵습니다. 가령 지방 관청에서 호구 수를 집계한 후 세역이 완전히 면제되는 6세 이하 아동과 60세 이상 노인의 비중을 늘리는 등 전체 성비와 연령대 구성의 수치를 조작하기도 했기 때문입니다.

4억 돌파의 신화: 청대의 인구 폭발

조영헌: 중국 역사에서 또 다른 인구 폭증기는 청대를 꼽을 수 있을 것 같

습니다. 1억 5000만에서 청말 4억까지, 산업혁명도 없이 어떻게 이런 기하급수적 증가가 가능했을까요?

손성욱: 청대 인구 증가는 세계사적 현상이었어요. 18~19세기 전 지구적 기온 상승과 맞물려 있거든요. 지구 기온이 1도만 올라가도 경작 가능 면적이 급격히 늘어나니까요. 결정적 요인은 신대륙 작물 도입입니다. 옥수수, 고구마, 감자가 들어오면서 기존에 농사짓지 못했던 산간지대까지 개간이 가능해졌어요. 특히 고구마는 척박한 땅에서도 잘 자라니까 인구 부양력이 급격히 늘어났죠.

여기에 강희·옹정·건륭 3대 130년간의 평화가 더해졌어요. 전란 없는 안정기가 이어지면서 인구가 폭증할 수 있었던 거죠.

제임스 리(James Z.Lee), 왕펑(Wang Feng)의 「인류의 4분의 1(One Quarter of Humanity)」(Harvard University Press, 1999)에서는 더 논쟁적인 주장을 해요. 서구와 달리 중국에서는 여아 살해와 집단적 출산 억제가 전통적으로 작용했는데, 청 중기 이후 이런 억제 장치가 약화되면서 인구가 폭증했다는 거죠.

마오쩌둥의 한마디가 만든 인구 폭증

조영헌: 1953년 5억 8000만에서 1982년 10억까지, 30년도 안 돼서 거의 두 배가 늘었습니다. 대약진운동으로 수천만 명이 아사했다는 시기인데도 말이죠.

윤형진: 이게 20세기 최대 아이러니 중 하나예요. 1950년대 초 중국 공산당 지도부에서도 인구 과잉 논의가 있었거든요. 베이징대학 총장 마인추(馬寅初)가 "가족계획은 계획경제의 필수 요소"라고 주장했어요.

그런데 1957년 반우파 투쟁 때 마인추가 숙청당하거든요. 그리고 그 뒤에는 "인구가 많으면 힘도 세다(人多力量大)"라는 논리로 인구 억제를 위한 정책을 추진하지 않았지요.

결국 마오쩌둥의 잘못된 판단으로 인구가 몇억 더 늘어났다는 평가를 하기도 합니다. 물론 인구 폭증에는 사회·경제적 요인이 다양하게 작용했지만요. 1970년대 들어서야 뒤늦게 산아제한 정책을 시작했지만 이미 늦었죠.

한 자녀 정책의 명암

손성욱: 제가 2005년부터 2019년까지 중국에서 유학하고 대학에서 일하면서 지켜본 인구정책 변화는, 중국에서 무척 큰 변화였습니다.

제가 중국에 있을 때, 2010년대 초반에 첫째 아이를 낳은 친구들은 한 자녀 정책 때문에 둘째를 가지려면 큰 희생을 감수해야 했어요. 정부의 준생증(准生证, 출산허가증) 없이는 출산도 어려웠고, 둘째를 낳으면 벌금을 내거나 공직에서 불이익을 당하기도 했죠.

하지만 2013년 단독이태(单独二胎) 정책(부부 중 한 명이 외동인 경우 둘째 허용)과 2015년 전면이태(全面二胎) 정책이 시행되면서 분위기가 많이 바뀌었어요. 당시 중국 경제가 나쁘지 않았고, 정책으로 아이를 낳지 못했었기에 둘째를 원하는 사람이 꽤 있었습니다.

하지만 불과 몇 년 만에 완전히 분위기가 바뀌었어요. 경기가 안 좋아지고 교육비 부담이 급증하면서 출산 의욕이 완전히 꺾인 거죠. 최근 중국의 합계출산율(TFR)이 1.09명(2023년 기준)까지 떨어져서, 한국과 비슷한 수준의 심각한 초저출산 국가가 됐습니다.

'많음'의 기준을 묻다: 인구 담론의 철학적 접근

조영헌: 인구가 꼭 많은 게 좋은 것인가 하는 근본적 질문이 있습니다. 전통 시대에도 소국과민(小國寡民) 사상이 있었고요.

류준형: '많다'의 기준 자체가 시대에 따라 달라져요. 송대에 1억이 많았다면, 지금 14억은 어떻게 봐야 할까요? 결국 그 인구를 부양할 수 있느냐 없느냐의 문제죠.

노동집약적 농업사회에서는 인구가 많을수록 유리했지만, 지식기반 사회에서는 오히려 부담이 될 수 있어요. 토지와 인구의 관계, 기술 발전 수준, 사회 시스템 등을 종합적으로 봐야 한다고 생각해요.

윤형진: 전 세계 인구에서 중국이 차지하는 비율도 중요한 기준입니다. 중국은 역사적으로 세계 인구의 20~25퍼센트를 꾸준히 차지해 왔거든요. 넓은 평지와 상대적 고립성이 대규모 인구 부양을 가능하게 했던 거죠.

지금 중국이 직면한 건 단순한 인구 감소가 아니라 초고령화와 성비 불균형이에요. 한 자녀 정책의 부작용으로 남초현상이 심각하고, 2035년이면 65세 이상이 30퍼센트를 넘을 전망입니다.

인구사가 던지는 질문들

조영헌: 결국 인구문제는 경제적 부양 능력, 시대적 맥락, 정책의 시차 효과가 복합적으로 작용하는 것 같습니다. 중국도 이제 인구 감소 국면에 들어섰지만, 역사적으로 봤을 때 이런 변화가 중국 문명에 어떤 영향을 미칠지는 더 지켜봐야겠네요.

대담을 통해 중국 인구사의 굵직한 전환점들을 살펴봤습니다. 송대의 1억 돌파, 청대의 4억 도달, 그리고 현대의 감소 전환, 각 시대마다 인구 변화의 동력이 달랐고, 그 '많음'의 의미가 달리 해석될 수 있다는 점이 인상적이었습니다.

　14억에서 시작된 감소가 중국사에 어떤 새로운 장을 열지, 그것이 동아시아 전체에 미칠 파급효과는 무엇일지, 인구라는 렌즈로 본 중국사는 여전히 진행되고 있습니다.

도판·지도·표 목록

도판

도판 1.1. 후난성에서 발견된 진대 행정 문서 이야진간, 송진 촬영.

도판 1.2. 다양한 형태의 간독, 송진 촬영.

도판 2.1. 장건과 그 사신단이 서역으로 떠나는 모습, 〈장건출사서역도(張騫出使西域圖)〉, 작자 미상, 기원전 138년~기원전 126년경 장건의 모습을 묘사한 돈황(敦煌, 둔황)석굴 벽화, 위키미디어 공용.

도판 4.1. 무측천, 위키미디어 공용.

도판 4.2. 〈괵국부인유춘도〉, 장훤, 비단에 채색, 랴오닝성(遼寧省)박물관 소장.

도판 4.3. 무측천의 모습을 본떠 만들었다고 전해지는 뤄양 룽먼 석굴 봉선사 대불, ⓒ Melvyn Longhurst, Getty Images.

도판 5.1. 당대(唐代) 환관용(宦官俑), 상하이 전단(震旦)박물관 소장.

도판 5.2. 고력사 신도비, 산시 푸청현(蒲城縣)박물관 소장.

도판 7.1. 당대 장안성 구조, 일본 일중우호회관미술관 홈페이지.

도판 7.2. 유모를 착용한 모습, 아스타나 고분 토제 부장품 | 멱리를 들고 있는 모습, 연비묘(燕妃墓)〈봉멱리여시도(捧羃䍦女侍圖)〉, 작자 미상, 위키미디어 공용.

도판 7.3. 당대 마구(馬球) 그림, 장회태자(章懷太子) 묘, 〈격구도(擊毬圖)〉, 작자 미상, 산시(陝西)역사박물관 소장.

도판 8.1. 〈소동파입극도〉, 중봉당(中峰堂), 종이, 국립중앙박물관 제공, 소장품 번호 구2249, 공공누리.

도판 8.2. 범중엄, 위키미디어 공용.

도판 9.1. 송 태조 조광윤, 위키미디어 공용.

도판 10.1. 인도네시아 벨리퉁섬에서 좌초한 상선에서 발견된 중국 자기 유물, ⓒ Jacklee.

도판 10.2. 시박사에서 상인에게 교부한 공빙(公憑, 국외 교역 허가서), 북송 숭녕 4년 (1105) 6월, 명주 시박사는 천주 상인 이충(李充)에게 일본으로 가는 공빙(公凭) 을 발급하였으며 이 문서에는 수출 상품의 명칭과 선원들이 준수해야 할 규정 등이 상세하게 기록되어 있음, 김한신 촬영.

도판 10.3. 송대 무역선 발굴 모습 | 복원한 송대 무역선, 취안저우해양박물관, 김한신 촬영.

도판 10.4. 자동나무 꽃을 형상화한 장식품으로 꾸며진 취안저우(천주) 거리, 김한신 촬영.

도판 11.1. 〈오우도(五牛圖)〉(부분 발췌), 한황(韓滉), 마지본(麻紙本), 베이징 고궁 박물원 소장.

도판 11.2. 송 휘종, 위키미디어 공용.

도판 11.3. 황진이 관할 지역민을 교화하는 모습, 『사명인감(四明人鑑)』 "송문결선생 황공진(宋文潔先生 黃公震)" 언급, 위키미디어 공용.

도판 12.1. 우구데이, 대만 국립고궁박물관 소장, 위키미디어 공용.

도판 12.2. 쿠빌라이, 위키미디어 공용.

도판 13.1. 〈교황 인노켄티우스 4세가 몽골제국에 수도사를 보내는 모습(Pope Innocent IV sends Dominicans and Franciscans out to the Mongols)〉, 작자 미상 (필사본 삽화가), 1400-1410년경.

도판 13.2. 대칸 구육이 교황 인노켄티우스 4세에게 보내는 편지, 바티칸도서관 소장.

도판 13.3. 회회포, 『11세기부터 16세기까지의 프랑스 건축 사전(Dictionary of French Architecture from 11th to 16th Century)』(1856), 외젠 비올레 르 뒤크 (Eugène Viollet-le-Duc), 위키미디어 공용.

도판 13.4. 청진사, 지난 청진남대사(济南清真南大寺), 산둥성 지난시, 위키미디어 공용.

도판 13.5. 천주(취안저우)에서 발견된 원대 기독교 묘석, 파스파 문자 명문, 14세기 초, 푸젠성 취안저우 출토, ⓒ BabelStone.

도판 14.1. 천주(취안저우) 시박사 건물 유적, 2021년, 푸젠성 취안저우, ⓒ 董辰興.

도판 14.2. 19세기 프랑스에서 그린 이븐 바투타, 이집트에서 안내자(좌측)와 함께 있는 모습, 1878년(추정) 출간 도서의 삽화.

도판 14.3. 몽골제국 지폐, 지원통행보초의 원판, 위 왼쪽 칸에 파스파 문자로 '지원보초'라고 적혀 있음, 위키미디어 공용.

도판 14.4. 카탈루니아 지도, Abraham Cresques 1375년 제작, 위키미디어 공용.

도판 15.1. 말레이시아 말라카시에 있는 정화 석상, © Marcin Konsek.

도판 15.2. 영락제, 위키미디어 공용.

도판 15.3. 인도 방갈라국에서 정화를 통해 보낸 기린 선물, 〈기린도(麒麟圖)〉, 심도(沈度) 추정, 대만 국립고궁박물관 소장, 위키미디어 공용.

도판 15.4. 정화의 보선을 복원한 배, © Mike Peel.

도판 16.1. 팔달령 장성, © CEphoto, Uwe Aranas.

도판 16.2. 홍무제, 위키미디어 공용.

도판 16.3. 거용관, © Hans A. Rosbach.

도판 16.4. 알탄 칸 동상, © Ping Lin.

도판 16.5. 북경 도시 구조, 15세기 초에 건설된 모습.

도판 16.6. 〈맹강녀 설화〉, 작자 미상, "문선루총서(文選樓叢書)" 소재 『고열녀전(古列女傳)』, 1825년.

도판 17.1. 대운하를 이용하는 중국 상인, 윌리엄 알렉산더(William Alexander), 1805년경, 매카트니 사절단 기록화, 『중국의 복식(The Costume of China)』 수록.

도판 17.2. 주희, 위키미디어 공용.

도판 18.1. 숭정제가 죽은 곳으로 알려진 징산공원의 나무, © Clement Lee.

도판 18.2. 경덕진의 도자기 악기, © Liuxingy

도판 18.3. 롤랑 무스니에, 작자 미상, 1935년.

도판 18.4. 스타브리아노스, 위키미디어 공용.

도판 18.5. 중국 대기근 시기 아동 매매 장면, 중국기근구호기금위원회(토착 화가 작품 추정), 1878년, 『중국의 기근(The Famine in China)』, 런던 C. Kegan Paul 출판, 제임스 레그(James Legge) 번역 및 편집.

도판 19.1. 북송 인종릉에 세워진 코끼리 석상, © Gary Lee Todd.

도판 19.2. 14세기 코끼리를 탄 몽골제국의 지배자, 위키미디어 공용.

도판 19.3. 베이징 자금성 후원인 어화원에 있는 코끼리상, ⓒ Jakub Hałun.

도판 19.4. 〈만국래조도〉 중 코끼리가 나온 부분, 요문한(姚文翰)·장정언(張廷諺), 1761년, 베이징 고궁박물원 소장.

도판 20.1. 건륭제, 〈갑옷을 입고 말 탄 건륭제(The Qianlong Emperor in Ceremonial Armour on Horseback)〉, 주세페 카스틸리오네(Giuseppe Castiglione), 1758년, 비단에 채색.

도판 20.2. 조지 매카트니, 〈제1대 매카트니 백작 조지 매카트니와 제1대 준남작 조지 레너드 스턴턴(George Macartney, 1st Earl Macartney; Sir George Leonard Staunton, 1st Bt)〉, 레뮤얼 프랜시스 애벗(Lemuel Francis Abbott), 연도 미상, 유화, 런던 국립초상화갤러리 소장.

도판 20.3. 매카트니 사절단을 맞이하는 건륭제, 위키미디어 공용.

도판 20.4. 〈차를 준비하는 노파가 있는 농가 실내〉, 윌리엄 레드모어 비그, 1793년, 캔버스에 유화, 런던 빅토리아앨버트박물관 소장.

도판 20.5. 청 대신을 만나는 티칭 사절단, A. E. 판 브람 후크헤스트(A. E. van Braam Houckgeest), 『1794년과 1795년 네덜란드 동인도회사 중국 황제 사절단 여행기』에서 발췌한 사진.

도판 21.1. 트럼프 미국 대통령과 시진핑 중국 국가주석, 2018년 G20 정상회의.

도판 21.2. 청 황제 홍타이지, 위키미디어 공용.

도판 21.3. 산해관, ⓒ BenBenW.

도판 21.4. 팔징모념지보를 찍은 것, 1790년(건륭 55) 건륭제 재위 55년 및 팔순 기념 제작, 신장 화전청옥 조각, 12.8센티미터 정방형. 인새 2009년 런던 소더비 경매 출품.

도판 21.5. 병인양요, 위키미디어 공용.

도판 22.1. 〈파리조약〉, 벤저민 웨스트(Benjamin West), 1783~1819년, 캔버스에 유화, 윈터투어박물관 소장.

도판 22.2. 중국황후호 삽화가 실린 당시 신문 기사.

도판 22.3. 미국 국기 성조기.

도판 22.4. 앤슨 벌링게임, 위키미디어 공용.

도판 22.5. 탕샤오이, 위키미디어 공용.

도판 22.6. 이홍장, 위키미디어 공용.

도판 23.1. 아편 재료인 양귀비 과육에서 나오는 유액, © George Chernilevsky.

도판 23.2. 아편전쟁, 〈중국 전함 파괴(Destroying Chinese war junks)〉, E. 던컨(E. Duncan), 1843년.

도판 23.3. 1890년대 캘리포니아 샌프란시스코 중국인 숙박업소의 아편굴, 캘리포니아대학교 버클리캠퍼스 뱅크로프트도서관 출처, 미국 의회도서관 소장.

도판 24.1. 중화민국 임시대총통 위안스카이(사진 정중앙), 위키미디어 공용.

도판 24.2. 쑨원, 위키미디어 공용.

도판 24.3. 마오쩌둥, 위키미디어 공용.

도판 25.1. 옌볜 조선족 자치주에 있는 옌지체육관, © EditQ

도판 25.2. 오족공화를 표현한 선전물, 위키미디어 공용.

지도

지도 2.1. 장건의 사행 경로

지도 2.2. 고대 중앙아시아의 실크로드 노선도

지도 4.1. 북방 6진

지도 4.2. 안서 4진

지도 6.1. 당 현종 시기 15도

지도 7.1. 수 말기 군웅 각축

지도 7.2. 당 최대 판도

지도 7.3. 서안 지역 역대 도성 위치

지도 7.4. 안사의 난

지도 7.5. 당 말 하북 3진

지도 9.1. 연운 16주

지도 10.1. 송의 해상 교역로

지도 14.1. 몽골제국의 동남아시아 침공

지도 14.2. 원대 교역로

지도 15.1. 정화의 원정

지도 16.1. 북경 북쪽을 방어하는 구변진

지도 16.2. 각 시대별 장성

지도 17.1. 대운하

지도 17.2. 휘주 상인의 활동 지역

지도 25.1. 청 최대 판도

표

표 4.1. 당 왕조의 내명부

표 5.1. 내시성 산하에 환관이 속한 관청들

표 6.1. 당나라 국가기관 조직도

표 6.2. 품계표

표 6.3. 4등관제 구조

표 6.4. 전국 행정구역 등급

표 6.5. 전국 행정구역 수 변화

표 12.1. 원대 사등인제

표 15.1. 정화의 원정 항해 일정

표 18.1. 800~1800년 사이의 기온 변화, 출처: *Global Crisis: War, Climate Change and Catastrophe in the Seventeenth Century*, Yale University Press, 2013. 136쪽.

표 18.2. 원·명 시기 아홉 번의 늪(sloughs), 출처: 티모시 브룩, 조영헌 옮김, 『하버드 중국사 원·명: 곤경에 빠진 제국』, 너머북스, 2014. 519쪽.

표 24.1. 중국공산당 권력 구조, 중국공산당 제20차 전국대표대회(2022년 10월), 출처: 신화통신

= 참고 문헌 =

1 중국 최초의 황제 진시황, 희대의 폭군인가 중국 통일의 영웅인가?

金慶浩,「秦 始皇帝의 死亡 및 秦의 滅亡과 관련한 또 다른 문헌:『北京大學藏西漢 竹書(參)』「趙正書」譯註」,『중국고중세사연구』46, 2017.

金珍佑,「잊혀진 기억, 사라진 역사들, 그리고 각인된 하나의 역사:『淸華簡』繫年·『北大簡』趙正書와『史記』의 비교를 중심으로」,『중국고중세사연구』59, 2021.

사마천, 이성규 엮음 및 옮김,『사마천 사기: 중국 고대사회의 형성』, 서울대학교출판부, 2007.

쓰루마 가즈유키, 김경호 옮김,『인간 시황제』, 에이케이커뮤니케이션즈, 2017.

쓰루마 가즈유키, 김경호 옮김,『중국 고대사 최대의 미스터리 진시황제』, 청어람미디어, 2004.

吳姝琪,「朝鮮朝 文人의 秦始皇 인물평 연구:『史記』人物 批評의 한 事例」, 성균관대학교 석사학위논문, 2013.

李成珪,『數의 帝國 秦漢: 計數와 計量의 支配』, 대한민국학술원, 2019.

장펀톈, 이재훈 옮김,『진시황 평전: 철저하게 역사적으로 본 제국과 영웅의 흥망』, 글항아리, 2011.

2 실크로드는 중국 고대 제국과 어떻게 연결되었을까?

김경호,「前漢時期 西域 境界를 왕래한 使者들:『敦煌懸泉置漢簡』기사를 중심으로」,『中國古中世史硏究』61, 2021.

김호동,『몽골제국과 세계사의 탄생』, 돌베개, 2010.

동북아역사재단 엮음,『譯註 中國 正史 外國傳(1) 史記 外國傳 譯註』, 동북아역사

재단, 2009.

동북아역사재단 엮음, 『譯註 中國 正史 外國傳(2) 漢書 外國傳 譯註』, 동북아역사재단, 2009.

송진, 「3~4세기 중국으로의 使行과 入國 절차: 西域을 통한 중국 변경 출입을 중심으로」, 『중국고중세사연구』 48, 2018.

송진, 『중국 고대 경계와 그 출입』, 서울대학교출판문화원, 2020.

유홍준, 『나의 문화유산답사기 중국편 3: 실크로드의 오아시스 도시』, 창비, 2020.

정수일, 『고대 문명 교류사』, 사계절, 2001.

黎虎, 『漢唐外交制度史』, 蘭州大學出版社, 1998.

Burrow, Thomas, *A Translation of the Kharoṣṭhī Documents from Chinese Turkestan*, The Royal Asiatic Society, 1940.

Kim, Byung-joon, "Trade and Tribute along the Silk Road before 3C A.D.", *Journal of Central Eurasian Studies* Vol.2, 2010.

3 진한시대 사람들이 계약서를 작성한 이유는?

송진, 「秦漢時代 券書와 제국의 물류 관리 시스템」, 『東洋史學研究』 134, 2016.

오정은, 「秦漢時代 官府의 刻齒 표기 문서: 그 주요 특징과 형태의 변화상을 중심으로」, 『中國古中世史研究』 70, 2023.

李成九, 「中國古代의 市의 觀念과 機能」, 『東洋史學研究』 36, 1991.

角谷常子, 「居延漢簡にみえる賣買關係簡についての一考察」, 『東洋史學研究』 52(4), 1994.

楊建, 『西漢初期津關制度研究』, 上海古籍出版社, 2010.

劉俊文 撰, 『唐律疏議箋解』, 中華書局, 1996.

李學勤 主編, 『周禮注疏』, 北京大學出版社, 1999.

籾山明, 「刻齒簡牘考略」, 『中國出土文字資料의 基礎研究』, 1993.

籾山明, 「刻齒簡牘初探: 漢簡形態論」, 『木簡研究』 17, 1995.

張春龍·籾山明·大川俊隆, 「里耶秦簡刻齒簡研究: 兼論嶽麓秦簡《數》中의 未解讀簡」, 『文物』 2015年 3期.

彭浩·陳偉·工藤元男 主編, 『二年律令與奏讞書』, 上海古籍出版社, 2007.

許愼 撰, 段玉裁 注, 『說文解字注』, 上海古籍出版社, 1981.

胡平生, 「木簡券書的幾種破別形式」, 『簡牘學硏究』 2, 1997.

4 유일한 여성 황제, 무측천을 어떻게 볼 것인가?

도야마 군지, 박정임 옮김, 『측천무후: 제국을 창업한 세계사 유일의 여황제』, 페이퍼로드, 2006.

멍만, 이준식 옮김, 『여황제 무측천』, 글항아리, 2016.

소현숙, 「여제와 미술: 당 무측천 시대 낙양성의 정치적 기념비」, 『온지논총』 68, 2021.

우지앙, 권용호 옮김, 『측천무후: 중화제국 역사상 유일한 여성 황제』, 학고방, 2011.

윤미영, 「중국 여황제 무측천의 정권창립과 불교: 『대운경소』를 중심으로」, 『한국교수불자연합학회지』 21(2), 2015.

이중톈, 김택규 옮김, 『이중톈 중국사 15: 무측천의 정치』, 글항아리, 2022.

임대희, 「무측천 시기의 국가권력과 종교」, 『역사교육논집』 24, 1999.

임대희, 「측천황태후 집정시기의 정치와 인물」, 『위진수당사연구』 2, 1996.

정병준, 차오링 옮김, 「武則天과 한반도 정세(黃約瑟)」, 『신라사학보』 35, 2015.

조문윤·왕쌍회, 김택중·안명자·김문 옮김, 『무측천 평전』, 책과함께, 2004.

최황자, 「당 무측천과 정치집단세력의 변질」, 『중국학보』 26, 1986.

孟憲實, 『武則天硏究』, 四川人民出版社, 2021.

王壽南, 『武則天傳』, 臺灣商務印書館, 2013.

Guisso, R. W. L., *Wu Tse-t'ien and the Politics of Legitimation in T'ang China*, Western Washington, 1978.

Rothschild, N. Harry, *Wu Zhao: China's Only Woman Emperor*, Pearson Longman, 2008.

5 당대 환관, 그들은 역사 속 악인에 불과한가?

고미야 히데타카, 「신라·발해에 온 당 환관사신의 확대와 그 배경」, 『역사와 현실』

89, 2013.
류준형, 「唐代 中使의 활동과 그 정치적 의미」, 『역사와 담론』 90, 2019.
류준형, 「唐代 宦官 문제의 재인식」, 『중국사연구』 77, 2012.
류준형, 「중국 宦官에 대한 영어권 학계의 연구 현황과 특징」, 『중국고중세사연구』 50, 2018.
르언훙, 이상천 옮김, 『중국 고대의 환관』, 울산대학교출판부, 2009.
미타무라 다이스케, 한종수 옮김, 『환관 이야기: 측근 정치의 구조』, 아이필드, 2015.
신슈밍 외, 주수련 옮김, 『자금성, 최후의 환관들』, 글항아리, 2013.
余華靑, 『中國宦官制度史』, 上海人民出版社, 2006.
王壽南, 『唐代的宦官』, 臺灣商務印書館, 2004.
Dale, Melissa S., "Understanding Emasculation: Western Medical Perspective on chinese Eunuchs", *Social History of Medicine* Vol.23 No.1, 2010.
Hoeckelmann, Michael, "Celibate, but not childless: Eunuch military dynasticism in medieval China", in Höfert, Almut ed., *Celibate and childless men in power: ruling eunuchs and bishops in the pre-modern world*, Routledge, 2018.

6 왜 당의 통치 시스템을 중국 전통 왕조의 전형이라고 하는가?

강명희, 「중국사에서의 중앙과 지방」, 『역사학보』 192, 2006.
김유봉, 「중국 역대 왕조 지방행정 체제에 대한 연구」, 『동방학』 29, 2013.
김택민 등, 『역주 당육전(상, 중, 하)』, 신서원, 2003, 2005, 2008.
김택민, 『중국 고대 형법』, 아카넷, 2002.
딩샤오창, 「중국 고대공문서 발전과정과 연구현황」, 『규장각』 34, 2009.
박근칠, 『당대 관문서와 문서행정』, 주류성, 2023.
이완석, 「당대 왕언 문서의 생산과 유통: 당 공식령을 중심으로」, 『중국고중세사연구』 48, 2018.
임병덕, 『중국 고대의 법제』, 충북대학교출판부, 2017.
주진학, 류준형 옮김, 『체국경야의 도: 중국 행정구획의 연혁』, 영남대학교출판부, 2017.

최재영, 「당대 문서 행정 법령의 체계와 그 의미」, 『중국학보』 91, 2020.

顧頡剛·史念海, 『中國疆域沿革史』, 商務印書館, 1999.

吳宗國 主編, 『盛唐政治制度研究』, 上海辭書出版社, 2003.

陳仲安·王素, 『漢唐職官制度研究』, 中華書局, 1993.

7 장안은 왜 '기나긴 평안'을 영속하지 못했나?

권덕영, 「唐 長安의 新羅僧과 日本僧, 그 과거와 현재」, 『사학연구』 110, 2013.

김학주, 『장안과 북경: 중국의 정치·문화와 문학·사상의 앞뒷면』, 연세대학교출판부, 2009.

박한제, 『대당제국과 그 유산: 호한통합과 다민족국가의 형성』, 세창, 2015.

발레리 한센, 류형식 옮김, 『실크로드: 7개의 도시』, 소와당, 2015.

빠이젠싱, 「당대 장안 불교문화의 교섭과 전파: 장안 도시불교문화의 전파를 함께 논함」, 『불교문화연구』 12, 2012.

세오 다쓰히코, 최재영 옮김, 『장안은 어떻게 세계의 수도가 되었나』, 황금가지, 2006.

신성곤, 「당대 장안의 시장과 일상」, 『동아시아문화연구』 62, 2015.

이시다 미키노스케, 이동철·박은희 옮김, 『장안의 봄』, 이산, 2004.

최재영, 「당 장안성의 살보부 역할과 그 위치: 당조의 돌궐대책과 관련하여」, 『중앙아시아연구』 10, 2005.

8 동파육은 어떻게 탄생하였을까?

『蘇沈內漢良方』

『夷堅志』

국립광주박물관, 『愛重 애중, 아끼고 사랑한 그림 이야기(故 허민수 기증 특별전)』, 그라픽네트, 2023.

소식, 류종목 옮김, 『소동파산문선』, 지식을만드는지식, 2013.

이근명, 『왕안석 자료 역주』, 한국외국어대학교지식출판원, 2017.

임어당, 『소동파평전』, 지식산업사, 2012.

진력·사방득, 성백효·이영준·박민희 옮김, 『역주 고문진보 후집 2』, 한국인문고전연구소 2021.

須江隆,「熙寧七年の詔」,『東北大學 東洋史論集』8, 2001.

Duara, Prasenjit, "Superscribing Symbols: The Myth of Guandi, Chinese God of War", *The Journal of Asian Studies* Vol.47 No.4, 1988.

Goldschmidt, Asaf. "Epidemics and Medicine during the Northern Song Dynasty: The Revival of Cold Damage Disorders(Shanghan)", *T'oung Pao* Vol.93, 2007.

Hinrichs, T. J., "The Catchy Epidemic: Theorization and its Limits in Han to Song Period Medicine", *East Asian Science, Technology, and Medicine* No.41, 2015.

9 문치주의는 송나라를 문약하게 만들었는가?

『文獻通考』

『續資治通鑑長編』

박세완,「금조 동원체계의 시배열적 분석」,『동양사학연구』164, 2023.

토마스 바필드, 윤영인 옮김,『위태로운 변경』, 동북아역사재단, 2009.

方豪,『宋史』, 中華文化出版事業委員會, 1954.

Lorge, Peter, "Military Institutions as a Defining Feature of the Song Dynasty", *Journal of Chinese History* Vol.1, 2017.

Wang Gungwu, "The Rhetoric of a Lesser Empire: Early Sung Relations with Its Neighbors" in Rossabi, Morris ed., *China Among Equals: The Middle Kingdom and Its Neighbors, 10th-14th Centuries*, University of California Press, 1983.

10 송나라 사람들은 왜 바다로 나아갔을까?

『夷堅志』

『忠穆集』

리처드 폰 글란, 류형식 옮김,『케임브리지 중국경제사』, 소와당, 2019.

윤은숙,「大元帝國 시기 汪大淵이 구현한 동남아시아: 占城國의 해상 교역을 중심으로」,『中國硏究』94, 2023.

de la Vaissière, Étienne, *Sogdian Traders: A History*, Brill, 2005.

Hansen, Valerie, *The Silk Road : a new history*, Oxford University Press, 2012.

Lo Jung-Pang, *China as a Sea Power 1127-1368: A Preliminary Survey of the Maritime Expansion and Naval Exploits of the Chinese People During the Southern Song and Yuan Periods*, NUS press, 2011.

Sen, Tansen, *Buddhism, Diplomacy, and Trade: The Realignment of India-China Relations, 600-1400*, University Hawai'i Press, 2003.

von Glahn, Richard. "The Ningbo-Hakata Merchant Network and the Reorientation of East Asian Maritime Trade, 1150-1350", *Harvard Journal of Asiatic Studies*, Vol.74 No.2, 2014.

11 송나라 사람들은 소고기 식용을 왜 꺼렸을까?

『名公書判淸明集』

『續資治通鑑長編』

『宋史』

『宋會要輯稿』

『夷堅志』

『池上草堂筆記』

『黃氏日抄』

古林森廣,「宋代の農畜産物加工業」,『宋代産業經濟史研究』, 國書刊行會. 1987.

林富士,「'舊俗'與'新風': 試論宋代巫覡信仰的特色」,『新史學』24, 2013.

鹽卓悟.「唐宋代の屠殺·肉食観:『太平広記』『夷堅志』を手掛かりに」,『史泉』105, 2007.

Goossaert, Vincent, "The Beef Taboo and the Sacrificial Structure of Late Imperial Chinese Society", in Sterckx, Roel ed., *Of Tripod and Palate: Food, Politics, and Religion in Traditional China*, Palgrave Macmillan, 2005.

12 몽골은 왜 한인 사대부를 차별했을까?

고명수, 「元代 四等人制의 종족 차별성 재검토」, 『인문연구』 102, 2023.

고명수, 「潛邸시기 쿠빌라이의 漢地경영과 세력형성: 그의 漢化문제에 대한 재검토」, 『몽골학』 31, 2011.

고명수, 「쿠빌라이 집권 초기 관리등용의 성격: 漢人儒士 중용 문제에 대한 비판적 검토」, 『東國史學』 55, 2013.

이개석, 「元代 儒戶에 대한 일고찰: 戶籍을 중심으로」, 『동양사학연구』 17, 1982.

金根先, 「忽必烈的用人與其政治目的」, 『社會科學輯刊』 1992.

大島立子, 「元代の儒戶について」, 『中嶋敏先生古稀記念論集 (下)』, 汲古書院, 1981.

劉曉, 「元代司法審判中種族因素的影響」, 『性別·宗教·種族·階級與中國傳統司法』, 中央研究院-歷史語言研究所, 2013.

船田善之, 「元朝治下の色目人について」, 『史學雜誌』 108(9), 1999.

蕭啓慶, 「元代的儒戶: 儒士地位演進史上的一章」, 『東方文化』 16(1·2), 1978.

蕭啓慶, 「忽必烈"潛邸舊侶"考」, 『大陸雜誌』 25(1·2·3), 1962.

安部健夫, 「元代知識人と科擧」, 『史林』 42(6), 1959.

楊志玖·趙文坦, 「中統初年"義利之爭"辨析」, 『南開學報』 1995.

冉守祖, 「從元朝四等級制看民族壓迫的階級實質」, 『中南民族學院學報』, 1986.

丁國范, 「元代的四等人制」, 『文史知識』 1985.

趙文坦, 「元世祖中統初年宰相的任用」, 『齊魯學刊』 1995.

蔡志純, 「元朝民族等級制度形成試探」, 『民族史論叢』 1, 1987.

太田彌一郎, 「元代の儒戶と儒籍」, 『東北大學東洋史論集』 5, 1992.

八田眞弓, 「元の世祖と漢人知識人層」, 『史窓』 36, 1979.

胡小鵬, 「元代"色目人"與二等人制」, 『西北師大學報(社會科學版)』 50(6), 2013.

黃二寧, 「元代族群關係再思考: 以"族郡內外制"爲中心」, 『中央社會主義學院學報』, 2020.

13 원대 외래 종교가 왜 흥성했을까?

김한규, 『티베트와 중국의 역사적 관계』, 혜안, 2003.

김호동, 『동방기독교와 동서문명』, 까치, 2002.

모리스 로사비, 강창훈 옮김, 『쿠빌라이 칸』, 천지인, 2008.

이경규, 「元代의 宗敎政策과 基督敎」, 『중국사연구』 15, 2001.

조원, 「몽골제국 시기 동방 시리아 기독교의 확산과 그 역할」, 『중앙아시아연구』 23(1), 2018.

조원희, 「蒙元帝國의 江南 정복 前後 佛敎·道敎·基督敎·摩尼敎 관리 기구의 설립과 그 함의」, 『동양사학연구』 135, 2016.

조원희, 「종교로 흥한 제국, 종교로 망한 제국?」, 『관용적인 정복자 대원제국』, 동북아역사재단, 2023.

조재송, 「티벳불교와 유목제국의 정치적 연계 과정에 관한 고찰」, 『중국학연구』 29, 2004.

최소영, 「대칸의 스승: 팍빠(Phags pa, 八思巴, 1235-1280)와 그의 시대」, 『동양사학연구』 155, 2021.

최소영, 「몽골-티베트 관계의 문을 연 "대칸": 諸王 쿠텐(Köten, 1208-1251)의 생애와 관련 기록 연구」, 『동양사학연구』 164, 2023.

티모시 메이, 권용철 옮김, 『칭기즈의 교환』, 사계절, 2020.

플라노 드 카르피니, 윌리엄 루브룩, 김호동 옮김, 『몽골제국 기행』, 까치, 2015.

唐曉峰, 『元代基督敎硏究』, 社會科學文獻出版社, 2016.

馬建春, 『元代東遷西域人及其文化硏究』, 民族出版社, 2003.

馬娟, 『元代伊斯蘭敎硏究』, 上海古籍出版社, 2020.

楊志玖, 『元代回族史稿』, 南開大學出版社, 2003.

趙改萍, 『元明時期藏傳佛敎在內地的發展及影響』, 中國社會科學出版社, 2009.

陳慶英, 『元朝首任帝師八思巴』, 五洲傳播出版社, 2022.

陳慶英·丁守璞, 『蒙藏關系史大系: 宗敎卷』, 外語敎學與硏究出版社, 2001.

陳高華·劉曉·張帆, 『元代文化史』, 廣東敎育出版社, 2009.

14 유목민족 몽골은 왜 해상무역을 진흥했을까?

고명수, 「쿠빌라이 정부의 南海정책과 해외무역의 번영: 몽골의 전통적 세계관과 관련하여」, 『사총』 72, 2011.

고명수, 「쿠빌라이 정부의 오르톡 정책과 해상무역의 발전」, 『몽골학』 34, 2013.

권용철, 「원 제국의 3차 대월 침입과 그 이후 양국의 관계:『安南行記』 자료의 발굴과 분석을 중심으로」, 『이화사학연구』 66, 2023.

권용철, 「至元 30년(1293) 원 제국 사절단과 베트남의 서신 왕래를 통해 본 원-베트남 관계의 양상」, 『역사학연구』 219, 2021.

김인희 외, 『관용적인 정복자 대원제국』, 동북아역사재단, 2023.

김호동, 『몽골제국과 세계사의 탄생』, 돌베개, 2010.

단죠 히로시, 한종수 옮김, 『영락제』, 아이필드, 2017.

마르코 폴로, 김호동 옮김, 『마르코 폴로의 동방견문록』, 사계절, 2000.

모리스 로사비, 강창훈 옮김, 『수성의 전략가 쿠빌라이 칸』, 사회평론, 2015.

스기야마 마사아키, 임대희 외 옮김, 『몽골 세계제국』, 신서원, 1999.

오도릭, 정수일 옮김, 『오도릭의 동방기행』, 문학동네, 2012.

왕대연, 박세욱 옮김, 『바다와 문명: 도이지략역주』, 영남대학교출판부, 2022.

윤승연, 「13세기 몽골의 베트남 침공과 六事 요구」, 『베트남연구』 16, 2018.

윤승연, 「종전 후 베트남: 원 사이의 관계 변화와 상호 대응」, 『중앙사론』 59, 2023.

윤은숙, 「大元帝國 시기 汪大淵이 구현한 동남아시아: 占城國의 해상 교역을 중심으로」, 『중국연구』 93, 2023.

이븐 바투타, 정수일 옮김, 『이븐 바투타 여행기 1·2』, 창작과비평사, 2001.

조여괄, 박세욱 옮김, 『바다의 왕국들:『제번지』 역주』, 영남대학교출판부, 2019.

조원, 「원제국 외래 香藥과 카안의 賞賜: 南海海上 생산 香藥을 중심으로」, 『동양사학연구』 159, 2022.

조원, 「쿠빌라이 시기 安南과의 외교 교섭: 元의 정책과 安南의 대응을 중심으로」, 『동양사학연구』 154, 2021.

티모시 메이, 권용철 옮김, 『칭기스의 교환』, 사계절, 2020.

15 명나라는 왜 정화의 원정 기록을 태워 없앴을까?

『大明會典』

『明史』

『明實錄』

나무등, 홍상훈 옮김, 『삼보태감서양기 통속연의』, 명문당, 2021.

대니얼 J. 부어스틴, 이성범 옮김, 『발견자들(The Discoverers): 세계를 탐험하고 학문을 개척한 창조정신의 역사 (1)』, 범양사, 1987.

마환, 홍상훈 옮김, 『영애승람 역주』, 동문연, 2021.

미야자키 마사카쓰, 이규조 옮김, 『정화의 남해 대원정』, 일빛, 1999.

신엔어우 외, 허일·김성준·최운봉 엮고옮김, 『(중국의 대항해자) 정화의 배와 항해』, 심산, 2005.

에즈라 보걸, 김규태 옮김, 『중국과 일본: 1500년 중일 관계의 역사를 직시하다』, 까치, 2021.

조영헌, 「15~18세기 중국 동남 지역과 해양 질서의 모호성: 류큐(琉球)를 중심으로」, 김병준·고일홍 엮음, 『아시아를 상상하다: 닫힘과 열림』, 진인진, 2023.

조영헌, 『대운하 시대 1415-1784: 중국은 왜 해양 진출을 '주저'했는가』, 민음사, 2021.

조영헌, 「북경 천도가 조·명 관계에 미친 영향」, 『명청사연구』 60, 2023.

조영헌, 「월항(月港) 개항과 임진왜란」, 『사총』 90, 2017.

조영헌, 「은 유통과 동아시아」, 『동아시아사 입문』, 동북아역사재단, 2020.

조영헌, 「후기 중화제국 해양사 연구의 최근 흐름과 글로벌 히스토리: 중등 역사 교과서에 대한 제언」, 『민족문화연구』 77, 2017.

티모시 브룩, 박창근 옮김, 『몰락의 대가』, 너머북스, 2024.

檀上寬, 『明代海禁=朝貢システムと華夷秩序』, 京都大學學術出版會, 2013.

劉正剛, 「明成化時期海洋走私貿易研究: 基于條例考察」, 『暨南學報』. 哲学社会科学版, 2019.

Church, Sally, "Nanjing's Longjiang Shipyard treatise and our knowledge of Ming ships", Swope, Kenneth ed., *The Ming World*, Routledge, 2020.

Finlay, Robert, "The Treasure-Ships of Zheng He", *Terrae Incognitae* Vol.23, 1991.

Gang Deng, *Chinese Maritime Activities and Socioeconomic Consequences, c.2100 B.C.-A.D. 1900*, Greenwood Press, 1997.

Reid, Anthony, *Southeast Asia in the Age of Commerce 1450-1680, Volume One: The Lands below the Winds*, Yale University Press, 1988.

Tagliacozzo, Eric, *In Asian Waters: Oceanic Worlds from Yemen to Yokohama*, Princeton University Press, 2022.

Zhao, Zhongnan, "The Gradual Termination of the Early Ming Vayages to the 'Western Ocean' and its Causes", Clunas, Craig, Harrison-Hall, Jessica and Luk Yu-Ping ed., *Ming China: Courts and Contacts 1400-1450*, British Museum, 2016.

16 명은 왜 대대적으로 만리장성을 재건해야 했을까?

기시모토 미오·하마구치 노부코, 정혜중 옮김, 『동아시아 속의 중국사』, 혜안, 2015.

김호동, 『아틀라스 중앙유라시아사』, 사계절, 2016.

데이비드 프라이, 김지혜 옮김, 『장벽의 문명사: 만리장성에서 미국-멕시코 국경까지, 장벽으로 본 권력의 이동과 세계 질서』, 민음사, 2020.

사카쿠라 아츠히데, 유재춘·남의현 옮김, 『장성의 중국사: 유목과 농경 6,000km의 공방』, 강원대학교출판부, 2008.

이주엽, 『몽골제국의 후예들: 티무르제국부터 러시아까지, 몽골제국 이후의 중앙유라시아사』, 책과함께, 2020.

조영헌, 「'남경형 수도'에서 '북경형 수도'로의 험난한 여정」, 『수도 베이징의 탄생』, 푸른역사, 근간.

조영헌, 『대운하 시대 1415-1784: 중국은 왜 해양 진출을 '주저'했는가』, 민음사, 2021.

조영헌, 「북경 천도가 조·명 관계에 미친 영향」, 『명청사연구』 60, 2023.

조영헌, 「북경은 어떻게 이민족의 수도에서 한족의 수도로 정착되었나?: 明代 北京

遷都 이후 定都 과정을 중심으로」,『서울학연구』75, 2019.

줄리아 로벨, 김병화 옮김,『장성, 중국사를 말하다: 문명과 야만으로 본 중국사 3천년』, 웅진지식하우스, 2007.

최부, 박원호 옮김,『최부 표해록 역주』, 고려대학교출판부, 2006.

토마스 바필드, 윤영인 옮김,『위태로운 변경: 기원전 221년에서 기원후 1757년까지의 유목제국과 중원』, 동북아역사재단, 2009.

한스 J. 노이바우어, 박동자·황승환 옮김,『소문의 역사』, 세종서적, 2001.

홍승현,「중국의 '장성보호공정(長城保護工程)'과 장성 연구의 새로운 경향」,『동북아역사논총』45, 2014.

趙現海,『明代九邊長城軍鎭史: 中國邊疆假說視野下的長城制度史研究』, 社會科學文獻出版社, 2012.

趙現海,『十字路口的长城: 明中期榆林生态, 战争与长城』, 商務印書館, 2018.

Dardess, John W., *More than the Great Wall: The Northern Frontier and Ming National Security, 1368-1644*, Rowman&Littlefield, 2020.

Idema, Wilt L. trans., *Meng Jiangnü brings down the Great Wall: ten versions of a Chinese legend*, University of Washington Press, 2008.

Waldron, Arthur, *The Great Wall of China: From History to Myth*, Cambridge Univ. Press, 1990.

Woodside, Alexander, "The Centre and the Borderlands in Chinese Political Theory", Diana Lary ed., *The Chinese State at the Borders*, UBC Press, 2007.

17 명·청 시대 최고의 상인이 된 휘주 상인의 성공 전략은 무엇이었을까?

미야자키 마사카츠, 오근영 옮김,『공간의 세계사』, 다산북스, 2016.

미야자키 이치사다, 전혜선 옮김,『수양제: 전쟁과 대운하에 미친 중국 최악의 폭군』, 역사비평사, 2015.

소의평, 박경남 외 옮김,『중국문학 속 상인 세계』, 소명출판, 2017.

신정수,「왕도곤(汪道昆)의 상인 전기에 나타난 휘상의 협객적 면모」,『민족문화연구』71, 2016.

오금성 등, 『명청시대사회경제사』, 이산, 2007.

오금성, 『국법과 사회관행: 명청시대 사회경제사 연구』, 지식산업사, 2007.

조영헌, 「대륙 문명과 해양 문명의 접점 베이징과 접선 대운하」, 『명청사연구』 58, 2022.

조영헌, 『대운하 시대 1415-1784: 중국은 왜 해양 진출을 '주저'했는가?』, 민음사, 2021.

조영헌, 『대운하와 중국 상인: 회·양 지역 휘주 상인 성장사, 1415-1784』, 민음사, 2011.

조영헌, 『포항 운하, 바다길과 땅길을 잇다』, 나루, 2024.

칼 슈미트, 김남시 옮김, 『땅과 바다: 칼 슈미트의 세계사적 고찰』, 꾸리에, 2016.

티모시 브룩, 이정·강인황 옮김, 『쾌락의 혼돈: 중국 명대의 상업과 문화』, 이산, 2005.

필립 D. 커틴, 김병순 옮김, 『경제인류학으로 본 세계 무역의 역사』, 모티브, 2007.

필립 큔, 이영옥 옮김, 『타인들 사이의 중국인: 근대 중국인의 동남아 이민』, 심산, 2014.

Gallagher, Louis J., *China in the Sixteenth Century: The Journals of Mattew Ricci, 1585-1610*, Random House, 1953.

18 17세기 소빙기는 명과 청의 교체에 어떤 영향을 주었을까?

김문기, 「17세기 江南의 災害와 救荒論」, 『역사와 경계』 73, 2009.

김문기, 「17세기 中國과 朝鮮의 小永期 기후변동」, 『역사와 경계』 77, 2010.

나종일, 「17세기 위기론과 한국사」, 『역사학보』 94·95, 1982.

브라이언 페이건, 윤성욱 옮김, 『기후는 역사를 어떻게 만들었는가』, 중심, 2002.

우런수, 김의정 외 옮김, 『사치의 제국: 명말 사대부의 사치와 유행의 문화사』, 글항아리, 2019.

유소민, 박기수·차경애 옮김, 『기후의 반역: 기후를 통해 본 중국의 흥망사』, 성균관대학교출판부, 2005.

조영헌, 「'17세기 위기론'과 중국의 사회 변화: 명조 멸망에 대한 지구사적 검토」, 『역사비평』 107, 2014.

조지형, 「17세기, 소빙기, 그리고 역사추동력으로서의 인간: 거대사적 재검토」, 『이화사학연구』 43, 2011.

조지형·김용우 엮음, 『지구사의 도전: 어떻게 유럽중심주의를 넘어설 것인가』, 서해문집, 2010.

티모시 브룩, 박창근 옮김, 『몰락의 대가』, 너머북스, 2024.

티모시 브룩, 조영헌 옮김, 『하버드 중국사 원·명: 곤경에 빠진 제국』, 너머북스, 2014.

Atwell, William S., "Volcanism and Short-Term Climatic Change in East Asian and World History, c.1200-1699", *Journal of World History*, Vol.12 No.1, 2001.

Parker, Geoffrey, *Global Crisis: War, Climate Change and Catastrophe in the Seventeenth Century*, Yale University Press, 2013.

von Glahn, Richard, "Myth and Reality of China's Seventeenth-Century Monetary Crisis", *The Journal of Economic History*, Vol.56 No.2, 1996.

Zhang, Jiacheng and Lin, Zhiguang, *Climate of China*, Wiley; Shanghai Scientific and Technical Publishers, 1992.

19 코끼리는 어떻게 길들여져 천하에 쓰였는가?

마크 엘빈, 정철웅 옮김, 『코끼리의 후퇴: 3000년에 걸친 장대한 중국 환경사』, 사계절, 2011.

신익철, 「연행록에 보이는 동물 기사의 유형과 특징」, 『東方漢文學』 62, 2015.

이홍식, 「명·청 사행 기록 소재 코끼리 기사 연구: 근대 이전 중국 문화 이해의 양상과 의미 탐색」, 『한국문화와 예술』 24, 2017.

임준철, 「조선 최초의 북경 使行詩, 張子忠의 『判書公朝天日記』 연구」, 『한국시가연구』 34, 2013.

최식, 「중국 백과전서류의 유입과 문학적 수용과 變奏: 코끼리 談論과 辯證을 중심으로」, 『東方漢文學』 66, 2016.

鄒振環, 『再見異獸: 明清動物文化與中外交流』, 上海古籍出版社, 2021.

20 영국 사절 매카트니는 건륭제에게 정말 두 무릎을 꿇었을까?

구범진, 『1780년, 열하로 간 정조의 사신들: 대청 외교와 『열하일기』에 얽힌 숨겨진 이야기』, 21세기북스, 2021.

나미키 요리히사·이노우에 히로마사, 김명수 옮김, 『아편전쟁과 중화제국의 위기』, 논형, 2017.

마크 C. 엘리엇, 양휘웅 옮김, 『건륭제: 하늘의 아들 현세의 인간』, 천지인, 2011.

손성욱, 『베이징에 온 서양인, 조선과 마주치다』, 동북아역사재단, 2022.

윌리엄 T. 로, 기세찬 옮김, 『하버드 중국사 청: 중국 최후의 제국』, 너머북스, 2014.

조영헌, 『대운하 시대 1415~1784: 중국은 왜 해양 진출을 '주저'했는가?』, 민음사, 2021.

歐陽哲生, 『古代北京與西方文明』, 北京大學出版社, 2018.

Andrade, Tonio, *The Last Embassy: The Dutch Mission of 1795 and the Forgotten History of Western Encounters with China*, Princeton University Press, 2021.

Harrison, Henrietta, *The Perils of Interpreting: The Extraordinary Lives of Two Translators between Qing China and the British Empire*, Princeton University Press, 2021.

21 조선과 베트남은 청의 속국이었나?

권혁수, 『근대 한중관계사의 재조명』, 혜안, 2007.

김종학, 『개화당의 기원과 비밀외교』, 일조각, 2017.

동북아역사재단 한일역사문제연구소 엮음, 『청일전쟁과 근대 동아시아의 세력전이』, 동북아역사재단, 2020.

오카모토 다카시, 강진아 옮김, 『미완의 기획, 조선의 독립: 글로벌 시대, 치열했던 한중일 관계사 400년』, 소와당, 2009.

유인선, 『베트남의 역사: 고대에서 현대까지』, 이산, 2018.

커크 W. 라슨, 양휘웅 옮김, 『전통, 조약, 장사: 청 제국주의와 조선, 1850-1910』, 모노그래프, 2021.

Platt, Stephen R., *Imperial Twilight: The Opium War and the End of China's Last*

Golden Age, Knopf, 2018.

22 미국은 정말 중국에 '아름다운 나라'였는가?

송병기, 『한국, 미국과의 첫만남: 한국의 대미개국사론』, 고즈윈, 2005.

왕위안충, 이화승 옮김, 『중국과 미국, 무역과 외교 전쟁의 역사: 개방과 배척, 패권과 공존의 100년』, 행성B, 2022.

후징초·첸강, 김승룡 옮김, 『유미유동: 청나라 정부의 조기유학 프로젝트』, 시니북스, 2005.

仇華飛, 『早期中美關系研究 1784-1844』, 人民出版社, 2005.

Haddad, John R. *America's First Adventure in China: Trade, Treaties, Opium, and Salvation*, Temple University Press, 2013.

Johnson, Kendall, *Narratives of Free Trade: The Commercial Cultures of Early*, Hong Kong University Press, 2012.

Xu, Guoqi, and Iriye, Akira, *Chinese and Americans: A Shared History*. Harvard University Press, 2014.

23 중국은 왜 더 이상 아편을 수입하지 않게 되었나?

나마키 요리히사·이노우에 히로마사, 김명수 옮김, 『아편전쟁과 중화제국의 위기』, 논형, 2017.

로이드 E. 이스트만, 이승휘 옮김, 『중국 사회의 지속과 변화: 중국 사회경제사 1550-1949』, 돌베개, 1999.

리궈룽, 이화승 옮김, 『제국의 상점』, 소나무, 2008.

리처드 폰 글란, 류형식 옮김, 『케임브리지 중국경제사』, 소와당, 2019.

오카모토 다카시 엮음, 강진아 옮김, 『중국경제사: 고대에서 현대까지』, 경북대학교출판부, 2016.

정양원, 공원국 옮김, 『중국을 뒤흔든 아편의 역사』, 에코리브르, 2009.

존 K. 페어뱅크 엮음, 김한식·김종건 옮김, 『캠브리지 중국사 10 상, 하』, 새물결, 2007.

존 K. 페어뱅크·류광징 엮음, 김한식·김종건 옮김, 『캠브리지 중국사 11 상, 하』, 새물결, 2007.

케네스 포메란츠·스티븐 토픽, 박광식 옮김, 『설탕, 커피 그리고 폭력』, 심산, 2003.

필립 리처드슨, 강진아·구범진 옮김, 『쟁점으로 읽는 중국 근대 경제사 1800~1950』, 푸른역사, 2007.

하오옌핑, 이화승 옮김, 『중국의 상업 혁명: 19세기 중·서 상업 자본주의의 전개』, 소나무, 2001.

24 중국은 왜 일당 지배 국가가 되었나?

니시무라 시게오·고쿠분 료세이, 이용빈 옮김, 『중국의 당과 국가: 정치체제의 궤적』, 한울아카데미, 2012.

로드릭 맥파커 엮음, 김재관·정해용 옮김, 『중국현대정치사: 건국에서 세계화의 수용까지 1949-2009』, 푸른길, 2012.

모리 가즈코, 이용빈 옮김, 『현대 중국의 정치와 외교』, 한울아카데미, 2023.

모리 가즈코, 이용빈 옮김, 『현대 중국정치: 글로벌 강대국의 초상』, 한울아카데미, 2013.

민두기, 『시간과의 경쟁: 동아시아 근현대사 논집』, 연세대학교출판부, 2001.

민두기, 『중국의 공화혁명』, 지식산업사, 1999.

박민희, 『중국 딜레마』, 한겨레출판, 2021.

시프린, 민두기 옮김, 『손문평전』, 지식산업사, 1990.

요코야마 히로아키, 박종현 옮김, 『중화민국사』, 신서원, 2000.

자오쯔양, 바오푸 정리, 장윤미·이종화 옮김, 『국가의 죄수: 자오쯔양 중국공산당 총서기 최후의 비밀 회고록』, 에버리치홀딩스, 2010.

조반니 사르토리, 정헌주 옮김, 『정당과 정당 체계』, 후마니타스, 2023.

조영남, 『중국의 통치 체제 1: 공산당 영도 체제』, 21세기북스, 2022.

조영남, 『중국의 통치 체제 2: 공산당 통제 기제』, 21세기북스, 2022.

케네스 리버살, 김재관·차창훈 옮김, 『거버닝 차이나: 현대 중국정치의 이해』, 심산, 2013.

케빈 맥더모트·제레미 애그뉴, 황동하 옮김, 『코민테른: 레닌에서 스탈린까지 국제 공산주의 운동의 역사』, 서해문집, 2009.

후카마치 히데오, 박제이 옮김, 『쑨원: 근대화의 기로』, 에이케이커뮤니케이션즈, 2018.

25 소수민족은 누가 만들었는가?

다바타 히사오 외, 원정식 외 옮김, 『중국소수민족입문』, 현학사, 2006.

마크 C. 엘리엇, 이훈·김선민 옮김, 『만주족의 청제국』, 푸른역사, 2009.

요코야마 히로아키, 이용빈 옮김, 『중화민족의 탄생: 중국의 이민족 지배논리』, 한울아카데미, 2012.

제임스 A. 밀워드, 김찬영·이광태 옮김, 『신장의 역사: 유라시아의 교차로』 사계절, 2013.

黃光學·施聯朱 主編, 『中國的民族識別: 56個民族的來歷』, 民族出版社, 2005.

Mullaney, Thomas, *Coming to Terms with the Nation: Ethnic Classification in Modern China*, University of California Press, 2010.

Wemheuer, Felix, *A Social History of Maoist China: Conflict and Change, 1949-1976*, Cambridge University Press, 2019.

중국사를 꿰뚫는 질문 25

1판 1쇄 인쇄 2025년 7월 1일
1판 1쇄 발행 2025년 7월 23일

지은이 조영헌·윤형진·송진·손성욱·류준형·김한신·고명수
펴낸이 김영곤
펴낸곳 (주)북이십일 아르테

책임편집 김지영 박병익
기획편집 장미희 최윤지
디자인 석운디자인
마케팅 남정한 나은경 한경화
영업 한충희 장철용 강경남 황성진 김도연
제작 이영민 권경민

출판등록 2000년 5월 6일 제406-2003-061호
주소 (10881) 경기도 파주시 회동길 201(문발동)
대표전화 031-955-2100 팩스 031-955-2151 이메일 book21@book21.co.kr

ISBN 979-11-7357-347-7 (03900)

(주)북이십일 경계를 허무는 콘텐츠 리더
북이십일 채널에서 도서 정보와 다양한 영상자료, 이벤트를 만나세요!

인스타그램
instagram.com/21_arte
instagram.com/jiinpill21

유튜브
youtube.com/@sgmk
youtube.com/@book21pub

페이스북
facebook.com/21arte
facebook.com/jiinpill21

블로그
blog.naver.com/21_arte
blog.naver.com/21c_editors

홈페이지
arte.book21.com
book21.com

- 책값은 뒤표지에 있습니다.
- 이 책 내용의 일부 또는 전부를 재사용하려면 반드시 (주)북이십일의 동의를 얻어야 합니다.
- 잘못 만들어진 책은 구입하신 서점에서 교환해 드립니다.

통념을 뒤흔드는 관점
질문으로 역사를 새롭게 보다
———
중국사 연구의 최전선에서 던지는 화두

1장 | 중국 최초의 황제 진시황, 희대의 폭군인가 중국 통일의 영웅인가?
영정이 진나라 왕으로서 나라를 다스린 지 26년이 되는 기원전 221년, 진나라는 여섯 개 나라를 차례로 멸망시키고 중국을 하나로 통일한다. 진왕 영정이 즉위 후 미성년 시절 행적은 대부분 후견인 역할을 했던 배후의 실력자 여불위의 영향을 받은 결과이지만, 서른 살 이후 진행된 6국에 대한 전승과 외교술은 영정이라는 인물 개인의 지도력과 노력에서 비롯된 성과로 평가할 수 있다. 기원전 221년 '천하'를 다스리는 유일한 군주가 된 영정은 그가 물려받은 역사·문화적 유산이라는 토대 위에 킹메이커 여불위가 마련해 준 특별한 기회를 잡아 능력을 십분 발휘하였고, 그 결과 수천 년 중국 역사 속에서 '아웃라이어'로서 이름을 떨칠 수 있었다.

4장 | 유일한 여성 황제, 무측천을 어떻게 볼 것인가?
주나라 이후로 남성 중심의 종법제가 사회제도의 근간을 이루었음에도 무측천은 어떻게 황제로 즉위할 수 있었을까? 중국사에서 여성 권력자가 자주 출현했음에도 오직 무측천만이 황위에 오를 수 있었던 배경은 무엇일까? 황제 무측천은 재위 기간이 15년이지만, 황후에 책봉되어 정치에 직접적으로 간여했던 기간까지 합하면 50년이 넘는 기간 동안 정치적 영향력을 발휘했다. 장기간에 걸친 여성 황제 무측천의 천하 통치는 남성 황제의 그것과 실제 달랐을까? 겉으로 드러난 현상과 내부의 본질은 어떻게 구분할 수 있을까? 기존의 질서를 바꾸고 새로운 상황을 조성한다는 것이 무슨 의미이고 그에 따라 생길 수 있는 한계는 어떻게 극복해야 할까? 당연하게 여겼던 관습적 인식이 혹여 지나친 무관심에서 생긴 것은 아니었을까?

9장 | 문치주의는 송나라를 문약하게 만들었는가?
비록 문인 관리들이 중앙과 지방의 주요 관직을 장악하고 '문'의 가치를 더욱 강조하였지만, 앞서 언급한 바와 같이 송 조정의 가장 긴급한 관심사는 언제나 국방 분야 안건들이었다. 또한 최고 결정권자인 황제도 비록 어릴 때부터 문인으로서의 교육을 받았지만 정책 결정상 국가의 존망과 직결되는 '무'에 더욱 큰 비중을 두었다. 오히려 '무'의 가치가 지나치게 중시되던 조정의 분위기 속에서 과거를 통해 관직에 진출한 문인 관료들은 조정뿐만 아니라 국가 전체에 '문'의 가치를 존숭하는 운동을 강하게 추진하였다.

14장 | 유목민족 몽골은 왜 해상무역을 진흥했을까?

오늘날 여러 학자들이 그 시대 이루어진 해상교통과 교역의 번영을 팍스 몽골리카(Pax-Mongolica) 즉 '몽골의 평화'라고 일컫는다. 초원 유목민 출신으로 바다를 접하지 못한 몽골이 인류 역사상 가장 눈부시게 해상무역을 진흥한 사실은 매우 흥미롭다. 그러한 점을 어떻게 이해해야 할까? 원대 해상무역의 번영을 제대로 이해하기 위해서는 실제상을 다방면으로 조망해야 한다. 이를 통해 원조의 유목적 성격을 밝히고 역사상이 후대 세계사에 미친 영향을 파악하는 데 중요한 실마리를 얻을 수 있다.

18장 | 17세기 소빙기는 명과 청의 교체에 어떤 영향을 주었을까?

위기를 통해 급감했던 인구, 상대적으로 원활한 이주, 전쟁국가에서 복지국가로의 전환, 이전 위기를 교훈 삼아 민생 문제에 적극적으로 대처하는 지도자들의 의지 등이 오히려 더 열악한 기후 환경에서 힘을 발휘했다. 이상기후 현상에도 인간의 대처 능력은 과거에 대한 학습과 평화 시에는 잘 발휘되지 않는 초사회적 협력을 통해 향상되었다. 기후 위기의 심각성이 17세기보다 한층 강화된 오늘날이지만, 기민한 리더십과 초월적 공동체성으로 무장한다면 명이 아니라 청의 길로 갈 가능성은 여전히 남아 있을 것이다.

20장 | 영국 사절 매카트니는 건륭제에게 정말 두 무릎을 꿇었을까?

이는 단순히 과거의 사례로 머무르지 않는다. 매카트니의 접근이 옳고 티칭의 방식이 틀리다고 단정할 수도 없다. 이분법적 사고는 우리를 위험에 빠뜨린다. 이 복잡한 문제는 최근 가속화되는 미·중 패권 경쟁 속에서 중요한 시사점을 제공한다. 기존 국제규범과 질서를 유지하며 단기적 실익을 추구할 것인가, 아니면 변화하는 환경 속에서 새로운 질서 형성에 동참할 것인가. 미국과 중국의 경쟁은 단순한 힘의 대결을 넘어, 국제관계의 규범과 제도를 어떻게 재구성할 것인가에 대한 근본적인 질문을 던진다. 이처럼 과거 매카트니와 티칭이 마주했던 딜레마와 결과는 오늘날 우리가 직면한 국제정치의 현실을 이해하는 데 하나의 창을 제공한다.

24장 | 중국은 왜 일당 지배 국가가 되었나?

하나의 정당이 계속해서 권력을 유지하고 있으며 당이 국가기구와 긴밀하게 연결되어 있으면서도 국가기구보다 우위에 있고 국가기구 외에도 광범위한 영역에 영향력을 행사하고 있다는 점에서 중국은 일당 지배 국가라고 할 수 있다. 이렇게 하나의 정당과 국가가 일체화되어 있는 중국의 체제를 당-국가 체제라고 부른다. 중국에서 당-국가 체제가 시작된 것이 중화인민공화국이 건국된 1949년부터라고 생각하기 쉽지만 그렇지 않다. 중국공산당과 함께 20세기 중국 정치사의 또 다른 주역이었던 중국국민당 역시 유사한 체제를 오랫동안 유지했으며 중국공산당도 1949년 이전부터 이러한 당-국가 체제를 구축하고 있었다. 따라서 당-국가 체제는 20세기 이후의 중국 정치사를 이해하기 위한 핵심적인 문제라고 할 수 있다.